现代汉语虚词研究
与对外汉语教学

（第十辑）

齐沪扬　杜　轶　主　编

学林出版社

目　录

"整天"类时间副词的负面评价表达[*]

李宗江

〇、引　　言

　　"整天"一词,就字面意思来说,表示"完整的一天""全天"的意思。《现代汉语词典》(第七版)没有收这个词,只是用来为"成天、成日、镇日、一天到晚"等词语释义。与"整天"的结构方式、意义和功能类似的,还有很多,如"整日、成天、成日、终日、终天、镇日、一天到晚、成天到晚,整年、终年、长年、一年到头、成年累月、长年累月、整年累月"等。从字面意思看,这些词语都是表示"整天"或"整年"的意思。但在实际的使用中,它们最常见的功能是作副词,已经离开其字面意思,表示"天天"或"年年"或"长时间地"。而且在这个意思上,发生了主观化,在表达时间意义的同时,还表达言者对命题的负面评价。为方便称说,下文将如上副词称为"'整天'类时间副词",将这些副词所在的句子统称为"'整天'句"。

　　关于副词表示评价,人们主要讨论的是语气副词,对类似"整天"类时间副词表达评价的用法还没有人注意到。下文中我们将首先明确本文所说的"评价"概念,然后讨论如上的时间副词与评价表达的关系,以及评价义产生的原因。

一、关　于"评　价"

　　近年来,关于语言中"评价"问题的研究,在国内外都成了热门话题。但是人们对"评价"这一概念的理解却并不完全一致。广义的"评价"跟"主观性、立场、情态、态度、情感、可证性"等概念都有重合(杨信彰,2003;刘世铸,2007)。当谈

---

　　* 本文已发表于《汉语学报》(2022 年第 4 期)。

到汉语副词表示的评价时,学者们的角度和说法也不一致(张谊生,2000;齐沪扬,2003;史金生,2003;方梅,2017)。因此在讨论"整天"类副词的评价表达之前,在参考国内外相关研究的基础上,①先就"评价"及相关问题提出我们的看法。

评价是一种言语行为,属于立场表达范畴,是指言者对实体或命题在个人价值判断方面的倾向性。包括情感评价和理性评价两种:前者关注情感倾向的表达,如喜欢或厌恶、可爱或可恨、满意与不满;后者关注理性倾向的表达,如对或错、有益或有害、重要或不重要等。不管哪种评价,笼统地说就是"好的"或"不好的"。因而就一个特定的语言成分而言,其表达的评价是二元对立的,好的就是"正面评价",不好的就是"负面评价"。换句话说,如果一个语言成分有时看似表示正面评价,有时看似表示负面评价,那么这个语言成分就不是表示评价的。② 评价总体说是主观的,取决于言者的判断,判断的依据可以是一个社会的公共伦理或价值观,也可以是个人的喜好或追求。

评价的对象主要是实体和命题。对实体的评价,是指通过语言成分对某人或某物的评价。这种评价主要由具有概念义又具有评价义(传统上称作"褒义"或"贬义")的词语来完成,包括形容词、名词或动词性的成分。如:

(1) a. 花真美。　　　　　　　　b. 这个地方很乱。

(2) a. 杨子荣是英雄。　　　　　　b. 老张是个吝啬鬼。

(3) a. 厂长向来把群众放在心上。　　b. 他从不把别人放在眼里。

（以上 3 例为自拟）

例(1)—(3)中的 a 例代表正面评价,b 例代表负面评价。表达评价的核心词在例(1)中是形容词"美"和"乱",在例(2)中是名词"英雄"和"吝啬鬼",在例(3)中是动词短语"放在心上""不放在眼里"。

对命题的评价,是指对句子或语段所代表的事件做出的评价。其主要表达手段有构式和词汇两种。所谓构式表达的评价是指特定的句法格式在表达命题意义的同时,也附带表达评价,如"爱 V 不 V":

(4) 问:我不想和你一起去玩了。

　　答:a. 你想去就去,不想去就不去。

　　　　b. 你爱去不去!(自拟)

---

① 主要文献包括:Biber & Finegan(1988),Finegan(1995),Hunston & Thompson(2000),Martin & White(2005),Du Bois(2007),杨家胜(2002),杨信彰(2003),李战子(2004),刘慧(2011),胡壮麟(2009),姚双云(2011)等。

② 存在例外的情况,比如传统上讲的"美恶同辞"现象,如"骄傲""天真"等表达的评价可以是相反的。再比如一句话用于反语时,也会使评价走向反面。

例(4)答句 a、b 所表示的命题意义是相同的,都是"听凭选择",但例(4)a 没有评价意义,例(4)b 却有,表达一种负面评价,李文浩(2009)称为"不满的感情色彩"。

通过词汇手段表达对命题的评价,主要有以下 a、b 两类词语:

a 类词语,其本身包含有评价成分,如:

(5) 参加模特大赛的选手,不要太看重大赛。<u>关键是</u>要靠自身实力打开市场。(转引自李宗江,2011)

(6) 他展出双臂,他想过去拥抱一下小刘。<u>问题是</u>,他做出来的动作不像是拥抱,倒更像是身体虚弱得站立不稳。(转引自李宗江,2008)

在以上句子里,"关键是""问题是"并不构成独立的命题,它们指向的是其后的命题。其后命题是一种客观陈述,从命题本身看不出说话者有什么主观的理性或情感的倾向性,但是例(5)加上"关键是"后,表达了言者对其后命题的正面评价——认为其更为重要;例(6)加上"问题是"后,表达了言者的负面评价——观察到的实际情况与前句的正面预期不一致。这两种相反评价的解读都可以从其评价成分的构成来源直接得出,因为其中包含的名词"关键"(决定性因素)和"问题"(事故或麻烦)的词义中就包含有正面或负面评价的意思。这类评价成分目前汉语研究中谈到较多的是语用标记和部分副词:语用标记如"好了""糟了","往好里说""往坏里说"等(李晓琴、陈昌来,2020);副词如"稳步、秉公、蓄意、擅自、幸好、好在、刚好、正好、恰巧、恰好"等(刘慧,2011;李宗江,2015)。从这些词语的字面意思就知道它是表示正面评价的还是负面评价的。

b 类词语,其本身不包含有评价成分,字面意思与评价无关,其中的成分也不能表示评价,但它们在句子中表示词汇意义的同时,附带表达言者对命题的评价。比如:

(7) 他对人<u>一味</u>地和善。(自拟)

(8) 他<u>动不动</u>就出汗。(转引自方梅,2017)

副词"一味""动不动"本身有词汇意义,如前者表示"单纯地",后者表示"很容易地",并以这个意义参与了句子命题意义的构成;同时,也附带传达了言者对句子命题的负面评价,透露出言者认为在特定语境中,"对人总是和善""经常出汗"是不好的。这类评价成分中,一般谈到的有语气副词、语气词和叹词等。也有语用标记,如"这话说的"(方迪,2019),"真是的"(郭晓麟,2015),"你说你"①(方梅,

---

① 这类表评价的语用标记,多存在有限变体,实际上是代表一个构式,方梅(2017)称之为"词汇构式",如"你说你"也可说成"你看你""你瞧你"等。

2017）。下文要讨论的"整天"类时间副词就属于 b 类词汇评价成分。

从汉语的研究来看，b 类词汇评价成分多是表达负面评价的。确定一个词语具有负面评价的标志，是看其与相关命题成分的语义选择限制，即其只同或主要同以下两类成分相搭配：一是与其搭配的成分代表负面事件，即其代表社会公认的负面价值或情感倾向，说白了就是代表公共知识意义上的不好的事。二是与其搭配的成分本身不代表负面事件，但加上评价成分后，被言者临时看作负面事件，即搭配成分代表的事件是言者主观上不认同的。如：

(9) 他动不动就骂人。（自拟）

(10) 他动不动就出汗。（转引自方梅，2017）

例(9)的"骂人"代表负面事件，是公认的坏事，本身就包含评价意义；而例(10)"出汗"并不代表公认的坏事，比如出虚汗是不好的事，但运动或发烧时出汗就是好事，只是加上"动不动"后，其评价解读向负面倾斜，透露出容易出汗是不好的事。

二、"整天""整年"作为名词

"整天"在表示"完整的一天"时，类似"全天"，是个名词，其主要分布有三个位置，一是用于数（量）词之后，如：

(11) 她能一气打两整天整夜的麻雀牌，而还保持着西太后的尊傲气度。①

(12) 这一整天，你都跑哪儿去啦？

(13) 乌世保从走出监狱快一整天了。

(14) 我一进去，就像埋在活的墓场中似的，一连埋了八个整天。

二是用来作状语，表示其后中心语代表的动作或状态持续的时间。如：

(15) 我不是不惦记孩子，昨儿个整天的下雨，没什么座儿，挣不着钱！

(16) 这些白茶花有时整天没有一个人来看它，就只是安安静静地欣然地开着。

三是作定语，如：

(17) 整天的春雨，接着是整天的春阴，这真是世上最愉快的事情了。

与"整天"相同的构词方式成词的时间名词还有"整日""整年"，如：

(18) 我们走了一个整日了，还没有找到一个能够代替他的人。

---

① 本文例句除特别注明外，均取自北京大学 CCL 语料库。

（19）你已经有一<u>整年</u>不曾调薪了。

（20）成衣店学徒积蓄了<u>整年</u>工钱，打了一副金耳环给夭妹。

（21）他没有一时一刻忘了他的理想，可是整日，整月，<u>整年</u>的，他须为人情与一家大小的饱暖去工作操劳。

不管是在什么位置上，"整天""整日""整年"在以上的例子中表示的意义都是字面意思，表示"完整的一天（年）"或"全天（年）"的时间，是个名词。作为名词，"整天""整日"和"整年"都不能表示负面评价。

三、"整天"类副词

除了"整天""整日""整年"之外，其他的"整天"类词语没有名词用法，只有副词用法。"整天"作为副词，表示"天天"或"长时间地"等意思，在句中有三种表现形式：一是单独用于中心语之前；二是后加助词"地"（也写作"的"）；三是加后缀"价"（也写作"家""介""际"，下文统一用"价"来代表）或"里"。以"整天"为例：

（22）他<u>整天</u>在外面玩。

（23）他<u>整天</u>的没个笑容。

（24）二荷她就是把上万块一瓶的香水<u>整天地</u>洒到身上，又有哪点儿招人呢？

（25）他<u>整天际</u>圈着满肚子委屈。

（26）铺天盖地的流行歌曲<u>整天家</u>在耳边轰鸣。

（27）我妈<u>整天介</u>带孩子做饭收拾家。没有功劳也有苦劳，离了我妈，孩子谁带呀！

（28）邻居家的狗<u>整天价</u>乱叫乱咬，吵得四邻难得安生。

（29）李文娟是个随和的人，孩子要走，她就随了走，孩子要停，她就随了停，<u>整天里</u>倒像是孩子将她领着的。

以上例中的"整天"都不是表示"完整的一天"的意思，而是泛化为表示"天天""长时间地"，后加的"价"或"里"等可看作副词标记。作名词而表示"全天"意思的"整天"作状语时，不能加后缀"价"或"里"。如：

（30）他周日整天（价/里*）都在我家。（自拟）

与"整天"相类似的时间副词还有"整日、成天、成日、终天、终日、镇日、成天到晚、一天到晚，整年、成年、终年、长年、一年到头、成年累月、长年累月、整年累月"等。例如：

（31）他<u>整</u>日钻山进岭，错过了选择配偶的最佳年龄。

（32）唯独你们，游手好闲，不务正业，<u>成天</u>就是混，混不下去了，居然想靠当帮闲、吹捧别人过日子。

（33）他是连爹妈也没有的，又没个生存之计，<u>成日</u>价像个没头苍蝇地乱投奔。

（34）我们<u>终天</u>无聊、烦闷。

（35）地下室阴冷潮湿，<u>终日</u>不见阳光。

（36）他<u>镇日</u>价借酒浇愁。

（37）他<u>一天到晚</u>在家里画他的那些怪画，几天就要买一刀宣纸。

（38）林黛玉就是<u>成天到晚</u>，哭哭啼啼，实际上她就是肺结核嘛。

（39）他所在的医院却以为他不务正业<u>整年</u>在外"扒分"。

（40）我们都长年不在家，大锛儿跟小墩子<u>成年累月</u>地守着，到底是感情不一般哪！

（41）他们<u>终年</u>奔波，从多雪的地带，到四季如春的地带。

（42）他<u>长年累月</u>在这里辛苦工作却不属于这繁华景象中人。

（43）那时生产力还很低下，人们<u>成年累月</u>地辛勤劳动，所获得的物品也只能勉强维持生命。

（44）他的女人<u>整年累月</u>给他们找麻烦。

这些词语，就字面意思来看，原本都应该是表示"完整的一天（年）"的意思，而"完整的一天（年）"可以是就一天（年）来说的，指在某一天或一年的时间范围内，即是特指的；也可以是指超出一天或一年的时间，相当于"天天""年年"，即是泛指的。以"整天"为例，其与"全天"的不同之处是后者只能特指某一天，而"整天"却可以超出一天的范围，表示多个"整天"。因而"全天"不能重叠，而"整天""整年"却可以<u>重叠</u>，以强调其泛指性，如：

（45）探身窗外，街上<u>整天整天</u>地看不到人影，只有偶尔的汽车驶过。

（46）雨一个月接一个月地下，<u>整年整年</u>地下。

由于二者指称的不同，"全天"和"整天"作状语时，表示的意思也不同，看以下的对比：

全天放假/整天放假

全天开会/整天开会

前者的"全天"作状语，是特指的某一天，表示"放假"或"开会"持续的时间，以区别于"半天"，是名词；而后者的"整天"如无特别说明，则是泛指的，指多于一天的时间，相当于"天天放假或开会"或"长时间地放假或开会"，于是有了副词义。同时"整天放假或开会"还透露另一种意思：在言者看来长时间放假或开会是不好的。

四、表 示 评 价

"整天"类副词除了表示时间义外,还有一种附加的主观义,表示言者对命题的负面评价。这种负面评价义是一种倾向或优先解读,并不是覆盖全部例句的。这种负面评价倾向可以通过以下的事实加以证明。

4.1　实例统计

我们对"整天"句在北京大学中国语言学研究中心(CCL)语料库进行检索,对多于 100 例的"整天"类副词,任取其中的 100 例进行观察,少于 100 例的词语取全部例句进行观察,具有负面评价义的例句和没有负面评价义的例句的数量对比如表 1 所示:

表 1　是否具有负面评价义的例句数量对比

词　语	有评价	无评价	词　语	有评价	无评价
整天	99	1	终年	88	12
整日	98	2	镇日	35	5
整年	95	5	一天到晚	95	5
成天	97	3	成天到晚	8	0
成日	96	4	成年累月	99	1
长年	90	10	长年累月	95	5
终天	12	0	整年累月	4	0
终日	99	1	一年到头	97	3

表 1 中的"有评价"义指"有负面评价","无评价"义指"没有负面评价"。据表 1 的统计可知,"整天"类副词绝大多数例句都是有负面评价的。有的词较多地用来描写自然现象,如"终年",按理说无所谓评价,但它仍是以描写对人有不

利影响的自然现象为主,如"终年积雪""终年高温"之类。我们可以说"四季如春",但其中的"四季"如换作"终年",则可接受性低。但确实可以看到没有负面评价的例句,下面各举 1 例:

(47) 自家的人呢,也都扶老携幼整天地挤在那青草径上,喜气洋洋,仿佛都醉在了浩荡的东风里,说:"这才是春天呢!"

(48) 当了小王爷的褚英,内心充满喜悦,整日乐呵呵的,踌躇满志,决定大干一番。

(49) 跟你们搞文艺的比,怎么也不行。你们成天欢蹦乱跳的,走南闯北,有说有笑,一比,我就显得老气横秋。

(50) 他成日价四处寻找自己的队伍——工农红军。碰巧,今天遇见了红军的大队人马。

(51) 打扮的时候,我怜爱自己;打扮完了,我恨自己。我的泪很容易下来,可是我设法不哭,眼终日老那么湿润润的,可爱。

(52) 他镇日地笑微微,能找到的东西,总忙着给她找来。

(53) 可是,我很快活:我又摸着了书本,一天到晚接触的都是可爱的学生们。

(54) 国家教委指挥该项工作的办公室内,电话铃成天到晚响个不停,不少人连声赞叹说:"及时雨、真是及时雨啊!"

(55) 皇帝整年吃白米饭,每餐有大块的猪肉,像我们过新年那样么。

(56) 你长年研究历史,从历史角度来看,"两国论"将产生什么作用?

(57) 这里四季常夏,终年葱绿。

(58) 这朵在大西北升起的蘑菇云,是千千万万人赤胆忠心、成年累月、实实在在工作的结果。

(59) 杭州、上海、北京、广州,都有成千上万个"助残小组"长年累月地帮助残疾人解决各种困难。

(60) 可能由于营养得当,她的身体特别健康,一年到头从来都不得病。

以上例句我们有意引得长一点,无论是从本句还是上下文看,"整天"类副词都没有负面评价色彩,但这类例句并不多见。

4.2 中心语的评价倾向

"整天"类副词的负面评价倾向,可以从其所修饰的中心语的语义倾向得到反映,包括以下几种情况。

一是中心语代表负面事件,如上举的例(31)—(44)。再如《现代汉语词典》

(第七版)收有"整天"类副词 10 个,其中举例的有 8 个,举例如下:

　　终天:～发愁、～不停地写

　　终年:～积雪

　　终日:参观展览的人～不断

　　成年:～在外奔忙

　　成日:～无所事事

　　成天:～忙碌

　　长年:～在野外工作

　　成年累月:～在田里劳作,非常辛苦

词典编者所举的例子也多为负面事件,这说明这些副词的负面评价倾向在语言使用者心中已经形成比较固定的印象。

二是单看"整天"句,无所谓褒贬,但下文有作者的负面看法。如:

(61)博士生一入学,便开始整天想方设法地为文章奔波,然后再将这些文章拼凑成一篇博士论文,而不是先进行系统研究,再将论文中最精华的部分提炼出来写成文章发表。

此例中,单看"整天"的中心语,无所谓正面负面,但下文明确否定了这种做法的合理性。

三是中心语代表正面事件,即一般认为是好事,但整体被否定。如:

(62)孩子小,不能整日关在屋里读书,也要给他玩耍的时间。

(63)你是个什么东西。别看你一天到晚埋头苦干,读这个学那个,弄出一副胸怀大志的矜持样子,其实你最终也不会有什么出息。

以上两例中"整天"的中心语虽然都是正面事件,但却被整体否定,因而"关在屋里读书""埋头苦干"也就有了相反的价值。

4.3　组配反应

"整天"类副词的负面评价倾向也可以通过组配具有正面和负面两种相反意义的中心语来测试,可以得出以下两种结果:

一是组配具有负面倾向的中心语很自然,但组配相反倾向的中心语不自然。以"整天"为例:

(64)整天谎话连篇/?整天诚实守信①

---

① 文中此类对比性例句均为自拟。

(65) 整天骄傲自大/⁇整天谦虚谨慎

(66) 整天好吃懒做/⁇整天吃苦耐劳

(67) 整天不务正业/⁇整天忠于职守

以上跟"整天"组配的中心语中,斜线前是负面的,说起来很自然;斜线后为正面的,说起来不自然。

二是两种评价的中心语都可以组配,但都倾向于按负面解读。如:

(68) 整天到处乱跑/整天守在家里

(69) 整天想着玩/整天想着工作

(70) 整天看电视/整天看书

(71) 整天不学好/整天求上进

以上例中斜线前后的行为如不加"整天",正负倾向是相反的,但加上"整天"后评价都趋向负面。如"整天守在家里"隐含有"无社交或没出息"的意思,"整天想着工作"隐含有"不顾家庭,生活单调"等的意思,"整天看书"隐含有"书呆子,趣味单一"等意思。或者可以解读为讽刺,如"整天求上进"可能是讽刺对方假装积极或过于功利,等等。

4.4 负面评价的强度

以上可以证实,"整天"类时间副词,确有表达负面评价的显著倾向。而评价作为一种言语行为,是有"语力"的,也就是说表达负面评价从言者的态度来说,具有强度的差别。据我们考察,由"整天"类时间副词所表达的负面评价是语力较弱的,"整天"句大多隐含嗔怪、埋怨、同情、劝诫、无奈、遗憾、不理解或"恨铁不成钢"等意味。之所以会如此,与语言的"礼貌原则"有关。沈家煊(2018)将涉及评价的"礼貌原则"概括为:"用言语进行评价,尤其是评价人的社会行为时,对坏的要说得委婉,对好的要说得充分。"也就是说,如果是正面评价,倾向于强语力的,尽量向高里说;而对负面评价,为照顾评价相关方的面子而倾向于弱语力的,尽量向低里说,以防"言语伤人"。据目前学界的研究和笔者的考察,就本身不含评价成分的副词所表达的评价来说,都具有同"整天"类时间副词相同的特点:一是表达负面评价;二是表达强度较弱的负面评价。

五、评价义的由来

"整天"类副词本来是表示时间的,时间义是相对客观的意义,而评价是主观的,那么它们的负面评价义是从哪来的呢？我们以为是其自身的词汇意义与中心语的评价义之间发生互动的结果。

5.1 现代汉语的事实

"整天"类副词所修饰的中心语,有的本身有评价义,或是正面词语,或是负面词语;也有的没有评价义,无所谓正面负面,可以称为中性词语。如:

正面词语: 乐　　进步　　帮助人　　精神饱满

负面词语: 吵　　吹牛　　欺负人　　游手好闲

中性词语: 吃　　下雨　　看电视　　在外面玩

以上三类词语受"整天"类副词修饰后,具有增量特征,即一件事天天做或年年做,就使得这件事的所有特征得到增强,如果没有特定语境的影响,好事天天做当然评价更好,坏事天天做当然评价更坏。以"整天"为例,与以上三类词语组合得到以下的偏正短语:

a. 整天乐　　整天进步　　整天帮助人　　整天精神饱满

b. 整天吵　　整天吹牛　　整天欺负人　　整天游手好闲

c. 整天吃　　整天下雨　　整天看电视　　整天在外面玩

显然,如上 b 行,负面词语被"整天"修饰后,负面义得到加强;如上 a 行,正面词语被"整天"修饰后,按理说正面性应得到加强,而实际的语感是说起来反而不自然;c 行,原本没有评价义的中性词语,被"整天"修饰后,应该是仍然没有评价义,可实际情况是,以上 c 行偏正短语都是偏向于负面的。这可用在前面加上"喜欢"和"讨厌"来测试,如:

a. ?喜欢整天吃　?喜欢整天下雨　?喜欢整天看电视　?喜欢整天呆在家里

b. 讨厌整天吃　　讨厌整天下雨　　讨厌整天看电视　　讨厌整天呆在家里

对以上的 b 行短语,说起来很自然,代表一般人共同的评价倾向。但 a 行短语,多数成年人会对其评价倾向表示排斥或怀疑。

用沈家煊(2018)的标记理论来衡量,表示正面、负面和中性三种不同评价义的词语中,正面和负面词语是有标记的,中性词语则是无标记的,而无标记的成分是数量最多的。这样一来,"整天"类时间副词只有修饰正面词语才可能得到正面评价,而修饰负面词语和中性词语得到的都是负面评价,因而表示负面评价就有了绝对的数量上的优势。

剩下来的问题是,正面词语受"整天"类副词修饰后,为什么有的会不自然?本来无所谓正面和负面的中性词语,受到"整天"类副词修饰后,为什么会向负面评价偏移? 据邹韶华(1988)的统计,中性词的语义偏移绝大部分是偏向积极意义的,偏向消极意义的极少。他认为这与社会心理因素有关,即人类总是不断追求完善,追求发展。沈家煊(2018)用体现社会心理的"乐观原则"来解释这种现象,即"人总是看重和追求好的一面,而摒弃坏的一面"。显然,"乐观原则"解释不了"整天"类副词修饰正面和中性词语后出现的非预期效果。我们以为,这可以用文明社会的行为准则——"适度准则"来解释。无论做什么事都不能超过一定的限度,过度就会"过犹不及",失去合理性。比如"喝酒"本来无所谓好坏,但如果天天喝、顿顿喝,就成了酒鬼,具有了负面性。甚至一般被看作正面义的词语,受"整天"类词语修饰后,也可能向负面倾斜,如"看书""学习"本来是好事,但如果过度,"整天看书""整天学习",可能失去合理性:或者说起来觉得不自然,或者具有"书呆子、不问世事"之类的负面语用义。

5.2 历史的印证

以上是就现代汉语来说的,那么这些副词,它们在历史上开始出现时,是什么情况呢? 能够印证以上的规律吗? 我们通过北京大学 CCL 语料库考察了初见于现代以前的"整天"类副词,统计其初见年代表达负面评价的情况。结果如表 2 所示:

表 2 "整天"表达负面评价的初见年代

词 语	时 代	正 面	负 面	中 性	结构负面
整天	清	2	2	2	4
整日	明	2	15	9	19
整年	明	0	6	1	6
成日	明	5	13	11	22
成年	明清	0	4	2	5
终日	战国前	1	1	3	3
镇日	元明	3	11	11	16
长年	先秦汉	0	1	2	3

词　语	时　代	正　面	负　面	中　性	结构负面
终年	先秦汉	0	2	1	2
一天到晚	清	2	7	11	14
成天到晚	民国	0	1	0	1
成年累月	清	0	1	0	1
一年到头	明	3	0	4	2

在表2里,"正面""负面""中性"三栏的数量是指中心语本身的评价义分布情况,"结构负面"是指考虑上下文因素后,"整天"类副词加上中心语后构成的偏正结构表示负面评价的情况。如将表上"负面"和"结构负面"相比较,会发现后者表达负面评价的例句增加了,就是一些原本的中性中心语,加上"整天"类副词后形成的偏正结构变成负面的了。如:

(72) 你们整天地玩,园中没人照管。(清《八仙得道》)

(73) 于是评出朝,整日思想,计欲害慕容垂。(明《两晋秘史》)

(74) 他老婆成日在你后边使唤,你纵容着他不管,教他欺大灭小。(明《金瓶梅》)

(75) 这个是大西洋红毛法兰西来的上好龙井茶,只要这么三四片就够了。要是多泡了几片,要闹到成年不想喝茶呢。(清《二十年目睹之怪现状》)

(76) 薛教授没的事做,镇日坐在铺里看做生意。(明《醒世姻缘传》)

(77) 景公游于寿宫,睹长年负薪者,而有饥色。(战国《晏子春秋》)

(78) 父子夫妇终年耕芸,所得不足以自存。(东汉《限田禁奴婢》)

以上"整天"类副词的中心语,都是中性的,但是看上下文,整个偏正短语就都有了负面性,如例(72)的"玩",本是中性的,但"整天地玩",再联系下文的"园中无人照管",当然就成了负面的。例(78)的"耕芸",按理说在传统重视农业的社会里甚至具有正面性,可是"终年耕芸",再看下文的"所得不足以自存",就成了负面的了。

如将表2与表1相比较,显然在现代汉语里,这些"整天"类副词的评价倾向更为突出,说明这些副词吸收了语境的负面评价义,进一步扩散,而最后规约化了。因为一方面从语感上说,特别是"整天、整日、成天、成年、终日、一天到晚、成

天到晚、成年累月、长年累月、一年到头"等词语,表示负面评价的规约化程度更高一些,因为如果在这些词语后加一个中心语,人们会优先想到负面词语。另一方面,方梅(2017)认为词汇性负面评价规约化的另一类手段是增加构词成分,而"整天"类副词也是这样,它们加上后缀"价"或"里"也是规约化的一种手段,加上后缀的多音节时间副词的负面评价解读倾向更为突出。

六、结　语

无论是从词义偏移的角度还是主观评价的角度,现有的研究都没有人谈到"整天"类时间副词表达负面评价的用法,对这类词语表达主观评价的研究,对汉语教学和词典编撰都是有重要意义的。比如"整天、整日、整年、成天到晚、整年累月"等词语,就是《现代汉语词典》这样的权威辞书也没有收入,对收入的其他"整天"类副词,也没有指出它们的负面评价倾向。而且该词典中用"整天"来给"成天、成日、镇日、一天到晚"等时间副词释义,如考虑到"整天"还有名词意义,则用它来作释义词也是不合适的。

就负面评价意义不能通过自身的字面意思来解读的评价成分来说,人们谈到较多的是感叹词(李先银,2013)、语气词和语气副词(方梅,2017),显然这几类词本来就是具有较强主观性的,而"整天"类时间副词,就字面意思来说并没有主观性,可它们不但获得了评价义,而且评价义具有了相当的规约化。汉语中还有哪些表示时间或其他客观意义的词语具有评价表达功能? 比如:

(79) 我爹就埋汰人,说是小手确黑(黢黑),这一天天的。

(80) "阿阿阿阿,失眠了!"

　　　"你啊一天到晚的。"

(81) 大家伙抢水果吧,争取每人抢一个坏苹果,吃死你们一个个的。

以上例中的"一天天的""一天到晚的"字面意思表示时间,"一个个的"表示数量,它们本来的意思都是低主观性的,但它们也都有了负面评价义。这类成分及其评价义的由来值得我们深入研究。

参考文献

方　迪(2019)"这话说的"的负面评价立场表达功能及其形成动因,《语言教学与研究》第6期。

方　梅(2017)负面评价表达的规约化,《中国语文》第2期。

郭晓麟(2015)"真是的"负面评价功能探析,《语言教学与研究》第 1 期。

胡壮麟(2009)语篇的评价研究,《外语教学》第 1 期。

李文浩(2009)"爱 V 不 V"的构式分析,《现代外语》第 3 期。

李先银(2013)《现代汉语话语否定标记研究》,北京语言大学博士论文。

李晓琴、陈昌来(2020)现代汉语换言标记构式"往 X 里说",《语言文字应用》第 1 期。

李战子(2004)评价理论在话语分析中的应用和问题,《外语研究》第 5 期。

李宗江(2008)表达负面评价的语用标记"问题是",《中国语文》第 5 期。

李宗江(2011)"关键是"的篇章功能及其词汇化,《语文研究》第 2 期。

李宗江(2015)现代汉语"巧合"类语用标记及其演变,《对外汉语研究》第 13 期,商务印书馆。

刘　慧(2011)现代汉语评价系统研究述略,《汉语学习》第 4 期。

刘世铸(2007)评价的语言学特征,《山东外语教学》第 3 期。

齐沪扬(2003)语气副词的语用功能分析,《语言教学与研究》第 1 期。

沈家煊(2018)《不对称和标记论》,商务印书馆。

史金生(2003)语气副词的范围、类别和共现顺序,《中国语文》第 1 期。

杨家胜(2002)从语言学角度看评价意义,《外语学刊》第 3 期。

杨信彰(2003)语篇中的评价性手段,《外语与外语教学》第 1 期。

姚双云(2011)话语中的立场表达:主观性、评价与互动,《外语教学与研究》第 1 期。

张谊生(2000)《现代汉语副词研究》,学林出版社。

邹韶华(1988)中性词语义偏移的原因及其对语言结构的影响,《语法研究与探索》(四),北京大学出版社。

Biber, D. & Finegan, E. (1988) Adverbial Stance Types in English. *Discourse Processes* 11(1): 1 - 34.

Du Bois, J. W. (2007) *The Stance Triangle. Edited by Robert Englebretson. Stancetaking in Discourse: Subjectivity, Evaluation, Interaction.* Amsterdam: John Benjamins.

Finegan, E. (1995) *Subjectivity and Subjectification.* Cambridge: Cambridge University Press.

Hunston, S. & Thompson, G. (2000) *Evaluation in Text: Authorial Stance and the Construction of Discourses.* New York: Oxford University Press.

Martin, J. R. & White., P. R. R. (2005) *The Language of Evaluation: APPRAISAL in English.* London: Palgrave.

(解放军战略支援部队信息工程大学昆山校区,215300,li1377630@163.com)

再论当代汉语程度促转模式
"很+X"的形化功效与成因*
——基于网络用语"很嗨、很哇塞"及"很凡尔赛"的观察视角

张谊生

〇、前 言

作为一种没有严格意义上形态特征的分析性语言,无论是实词还是虚词,汉语的各种词类基本上都是无形式标记的,词类的性质与功能只能依据句法分布、搭配方式、表达功效来分别体现与确定认证。正因为这一重要的类型学特点,导致汉语词类的功能变化,不管是活用还是兼类,是转化还是分化,都是在表层形式不变的情况下句法功能与词类性质发生改变。本文基本观点是:由于没有句法与构词的形态变化,所以,汉语"程度副词+相应词语"这一特定组配模式,只要在表陈述与表修饰的临界语境(adjacent context)中得到高频类推(frequency analogy),一旦新用法经过质变的临界点进而加以重新分析,就相当于或者说接近于英语"-ful、-ish、-tive"等词法形态的构词方式。为此,笔者(2019、2022)曾对"很/太+N/V"形化模式的性质功用作过专题研究。本文研究重点进一步拓展到感叹词"嗨、哇塞"以及外来词"凡尔赛"前加程度副词"很"的促转、形化功效。当然,除了"很"之外,前加其他常用程度副词,如"太、怪""非常、相当"甚至"有点儿"等,也都有类似的功效,不过,当代汉语"很+嗨/哇塞/凡尔赛"格式无疑是导致"嗨、哇塞、凡尔赛"(这三个词下面合称为X)的功能转化最为常用与典型的促转模式;而且,前面还会经常出现"真的、真是、确实、的确"等表强化与确定的评

本文已发表于《汉语学习》(2023 年第 4 期),是国家社科基金(15BYY131)"程度副词的生成、演化及其当代功能扩展的新趋势研究"与国家社科基金(20BYY153)"汉语副词再演化的模式与功用、动因与机制的系统性研究"的阶段性成果。

16 •

注性副词。

毫无疑问,本文研究的特定语言现象,都还只是从临时偶发出现到逐渐扩展定型的语用表达式,都还没彻底完成从高频类推到重新分析而成为新兴的兼类词;但是这类现象同样可以有效揭示出当代汉语特定的词类演化规律,尤其是这些词类在当前网络、微信中的词类转化方式与句法特点。本文语料全部来源于当代网络与微信,主要是"百度快照"的各种报道以及其他相关网站的具体语料。所有例句全部注明出处,少数例句引用时有所整合。

一、形化的性质、特色与功效

本节主要研究正在转化的"很 X"的形化性质、功用特色与表达功效。①

1.1 表义情态化与生动化

感叹词"嗨"本来表示感慨、惋惜、责怪、起哄,乃至于表达有所疑问与要求引起注意,进而引申出表示欢快、兴奋、得意。"嗨"本来就有"hēi"与"hāi"两种发音方式②,近年来,"嗨"由于受到英语"high"的感染(infection)与影响,进而频繁地进入"很＋X"模式,逐渐形成了以"hāi"表示赞叹性的"高级、高尚"与夸耀性的"出色、成功"的各种性状化功用。例如:

(1)今天很开心,姐妹们聚会真的很嗨,三个女人很疯狂地聊天逛街,虽然有点累,但是很开心。(BCC 语料库)

(2)康辉回应喊三遍落座,直呼现场真的很嗨,为需用英文播报而感到压力大。(百度快照,2022 年 2 月 21 日)

感叹词"哇塞"原是流行于台湾闽南话中爆粗口的骂詈语,现在一些口语乃至网络语中已演化为感叹词了③。当发话人认为某个人物或某件事情非常厉

---

① 需要说明的是:当代汉语的"嗨、哇塞"以及"凡尔赛",除了正在向形容词转化之外,同时也在逐渐向动词转化。比如:A. 昨天和老公一起出去度假,嗨了一整天,单独享受了我们的二人时光。B. 机会很多,但人生很短,所以,快乐的心情最重要,一定要让自己嗨起来。C. 寻味新丰这家的味道,让我哇塞了一整天。D. 最近上手体验了荣耀的新机,拿到手的时候我就哇塞了,这手机展开以后不就是个智能衬垫吗! E. 最近一不小心就被凡尔赛了,真是要了命了。F. 对于东风雪铁龙而言,这是值得凡尔赛的一刻,是其近 7 年投放新车所取得最好成绩。限于篇幅,本文只研究形化的"嗨、哇塞"与"凡尔赛"。
② 在《现代汉语词典》(第七版)中,"嗨"标注读音为"hēi",认为相当于"嘿"。标注发音"hāi"的"嗨"还只是双音节叹词"嗨哟"中的一个语素。
③ 在闽南话中,"哇"是第一人称代词"我",而"塞"则是表示性行为动词的"奋、尻";就像官话的"我操,我考"一样,"哇塞"在闽方言中早已演化为感叹词了,而且,感叹用法现在也已扩散了。可参看张谊生(2010)。

害、出色时,便会情不自禁地发出"哇塞"的惊叹;在赞叹过程中,发话人为了进一步强调与凸显相应功效时,也会在这前面加上常用程度副词"很"。随着"很+X"模式的高频使用不断压制,"很哇塞"就从表"哎哟、天哪"逐渐向"太厉害"以及"真了不得"的形化赞叹功效转化了。例如:

(3)哈哈,谢谢大家的鼓励和支持,蓝胖子不会让你们失望的,希望明天锦衣宿能大卖,哈哈,有些记忆就是为了痛而存在,人的成长就是伴随着这些疼痛!所以,加油! 很哇塞噢,龙年到了!(百度快照,2020年1月12日)

(4)这本类似《极品家丁》的历史后宫文本,真的很哇塞了。(哔哩哔哩,2021年3月25日)

"凡尔赛"本指法兰西一地名及宫殿、博物馆,近年来正由对法国"贵族""宫殿"的称呼与联想而转指"以低调方式加以炫耀"与"出于虚荣心正经地装"等行为方式与精神状况。当前正在朝正负两个趋向形化发展,正向形化的"凡尔赛"主要表示"显得高雅、很有气质、相当不错"等各种语义与语用功效。例如:

(5)有被李嘉祥的舞蹈帅到的,但是练习还不到半年,这个真的是很凡尔赛了!(百度快照,2021年9月26日)

(6)亮亮这就很凡尔赛了哦! 自己作品没怎么准备,完全即兴却那么优秀!真是强大啊,毕竟那么多冠军头衔!(百度快照,2021年9月17日)

负向形化的"凡尔赛"主要显示"会显摆、刻意炫耀"和"会做作、就是作假"等各种语义与语用功效。例如:

(7)富人不稀罕,穷人不介意,个别伪中产们很凡尔赛!凡尔赛体的段子,现在是满天飞了。(百度快照,2020年11月12日)

(8)说了那么多,其实我婆婆对我挺好的,而且还出钱出力,可是我真的不需要,觉得很窒息;听上去是不是很凡尔赛,可是我真的太渴望有一个自己的小家庭了。(百度快照,2022年3月4日)

很显然,就词类性质而言,当前活跃在各种网络、博客、微信中的这些前加程度副词"很"的这三个 X 正在类推(analogy)与转化中,还没有达到词类功能转化的阶段,所以,还不能定性为形容词,只能称之为"形化中的感叹词、外来名词"。不过就表达效果而言,在程度压制的特定语境中,这些 X 显然比同义形容词更加时尚、更有活力。比如,同样是称赞与形容优秀的"女友与女孩"的特征,这些由感叹词形化的 X 在表达过程中,肯定会比近义的形容词显得更加生动、形象,而且还能凸显特定的主观态度与相应情感。例如:

(9)真的很嗨啊,有个这么嗨的女友是多么幸福的呀!(百度快照,2020年

12 月 7 日)

(10) 有一个每时每刻很嗨的女朋友是一种怎样的体验? 讲到体验嘛,第一个就是欢乐啊! 是身边的开心果,有什么烦恼,负能量,看到她就觉得开心、舒服,充满正能量的小太阳一样;而且每天都会给你惊喜,幸福感爆棚!(知乎,2018 年 5 月 29 日)

(11) 一个优秀具有吸引力的女孩,不单单只是在于她的外表,深究其内因,内在因素的比重更加具有分量。一个很哇塞的女孩是什么样的呢? 其实很简单,只要日以往复的坚持这些习惯就好了,随着时间的流逝,你也可以变得不一样呢。(百度快照,2022 年 6 月 10 日)

(12) 怎样才能成为一个让别人跟你相处一下,就觉得你是个很哇塞的那种女孩? 女孩子的温柔、让步,永远都是上天赐给你的杀手锏,当你开始真正地理解它、掌握它、使用它,你就会明白,本来那些让你感觉很棘手很头疼的问题,都会变得特别简单。(百度快照,2022 年 06 月 14 日)

同样,要想责怪别人"会显摆、会做作、有点作假",直接就用"很凡尔赛"也会更加含蓄与形象。例如:

(13) 嘴上说着久病未愈,第二天就连破数桩奇案,狄仁杰的这波操作很凡尔赛了!(百度快照,2021 年 8 月 7 日)

(14) 钱大勇说:"高原,不得不说,你很凡尔赛,你看,最不擅长的就是写东西,你觉得这话像话吗?"高原道:"我怎么就凡尔赛了,我又没跟你开玩笑,我是真的不擅长写东西。"(阅读网,2022 年 5 月 10 日)

1.2 表达陌生化与时尚化

所谓陌生化(defamiliarization),就是在语言使用中对常规、常识偏离的现象,从而造成理解与感受上的陌生感,达到吸引青年人更容易接受的特定效果。也就是说,语言搭配和语言使用过程中,为了吸引别人注意并使之留下深刻的印象,人们在使用语言时,就会自觉不自觉地利用陌生化手段,尽可能标新立异。尤其是那些直接面对广大喜欢猎奇青年的各种分析与报道,更需要有意识地采用各种超常规的搭配手法,这也正是为什么这些新兴的"很 X"出现在网络中,大多数都是描述一些会引起年轻人关注的娱乐、交友等活动。例如:

(15) 其实每一个很嗨的人在一个人的时候比谁都寂寞,……开学后去办个网银多买几件衣服给小乐穿穿,也让它美起来!(百度快照,2020 年 9 月 6 日)

(16) 你看看电脑下垫的东西会不会眼熟? 听说昨天你们很嗨的在宿舍点

蜡烛,新年快乐啊!(百度快照,2021 年 11 月 2 日)

(17)工作刚起步,先给自己定一个小目标,或许未来还很迷茫,但是我一定要尽自己最大的努力让自己每天都开心快乐,我一定要快乐,做一个很哇塞的女孩。(简书网,2020 年 10 月 7 日)

(18)东莞六杏口腔种植矫正,诊所用的全数字化诊疗设备,果真很哇塞。(百度快照,2021 年 11 月 24 日)

(19)和男友吵架了,原因很凡尔赛:因为不愿意接受他的礼物,非要还他帮我垫付的钱,虽然我觉得男人宠女人是应该的,是爱的一种体现,但我自己却还是蛮贱的。(百度快照,2021 年 7 月 5 日)

(20)你身边也有很凡尔赛的外贸朋友吗?请在留言区分享外贸圈的凡尔赛段子。(百度快照,2020 年 11 月 26 日)

显然,这些陌生化的形化"很 X"创新模式,肯定会给当代年轻人带来很强时尚感。再比如:

(21)今天一家三口出门踏青,感受春天的气息,希望以后能多点这样的时光,大家回来都说玩得很嗨,心情也美美哒。(百度快照,2021 年 1 月 15 日)

(22)昨天是同学聚会,大家聊得很嗨,吃完饭后还一起去了 KTV,真是好久没有这么热闹了,太开心了,那场面太令人难忘了。(百度快照,2019 年 8 月 13 日)

(23)李汶翰初中时候就听汪苏泷,出道的还挺早的,让沙溢显得很哇塞!(百度快照,2020 年 9 月 27 日)

(24)哈哈,有些记忆就是为了痛苦而存在,人的成长就是伴随着这些疼痛,所以,加油!很哇塞噢!龙年到了!(百度快照,2020 年 4 月 12 日)

(25)说出来可能很凡尔赛,但是事实就是这样,自从我将贵妇面霜换成了一款小众国货精华液,我的皮肤状态好了很多。(百度快照,2021 年 7 月 11 日)

(26)不得不很凡尔赛的说,大家对于唱歌,跳舞,颜值的要求不一样;小苹果对唱歌的要求很高,我对颜值和舞蹈的要求也很高!(百度快照,2021 年 7 月 10 日)

1.3　功效夸耀化与蕴含化

比起只用"很+"一般形容词的"很高尚、很成功、很出色、很来劲"等表达式来,"很嗨、很哇塞"的表达方式更具有强化特定夸耀情感的色彩。例如:

(27)梁红演唱歌曲《带你潇洒带你嗨》,正是一首活泼欢畅的歌曲,确实很

嗨！将在优酷播出的音乐高清视频上线。(百度快照,2018 年 5 月 11 日)

(28) 今天去郊游,和朋友们玩得很嗨,好久没有这么兴奋了,那种一起玩得欣喜若狂的样子,真是令人难忘。(快资讯,2019 年 7 月 5 日)

(29) 大家一起唱歌,这种其乐融融的气氛真的很哇塞！(哔哩哔哩,2020 年 3 月 23 日)

(30) 这颜值,这身材一看就很哇塞！大家一起唱歌吧,这种其乐融融的气氛真的很哇塞！(百度快照,2020 年 8 月 8 日)

(31) 龚俊、虞书欣感慨:红了之后朋友少了,给的理由很凡尔赛！(百度快照,2021 年 7 月 15 日)

(32) 公司官方回答:您好,感谢您对东普医疗的关注,但很遗憾的是年报及一季报前"窗口期"不能交易！回答得很凡尔赛！哈哈！(百度快照,2021 年 3 月 24 日)

同样充当定语表修饰,比起"很好、很不错、很优秀"来,"很嗨、很哇塞"也显得更加真诚、更加热情。例如:

(33) 旅行,真的是一场心灵的历练,昨天我去旅游,在途中见到不少从未见过的美景,真是很嗨的一天。(百度快照,2022 年 4 月 18 日)

(34) 看了很嗨的一部电影,最喜欢这样的片子,情节紧张,又稍微需要动动脑子跟着剧情走,最后又接连几个反转,让人不得不佩服电影的精巧和叙述。(百度快照,2015 年 5 月 18 日)

(35) 所谓做一个很哇塞的老师,就是做一个让学生能够眼前一亮,并且能够感到惊喜且与众不同的老师。(百度快照,2020 年 8 月 29 日)

(36) 怎样做一个很哇塞的人,不必在意闲言碎语,很哇塞的活法大概是:对待自己,彬彬有礼;对待别人,远近随缘。(百度快照,2022 年 5 月 14 日)

至于充当定语的"很凡尔赛",比起直接说"刻意炫耀、就是作假",则显得既委婉而含蓄又富有时尚感。例如:

(37) 心理虚无感是很凡尔赛的欧化产物。实际上欧洲整个社会的物质生活变好了之后,很多人有钱之后,才有资格发作心理虚无感。(百度快照,2021 年 8 月 31 日)

(38) 我觉得,我说了一句很凡尔赛的话,但是真的没有说错。我跟朋友说:"我都 87.8 了,再不控制,冬天就 90 了。"(百度快照,2021 年 3 月 18 日)

总之,当代汉语这三个正在形化的"很 X",由于陌生化、时尚化效应,比起同义近义形容词来,在表达过程中不但更加生动、形象,而且在不同语境还能兼表各种特定情感色彩。

二、形化的组配、模式与性能

本节主要在于再进一步归纳、认定这些正在形化的"很X"特定的组配方式、表达模式与句法功能。

2.1 程度限定与功能转化

就X的形容词化的句法分布与功能而言,被副词"很"限定的感叹词和外来词,在"很X"压制模式下大都还是充当各种谓语来表陈述的。例如:

(39)视频来了,将为你带来更多的南院信息,搭配这个音乐,真的很嗨。(BCC语料库)

(40)今天真舒服,空气清新湿润,出去玩路上也不堵车,做什么事都比较顺心,心情好得飞起,想发自拍,真是很嗨啊了!(百度快照,2020年4月15日)

(41)"天生一对"结婚证火了,夫妻名字很哇塞,登记员工也是第一次见。(快资讯,2021年3月2日)

(42)不走甜美路线的赵露思,真的很哇塞!辨识度提高了,整体美感也很牛!(快资讯,2021年10月5日)

(43)英国代表欧阳森被爆料,他真的很凡尔赛,乱用各种中国成语。(湖北卫视,2021年7月5日)

(44)马伯骞开车去奶茶店打工,有钱人不自知啊,这波操作很凡尔赛,我都酸了!(百度快照,2020年12月22日)

毫无疑问,当前形化中的X已经与原来的拟声、感叹、概念等表达功能没有直接关系了,而是表示各种特定的情状与评价。除了充当谓语外,大部分"很X"都还可以出现在"得"后充当状态补语。例如:

(45)在优酷播出的综艺高清视频中,学员唱得很嗨,杰伦就这么静静地看着,很是喜欢。(百度快照,2018年6月4日)

(46)当你出去和朋友玩之后,别人问你:"嘿,你玩得怎么样?"你是不是会说:"很好啊,玩得很嗨!"(百度快照,2020年5月17日)

(47)一个被社会遗忘的厨子,炒米饭炒得很哇塞。(好看视频,2020年5月3日)

(48)陕西小伙迎娶四川少数民族姑娘,新娘长得很哇塞!这还是头一次

见,接下来自动播放。(百度快照,2022 年 2 月 19 日)

(49)这种方式却又比"显摆"更加含蓄,把"显摆"搞得清新脱俗,让人都不好意思说他什么,也就是说,他的话说得很凡尔赛。(百度快照,2021 年 8 月 24 日)

(50)其实,你真正想要通过求助解决的是为什么自己在看到凡尔赛的同学后,心里有一种强烈的不舒服,怎样破?本来就是自己极端自卑,却装得很凡尔赛,很没意思。(壹心理,2021 年 12 月 20 日)

显然,正是由于独特的语言形态类型学特征,加上汉语程度副词所具有的词性压制转化功用(施春宏,2015;张谊生,2019、2022),所以,进入程度压制模式的 X 形化功能已相当成熟了。

2.2 描述修饰与摹状限定

描述修饰的"很 X",就是附加"的"之后直接充当句法成分定语①,表明"很 X"中的 X 的表达功用,已经由表陈述扩展到了表修饰了。例如:

(51)这么多人围在圆形舞台周围,加上热情的演唱,很嗨的感觉啊!(BCC 语料库)

(52)睡觉,明天出差,普吉岛的那批明天回来了,我们还有四天出发,感觉这次去台湾玩都没什么激情,一帮玩得很嗨的小朋友,25 岁的年纪,我想玩滑轮!(百度快照,2019 年 9 月 12 日)

(53)前几天听一个朋友说,很哇塞的人,在很多方面都表现得哇塞。比如为了自己身体健康,可以坚持每天运动 1 个小时;也能同时早起坚持每天读书学习。(小红书,2022 年 6 月 16 日)

(54)看一眼就觉得很哇塞的句子,句句独特,值得收藏,数不尽的思念,愿相思苦。(百度快照,2021 年 6 月 21 日)

(55)《乘风破浪的姐姐 2》第一期里,杨钰莹说了一句很凡尔赛的话:准备参加姐姐这个节目以后,就真的长皱纹了,以前都不知道什么叫皱纹。(百度快照,2021 年 3 月 11 日)

(56)来看一看主角很凡尔赛的文章吧:《砸锅卖铁去上学》必须榜上有名,这里是不要书荒,今天推荐的最近很有名的凡尔赛女主,实在是可爱。(百度快照,2020 年 12 月 25 日)

---

① 关于充当句子成分与句法成分的性质及其区别,可以参看张谊生(2013)。

至于摹状限定功能,就是指这类形化的"很 X"还可以充当方式状语。不过,就调查的语料而言,此类状语后附的标记词都是"的"而不是"地"(原因参看张谊生,2012)。例如:

(57)你有没有看到一部五门的?前两天爱卡还说要 2015 年上市。我们还<u>很嗨的</u>放礼花!用炮筒的那种,好好看!(百度快照,2021 年 10 月 21 日)

(58)说从 12 点半考到两点,我们也<u>很嗨的</u>把答案抄了,没十分钟就走了。哈哈哈,开个会开了两个小时,饿死我了都。(百度快照,2020 年 1 月 9 日)

(59)要<u>很哇塞的</u>过好每一天,勇往直前,无坚不摧,百毒不侵,只要不认怂,生活就撂不倒你。(百度快照,2022 年 6 月 26 日)

(60)今日是周一,<u>很哇塞的</u>做个身体保养,毫无训练痕迹。爱健身爱生活,你的坚持终将美好,就让健身成为一种习惯。(百度快照,2022 年 6 月 6 日)

(61)最近总是<u>很凡尔赛的</u>说,很难在餐馆里吃到比自己做得好吃的东西,但法兰的"莫里基"出乎意料!(知乎,2021 年 11 月 29 日)

(62)只要有人接话,他就会继续延伸到他身上其他比较值钱的东西,最后还会<u>很凡尔赛的</u>说,他从来不在乎名牌,只要好看好用就可以了。(百度快照,2020 年 12 月 7 日)

2.3 感受表述与配合共现

再进一步发展,除了直接充当句子谓语、补语与定语、状语之外,当代汉语大多数"很 X",还可以根据表达需要,直接充当"觉得"等感受类心类理动词的各种评判性宾语。例如:

(63)很久没看球了,还是<u>觉得很嗨</u>,之后就是耐心等待今晚,再之后就是再等一个月。嗯嗯,好好加油!(BCC 语料库)

(64)你不是不行,而是需要人告诉你,听人家说什么三百到六百,<u>觉得很嗨</u>吧,嗨有什么用?对不起!(百度快照,2022 年 3 月 20 日)

(65)真的很想知道,什么样的女生,第一眼见到她,就会<u>觉得很哇塞</u>?(百度快照,2022 年 2 月 24 日)

(66)有些女生不用看脸,光看穿搭就会让人<u>觉得很哇塞</u>,希望你也是。(百度快照,2022 年 4 月 27 日)

(67)就是我跟我同学聊到钱的时候,她就说我很富,我富吗?我哪里富了?说实话,她这样说,我也<u>觉得很凡尔赛</u>。(半次元,2021 年 2 月 14 日)

(68)如果我说肖邦练习曲,以及肖邦系列,估计很多人<u>觉得很凡尔赛</u>,但是

确实是如此的,因为肖邦练习曲真的是听着又难又快,范儿又大,但是相对不难。(知乎,2022 年 3 月 18 日)

而且,这些"很 X"还经常可以连用与合用、对举与排比,达到配合共现的表达效果。例如:

(69)我用臭脚对着你,为眼神犀利转一个!写了一个很短很黄很嗨的故事,故事的结尾,又带着很深的疼痛。图穷匕见,猥琐处见真情。(百度快照,2020 年 4 月 15 日)

(70)听歌,唱歌真是很嗨的一件事,考试的第一天心情好,离回家的那天还会远么,哈哈大笑了。在床上拿勺子吃西瓜,也是一件很嗨的事,一起床发现芭比又不知道什么时候出门了!(百度快照,2021 年 8 月 16 日)

(71)儿子 2 岁,女儿 2 个月,带着宝贝们拍了一条很哇塞的抖音,努力做一个很哇塞的妈妈。(百度快照,2020 年 12 月 17 日)

(72)努力成为一个很哇塞的人,身材很哇塞,气质很哇塞,心情很哇塞,生活也就很哇塞了!(百度快照,2021 年 9 月 24 日)

(73)身边遇到很凡尔赛的同事,怎么破?本来就是自己极端自卑,却装得很凡尔赛,很没意思。(壹心理,2021 年 12 月 20 日)

(74)人民大学的 AI 学院,教师团队很凡尔赛。去年,人民大学高瓴人工智能学院招聘启事一经发布,业内外热议。这个专业每个方向都很凡尔赛!这种办事效率果然很凡尔赛。(百度快照,2020 年 11 月 21 日)

由此可见,当代汉语"很 X"的使用模式,不但可以充当谓、补语与定、状语,而且可以充当心理动词的评判宾语乃至经常合用、排比与配合。

总之,从句法分布角度可以鉴定,在高频类推的作用下,当代汉语网络与微信中的"很嗨、很哇塞、很凡尔赛"中的"嗨、哇塞、凡尔赛"的形化用法现在已经相当普遍而且成熟了——既可以充当句子成分,也可以充当句法成分。虽然各种用法基本上都还出现在网络语言中,还不宜直接称之为兼类词,但是,这些曾经的感叹词和近来正在转化的外来名词的形化句法功能,现在肯定都已经开始由量变趋向质变了。

三、形化的机制、动因与后果

本节主要研究"很 X"形容词化的语法化机制与动因及其相应的演化发展后果。

3.1　借用转喻与联想过渡

就这些正在形化 X 的演化机制而言,这三个名词都是转喻(metonymy)的结果。不过与"凡尔赛"的形化基础不同,"嗨、哇塞"都是由感叹到赞叹、赞叹到认可,进而逐渐形化的。比如,下面都是从叹词独用到强化独用再到修饰表义[①]:

(75)连锁品牌总部实力强大,帮助每一位创业者成功地走上创造市场。河南特色美食项目,嗨! 朋先生,生炝烩面加盟,生意更加经典!(百度快照,2020 年 6 月 28 日)

(76)金秋十月,祖国 70 华诞,举国同庆! 这个星期,很嗨! 文艺节,运动会,美食节,一波又一波的校园大福利!(百度快照,2019 年 10 月 26 日)

(77)很嗨的一个美剧,很嗨的片段,再看,真还是要上天了!(哔哩哔哩,2018 年 10 月 5 日)

(78)哇塞! 好有特色的遛娃基地啊! 终于可以出门享受阳光,感受春暖花开啦,可还没想好去哪里。(百度快照,2020 年 3 月 30 日)

(79)很哇塞! 石景山又将新增一处体育健身中心,为满足群众文体活动需求,助力京西地区体育产业发展,石景山又一处体育健身中心开工建设并于近期吹膜成功。(百度快照,2021 年 11 月 16 日)

(80)真是一个很哇塞的地方! 早上起来散散步,居然在村子后面发现这么好玩地方。(百度快照,2021 年 5 月 8 日)

同样也是转喻,"凡尔赛"是由对法国的宫廷、贵族的转指进而联想转化而成的一系列特定的精神状况与处事方式,前加"很"之后,可以表达一系列"有特色"与"很特别"的特定情形。试比较:

(81)对于东风雪铁龙而言,这是值得"凡尔赛"的一刻,是其近七年投放新车所取得最好成绩。(百度快照,2021 年 12 月 8 日)

(82)东风雪铁龙的车型,历来就有以名人、名建筑命名的案例,东风雪铁龙:像重塑乐队一样做自己,你也可以 很凡尔赛。(乐逗汽车,2021 年 5 月 26 日)

(83)中学生标准身高表更新,男生一米七二就够了,未达标的理由 很凡尔

[①] 需要说明的是:独用表感叹的"很嗨""很哇塞"中的"嗨""哇塞"虽然也已经具有了一定的程度义,但是就表达功用来看,主要还是表感叹,所以,都还是形化感叹词而不是转化中的形容词。

赛。(百度快照,2022 年 5 月 28 日)

(84)小说推荐就上话本小说网,这里免费推荐好看的很凡尔赛的小说,打造很凡尔赛小说排行榜以及很凡尔赛小说大全。(百度快照,2022 年 3 月 26 日)

由"凡尔赛"转喻形成的各种相应联想,正面可以表"具有特色",负面则可以表达"显摆做作"。试比较:

(85)撒贝宁的这段脱口秀,可以说很凡尔赛了,被保送北大觉得北大还可以就去了,然后又被保送研究生。(新浪网,2020 年 8 月 12 日)

(86)撒贝宁作为很凡尔赛鼻祖,为什么"凡"得不让人反感?还很招女生喜欢?(快资讯,2020 年 12 月 2 日)

很显然,转喻机制重在相关性从而形成以各种说法来替代,由于甲事物与现象同乙事物与现象之间存在相应的关系,可以利用这种关联性来展开思维与命名的认知方式,正是通过这一重要的语法化机制,加上程度压制与高频类推,当代汉语的这三个 X 都已开启了形化的历程。而且,正是通过相应"很＋X"构式压制与借代关系与联想扩展,从而逐渐形成了一系列功效特定、富有情感的表达效果。

3.2　程度促发与求新异化

在"很 X"程度压制模式的不断作用下,发展到当代,在促发基础上还可以加上情态评注的强调。所以,当下的"很嗨、很哇塞"与"很凡尔赛"中的"嗨、哇塞""凡尔赛"显然都已逐渐衍生出各种不同性质的程度化情态性状义了。例如:

(87)《科技很嗨》是连载于纵横中文网的一部科幻游戏类型网络小说,作者是天幻境界。(百度快照,2016 年 8 月 9 日)

(88)这两天心情很嗨的,一定要继续这样哦,保佑我明天考得更好一点吧。(BCC 语料库)

(89)店内随拍,很有道理,你要加油了!昨晚吃得场面真是很哇塞。还是那句话:机会是给有准备的人,努力!加油!(百度快照,2021 年 12 月 20 日)

(90)努力成为一个很哇塞的男孩,心情很哇塞,气质很哇塞,事业很哇塞,生活也很哇塞。(百度快照,2020 年 10 月 6 日)

(91)延续假期游玩,是不是很凡尔赛?假期总是过快,稍不留神五一假期就溜走了,为了多玩,只能个人再续假。(百度快照,2022 年 5 月 5 日)

(92)陈都灵因为一句话被全网黑,她优秀是事实,听着很凡尔赛,但说的都是实话。(百度快照,2022 年 6 月 9 日)

这就表明,在程度副词"很"的促发下,当代汉语这些 X 的形化历程正在成型;通过程度促发从而导致特定的感叹词、外来词的性状化,无疑是起到重要作用的演化动因。这些形化感叹词与外来词的使用,不但与当代年青人喜欢求新求异性表达方式有关,而且,这类"很 X"的情态形化表达式,非常符合年轻人讲究表达简捷、明快的倾向,所以,还经常出现在各种标题中①:

(93)《大妈人老心不老,街头跳得很嗨》(百度快照,2016 年 10 月 24 日)

《王俊凯无边界演唱会蹦迪现场,真的很嗨! 很嗨!》(百度快照, 2020 年 9 月 8 日)

(94)《和女生聊得很嗨,就是不见面》(百度快照,2020 年 7 月 5 日)

《形容玩得很嗨的句子》(好句子网,2020 年 9 月 11 日)

(95)《从小长得很哇塞是种什么体验?》(百度快照,2021 年 3 月 19 日)

《在优酷播出的时尚高清视频,从头到尾都很哇塞》(百度快照, 2021 年 6 月 4 日)

(96)《双节棍只会一招,也能很哇塞! 只怪你演的太逼真!》(哔哩哔哩, 2021 年 5 月 4 日)

《这本类似〈极品家丁〉的历史后宫文,真的很哇塞了》(百度快照, 2021 年 3 月 25 日)

(97)《关晓彤说打戏难是因为胳膊太长,虽然很凡尔赛却是实话》(百度快照,2021 年 6 月 21 日)

《怎么把调味料表达得很凡尔赛?》(知乎,2020 年 11 月 20 日)

(98)《我的梦想很简单,拿世界冠军就很凡尔赛了》(百度快照,2022 年 3 月 1 日)

《车卖得火是什么罪过? 比亚迪这个道歉很凡尔赛》(太平洋互联网, 2021 年 7 月 7 日)

3.3 模式压制与感染类推

从当前的演化结果来看,可以肯定:这三个 X 正在形化的功用,肯定是因为受到了"很+X"特定模式的压制,并且在高频感染的促发下,逐渐向形容词转化了。例如:

(99)一直找不到很嗨的歌给你配乐,今天找到了,的确很嗨! 是在优酷播

---

① 在笔者统计的所有"很嗨""很哇塞"及"很凡尔赛"的各种语料中,直接充当标题的占到 30%以上。

出的娱乐高清视频里。(百度快照,2020 年 3 月 12 日)

(100) 很多天没出去,今天阳光不错,带着小朋友出去跑跑,不知不觉就玩到了晚上,虽然很累,但今天玩得也<u>很嗨</u>。(百度快照,2021 年 5 月 22 日)

(101) 有些男生,真的可以不看脸,光看穿搭就让人<u>很哇塞</u>,希望你就是。(哔哩哔哩,2021 年 1 月 12 日)

(102) 能造好飞机大炮的俄罗斯,为什么造不出<u>很哇塞</u>的汽车?(快资讯,2021 年 7 月 18 日)

(103) 肖战沸腾之夜曝花絮,连轴转 3 天尽显疲惫,粉丝清醒发言,"<u>很凡尔赛</u>!"。(娱乐疯舍,2021 年 6 月 1 日)

(104) 还有一些奇奇怪怪的东西和回答:班里年级第一而且<u>很凡尔赛</u>的那位,卷子给撕了。(半次元,2021 年 2 月 23 日)

进一步观察还可以发现,这些演化中 X 的性状化功用之所以发展趋向成熟,其演化成型肯定也在一定程度上受到"评注性副词＋很 X"强调压制模式的不断强化与类推进而凸显功效的影响。例如:

(105) 这次旅行<u>真的很嗨</u>,真的好喜欢大家,特别想说,遇见你们是本次旅行最美丽的意外。这些回忆也在天路缱绻的寒冷时光里慢慢发酵,滋长。(好句子网,2020 年 9 月 11 日)

(106) 这是我在曼彻斯特大学时去过的,这里<u>的确很嗨</u>,对于我来说,这里不仅仅是一个综艺的舞台,更像是一个曼彻斯特面对世界的舞台。(百度快照,2020 年 6 月 27 日)

(107) 话说这个汉堡肉,我超级满意,比我自己做的还好吃,不干不柴,汁水满满,淡淡的奶香,一口下去<u>真的很哇塞</u>。(哔哩哔哩,2020 年 7 月 9 日)

(108) 搞笑动漫:这<u>就很哇塞</u>!果真<u>很哇塞</u>!这是优酷播出的动漫,而且是高清视频。(优酷视频,2021 年 1 月 31 日)

(109) 涠洲岛这家酒店<u>真的很凡尔赛</u>!这是我在去哪儿看了好多家住宿最后选定的,只能说一句,我的眼光有时候真的还不错哈!(百度快照,2022 年 6 月 14 日)

(110) 现在小明开的是跑车,但是他却在很多开电动车的人面前说,我真羡慕你们骑电动车,可以不用加油,我的跑车太费油了。那么小明的这种方式<u>就是很凡尔赛</u>,其实,简单来说就是会装,尤其是在比自己劣势的人面前装。(知乎,2021 年 8 月 3 日)

总之,当代汉语形化中的 X 虽然目前都还没有彻底完成重新分析(reanalysis)这一语法化过程,但是这类用法在网络与微信中还是呈现出高认可度与高频率化;表明只要有语用表达需要,临时创新用法就能迅速在交际中被年轻人接受、模仿,而被进一步采用、类推,所以,X 的转化进而分化现象,当前正在被迅速推广、广泛接受。

四、结语与余论

综上所述,可以大致概括与归纳如下:首先,就形化的性质、特色与功效而言,主要涉及表义情态化与生动化、表达陌生化与时尚化、功效夸耀化与蕴含化这三个方面;其次,就类推形化的组配、模式与性能而言,主要涉及程度限定与功能转化、描述修饰与摹状限定、感受表述与配合共现这三个方面。最后,就形化的机制、动因与后果而言,主要涉及借用转喻与联想过渡、程度促发与求新异化、模式压制与感染这三个方面。

通过对形容词化的"很嗨""很哇塞"与"很凡尔赛"的多维研究,可以进一步证明:作为一种没有严格意义上形态特征的分析性语言,由于汉语词类基本上都是无标记的,词类的句法功能都可以依靠句法分布与搭配方式来休现。正是因为具有这一独特的类型学特点,只要表达需要,汉语部分单词的功能,是有可能通过特定分布与高频组配发生转变的。

我们还发现:就语法化的规律而言,一般情况下,从临时的语用表达方式到定型的语法功能质变,还要在临界语境中高频类推,句法功能从量变到质变经过临界点之后还要进行重新分析。然而,进入新时期以来当代汉语各个方面都在发生深刻的变化,尤其是近年来网生代青年受到数字信息技术、即时通信设备、智能手机产品的深刻影响,一直活跃在网络上,一再频繁使用微信,从而导致语言交际与传播方式发生了重大的乃至根本的改变。也就是说,发展到新世纪的当代汉语,由于网络与微信运用的大众化和普及化,生活节奏的快捷化与表达方式的简易化;只要具有语用表达的需要,大量临时的创新用法就能迅速在言语交际中被模仿、类推而广为接受,从而导致一些词语的意义与功能发生了或隐或显、或快或慢、或多或少的转变。而且,经过一段时间模仿类推与不断积累,各种特定功能转化现象就会很快普及并逐渐定型,而这正是汉语词性转化不同于印欧语的又一个重要的特点。因此,研究当代汉语的各种语言现象,既要借鉴普通语言学的经典理论与研究方法,又要突破印欧语语法的各种规则限制,深刻认识汉语发展演化的方式与过程、规律与特点。唯有如此,才能真正看清当代汉语表层结构后面的转化性质与发展趋势,才能揭示出当代汉语各种新兴表达方式的内在规律、演化方式的动因与机制。

参考文献

施春宏(2015)构式压制现象分析的语用学价值,《当代修辞学》第 2 期。

张谊生(2010)试论骂詈语的词汇化、标记化与构式化——兼论演化中的骂詈语在当代汉语中的表达功用,《当代修辞学》第 4 期。

张谊生(2012)现代汉语副词状语的标记选择,《汉语学报》第 4 期。

张谊生(2013)句法层面的语序与句子层面的语序——兼论一价谓词带宾语与副词状语表程度,《语言研究》第 3 期。

张谊生(2019)"很/太＋名/动"的形化模式与演化机制及其表达功用——兼论程度副词在相应组配中的四种功用,《汉语学习》第 5 期。

张谊生(2022)类型学视野下当代汉语单音节名、动词形容词化的再研究——以"肉、娘、轴、面、瓜"与"挑、搏、撩、搭、雷"为例,《语法研究与探索》(廿一),商务印书馆。

(上海师范大学,200234,yingshen@shnu.edu.cn)

象似性视角下程度副词前置后置同现跨方言考察[*]

崔山佳

〇、引　言

张斌(2010：1263)认为,同样的程度副词,如"很""极"作状语与作补语,其表达的程度作状语不如作补语来得高。

本文说的是程度副词前置后置同现,是指中心语前后都有程度副词,所表达的程度更高,这充分体现了象似性原则,很有类型学价值。

一、吴语的程度副词前置后置同现

浙江吴语有程度副词前置后置同现现象。绍兴嵊州长乐话"A 猛"很常用,而且还可在前面再加程度副词"忒葛",构成"忒葛……猛",表程度过头,且带有强调意味。"尔来得早猛"如说成"尔来得忒葛早猛",超过正常要求的意思就更明确。再如"老实猛"等通常没有程度过头义,但前面加上"忒葛",就有"太""过于"义。如:

(1) 伊介囊忒葛老实猛常司介□[□ᴄta]溜别囊欺待_{他人太老实,常被人欺负。}

长乐话的"忒葛"必须跟"猛"合用为"忒葛……猛",不能单独用在形容词前,不说"忒葛好"等(钱曾怡,2002：290-292)。

"忒葛"是程度副词,"猛"也是程度副词,分别放在形容词前后,"忒葛"作前

　＊ 本研究得到国家社科基金重大项目"晚明以来吴语白话文献语法研究及数据库建设"(21&ZD301)的资助。本文已发表于《河北师范大学学报》(2023 年第 3 期),受篇幅所限,删改了一些内容。

置状语,"猛"作后置状语,是程度副词前置后置同现。"忒葛……猛"所表程度也是达到极点,且有"太""过于""超过正常要求"义,有贬义色彩。后置的"猛"不能前置作状语,只能作后置状语。

嵊州并非只有长乐话有以上这种特殊用法,整个嵊州话都有这种用法(王霄,2019:34—35)。

金华东阳话也有"忒葛……猛",如普通话的"太多了",东阳话说作"忒葛多猛"(曹志耘、秋谷裕幸,2016:619)。

金华武义话形容词的补语经常用副词"孟"或"凶"直接放在形容词后。如在单音节形容词后:"苦孟、香孟、多凶、热凶";在双音节形容词后:"老实孟、要紧孟、容易凶、倒霉凶"。

这种补语表示性质、状态的程度,跟普通话的"很"意思相似(傅国通,1961)。

武义话"孟"和"凶"有时可结合成"孟凶",放在形容词后作补语。如在单音节形容词后:"少孟凶、多孟凶";在双音节形容词后:"威风孟凶、辛苦孟凶"。

"孟凶"的作用是表示程度加深,如果说,"少孟"是"很少"义,那么,"少孟凶"就有"更少"义。"孟、凶、孟凶"都不能改作形容词的状语。它们只能跟在形容词和一部分表示心理活动的动词后面(傅国通,1961)。

武义话的"A 猛""A 猛凶",虽都是已有程度的表达形式,但仍可受程度副词的修饰。如:"暖双鞋忒大猛_{这双鞋太大}""妗妗似嫌会讲话猛_{舅母太会说话}"。"忒""似嫌"都是程度副词,相当于普通话的"太"(傅国通,2020:106)。"孟",即傅国通(2010)所说的"猛"。不仅如此,内容上也有改动,如"忒……猛""似嫌……猛"为傅国通(1961)所无。也许,几十年过去了,受通语影响或其他原因,在前面可加"忒/似嫌",组成程度副词前置后置同现,进一步加深程度。同时,傅国通只说到"猛凶",未见"凶"(傅国通,2020:105),也许是现在武义话已不用"A 凶",但增加了新用法:"忒……猛""似嫌……猛"。

武义话的"忒""似嫌"只能放在中心语前面作状语,"猛"等只能放在后面作后置状语,这与嵊州长乐话相似。不同之处是,长乐话的"忒葛"不能单独修饰形容词,不能单独作状语,武义话的"忒"可单独作状语(但"似嫌"也不能单独作状语)。武义话的"忒……猛""似嫌……猛"与嵊州长乐话、东阳话的"忒葛……猛"也都是程度副词前置后置同现,也有"太""过于"义。

台州仙居话既有"A 猛",也有"太 A 猛",如:"格间屋费太大猛_{这间屋不是很大}"。

台州三门话也是既有"A 猛",通常需要置于所修饰形容词后。也有"忒/脱 A 猛",还可再加后置程度副词"猛",如:"六谷欠早摘,忒/脱老猛_{玉米摘得不够早,太老了}"。

(王怀军,2022:374－375)

浙江磐安县尚湖镇袁村有程度副词"蛮",相当于普通话的"很",既可用于形容词前,也可用于形容词后。如:"咸蛮/蛮咸、淡蛮/蛮淡"。"蛮"还可与程度副词"忒"配合,构成"忒 A 蛮""忒格 A 蛮",来加强性状的程度。(黄伯荣主编,1996:407)"忒 A 蛮"相当于普通话中的"太 A",程度上比"忒 A"略加深。如:"忒咸蛮、忒淡蛮"。"忒格 A 蛮"也相当于普通话中的"太 A",程度上,强调的意味大致与"忒 A 蛮"相当。如:"忒格咸蛮、忒格淡蛮"(黄伯荣,1996:407)。

宁波话、镇海话有"忒 A 猛",也有"忒伊 A 猛"(黄伯荣,1996:407)。

二、其他方言的程度副词前置后置同现

2.1 方言中的"A 很"

汉语一些方言中有"A 很",本文把它当作后置状语。据曹志耘,说"热很"的方言点有:山西:平定、万荣、平陆。陕西:宝鸡。江苏:南通。安徽:当涂、绩溪、歙县。浙江:龙泉。湖南:保靖。广西:龙胜三江、河池(曹志耘,2008:21)。方言分布面较广,既有北方方言,又有南方方言。据我们考察,其分布区域还要更广。

2.1.1 徽语中的"A 很了/哩"

安徽休宁(溪口)话有"热很了"(刘丽丽,2014:238)。

普通话说"这条毛巾太脏了",江西浮梁旧城话说成"勒条手巾肮脏很哩"(胡松柏等,2020:831)。

2.1.2 赣语中的"A 很嘚"

江西都昌阳峰话有"A 很嘚",含有"超出所需的分量"意味,"嘚"是句尾助词。如:"屎缸臭很嘚厕所太臭啦。"有时在语用上表达一种责备、讽刺、否定的态度,即说反语。如:"口[n352]侬对渠好很嘚你对他太好啦。"上例有两种意思,一是"你对他太好啦",一是"你对他很不好",若是后一种意思则带有讽刺的意味,到底是何种意思取决于语境(卢继芳,2007:224)。

与都昌相邻的湖口话的"很",可作形容词,多表贬义,作副词,相当于"很"。如:

(2) 人家看嘚发现你愿意很了,单嘚偏偏不让你去人家发现你那么愿意去,可偏偏就不让你去。(陈凌,2020:125)

2.1.3 江淮官话中的"A 很了"

江苏南京话也有"A 很了",如:

(3) 我看他今天是**累很了**,来家以后,饭都没得吃,倒头就睡。(张薇,2005:39)

2.1.4 中原官话中的"A 很了"

中原官话的分布范围较广。安徽濉溪话也有,如:"乖很了。"(郭辉、郭迪迪,2018)

安徽涡阳话也有,如:"这汤糖放多很了,甜很了_{汤放的盐太多了,太甜了}。"(徐红梅,2006)

安徽阜阳话也有,如:"做菜少□□ȶɕa̠些盐,多很了,苦。"(黄伯荣,1996:388)

江苏徐州话也有,如:"天冷狠了。"(苏晓青、吕永卫,1996:18)

江苏连云港(新浦)话也有,如:"这人坏很了。"苏北一些方言也有例子,如:东海(驼峰/牛山/横沟);徐州邳州(陈楼/邳城)、贾汪(耿集):"天冷很了_{天气很冷}。"(唐浩,2016)

江苏东海话也有,如:"天冷很了_{天冷了非常多}。"(葛平平,2021)

江苏赣榆话也有,如:"他个子比我高很了。"(杨鑫暖,2021)

河南光山话也有,如:"大很了;客气很。"(吴早生、李学义,2010)既有"A 很了",又有"A 很",但语义有别。

河南固始话也有,如:"这根棍长很了,砍一截下来。"(陈长旭,2013)

宁夏固原话的"得"可有可无,如:"美(得)很。"(黄伯荣,1996:388)

甘肃静宁话的"得"可有可无,如:"讲话讲得口干(得)很。"(马永鹏,2010)

2.1.5 西南官话中的"A 很了/嘞"

四川话也有,如:"你穿得厚很了。"(黄伯荣,1996:406)

四川西昌话也有,如:"回锅肉瘦很了_{太瘦了}不好吃。"(陈燕,2012)

贵州贵阳话也有,如:"这对鞋大狠了_{这双鞋太大了}。"(黄伯荣,1996:393)

贵州遵义话的"得"可有可无,但"A 很"能充当的句法成分比带"得"的要多。如:"很嘞过不去_{太高了的过不去}。"(占升平,2020)

遵义话中两者还有其他区别。"A 很"有否定形式,如"没有 A 很/A 不很"。"A 得很"没有否定形式。从表示的量来看,"A 得很"的物理量、主观量都是"大量","A 很"的物理量是"大量"、主观量是"极量/超量(超出应有范围)"。从感情色彩来看,"A 得很"表"褒义/中性","A 很"表"贬义"。从语义来看,"A 得很"表"很、非常","A 很"表"很、十分、极其"。(占升平,2020)

贵州黔东南话也有,如:"好看很。"(关玲,1997)

2.2 方言中的"太 A 很了"

2.2.1 徽语中的"太 A 很喽/了/哩"

安徽徽州方言绩歙片有"A 很喽",有的表加强程度,有的表程度过分。与"太硬很喽""太小很喽""太咸很喽"等说法,都是表谓语的性质状态程度过分(孟庆惠,2005:120—121)。孟庆惠在说到"太多了"时,说安徽绩溪有"太多很了""太多了"两种说法,如:

(4)(绩溪话)**太多很了**,用不着那的些,嗯些就有了。(孟庆惠,2005:125)

上面的"太 A 很了/喽"就是程度副词前置后置同现,"很了/喽"是后置状语。

安徽绩溪荆州话(属徽语)也有"A 很了"表很高的程度,只能后置于形容词,相当于普通话的"太 A 了",前面可加"太",如:"今朝天太热很了。"(赵日新,2015:235)

赵日新指出,常作程度补语的程度副词是"很了""煞""煞死"等。"太 A 很了"比单用"很了"所表程度更高。如:"个天热很了天热得不得了。"(赵日新,2015:259)相比而言,"今朝天太热很了"显然比"个天热很了"程度更深。

绩溪荆州话的"太 A 很了"也是程度副词前置后置同现。与绩歙片的"太 A 很了/喽"表同样的感情色彩,虽形容程度高,但有"过分""过度"义。

赣东北徽语旧城话也有。普通话说"价钱太贵了",旧城话说成"价钱太贵很哩"。(胡松柏,2020:831)

2.2.2 赣语中的"太 A 很了"

江西湖口话有"太 A 很了",如:"你侬对老人家也太厉害很了你对老人太苛刻了。"陈凌把"很"当作形容词(陈凌,2020:226、290、400)。陈凌认为"很"有形容词、副词两种词性,如:

(5)我打你侬_你不赢_{不过}哈,你侬真是<u>太利害很了</u>_{我打不过你,你实在是太厉害了}。(陈凌,2020:126)

2.2.3 江淮官话中的"太 A 很了/着"

安徽舒城话有"太 A 很着",除绝对褒义形容词不能进入这个格式外,其余褒义形容词、中性形容词和贬义形容词进入格式后,全都显示出贬抑义,含有说话人否定、贬斥的感情色彩。贬义形容词进入格式后,其贬抑义得到了进一步确认和强化。中性形容词本身不带感情色彩,可贬可褒,但进入格式后,格式选择其可贬的一面。褒义形容词包含人们肯定、喜爱、赞扬的感情态度。不过,某些褒义形容词进入格式后,则说话人认为,由于其程度的过量而产生的结果与本身性质应有的正常结果相违背,所以整体仍是表达否定的贬抑义。如:"晓芳对他太好很着。""对他好"在一个合理的程度内,是值得赞扬的,也能得到"他"的好感或感激,至少不会反感,但"太好很着"则是"好"得过度了,"好"得让人感到不适,甚至是反感,结果适得其反(程瑶,2010:27)。

安徽境内的不同方言(徽语、江淮官话)都有"太 A 很了",有区域方言学意义。

湖北蕲春话是官话向南方方言过渡的方言区域,属江淮官话的黄孝片区,有"太(把)A 很了","把"一般情况下出现在形容词前,是语气副词,无实在意义,起强调作用。如:

(6) 今天做工做得**太(把)累人很了**。

"太(把)A+很了"有两个特点:(1)当该格式主要表达的意思是说话人对客观事物的一种解释说明,重在陈述事实,句末不需带句末语气词;如说话人不仅仅是叙述事实,而是向听话人传递观点并希望听话人认同自己观点时,须带句末语气助词。如:太(把)蠢很了。(2)这种格式由于程度过高而使人产生了一种不满情绪,故能进入这种格式的一般都是贬义词,部分褒义词、中性词进入该格式后也会包含消极的感情色彩。如:

(7) 那个人**太把聪明很了**,以至于引火上身。(左林俊,2016:34-35)

与安徽的一些方言比较有相同之处,如第二个特点,也有不同之处,如第一个特点。

蕲春话的"太(把)"念重音,表达一种完全超出说话人想象的性质和状态。如:

(8) 瘦得很_{很瘦}→瘦得很得很_{非常非常瘦}→**太把瘦很了**_{过分瘦}。(左林俊,2016:36)

可见,蕲春话用以上这些形式来表示形容词的级。

现代小说中也有"太……很"的例子,如:"做孩子的时候太亲密很了。"(废名《柚子》)废名是湖北黄梅人,黄梅方言也属江淮官话。

2.2.4　西南官话中的"太 A 很了/哒"

西南官话中广泛存在着"太 A 很了/哒"。湖北的一些西南官话中就有,如:

(9) 这伢营养冇跟上,显得**太瘦很了**啊!(湖北武汉话)

(10) 今年咱们做的榨广椒**太咸很了**哟!(湖北恩施话)(左林俊,2016:36)

湖北荆州话有"人+动词/形容词/动词性短语/形容词性短语+很+哒",大都表不满、反感的情绪。如:

(11) 伢儿**太饿很哒**饿得太很了。(王群生、王彩豫,2018:325—327)

荆州的地理位置独特,北部的荆门话、钟祥话,东边的潜江话,带有明显的中原官话特征,南部的公安、监利与湖南省接界,又受到湘语直接间接的影响。这种特殊的地理位置使荆州话具有南北方言兼收并蓄的特点。(王群生、王彩豫,2018:4)荆州话的特殊之处在于,中心语除形容词性外,还有动词性。

湖北洪湖话的"很"可直接出现在形容词后,表"过分",后面必须用"了(哒)"。如:恶很了、神气很了。这种形式一般在前面要加上"太",变成"太 A 很了"才能入句("太"念重音)。如"他太瘦很了"。下面是"A 得很""A 得很得很"与"太 A 很了"这三种形式在表程度上的差异:

(12) 瘦得很很瘦 → 瘦得很得很非常非常瘦 → **太瘦很了**过分瘦。(龙泉,2007:29)

湖北襄阳话有一种"太+词/短语+很"结构。如:

(13) 这事儿你非得给我一个说法,**太气人很了**。

"太"本来就是表程度高,加上"很"更强调了这种意味。"太""很"一起所表的程度要高于"太"单独使用时表示的程度。如:

(14) 要不是你太欺负人,他也不会跟你闹这一伙!

——就是,你们这给人**太欺负很了**,谁也受不了。

上例的中心语"欺负"是动词,也较特殊。

"太""很"两个一起用来表程度,这种程度隐含着一种过量义,或是说话人没有料到的,或是不如意的,总之就是所有能出现在"太+词/短语+很"中的不管是褒义或是贬义、中性的都会加上一种不如意的消极色彩。如:

(15) 这些小蝴蝶儿**太漂亮很了**也不好,容易被孩子们抓住。

(16) 吃鱼一定要细嚼慢咽,但也莫**太嚼很了**,容易伤牙哈。

"漂亮""嚼"分别是褒义、中性的词语,句中都带有一种消极色彩。

襄阳话甚至有"有点"+"太……很"。如:"衣裳有点太洗很了,皱巴巴的。""有点"减弱了句子中的程度量。(刘丽沙,2018:41、46‐47)

"太……很"表程度高,但前加"有点",又把所表程度减弱了,确实很特殊。

贵州贵阳话有"太……狠了",如:"这棵索索太长狠了这根绳子太长了。"(黄伯荣,1996:393)"太"和"狠"意义相近,词性相同(汪平,2003:244)。

贵州遵义话有"太……很嘞",如:

(17) 不要耍得**太夜深很嘞**,明朝还要上班不要玩得太晚了,明天还要上班。(占升平,2020)

四川成都话进入"AP+很了"句式的形容词有一个共同特征,即前面还可同时受程度副词的修饰,如:太积极很了。同时,这些形容词表示的性质、状态还有一种发展趋势,且其发展的结果必然是消极的,即使该形容词本身表示的是褒义或积极意义。因此,"AP＋很了"句式除了表程度的发展,还附带了强烈的主观色彩语义。如:

(18)不要**太怄很了**,这都是命中注定的,该她要遭这个灾。(李劼人《死水微澜》)

成都话还有如下说法:

(19)今天的稀饭也煮得**太稀很了点儿嘛**。

杨梅指出,"很了"后可加"点儿"表程度减轻,如"太"和"点儿"同现,重音放在"太"上,表程度加深,句末如加上语气词"嘛",就加强了责备意味,这时形容词前一般有副词"也",但它不表范围,而表语气(杨梅,2003)。这种说法为其他方言所未见。

四川泸州话有"程度副词＋形容词＋量词"形式的词组作句子的谓语部分。这种形式的词组如程度副词用"太",还可在量词后加副词"很"。如:"讷些纸太黄张很了。"(李国正,2018:102)与好多方言不同的是,形容词后有量词。

三、结　　语

3.1　象似性

从认知语言学角度来看,前置后置程度副词同现是语言象似性的表现。前面用前置状语,后面用后置状语,同一个程度副词"很""极",作前置状语所表达的程度不如作后置状语,现在既有前置状语,又有后置状语,形成前置后置程度副词同现所表程度更强。同时也体现了数量象似性,是"形式越多,内容越多",即前置后置程度副词同现比单用前置状语或单用后置状语表达主观量要多。

3.2　层次与接触

程度副词前置后置同现体现了不同的时间层次,是不同时代的叠加,是历时现象。如"忒……猛"等,"A猛"是底层,"忒"等是后来的,是"忒"＋"A猛"。武义话的"似嫌"不能单独作状语,也证明"忒葛""似嫌"是后来的。长乐话的"忒葛"不能单独修饰形容词,不能单独作状语,必须跟"猛"合用为"忒葛……猛"才成立。这可能与长乐话状语后置("A猛")常用有关,或许说明长乐话与有的框式状语一样还未发展到第三层次有关。

其他方言的"太"与"很/狠"两个程度副词也有层次,"A 很"使用频率、范围都比"太……很"要高、要广,所以,"A 很"应是底层,"太"是后加的,可能是受普通话影响,也有可能是方言接触,故"太 A 很/狠"的层次也应该是"太"+"A 很/狠"。

参考文献

曹志耘主编(2008)《汉语方言地图集》(语法卷),商务印书馆。

曹志耘、秋谷裕幸主编(2016)《吴语婺州方言研究》,商务印书馆。

陈长旭(2013)河南固始话中的程度副词研究,《信阳师范学院学报》(哲学社会科学版)第6期。

陈　凌(2020)《江西省湖口方言研究》,北京师范大学出版社。

陈　燕(2012)四川西昌方言的程度表达形式,《语文研究》第3期。

程　瑶(2010)《舒城方言语法专题研究》,广西师范大学硕士学位论文。

傅国通(1961)武义话里的一些语音语法现象,《中国语文》第5期。

傅国通(2010)武义话里的一些语音语法现象,《方言丛稿》,中华书局。

葛平平(2021)江苏东海方言与"很"有关的句式及其形成,《方言》第3期。

关　玲(1997)黔东南方言中"很"跟动词的直接组合式,《贵州教育学院学报》(社会科学版)第3期。

郭　辉、郭迪迪(2018)濉溪方言形容词程度的生动表达形式及与秦晋方言的比较,《咸阳师范学院学报》第5期。

胡松柏等(2020)《赣东北徽语调查研究》,中国社会科学出版社。

黄伯荣主编(1996)《汉语方言语法类编》,青岛出版社。

李国正(2018)《四川泸州方言研究》,四川大学出版社。

刘丽丽(2014)《休宁(溪口)方言研究》,中国社会科学出版社。

刘丽沙(2018)《襄阳方言程度表示法》,华中师范大学硕士学位论文。

龙　泉(2007)《洪湖方言形容词的程度表示法》,华中师范大学硕士学位论文。

卢继芳(2007)《都昌阳峰方言研究》,中国社会科学出版社、文化艺术出版社。

马永鹏(2010)试探析静宁方言中的"很",《鸡西大学学报》第6期。

孟庆惠(2005)《徽州方言》,安徽人民出版社。

钱曾怡(2002)《嵊县长乐话的特殊语序》,载《汉语方言研究的方法与实践》,商务印书馆。

苏晓青、吕永卫(1996)《徐州方言词典》,江苏教育出版社。

唐　浩(2016)江苏省北部方言里"很"的特殊用法,《中国语文》第1期。

汪　平(2003)《方言平议》,华中科技大学出版社。

王怀军(2022)《吴语三门方言研究》,上海交通大学出版社。

王群生、王彩豫(2018)《荆州方言研究》,华中师范大学出版社。

王　霄(2019)《嵊州方言语法专题研究》,南京师范大学硕士学位论文。

吴早生、李学义(2010)光山方言的程度表达形式,《新余高专学报》第 3 期。

徐红梅(2006)皖北涡阳话形容词程度的表达方式,《阜阳师范学院学报》(社会科学版)第
　　2 期。

杨　梅(2003)成都话中的"AP/VP＋很了"句式,《成都大学学报》(社科版)第 3 期。

杨鑫暖(2021)赣榆方言特色程度副词研究,《汉字文化》第 17 期。

占升平(2020)遵义方言中表大量、极量、超量的程度副词,《贵州工程应用技术学院学报》第
　　1 期。

张　斌主编(2010)《现代汉语描写语法》,商务印书馆。

张　薇(2005)《南京方言程度副词研究》,南京大学硕士学位论文。

赵日新(2015)《绩溪荆州方言研究》,安徽教育出版社。

左林俊(2016)《蕲春方言程度表示法》,华中师范大学硕士学位论文。

(浙江财经大学人文与传播学院,310018,fhddcsj@sina. com)

"原来"的反预期性质及其相关问题[*]

赵 彧[1] 白雪飞[2]

〇、引 言

先看两个例子：

(1) 叫我最痛苦、最不好忍受的还有两件事，一件是王晓燕——你知道她原来是我最好的朋友，可是现在却成了我最大的敌人。（杨沫《青春之歌》）

(2) 第二天一早，谭婶婶跨出房门，心里就是个老大的不快，原来荷妹已把两个产妇摧弄起来，站在房里做操呢！（茹志鹃《静静的产院》）

近些年，学界对上述例句中"原来"的功能有不同的看法，关注的重点是"原来"到底是不是一个反预期标记。认为"原来"是反预期标记的有：万光荣(2017)、董秀芳(2020)。万文认为"原来"是意外表达形式，出现在"啊，原来……"这样特定的句法结构中，董文认为"原来"从插叙标记用法中获得了解释功能，并逐渐句法化，变为句子层面的一个副词，并同时指出"原来"的解释功能与说明功能都可以伴有反预期意味。有的学者采取折中的观点，刘通(2016)既认为"原来"具有反预期表达功能，又认为"原来"后引导的小句是一个事实。单威(2017)在谈到副词类反预期标记时，指出醒悟类评注副词"原来"表达的多是说话人没有预料到的新情况，超出了说话人的预期，似乎认同了"原来"作为反预期标记，但在文章中同时又指出"原来"又是预期明示语。明确认为"原来"不是反预期标记的有陈振宇(2020)，陈文认为"原来"是反预期触发语(counter-expectation triggers)，表达触发反预期的条件，提示预期信息很可能与当前信息

———————
* 本文已发表于《语言研究集刊》第 29 辑(上海辞书出版社，2022 年)，文章写作过程中得到张谊生教授的教正，承蒙编辑部和匿名审稿专家提出宝贵修改意见，在此一并致谢！

不符。上述对"原来"的认识差异使得我们需要对"原来"的功能进行仔细梳理，本文要解决的问题有：

其一，"原来"到底是反预期标记还是反预期触发语？

其二，"原来"有没有表达意外的功能，在什么条件下表达意外？

其三，反预期触发语与反预期标记有哪些句法、语用的差异？

本文语料取自 CCL 现代汉语语料库，例句全部标注出处。

一、"原来$_1$"作为反预期触发语

"原来"有两个义项：一是表示"以前某一时期；当初。含有现在已经不是这样的意思"；二是表示"发现从前不知道的情况，含有恍然醒悟的意思，可用在主语前或后"（吕叔湘，1999）。前者记作"原来$_1$"，后者记作"原来$_2$"。"原来$_1$"是时间名词（邢福义，1985），所在小句是说话人事先预有的事实性知识，语篇结构为"原来 $S_{1【预期小句】}$，$S_{2【反预期小句】}$"。凭借其意义，可以推导出"原来$_1$"引导的小句 S_1 是说话人的预期，其语用功能常常是提示听话人后续小句 S_2 将要传递反预期信息，可以将"原来$_1$"看作是反预期触发语。例如：

（3）我觉得小群和永继妈的脾气都变坏了。她们<u>原来</u>都是温和的女人，现在却不停地互相撕咬。（戴厚英《流泪的淮河》）

例（3）中"原来$_1$"引入的"她们都是温和的女人"都是说话人先前已知的储备知识，在说话人看来，是无可争议的。"原来$_1$"作为时间名词具有叙实性，可以通过否定测试来证明，否定后表达的仍是一个事实。例如：

（3'）她们原来都不是温和的女人。→她们都不是温和的女人。

既有预期是触发反预期的条件，后续小句引入的当前信息"不停地互相撕咬"与既有预期相抵牾，是对既有预期的质的否定。若把"原来$_1$"引导的"S_1"称为条件事件 YP，"S_2"称为结果事件 XP，那么就比较容易解释为什么"原来$_1$"会引发一个反预期。"语义和谐"是指对说话者或一个正常的社会人（代表常规预期）而言，条件概率 $P(XP \mid YP)$ 相当大，但并不是等于1。意为：如果条件事件为真，则说话者或一个正常的社会人会认为结果事件很有可能为真或会为真，但这不是百分之一百的，允许出现特殊的情况使结果事件为假（陈振宇、姜毅宁，2019），上述例句就是条件事件为真，结果事件为假导致不和谐而产生反预期，形式上用转折句表示。线性增量是无标记的信息格局，最后的最强，如果"原来都是温和的女人，现在也还是温和的女人"，无疑信息价值都很低，所以保证线性增

量的方法就是说出 ﹁YP。"原来₁"也会引发一个合预期情形。如:

(4) <u>原来</u>是极幸福的家庭,现在仍然是和气一团地生活着。(袁昌英《行年四十》)

例(4)中,S₂与"原来₁"引入的 S₁的语篇可以有两种理解:一种是反预期解读,即条件事件为真,结果事件为假(应该没有和气一团地生活着);一种是合预期解读,即"仍然是和气一团地生活着"与预期小句"是极幸福的家庭"相和谐,这是事物在将来的情况,常常与它已然的情况一致,也就是从过去、现在延续到将来(陈振宇、李双剑,2020)。句中副词"还是、仍然"除了具有反预期、超预期的意味,还具有"预期的延续"义(魏红华、蒋静忠,2012;李姝姝,2019)。另外,反预期解读可以加入"竟然、居然、怎么"等反预期标记来测试,合预期解读还可以加入"瞧"(邱闯仙,2010)、"果然"(李婵,2015)等合预期标记来测试。例如:

(4′)原来是极幸福的家庭,[竟然/居然]现在仍然是和气一团地生活着。

[反预期解读]

原来是极幸福的家庭,[瞧/果然]现在仍然是和气一团地生活着。

[合预期解读]

两种解读反映了信息量的差异,由于语篇以追求更多有效的信息为无标记,所以由"原来是厨房、原来是极幸福的家庭"推理出"现在还是厨房、现在仍然是和气一团地生活着"这种不和谐的反预期解读时,信息价值最大;而合预期解读时,信息价值最低("原来是厨房,现在还是厨房"等于没有提供新信息),这往往在特殊的、有标记的语篇中才能成立。例如:

(5)"对,"冯永祥应了一声,他采了一朵娇艳的康乃馨别在江菊霞黑丝绒旗袍的大襟上,说,"这么一来,江大姐就漂亮了。"

"阿永,你这话可说错了。江大姐原来就很漂亮,"金懋廉打趣地说,"她并不因为这朵花才显得漂亮。"(周而复《上海的早晨》)

例(5)是双重反预期语境①,其语篇层次意义为:其一,【条件】,冯永祥认为江菊霞别上一朵娇艳的康乃馨在黑丝绒旗袍的大襟上就漂亮了;其二,【意外】,金懋廉对冯永祥的观点感到很惊讶,因为江菊霞原来就很漂亮,所以有没有康乃馨并不重要;其三,【强调】,金懋廉反对冯永祥的观点,认为江菊霞并不是因为这朵花才显得漂亮,冯永祥因江菊霞别上一朵娇艳的康乃馨而漂亮的观点是错的。"原来₁"在双重反预期语境下引导了一个语义和谐格局,是合预期的。这说明

---

① 可参看陈振宇、姜毅宁(2019)对"双重反预期"的解释。

"原来₁"的反预期触发语功能是倾向性的,是由语用原理推导而得的,并不是语义的必然结果。反预期效应对语境的依赖性较大,需要借助于后续小句 S_2 的语境支持,S_2 以转折形式表达了对 S_1 的偏离,转折是一种反预期表现形式。

二、"原来₂"作为解反预期标记

"原来₂"是评注性副词,构成解反预期语篇,语篇结构为"S_1【反预期】,原来 S_2【解反预期】",可分为释因性解反预期与醒悟性解反预期。

2.1 释因性解反预期

释因是指具有"引出原因或原委"功能,即在已说出事件结果的语境中,用释因标记可引出事件的原因或原委(李宗江、艾贵金,2016),若结果与共享预期或小句主体的预期相违背,形成他反预期,"原来₂"引导的后续小句 S_2 是对 S_1 的他反预期的消解。例如:

(6)一个周末晚上,校园内静谧无声。机警的校保卫人员发现一间教室里闪出灯光,走近一看,<u>原来</u>是游海萍正聚精会神地试幻灯片。(《报刊精选》,1994 年)

S_1"教室里闪出灯光"是发现的事实或者结果,该结果与共享预期相抵牾,根据常识,周末晚上的校园静谧无声是常态,而当下却闪出灯光,因此产生反预期体验,"原来₂"引导的 S_2"游海萍正聚精会神地试幻灯片"既是对 S_1 原因的交代,也消解了校保卫人员的反预期。再看消解小句主体的反预期。例如:

(7)第二天天刚亮的时候,这位法师就跑去昨夜踩死蛤蟆的地方,一看不禁笑了起来,<u>原来</u>,他昨夜踩破的是一个茄子。(林清玄《山道上的小虫》)

法师以为自己踩死了蛤蟆,实际并没有,这是结果,"原来₂"引导的小句既交代了原因,也消解了法师的反预期。不同于"原来₁"与反预期标记的语篇位置关系,"原来₂"是解反预期标记,其语篇位置通常也就安排在反预期标记之后。例如:

(8)过了良久,眼上微觉有物触碰,她黑夜视物如同白昼,此时竟然不见一物,原来双眼被人用布蒙住了,随觉有一张臂抱住了自己。(金庸《神雕侠侣》)

在语篇功能上,"原来₂"具有溯源解注的衔接功能,其前常常会出现"看、打听"等亲眼所见或听说(hearsay)的示证标记,指明了后续解反预期语篇的信息来源途径,表示的是利用已知信息(通过视觉与非视觉的信息获得)对先前未意识到的心理状态的回溯推理（abduction），张谊生（1996）称这一功能为补证性解说。该回溯推理的过程为：

（7'）大前提：作为法师，踩死蛤蟆应该心怀愧疚。

小前提：不但不愧疚，还不禁笑了起来。

结 论：昨夜踩破的是一个茄子。

2.2 醒悟性解反预期

事实与说话人自己对事物的预先认知相违背，形成自反预期，自反预期是更为优势的，更容易在默认时获得的，因为说话者总是对自我的感受更为敏感，这也是说话者中心主义的产物（陈振宇，2017），"原来$_2$"引导的后续小句 S_2 表达意外的原因，是对 S_1 的自反预期的消解。例如：

（9）马保儿把手里的一颗铁雷举了举说："就是这玩艺！"李有红笑了笑说："呸！我当是什么稀罕东西，原来是颗地雷！"（马峰《吕梁英雄传》）

自反预期的形成可以是领悟到的新信息与说话人固有认知模式的差异，在说话人李有红既有的认知模式中，"稀罕的东西"往往具有高价值、数量稀少、不常见等特点，而"我当是什么稀罕东西"是对预先的固有模式的否定，产生自反预期，"原来$_2$"引入的"是颗地雷"就是对说话人自反预期的消解。自反预期的形成还可以是知识信息在言者经验中呈现出的不对称性和不平衡性。例如：

（10）马二拴立功心急，大胆地劝他向朝廷投诚，保他有官可做。王吉元突然变了脸色，拔剑在手，骂道："妈的，你小子原来是个奸细，老子一向把你当人看待，没想到你是鬼披着人皮！"（姚雪垠《李自成》）

马二拴立功心急，劝王吉元向朝廷投诚与王吉元对马二拴已有知识信息"一向把你当人看待"相违背，促发自反预期，"原来$_2$"引入的"你小子是个奸细"消解了说话人的自反预期。"原来$_2$"在用作解自反预期时常常会转向意外，标记说话人突然发现（sudden discovery）或意识到的意外信息，意外语义结构包括：a. 基于言者过去在类似情况下的经历以及他的常识；b. 基于言者对事件或状态的当下经验。意外就产生于察觉到的以往经验与当前行为之间的联系，尤其是潜意识中的冲突成为意识并通过解释和修通而确立的联系（林崇德等，2003）。如例（11）：

（11）"我没有疯，这也不是梦！他活着，他还活着！"她喃喃自语着，转身朝厅外走去，对着穹苍潸然下跪。"哦，老天爷，原来我的丈夫并没有死！聚散由天定，我感激老天爷的决定，决定咱们夫妻是聚不是散呵！"（琼瑶《鬼丈夫》）

乐梅一开始对丈夫的死深信不疑，横了心求死，映雪看到无法再继续欺骗乐梅,便向乐梅说出实情,事件前后信息的不对称对乐梅产生强烈冲击,产生意外之感,意外就是当下经验与说话人预期相反,是说话者的惊讶感受,是在处理当下经验与常规经验之间矛盾时的一种情绪反应(Mocini,2014),许多学者将"原来₂"的这一用法概括为领悟或醒悟(齐沪扬,2003;史金生,2003)。由上分析可知,"原来"产生的意外义是在消解自反预期语境下的解读,是寄生性的,不是专职的意外标记,在释因性语境下,"原来"没有意外解读。

2.3 联系与区别

释因性解反预期与醒悟性解反预期的语用意图都在于构建一个"设疑—解疑"的思维过程,产生解惑的语用效果,不同的是前者是客观单纯表达原因,后者是表达意外的原因(廖秋忠,1986),这种主客观的识解还可以从叙述视角、话语类型等角度获得解释。

2.3.1 叙述视角

说话人可以采用第三人称的言外视角,也可以采用第一人称的言内视角。例如:

(12)她正预备下跳时,手臂忽然被一双强有力的膀子攀住,回头一看,原来是她的六叔。(苏雪林《棘心》)

(13)"原来你是假的! 你从没害过失忆症! 你清清楚楚记得杏林餐厅中的事! 你装的,你假装记不得了! 你装的! 你装的! 你装的……"(琼瑶《聚散两依依》)

例(12)是第三人称的叙述方式,说话人是旁观者,不出现在叙述中,而是隐退到言语表征之外,只是站在旁观者的立场上客观地叙述事实,句中出现第三人称代词等客观识解的言语表征;例(13)是第一人称的叙述视角,说话人在言内,直接以第一人称参与叙述,成为当事者之一。我们可以采用"我就说嘛"这一言者指向的话语标记进行测试。例如:

(12')她正预备下跳时,手臂忽然被一双强有力的膀子攀住,回头一看,[*我就说嘛]原来是她的六叔。

(13')"[我就说嘛,]原来你是假的! 你从没害过失忆症! ……"

言外视角是说话人与客体分离,其注意力集中于"她"而忽略了自我意识,不能加入言者指向的"我就说嘛",言内视角是透过语言实现自我意识的表达,"我就说嘛"是说话人表达自我的载体,说话人的词语表征也可以句法降级为词汇表征的"我"。

2.3.2 话语类型

释因性解反预期是意图陈述事实或描述事态原因的记述话语(完权,2016)。例如:

(14) 金秀偷眼看看药方子,心里一阵哆嗦,原来老爸爸居然把最主要的一味"北芪"给写丢了,还有一处写了个错字。(陈建功《皇城根》)

例(14)是按照"先结果,后原因"的语篇格局客观铺陈,采用言外视角叙述,是客观记述话语。醒悟性解反预期有自己的语用要求,需要在言者与话语参与者共同构建的一个完整的会话结构中,言者在交际互动中得到新发现。例如:

(15) 老人又问了声:"谁呀?"小木人立正答道:"是我!"

"哎呀!"老人惊异地说,"原来是个小孩儿呀! 怎么这黑间半夜的出来呢? 莫非走迷了路,找不到家了吗?"(老舍《小木头人》)

例(15)"是个小孩儿呀"是言者未意识到的心理知识,是在互动交际中获得的惊讶信息。惊讶的情绪通常被视为一种综合体,经常伴随着一起共现的、可识别的心理和行为特征,"惊异"等是心理层面的表征,"呀"等是言语行为层面的表征。

三、反预期触发语与反预期标记

反预期触发语与反预期标记具有不同的概念内涵,功能差异也很多。反预期触发语表达的是程序性的意义,体现为一种后项关联,以便在前项与后项之间构建关联性,明示两者之间的信息量差异,前项是后项的参照信息,后项是与前项在理解方向性上不一致的反预期信息,而反预期标记是语言中用来标示反预期信息的手段,表示一个陈述在某种方式上与说话人认为在特定语境中属于常规的情况相偏离(Heine et al.,1991)。汉语反预期触发语范围很广,类型不限,它们在语用功能、语篇位置、信息格局上都有不同于反预期标记的特点。

3.1 预示功能

反预期触发语的语用功能是预示后续语篇即将通过转折形式表达反预期信息,建立起前后语段的对比关系。当然,不同的反预期触发语与反预期表达之间存在关联程度的差异,像"原来₁、以为、一度、曾经"等它们同反预期表达之间还没有形成强制性的关联,反预期义很大程度上要取决于后续命题内容。例如:

(16) 你不知道,原来她这屋子里啊,总是挤满了人,常常闹哄哄地,现在呢,

安静极了,不知道那些人都到哪里去了。(白帆《女大学生综合症》)

(17)市子曾一度懒得见客,可是现在,她俨然又成了一位好客的主妇。(川端康成《生为女人》)

上述两例,说话人以"原来/一度……现在/可是"明示前后语段的转折关系,听话人接收了这种明示行为,可以有效地推理出说话人的言语意图,反预期意义依赖前后语段的对比得以彰显,只是这类反预期触发语与反预期表达之间还没有规约化,在一定语境下反预期语义还可以取消,这时就无法引导受话人按照惯性思维有效进行反预期推理。如:

(16')原来她这屋子里啊,总是挤满了人,常常闹哄哄地,现在还是这样。

(17')市子曾一度懒得见客,现在还是老样子。

像"虽然、明明、诚然、固然、自然、纵然、X是X、说好X的、V过A的"等同反预期表达之间的关联也是语用的关联,不是语法的关联,其引发反预期的功能也只是一种概率的倾向性。例如:

(18)她明明应该很悲哀,但她一直活得很快意。(亦舒《香雪海》)

(19)诚然,他不是那种才华横溢的诗人,但他却以真诚的感情、纯朴的语言,深深感动读者的心。(曾卓《曾卓诗论》)

上述两例,"明明/诚然……但"语篇上反预期关联也较为松散,像"明明/诚然"等反预期触发语所在语段都可以找到与此相和谐的合预期语段。例如:

(20)明明是罗二娘在欺侮人,因此都为任老大女人不平和担心。(何士光《乡场上》)

(21)诚然,世事枯燥乏味,应该及时行乐呀。(紫式部《源氏物语》)

这也说明由时间名词、认证义动词、副词、连词和话语成分等构成的反预期触发语与反预期表达之间仅仅是一种倾向性,并不是词义的规定性,触发反预期是一种语用策略。

3.2 语篇位置

一个和谐的语篇除了要在语义内容上相互依赖,还需要一些语篇衔接成分来串联句与句、段与段。所谓衔接,是指语篇中结构上互不相关,但语义上互相依赖的各个成分联成一体的一种语义关系(胡壮麟等,2008)。反预期触发语就是在语段之间建立关联,起到衔接作用,形成具有对比性的"前项参照—后项抵牾"的语篇结构,反预期触发语位于语篇前项的位置,常位于前项的句首(包括段首)和句中。例如:

(22)曹大元的白棋在中盘阶段<u>一度</u>形势不错,可惜在中盘后半程的激战中误算,使形势逆转,并最终败下阵来。(《人民日报》,1996 年)

(23)<u>诚然</u>,他不是那种才华横溢的诗人,但他却以真诚的感情、纯朴的语言,深深感动读者的心。(曾卓《天风诗草》)

"一度"表示过去有段时间发生过,常常暗含当前事态的逆转或变化,"诚然"表示对某种事实或观点的认同,它们与"原来₁"的语篇结构一样,引导的小句"曹大元的白棋在中盘阶段形势不错、他不是那种才华横溢的诗人"都具有事实性,后续语篇内容或者通过语义反转,或者通过反预期标记"可是、但"在前项基础上形成反预期认识。就语篇位置来看,反预期触发语在反预期标记之前,反预期标记总是出现在语篇结构靠后的位置。另外,反预期触发语是用来建构反预期语篇,在语篇结构中存在结句程度的差异,像"一度"等所在语篇还可以单独结句,而像"诚然"则需要配套关联的后项。例如:

(22')曹大元的白棋在中盘阶段<u>一度</u>形势不错。

(23')? <u>诚然</u>,他不是那种才华横溢的诗人。

在语篇功能上,反预期触发语是后项关联性的明示信号,在"一度/曾经/诚然/自然/X 是 X/说好 X 的/V 过 A 的……,可是/但是/没想到……"这种特定句子格局中构建起了心理认知上的完型体验,这些信号将前项与后项衔接起来,共同构成语义完形的反预期语篇。

3.3 信息格局

反预期触发语与反预期标记的语篇分布差异可以从信息格局上获得解释,反预期信息相对于中性信息与预期信息而言是一种信息量大的新信息,而预期信息的信息量最小,中性信息的信息量居中(Dahl,2000)。"背景—前景"的信息格局是篇章结构的常规分布,背景信息居于前景信息之前,由反预期标记明示的反预期信息是需要重点关注的新信息,在篇章结构中一般位于前景位置。例如:

(24)冠华他爸,这里<u>好是好</u>,可是,费用实在是太贵了,我们老家的房子已经卖了,第三期费用凑不出,为这个,亚亚夫妻俩都打架了。(六六《双面胶》)

(25)当初,县里面在电话里跟他们<u>说好</u>给免费治疗<u>的</u>,可当他们抱着孩子从南京赶到县医院的时候,却吃了个闭门羹。(《新周刊》,2005 年)

上述例句,"但是、可是"等反预期标记明示的信息是语篇结构中叙述的主线,构成了前景信息,而由"好是好、说好……的"等反预期触发语标记的是预期信息,交代了叙述主线的背景知识,信息价值小。现在回过头来看"原来₁"与"原来$_2$"的语篇分布,就信息量来说,虽然"原来$_1$ S$_1$,S$_2$"与"S$_1$,原来$_2$ S$_2$"两个语篇结构都是"背景—前景"的语篇结构,符合由"熟"及"生"的一般趋势,但"原来"所引导的小句信息量不同,"原来$_1$"引导的 S$_1$ 是先时发生的已知信息,是说话人先前就已经具备的叙述前提,而"原来$_2$"引导的 S$_2$ 则是信息焦点,提醒听话人未意识到的心理状态是重点要关注的信息,所以"原来$_1$"是反预期触发语,而"原来$_2$"是解反预期标记。

四、结　语

"原来"在语用功能上具有多功能性,可以作为反预期触发语,所辖小句是说话人事先预有的事实性预期,语篇结构为"原来 S$_1$【预期小句】,S$_2$【反预期小句】",S$_2$ 常常以转折语义表达对 S$_1$ 的偏离;可以作为解反预期标记,语篇结构为"S$_1$【反预期】,原来 S$_2$【解反预期】",可分为释因性解反预期与醒悟性解反预期,二者的差异体现在叙述视角、话语类型上。在用作醒悟性解反预期时常常会转向意外,标记说话人突然发现或意识到的意外信息。时间名词、认证义动词、副词、连词和话语成分等反预期触发语在语用功能、语篇结构、信息格局上都不同于反预期标记。就语用功能来看,反预期触发语预示后文将传递反预期信息,表达程序性意义;就语篇位置来看,反预期触发语是后项关联性的明示信号,位于反预期标记之前,其与反预期标记共同构建起了心理认知上的完形体验;就信息格局来看,反预期触发语引导的是背景信息,而反预期标记引导的是前景信息。

参考文献

陈振宇(2017)《汉语的指称与命题:语法中的语义学原理》,上海人民出版社。

陈振宇(2020)概述预期系统的研究内容和方法,汉语句法语义理论研究学术讨论会议论文。

陈振宇、姜毅宁(2019)反预期与事实性——以"合理性"语句为例,《中国语文》第 3 期。

陈振宇、李双剑(2020)论语义和谐的定义和类型,《云南师范大学学报》(对外汉语教学与研究版)第 2 期。

董秀芳(2020)汉语语篇中的插叙标记及其演变,《汉语学报》第 1 期。

胡壮麟等(2008)《系统功能语言学概论》,北京大学出版社。

李　婵(2015)《"果然"构句能力和预期预设研究》,华中师范大学硕士学位论文。

李姝姝(2019)"还是"情态义的来源及浮现条件,《汉语学习》第 5 期。

李宗江、艾贵金(2016)近代汉语"释因"类语用标记及其演变,《语言研究集刊》第 16 辑。

廖秋忠(1986)现代汉语篇章中的连接成分,《中国语文》第 6 期。

林崇德等(2003)《心理学大辞典》,上海教育出版社。

刘　通(2016)论"原来"的反预期表达功能,《四川职业技术学院学报》第 5 期。

吕叔湘(1999)《现代汉语八百词》(增订本),商务印书馆。

齐沪扬(2003)语气副词的语用功能分析,《语言教学与研究》第 2 期。

邱闯仙(2010)预期标记"瞧",《语文研究》第 2 期。

单　威(2017)《现代汉语偏离预期表达式研究》,吉林大学博士学位论文。

史金生(2003)语气副词的范围、类别和共现顺序,《中国语文》第 1 期。

完　权(2016)言者主语与隐性施行话题,《世界汉语教学》第 4 期。

万光荣(2017)惊讶范畴：类型学研究的新领域,《语言科学》第 6 期。

魏红华、蒋静忠(2012)副词仍然的语义及其预设触发语功能,《艺术科技》第 4 期。

邢福义(1985)从"原来"的词性看词的归类问题,《汉语学习》第 6 期。

张谊生(1996)副词的篇章连接功能,《语言研究》第 1 期。

Heine, B., Claudi, U. & Hünnemeyer, F. (1991) *Grammaticalization: A Conceptual Framework*. Chicago: University of Chicago Press.

Dahl, O. (2000) *Grammaticalization and the Lift Cycles of Construction*. Stockholm: Stockholm University.

Mocini, R. (2014) Expressing Surprise: A Cross-Linguistic Description of Mirativity. *Altre Modernità* 11: 136–156.

(1. 上海师范大学博士后流动站/上海对外经贸大学国际中文教育学院,
201620,yuziu0606@163.com;

2. 上海师范大学对外汉语学院,200234,bxf323@126.com)

协同副词和集合性质动词的量化意义*
——论半分配解读

吴芳格[1]　刘　瑶[2]　陈振宇[3]

〇、引　言

黄河(1990)在探究常见副词共现语序问题时,首次提出了"协同副词"这一小类,此后刘冠军(1997)、张谊生(2000)、肖奚强(2001)、张亚军(2002)、葛婷(2005)、叶秋生(2008)等各有论述。总的来看,本文所说的协同副词,一共有三类:

其一,"一 X"类,包括"一起、一齐、一同、一道、一块"等;

其二,"共同"类,包括"同 V、共 V";

其三,"合作 V"类,包括"合 V"。

前人研究中,协同副词常常被默认为整体解读(collective reading),也译为"集合解读、合指、统指"等。叶秋声(2008)说,"一起"表示事情发生在同一地点或合到一处,是从一个整体出发的,它所指的 NP 具有合指性,NP 是一个不可分割的整体,不能将"NP+V"说成"NP1+V"+"NP2+V"等。张蕾、潘海华、李宝伦(2010)在讨论"全"的语义功能时说,协同副词"一起"具有集合性特征,可以使"全 NP"获得统指解(collective reading),其功能等同于"合 V"。董正存(2016)把"共同"归为集合性量化方式的副词。张蕾、潘海华(2019)也认为"共同"会导致量化上的集合性解读。例如①:

---

　*　本文是国家哲学社会科学基金重大项目《形式语义学的汉语研究与形式语义学理论创新》(批准号:22&ZD295)的阶段性成果。陈振宇是本文通讯作者。
　①　引自张蕾、潘海华、李宝伦(2010),略有修改。

（1）a. 他们都买了一个蛋糕。——他们一起买了一个蛋糕。（引自张蕾、潘海华 2019）

b. 全班同学都吃了一个蛋糕。——全班同学一起吃了一个蛋糕。（引自张蕾、潘海华 2019）

张蕾、潘海华、李宝伦（2010）认为，左边的例句是指每一个同学都买了／吃了一个蛋糕，所以有很多蛋糕；右边则只有一个蛋糕，大家分着吃、一起买。试比较：

（2）a. 全班同学都吃了一颗枣子。——* 全班同学一起吃了一颗枣子。（自拟）

b. 他和同事们一起完成了 120 多个项目。（自拟）

因为一般一颗枣子仅供一个人吃，所以不能分着吃，但是各自吃一个就可以了。完成 120 多个项目是大家共同努力的结果，不是哪一个人能够做到的。

但是学者们很快发现了问题："都"是分配解读（distributive reading）。按照上述原理，"都"和"一起"一个是分配解读，一个是整体解读，而这两种语义一般认为是相互对立的，因此就不能共现，否则会造成逻辑上的自相矛盾。但是，实际语料中，共现的情况不但有，而且还不少。

葛婷（2005）提出了协同副词与"都"共现的问题，但讨论的是辖域，并没有解决上述问题。我们来看看相关的例子：

（3）a. 往往一人得了鼠疫，全家全村都一起死光，如果不能及时加以适当措置，任其发展，就将形成不可挽救的局势。（《科学大众》1949 年）

b. 两个赞成，一个反对，所以我们三个人，一起都向乐生博士看去。（卫斯理《地图》）

c. 瞬间，整个廊道里的所有吊着的宫灯，都一齐亮了起来！（沧月《听雪楼》）

d. 哪里会警察局长、法院院长、县参议长一齐都是共产党？（罗广斌、杨益言《红岩》）

e. 小毛就仍从十几年前说起，把他们从前搭伙讹人的事一同都说出来了……（赵树理《李家庄的变迁》）

f. 好。我们都一道儿去。（温瑞安《天威》）

g. 以后，周恩来戎马倥偬，这幅字同许多东西一道都遗失了，可张伯驹这个名字他却记了下来。（《作家文摘》1995 年）

h. 她见我的办公室只有一张办公桌，只有我一个人，就问："你一个人做啊？""大家都一块儿做嘛！"（张晓武、李忠效《我在美国当律师》）

i. 把你们自己的丑事，还有知道的关于我的事情，一块都说给干部们听

听吧！（冯德英《苦菜花》）

j. 科技、教育、人事、劳动和公安部门都共同协作,为博士后事业的发展制定了一些优惠政策。(《人民日报》1995 年)

k. 此刻,除了共同都关心着孩子外,他们甚至互相也关心着对方。(路遥《黄叶在秋风中飘落》)

l. 新工具帮助辨认程序中潜在的冲突,并在冲突或遗漏发生之前就让所有的成员都合作解决问题。(蒋显璟、姜明《未来时速》)

m. 花岗大队和新明大队原来都合用张家上坝蓄的水,新明大队水源困难大,花岗大队取水比较方便。(《人民日报》1959 年)

根据吴芳格(2021)、刘瑶(2021)的统计(实际统计时间为 2020 年),在当时的 BCC 语料库文学分类中,共搜集到"都一起"110 条,"一起都"58 条;"都一齐"234 条,"一齐都"55 条;"都一同"11 条,"一同都"5 条;"都一道"0 条,"一道都"2 条;"都一块"7 条,"一块都"2 条;"都共同"6 条,"共同都"1 条;"都合作"0 条,"都合 V"2 条。因此这些已经不算是偶然的现象,有自己的存在合理性,是语法允许的配置。

另外按照袁毓林(2002)的"接近原则",协同副词限定了谓语动作的发生方式,二者组成的整体表达事件类型;而"都"只在事件层面上进行操作,并不直接操作谓词。所以,"共同"应当比"都"更靠近谓语动词,这能够解释为什么"都＋协同副词"的用例远多于"协同副词＋都"的问题,以及为什么只有"都合作、都合V",而没有"合作都"的原因。但是,仍然存在大量与袁毓林(2002)所说相反的例子,这一点未能得到解释。

怎么解决协同副词和"都"共现所造成的理论冲突?从理论上讲,不过以下三种方案:

其一,协同副词和"都"各自的作用对象不同,或处于不同的句法层次,从而避免矛盾。的确有这样的例句:

(4) 大小事 （全家人） 都 一起 商量。(网络语料)

[说明:"都"指向"大小事","一起"指向"商量的人",即前面提到的"全家人"。]

(5) 今年 4 月,为了更好地完成运煤任务,煤矿和口泉车站实行了大联合,从编制要车计划到出车流向,都共同研究,统一指挥。(《人民日报》1960 年)

煤矿和口泉车站 从编制要车计划到出车流向 都 共同研究

[说明:"都"指向"从编制要车计划到出车流向","共同"指向"煤矿和口泉车站"。]

但是这样的例句毕竟是少数,对于大多数共现的例句仍然需要寻找解释。

其二,认为"都"有时可以用在整体解读的事件中,此时可以与"一起"等共现。这一解释的证据之一是下面的例句:

(6) a. 由于各国看好我国的巨大市场,全世界主要计算机公司都纷纷涌入我国。(《报刊精选》1994 年)

b. 我看得出第一次训练他很害怕,不想让那么多摄像机对着他。不知道怎样过来跟大家说话。大家基本上都围成一个圈,而他却离得远一点做伸展。(姚明《我的世界我的梦》)

这种观点认为,"涌、纷纷、围成一个圈"都不是描写单一事件的语词,必须要对整体事件的情况进行描写,所以是整体解读。这说明"都"也可以用于整体解读。

即使本方案成立,也还解决不了以下问题:首先"都"基本上都严格要求分配解读,为什么和何时允许整体解读? 其次,除了"都","各(自)"是更强的分配解读(无例外),但也有和协同副词共现的情况,难道说"各(自)"也有整体解读?

(7) a. 天色渐黑,记者挤在参观者人潮中涌向停车场,与他们一起各自驾车离开这精彩纷呈的汽车世界,汇入展会之外川流不息的车流之中。(新华社 2003 年 12 月份新闻报道)

b. 年轻的小摊主耸耸肩:"这件赚是能赚点儿,可货不好进哪,有时'老外'一次要几百件的,一下又没那么多,只好东摊西摊到处凑点儿,赚的钱各自一起分。"(《报刊精选》1994 年)

c. 它们与上海辞书出版社的《三国演义故事》一起各领风骚,各有自己的看客与销路。(《人民日报》1995 年)

其三,认为"都、各(自)"是必须用在分配解读的事件中,但是这些协同副词并不一定是整体解读,而是可以有分配解读,此时可以与"都"共现。这是本文研究的起点。

本文的任务是:说明协同副词语义的本质,修正有关分配和整体解读的理论观点,给出协同副词整体解读的条件。

一、量化解读三分假说

本方案和我们对量化的认识有关。我们认为传统的分配和整体二分说需要修正,在分配和整体解读之中加上一个中间类型,那就更合适了,这就是"量化解读三分假说"。

设事件参与者各自或成组地参与事件为【＋分配】,而整个事件呈现出一个整体性的结果或整体性的样貌为【＋整体】,则可能有三种情况:

其一,分配解读:【＋分配】【－整体】,如"都走了两步";

其二,整体解读:【－分配】【＋整体】,如"构成了一幅美丽的图画";

其三,半分配解读:【＋分配】【＋整体】,如"都围拢上来/都涌了出来"。

一般的分配解读,由若干同质性的最小子事件(单一事件),聚合而成一个事件集合,也即是一个复合事件,该集合(复合事件)没有呈现出什么整体性的特征。如"大家都来了",即"甲来了,乙来了,丙来了……",整体上,这些"来了"的子事件没有呈现出什么固定的模式或形态。半分配解读,吴芳格(2021)、刘瑶(2021)称为"同质解读",下面给出定义:半分配解读,由子事件聚合而成的复合事件集合,该集合会呈现出整体性的特征,这种特征只能是整个集合或至少是其中子集的状态,而不能个体成员的状态。但半分配解读根本的投射方式仍是个体的或成组的,因而其本质是分配性的,所以可以自由地加"都"。汉语中的"集合性质动词",就是半分配解读的典型例子。

集合性质动词(verbs denoting the properties of sets),指该动词虽然表示复数的子事件的集合,但同时也表示集合的整体性质。该动词的某一论元是一个复数个体的集合,并且这些个体分别参与事件,彼此之间是独立的;但是事件整体上则呈现一种性质,包含在动词语义中。集合性质动词至少分为三个主要的类型。

其一,多事物各自参与事件,但呈现整体的景观或样貌。如:

(8) 看来人心思"租",人心思"发",什么样的聪明才智都涌现出来。(《作家文摘》1997 年)

"涌"本指水从地下冒出来,后泛指复数的事物以一种大量和争竞出现的方式呈现出来,其中每个事物仍是独立或成组地参与到事件中,因此含有很多个具有同质性的子事件,但是它们在整体上则呈现出一片前后追赶,势如泉涌的整体特征。此类动词不少,如:

(9) a. 她生平中一切事,或可能会有的事,或从来没有过的事和不会有的事都一起到她面前,而件件都模糊,件件都不快。(狄更斯《人卫·科波菲尔》)

　　b. 东家的二姨,西家的二婶,就都一齐围拢过去,都去设法施救去了。(萧红《呼兰河传》)

c. 建州军一见巴图鲁,都哄笑起来,笑得巴图鲁恼羞成怒。(李文澄《努尔哈赤》)

d. 下面的人,瞎的亮的哑的响的,都一道起哄,要给果儿揉年糕(四脚四手拎起来往地上摔)。(王旭烽《筑草为城》)

e. 充满苏维埃人民心灵的一切东西,共产党人最珍爱的东西,都一齐倾泻在这个表示着党对它的领袖的无限热爱和忠诚的欢呼声中。(《人民日报》1952 年)

f. 从 16 岁少年到 60 岁长者都纷至沓来。(《文汇报》2005 年)

g. 那非洲和日本的革命者,南非的勇敢战士和中国人民的朋友也都一起聚集在十月的北京城。(《人民日报》1967 年)

h. 众道见鹿清笃将他刺死,都大声鼓噪起来。(金庸《神雕侠侣》)

"拥"指人挤着前进;"围"指处于事物的四周或外围,一般需要复数的个体来围拢;"哄、起哄"指多人一起发出声音(有捣乱之义);"倾、泻"指内容物(如水)尽数倒出;"纷至沓来"指很多人或事物大量连续地到来;"聚、集"指多个事物向同一目标集中的位移活动(还有"聚餐、聚会"等);"鼓噪"是很多人一起起哄。它们都是由一系列子事件构成,但也都具有集合整体的特征,因为都不是个体事物所能形成的景观。

其二,一个集合的事物各自参与事件,最终囊括集合的整体,达到全称量化。如"尽"类语词:

(10)而也就因为韩鸿翼当年过于热心公益事业,经常赈济当地的穷苦乡农,以致渐渐地把祖上积攒的家当全都用尽了。(程广、叶思《宋氏家族全传》)

家当是一个复数集合,其成员陆陆续续被使用,最终达到"全部用尽消失"的整体性质。此类动词也不少,如"净、完、光"等。

(11)a. 洪流杀力,非但杀尽"农兵",五千"铁甲兵"和一千"皇卫军"岂不也同归于尽,都一块儿死得干净?(刘定坚《刀剑笑》)

b. 什么事都忘得一干二净了。(《读书》1987 年)

c. 汉武帝是一个雄才大略的皇帝,讨匈奴,通西域,军费浩繁,大司农的钱用完了,连他父亲(景帝),祖父(文帝)几辈子积蓄下来的财富都花光了。(钱穆《中国历代政治得失》)

其三,一个集合的事物各自参与事件,但是整体呈现一个性质:各个子事件都是一个大的活动中的一个部分,这一大的活动包括同一地点、同一时间、同一活动和同一类事物,如"同 V、共 V"集合性质动词。

（12）a. 童年时代，李讷和刘源两家都同住在中南海。（《作家文摘》1996年）

　　　b. 然而，既然它们都同属人文主义，就必定有其共同之处和本质特征。（《人文主义的教育目的观》）

　　　c. 初赛过程中，社区居委会孙书记、尹站长也过来看望大家，并和大家一起同乐。（网络语料）

　　　d. 更重要的则是把银行的产品拿出来，真正地和各色商品一起同台亮相。（《文汇报》2002年）

　　　e. 无论贫富或受过教育与否，人们都共享纸牌麻将之类的"大众娱乐"。（王笛《新文化史、微观史和大众文化史》）

　　　f. 所选书信都共有一个特色——将亲情之爱，升华于对整个民族和人民之爱。（《人民日报》1995年）

　　　g. 他和同学们围坐在一起共进午餐，两个包子，一碟炒菜，一碗蛋汤。（《人民日报》1994年）

"量化解读三分假说"可以解释协同副词与"都"的共现。虽然是两个或两个以上的动作发出者在同一时间结伴做事，但是各自独立完成动作行为，因此可以认为一定存在多个同质的子事件；但是，这些子事件聚集而成的集合，呈现特定的特征，如相似性、同类性、整齐性、同时性、同一空间性、同一活动性，等等。这就是半分配解读，如：

（13）往往一人得了鼠疫，全家全村都一起死光，如果不能及时加以适当措置，任其发展，就将形成不可挽救的局势。（《科学大众》1949年）

这里用"都"不用"都"也是半分配事件，不过用了以后，更强化了全村人的相同性。每个人单独参与"死"的事件，并且随着陆陆续续死去，最后达到"死光"的整体性质。

我们认为，"一起"等协同副词，本质上是方式副词，自身并没有量化上的偏向。句子的量化意义，是由句中或上下文语境中的其他成分所决定的。因此，句子有时是整体解读，有时是半分配解读；之所以不是纯粹的分配解读，是因为协同副词毕竟加上了一个整体特征。这样既照顾了量化解读三分理论，又注意到有时协同副词所在的句子会获得整体解读的情况。

二、"协同"意义两分

参照李胜梅、张振亚（2004）和邵洪亮（2010）、曹蓉（2019）等的观点，所谓协同,存在两个不同的意义维度。

意义一,在同一时间、同一地点或同一活动中采取相同的行为,或经历同样的变化,这一点可以称为"同质性"。由于大家都是一样的,因此即使从中拿出若干个体,对整体的特征(同质性)也没有影响,事件也不会变化。

意义二,在一个事件中相互协作。因为是协作,所以缺失其中某些成员,对事件有极大的影响,最好是缺一不可。

但是我们需要采用一些检验的方法来区别这两种语义结构,这就是"语用数"理论。

陈振宇、刘承峰(2006)指出,"实体集 X 参与事件 E 时(以事件"杀鸡"为例):1)离散事件 E,确定事件的最小动量,如'杀一次'。2)确定参与最小动量事件的实体的最小物量,称为'临界量',如'一只鸡'。3)临界量是确定语用数的参照点。当实体的量小于临界量时,事件根本不能成立;实体的量等于临界量,实体是语用单数;实体的量大于临界量,实体是语用复数"。

据此有判别方法:先将事件中整体性的特征去除;然后离散事件为最小动量,再看参与最小动量事件的实体的最小物量(临界量);如果临界量为一个个体,则是"意义一",如果临界量为两个或两个以上的个体,则为"意义二"。

可以看到下面都是"意义一"的例子,因为让事件成立的量,如喝酒的人、说谎的人、鞠躬的人、举杯祝酒的人、爱护设备的人、使用一种货币的人,他们的最小量是一个人:

(14) a. 有空一起喝两杯?(朱明海《有空一起喝两杯》)

　　b. 一齐向毛主席鞠躬。(《人民日报》1947 年)

　　c. 整齐严肃的一同举起杯来。(冰心《梦》)

　　d. 要降低自来水的漏损,必须在自来水用户中加强宣传教育,要大家节约用水,并共同爱护自来水管道和仪表。(《人民日报》1957 年)

　　e. 欧洲 12 国的 3 亿多人共同使用一种货币。(《人民日报》2003 年)

按照定义,只能得到语用复数,所以都可以加"都"(当然,如果违反"都"字句的其他限制也不能加)。

下面是"意义二"的例子,又分为两种。

第一种,虽然临界量为两个或两个以上,但是并不是无限的,而是有一个边界,如下面合租的人最少量是两个个体(只要有两个人,就可以合租了):

(15) 正好朋友孙文杰也从外地来京读书,两人准备一起合租。(新华社 2001 年 8 月新闻报道)

第二种，临界量为两个或两个以上，并且不管该论元有多少个体，都等于临界量，因为需要所有人都一起协同，不能少一个。如下面商量、会诊的人不管是多少个，都是在一起协同，临界量就等于句中提到的个数，所以只能是"意义二"，并且按照定义，只能得到语用单数，所以都不能加"都"，如：

（16）a. 既是这样，就请将军与将他请来，大家共同商量办法。（徐哲身《汉代宫廷艳史》）

b. 与以往不同的是，他们不满足于"进门寒暄，说声拜年，招手再见"，而是和职工们一起"会诊"，最后开出扭亏"药方"。（《人民日报》1994 年）

c. 他们共同决定了十六条垄断纲领。（《人民日报》1952 年）

三、如何获得整体解读

协同副词在现代汉语中，分配解读在使用频率上占绝对的优势，是默认的无标记的用法；而整体解读的例句非常少，是特殊的有标记的用法。这和前面不少研究者的语感是完全相反的，而这也证明了它们与"都"共现的诸多例句的合理性。经过统计，吴芳格（2021）发现"一起"的例句中，整体解读占 3.3％，半分配解读 96.7％；"一齐"整体为 0，半分配 100％；"一同"整体为 0.9％，半分配 99.1％；"一道"整体为 3％，半分配 97％；"一块"整体为 2.5％，半分配 97.5％。刘瑶（2021）发现"共同"的例句中整体解读占 4.2％，半分配 95.8％。

请注意，与"一起"等不同，"一齐"几乎没有整体解读的例子，这是由它的语义特征决定的。《现代汉语八百词》（1980）中指出"一齐"表示"同时"，多用于书面，具体可表示"多个主体同时做同一件事"（大家一齐动手）或"一个主体同时做几件事"（这些问题可以提出来一齐研究）。叶秋声（2008）说"一齐"的主体具有离散性，只能与时点时间词连用。据此可知，"一齐"强调时间一致性，表示的是多个子事件之间的对齐关系，不能是合作关系，所以只能是半分配解读。如：

（17）人们认出原来是威震长江的新四军的司令，都一齐向他拥来。（《人民日报》1978 年）

当然，由于"一齐"与"一起"的混用，在语料中确实有极少数用"一齐"表示整体解读的例子，如"我和妈妈一齐去买了很多烟花"（百度教育，2023 年 1 月 5 日），这恐怕应该算作是误用。

根据标记论，我们需要讨论的问题是如何得到整体解读，而不是如何得到分配解读，因为无标记的可以靠默认而获得。可以分几个方面来论述。

其一,所有表示同质性(意义一)的例子,都是半分配解读。

其二,并不是表示相互协作(意义二)就一定会得到整体解读。袁毓林(2005)讨论过"小张和小王都合用一个厨房"的例子,他说如果小张和小王两家分别跟不同的人家合用厨房,那么句子是真的。

除此之外,还有一种情况也是分配解读:分配解读除了个体成员各自参与事件外,还可以分组参与事件,每一组多于一个成员,只需要有多个组就行。

(18)我们都合用一个厨房。(自拟)

可以做这样的解释:"合用"所需要的最小的量是两个人,也就是说,"我们"的量大于这一临界量,当然也就是语用复数,也满足"都"的要求。这就是"成组地"参与事件的分配解读。但是究竟我们中谁与谁用厨房,并不在这一句子表达的范围之内。从理论上讲,只要"我们"多于四个人,就可能:第一组,甲与乙合用一个厨房,丁与丙合用一个厨房。两组或两组以上,就是复数。

在实际的语料中有这样的例子,如:

(19)大部分志愿者要自己做一日三餐,也基本没有专属厨房,要跟学校的工人和学生家人一起合用厨房,连切菜的刀,都要带上带下,否则不是不见了就是成了镰刀。(《福建日报》2006年)

这里的志愿者很多,其中有人和这个工人合用厨房,有人和那个学生合用厨房,从而形成不同的组。但是,此类句式,仍然有表示所有人合用一个事物的,一般不加"都",例如:

(20)地委、行署主要领导同时外出,不是各自分坐小轿车,而是一起合用、平分费用;一台小车挤不下时,不开两台小车,而是换乘面包车。(所有人坐一台车)(《人民日报》1998年)

因此,表示相互协作且只有整体解读的例子,都必须将所有的成员汇成一个组,不能分组,也就是"意义二"的第二种情况。

其三,我们发现,在实际的语料中,整体解读几乎都集中在以下两种配置(其他例子有,但很罕见):"共同活动"类和"结果"类。"共同活动"类在前面已经介绍,包括"协商、会诊、决定、开会、讨论"等。下面看看结果问题。

事件具有"(狭义)结果性",此时加上协同副词,绝大多数例句都是表示整体解读。"结果性",指协同行为产生结果的实体性,在句法上主要表现为谓词是否有后续成分,后续成分是否为协同行为产生的新事物或使之消失的事物。又分为两种情况:

第一种情况,事件整体集合会产生新的事物。又分为以下两类:一是原有

的事物共同构成最后这一整体事物的部分,形成"整体-部分"关系,如:

(21) a. 所有这些一起构成了一个体面的、实实在在的、受人欢迎的宗教。(林语堂《吾国吾民》)

b. 在端午的笔下,"雾"总是和"岚"一起组成了双音节词:雾岚。(王春林《王春林评格非〈春尽江南〉》)

c. 与欧空局的探测计划组成联合观测项目,一同形成人类历史上首次对地球空间的六点立体探测。(新华社 2004 年 6 月新闻报道)

d. 西方近代科学与西方的宗教、艺术、教育、风俗等等共同构成一个文化系统。(《人民日报》1998 年)

二是原有的施事共同制造或购买一个新的事物,是实施者和他们的共同作品的关系,如:

(22) a. 去年,他和工人们一道制造出一种新式巷道支柱,为国家节约了大量的木材。(《人民日报》1974 年)

b. 六个部门共同组织了国家公务员考试录用试点工作。(《报刊精选》1994 年)

c. 毛泽东和群众一起挖的水井申报吉尼斯世界纪录。(新华网,2006 年 5 月 19 日)

d. 我们 5 户合买了一头牛耕田。(《人民日报》1993 年)

第二种情况,事件整体集合会导致事物的消失。

(23) a. 机降官兵终于在火区没有形成树冠火之前压住了火势,与后续部队一起扑灭了林火。(《人民日报》2001 年)

b. 公报说,埃亚德马和罗林斯决定相互协调,共同击退侵略者。(《人民日报》1998 年)

文献中典型的整体性解读的例子,正是上面所说的各种,如前面所说的"他们一起买了一个蛋糕""他和同事们一起完成了 120 多个项目""全班同学一起吃了一个蛋糕"等。

但是请注意,并不是协同副词加在有明显结果性的事件上,就一定得到整体解读;如果多个主体分别参与活动,则分别产生的结果是复数性的结果,就不能满足整体解读的要求,是半分配解读:

(24) a. 公园中梅花、桃花、玉兰、郁李、棣棠、海棠和樱花,正像约好了日子,都一齐开放了花朵。(各自开放了花朵)(沈从文《水云集》)

b. 仅方团贺功会上,一次就有三个连、十个排、二十一个班卷入挑战,展开单位、个人之间的全面大比赛，都一齐订出了新的歼敌立功计划。（各个单位或个人各自订出了计划）（《人民日报》1947年）

因此，更为准确地说，整体解读的结果是单一结果或结果整体；结果性既不是充分条件也不是必要条件，仅仅是大概率的、无标记匹配的，也就是说，如果事件具有结果性，那么一般来说默认为整体解读，但有极少数例外。

四、结　　语

协同副词本身是表示事件进行的方式，呈现事件的整体特征，但与整体解读没有直接的关系。在绝大多数情况下，协同副词句子呈现半分配解读，不管是否与"都"共现。因为这时句子去掉协同副词后的事件本身就是以单一个体作为临界量。仅在特殊的"共同活动"类、"（狭义）结果性"等情况下，协同副词句子是整体解读。整体性或者是来自以论元的全体数量作为临界量，或者是来自那个产生或消失的"同一事物"。

我们还得看到一些特殊例子，如：

（25）既然都一起合伙开店了，那大家就不应该分得那么清楚。（好看视频，2023年7月29日）

这里是都开同一家店，所以是整体解读，但是为什么还可以用"都"？这样的例句极少，也许可以把"都"看成表示时间意义（已经义），那就不成为反例了。

参考文献

曹　蓉(2019)语料库驱动下现代汉语"一起"的义项分立研究,《解放军外国语学院学报》第1期。

陈振宇、刘承峰(2006)"不是……就/便是"与"语用数",《世界汉语教学》第4期。

董正存(2016)现代汉语量化方式副词的语义特征、句法表现及教学建议——以"逐一""纷纷"为例,《宁夏大学学报》（人文社会科学版）第4期。

葛　婷(2005)《现代汉语协同副词研究》,上海师范大学硕士学位论文。

黄　河(1990)常用副词共现时的次序,《缀玉集》,严家炎、袁行霈主编,北京大学出版社。

李胜梅、张振亚(2004)现代汉语中"一起"的义项和语法功能,《浙江树人大学学报》第5期。

刘冠军(1997)论协同竞争矛盾统一律,《青岛大学学报》第2期。

刘　瑶(2021)《协同副词"共同"研究——与"都"共现问题》,复旦大学硕士学位论文。

吕叔湘主编(1980)《现代汉语八百词》,商务印书馆。

邵洪亮(2010)"一起"的句法语义功能及其嬗变过程,《对外汉语研究》第6期,商务印书馆。

吴芳格(2021)《"一 X"类协同副词的量化问题》,复旦大学硕士学位论文。

叶秋生(2008)《现代汉语协同副词研究》,西南大学学位论文。

袁毓林(2002)多项副词共现的语序原则及其认知解释,《语言学论丛》第 26 辑,商务印书馆。

袁毓林(2005)"都"的语义功能和关联方向新解,《中国语文》第 2 期。

张谊生(2000)《现代汉语副词研究》,学林出版社。

肖奚强(2001)协同副词的语义指向,《南京师大学报》(社会科学版)第 6 期。

张 蕾、潘海华(2019)"每"的语义的再认识——兼论汉语是否存在限定性全称量化词,《当代语言学》第 4 期。

张 蕾、潘海华、李宝伦(2010) 普通话"全"的语义探索,载中国语文杂志社编《语法研究和探索》(十五),商务印书馆。

张亚军(2002)《副词与限定描状功能》,安徽教育出版社。

(1. 复旦大学中国语言文学系,200433;

2. 复旦大学中国语言文学系,200433;

3. 复旦大学中国语言文学系,200433,chenzhenyu@fudan.edu.cn)

汉语推理范畴和语言表征[*]

吕明臣¹　曹玉瑶²

〇、引　　言

　　言语交际离不开推理的表达,在语言层面也有推理的表征形式,语言研究自然离不开对这些推理表达形式的探究。汉语研究中,有"复句"和"关联词语"的概念,关联词语常被解释为"复句"的一种表现形式,即连接前后"分句"表达特定意义关系(邢福义,2001等)。汉语的一些推理关系也常被放在相应的复句中进行解释,如"因果复句""条件复句"等。然而,这样的解释并不充分,甚至是错误的。如一般所说的"无条件复句",普遍被解释为:前一分句说出的是一种条件(无条件或者周遍条件),后一分句说的是"无论在什么条件下结果都成立"(赵淑端,1982;汤贤均,1987;胡裕树,1995;黄伯荣、廖序东,2017等)。其实,一般所说的"无条件复句"的前后分句间并不是条件关系,它所表现的是一种复杂的推理结构。以"无论 A 不 A……都 B"为例,实际的逻辑语义可能是下面描述的样子:

　　如果 A,那么 B

　　如果不 A,那么 B

　　A 或者不 A,都 B

　　形式逻辑中,将这类推理叫作假言选言推理,也称"二难推理",汉语中用了"不论 A 不 A……都 B"的表达格式来表达。

　　显然,汉语研究中并没有建立"推理关系"概念范畴,因此也没有将关联词语放在推理关系范畴上给出明确的解释。我们的目标就是倡导基于普通逻辑建立

---

　　* 本文得到国家社会科学基金一般项目"汉语关系语义范畴研究"(19BYY012)资助。

汉语推理关系范畴,并找出表征推理关系范畴的关联词语。

一、推理范畴和关联词语

1.1 推理范畴

推理是一种思维形式,反映了人对世界关系的一种认识。推理是人对世界某种关系的认知经验,以抽象的形式储存在人们的认知结构中。语言是逻辑的一种重要表现手段,具体的言语交际中,无处不体现着逻辑的概念、命题和推理。在抽象的语言符号中,也存在着表征逻辑形式这种认知经验的符号。逻辑形式被语言符号表征,成为语言的所指,即概念层面的一部分,就是语义范畴。

推理是对关系的一种认知,被表征在语言中,成为关系语义范畴的一种。推理是从已知命题推出新命题的一种思维形式,推理关系范畴表现的是已知命题和新命题之间的推导关系。逻辑上,将已知命题叫作前提,由此推导出的新命题叫结论,推理关系范畴即是表明前提和结论关系的范畴。相对于其他"断定关系"的关系范畴来说,如条件关系、选择关系等,推理是一种"推断关系"的关系范畴。

推理关系范畴由推理关系项、前提项和结论项构成。关系项表明了前提和结论的内在联系,即前提的存在蕴含着结论的存在。根据形式逻辑,前提和结论的蕴含关系有不同的形式:演绎的和归纳的。演绎推理,前提真实,结论必然真实;归纳推理,前提真实,结论可能真实。但不论是演绎还是归纳,蕴含关系都是存在的,这是推理成立的保证。

1.2 推理的语言表征

推理关系作为语义范畴,在语言中一定有相应的表征形式。汉语中,推理关系范畴的表征形式是一些关联词语,如常用的"因为……所以……""因此""既然……就……"等。这些关联词语,在词类划分上被叫作"虚词",而虚词又被看作没有实在意义的词,仅仅表达一种连接关系。不过,"实在意义"其实是个模糊的说法,什么意义是实在的,什么意义是不实在的,很难说。若从语义范畴出发,意义只有类型的区别和概念层级的差别,并没有实在不实在的问题。汉语的关联词语很多表征的是关系语义,它们指称关系而不是实体或事件,而关系却是实实在在的,而不是虚的。上述"因为……所以……""因此""既然……就……"不仅仅表示连接,它们也有意义,表征推理关系语义范畴。

汉语表征推理关系范畴的词语有很多,从推理范畴的类型着眼,它们表征的推理关系范畴上存在着差异。如:

(1)因为太阳离我们太远了,所以看上去只有盘子那么大。(生活实录)

(2)我想他一定遇到什么事耽搁了,不然不会不来。(自拟)

(3)不论贫穷还是富贵,都不要忘了生你养你的父母。(自拟)

上述三个例句,都表达了一种推理,但各有不同:

例(1)用"因为……所以……"表现,一般被叫作"因果关系",实际就是一种常用的推理形式,原因部分是前提,结果部分是结论。

例(2)用"不然"表现推理,特别之处在于其推理中包含一个否定的前提:

遇到什么事耽搁了←会不来∧没有遇到事→不会不来

"不然"在这里给出的是一个否定的前提,详细的分析见第3节。

例(3)表现的是复杂推理,用"不论……都……"表现的推理有一个特点,其前提构成较多、较复杂:

贫穷→不要忘了父母∧富贵→不要忘了父母∧贫穷∨富贵→不要忘了父母。

"不论……都……"表现的复杂推理还有很多,较详细的分析见第4节。

根据关联词语表现推理范畴的差别,我们可以概括出三类表征推理范畴的关联词语,分别为"因为……所以……"类、"……不然……"类、"无论……都……"类。

二、"因为……所以……"类和推理表征

"因为……所以……"类关联词语包括很多:因为……所以……、由于……所以……、因此、既然……就……、之所以……是因为……,等等。这类关联词语在以往的复句研究中被认为是"因果关系复句"的关联词语,因果关系实际上就是一种推理关系,这一点很多学者论述过(慕桐,1980;赵淑端,1982;邢福义,2001;廖巧云、孟利君,2011等)。从推理的角度出发,"因为……所以……"类关联词语是汉语推理关系范畴的一种表征。

"因为……所以……"类关联词语经常出现在直言推理、假言推理的话语表现中。

2.1 直言推理

直言推理是基于直言命题构成的推理,有两种主要的推理形式:对当关系直言推理和三段论推理。例如:

(4)我一会儿得去开会,因为今天要求全体参会。(自拟)

例(4)由"因为"连接前后两部分,表达的是一种直言命题对当关系推理,具体推理是:

全员都必须开会。→我得去开会。

对当关系的直接推理,依据的是同一素材直言命题的真假关系。例(4)中,全称命题是"全员都必须参会",根据对当关系可直接推出单称命题"我得去开会"。形式化表述为:SAP,SaP。

(5)住房既然是商品就要适应价值规律的要求,接受市场的选择。(生活实录)

例(5)用"既然……就……"表达了一个直言三段论推理:

商品就要适应价值规律要求,接受市场选择。(前提1)

住房是商品。(前提2)

住房就要适应价值规律要求,接受市场选择。(结论)

这是一种常用直言三段论的格式,形式化表述为:

$$M 是一种$$
$$S 是一种$$

$$S——$$

直言推理,无论是对当关系的直言推理,还是三段论推理,都有很多种类。在汉语的表达中,这些直言推理都可以用"因为……所以……"类关联词语表征,有的成对使用,有的单独使用。

2.2 假言推理

假言推理是由假言命题构成的推理形式,根据假言命题的种类,可以分为三种:充分条件假言推理、必要条件假言推理、充分必要条件假言推理。"因为……所以……"类关联词语常用于表征假言推理。如:

(6)因为治疗及时,所以他的伤很快就好了。(转引自吕叔湘,1999)

例(6)是充分条件假言推理的"肯定前件式",完整的推理如下:

如果治疗及时→伤很快就好∧治疗及时→伤很快就好了

再如：

（7）现在城市看不到很多鸟了，<u>因为</u>生态环境遭到了破坏。（生活实录）

例（7）用了充分条件假言推理的"否定后件式"，完整推理如下：

城市能看到很多鸟出现→生态环境好∧生态环境遭到破坏→看不到很多鸟

必要条件假言推理有两种有效式：p要条∧﹁p要﹁q；p要条∧q要条。

汉语表达中，经常用"因为……所以……"类关联词语。如：

（8）资格论文还没发出来，<u>所以</u>不能申请博士论文答辩。（自拟）

例（8）用了必要条件假言推理的"否定前件式"，完整的推理如下：

发表了资格论文←才能申请博士论文答辩∧没有发表出来→不能申请博士论文答辩

再如：

（9）<u>既然</u>要彻底解决环境污染问题，<u>就</u>必须坚决关停超标排放的企业。（生活实录）

例（9）用了必要条件假言推理的"肯定后件式"，完整的推理如下：

必须坚决关停超标排放的企业←彻底解决环境污染问题∧要彻底解决环境污染问题→必须坚决关停超标排放的企业

2.3 选言推理

选言推理是由选言命题构成的推理。选言命题有相容的和不相容的两种，两种选言推理，共同的有效推理是"否定肯定式"，意为：前提否定一部分选言支，结论肯定另一部分选言支，形式为：p∨q∧﹁p种选。汉语表达中，常见的就是这种"否定肯定式"推理。如：

（10）<u>既然</u>在经验上不占优势，<u>那么就</u>要突出学历上的优势。（自拟）

例（10）就是选言推理的"否定肯定式"，具体推理如下：

在经验上占优势∨学历上占优势∧经验上不占优势→突出学历优势

"因为……所以……"类关联词语是汉语表征推理关系范畴普遍性最强的，适于表征各种推理关系。

三、"……不然……"类关联词语和推理表征

汉语"……不然……"类关联词语构成的表达式可以形式化为：p，不然 q。相当于"不然"的关联词语还有"否则""要不""不然的话"等。这类表达格式以往

多被解释为由"不然"连接的前后两部分是因果或者条件关系。但事实上,"p,不然 q"表达的是一种推理(吕明臣,2010)。如:

(11) 他一定有什么心事,不然为什么变得这样古怪?(CCL 语料库)

(12) 幸亏来得早,要不然就赶不上车了。(转引自吕叔湘,1999)

(13) 到厂里就只有一条烂泥路,下雨必须要用绳子把鞋绑起来,不然就被烂泥拖走了。(CCL 语料库)

"⋯⋯不然⋯⋯"类关联词语表达的推理有一个共同的特征:推理的一个前提是否定的,而这个否定的前提是靠"不然"类词语表现出来的。

根据推理结构,含有一个否定前提的推理涉及三种:选言推理的否定肯定式、假言推理的否定前件式、含有否定前提的三段论推理。

3.1 "⋯⋯不然⋯⋯"类表征选言推理

"⋯⋯不然⋯⋯"表征的选言推理,其结构是:前提中有一个选言命题和一个对其中一个选言支的否定命题,结论是个肯定的命题。如:

(14) 这个时间大概在上课,否则就是在开会。(自拟)

例(14)表达的是选言推理,完整形式是:

这个时间在上课∨在开会∧没在上课→在开会

3.2 "⋯⋯不然⋯⋯"类表征假言推理

"⋯⋯不然⋯⋯"表征的假言推理,其结构是:前提中有一个假言命题和一个对其假言命题中的嵌件或者后件的否定,结论是一个肯定或否定的命题。如:

(15) 除非你能拿出来证据,不然的话,休想拿走一分钱。(生活实录)

例(15)表现的是假言推理的否定前件式,完整的推理形式是:

你能拿出证据←拿走钱∧你拿不出证据→休想拿走一分钱

汉语中"除非⋯⋯否则⋯⋯"的格式除了表现假言推理的否定前件式外,也用来表现选言推理的否定肯定式。如:

(16) 除非你想一辈子窝在山里,否则就给我好好读书。(生活实录)

例(16)表现的是选言推理,完整的形式为:

你想一辈子窝在山里∨给我好好读书∧不想一辈子窝在山里→给我好好读书

3.3 "⋯⋯不然⋯⋯"类表征三段论推理

三段论推理大小前提中允许有并且只能有一个是否定的,根据规则,前提中

有一个是否定的,结论必须是否定的。"……不然……"类表征三段论推理,给出就是一个否定的前提和否定的结论。如:

(17)今天要求全体参会,要<u>不</u>我就不做了。(自拟)

例(17)中的"要不"表达的是对"全体参会"的否定,即"有些人不参加会",实际构成的推理形式是:

今天要求全体参会∧并非要求全体参会→我就不去(参加)了

四、"不论……都……"类关联词语和推理表征

"不论……都……"类关联词语包括"不论……、不管……、无论……都、也……"等,都是成对出现的,整体表征复杂的推理,如"假言选言推理""归纳推理"等。

汉语研究中,一般都将"不论……都……"类关联词语表现的视为一种条件复句:前一分句表示条件(无条件或周遍条件),后一分句表示结果。但事实上,"不论……都……"类关联词语表现的并非条件关系,而是一种推理(吕明臣、佟福奇,2011)。道理其实很简单,条件关系从逻辑上看只有三种:充分条件、必要条件、充分必要条件,而"不论……都……"类表现的关系显然不在三种之内。进一步说,条件关系中,条件和结果具有蕴含关系,而"不论……都……"连接的两项并不具备蕴含关系。如:

(18)<u>不论</u>天气好不好,<u>都</u>要去郊游。(自拟)

例(18)由"不论……都……"连接的前后两项并不具备蕴含关系,就是说,"天气好不好"不蕴含"要去郊游"。常识上说,"去不去郊游"的一个条件确实是"天气好不好",但"去郊游"的条件只能是"天气好",而不是"天气好不好"。事实上,用"不论……都……"连接两项表现了一个复杂推理:

天气好→去郊游∧天气不好→去郊游∧天气好∨天气不好→去郊游

显然,例(18)实际是一种假言选言推理。

汉语中,"不论……都……"类关联词语经常表达的推理关系主要有两种:一是假言选言推理,二是归纳推理。

4.1 假言选言推理

假言选言推理由两个假言命题和一个包含有两个假言命题前件或者后件的选言命题作前提,一个选言支作结论的推理。常用的一个形式是简单构成式:p

题前∧s 题前∧p∨s→q。

"不论……都……"类关联词语经常表现假言选言推理。如:

(19) <u>不论</u>小李去,还是小张去,<u>都</u>要在明天中午回来。(自拟)

例(19)的推理结构是:

小李去→要在明天中午回来∧小张去→要在明天中午回来∧小李去∨小张去→要在明天中午回来

4.2　归纳推理

归纳推理有几种形式:完全归纳推理、简单枚举推理、科学归纳推理。"不论……都……"类关联词语表征归纳推理,并不区分不同的归纳推理形式。如:

(20) 在实行义务教育的国家和地区,<u>不论</u>民族、种族、性别,适龄的儿童、少年<u>都</u>必须依法入学,接受一定年限的国民教育。(CCL 语料库)

(21) 我想<u>不论</u>哪个年代、什么职业、何种手法,要想成就一番业绩,热爱、敬畏到忘我或许是唯一途径。(CCL 语料库)

表征推理的"不论……都……"有一个特殊的表达格式"不论+疑问代词……都……",如:

(22) <u>不论</u>谁,<u>都</u>必须遵守规则。(自拟)

例(22)中的"谁"代表"任何一个人 N1、N2……Nn",其实际推理可以是:

N1 必须遵守规则∧N2 必须遵守规则∧Nn 必须遵守规则→(所有)N 都必须遵守规则。

(23) <u>无论</u>怎么样,<u>还是</u>得坚持下去。(自拟)

例(23)的"怎么样"代表"任一一种状态或行为 V1、V2……Vn",实际的推理可以是:

V1→得坚持下去∧V2→得坚持下去∧Vn→得坚持下去→(任何)V→得坚持下去

这种用疑问代词充当"不论"后面成分的格式,一般倾向于被看作"周遍条件"的条件关系,其实也是一种推理,只是推理的前提被泛化或者虚化了。

五、相关问题思考

前述对推理和汉语关联词语问题所作的只是一些现象的经验概括。就目前研究的现状看,关于推理关系范畴和相应的语言表征还有一些问题没有解决,需要深入探讨。

5.1　建立汉语推理的语义范畴

推理表达在汉语的研究中并不少见,多是放在复句中进行,尤其是因果复句和条件复句中。但这些解释不是从推理的语义范畴出发,而是着眼于"复句形式",这样不仅对推理的解释力很弱,而且也没能从本质上解释复句中关联词语的语义内涵。具体表现为:第一,解释不充分。在复句框架下,仅仅解释复句前后分句的关系,不足以还原其形式所表现推理的全貌,比如"因果关系复句"。第二,将推理关系和条件关系混同,掩盖了某种表现形式的推理关系意义,如"无条件复句"。

因此,要解决汉语推理的问题,就必须建立汉语的推理范畴,这样才能从语义出发找出推理的汉语表征及交际中的推理形式表现。

5.2　表征推理范畴的关联词语

推理经常出现在汉语的交际中,在表现推理的形式中,常用一些关联词语,这些关联词语就是汉语结构层面的推理表征形式。就像名词表征事物范畴、动词表征事件范畴一样,关联词语表征推理范畴。汉语关联词语不少,很多关联词语是表征推理范畴的。

汉语的关联词语,不仅仅是形式的连接,即如复句研究中认识的"连接前后分句",更重要的是表征语义范畴。也许,这才是关联词语的本质。

5.3　推理的语言表征和话语表现

关联词语是推理范畴的语言表征形式,存在于语言符号层面,具体说就是词汇层面。关联词语表征推理范畴,从认知上说,关联词语激活的是推理范畴的整体结构。

关联词语表征推理范畴,在言语交际中,具体的推理是推理范畴的一个解释,这些解释依赖话语形式实现。在实现具体推理的话语形式中,也常常包含关联词语,此时的关联词语不同于语言层面的表征形式,而是作为话语形式的部分存在,即是一种推理解释的形式构成部分。在交际的话语中,关联词语呈现出两个特征:

第一,有关联词语出现的表现推理的话语形式中,关联词语激活推理的整体结构,包括所有的前提和结论。

第二,关联词语激活推理的整体结构,并不意味着推理前提和结论必须出现在话语之中,常常是有些前提或结论不出现在话语形式中。这种情况一般都会解释为省略,其实从语义范畴上说,并不存在省略,所谓省略无非是表现推理的话语形式不同而已。如前面分析过的一些表现推理的例句。

本文讨论的"因为……所以……""……不然……""不论……都……"三类关联词语是汉语推理关系范畴的语言表征形式,在言语交际中,选择这些表征推理关系的关联词语构成具体的话语,从而实现交际中具体推理的表达。

参考文献

胡裕树(1995)《现代汉语》(重订本),上海教育出版社。

黄伯荣、廖序东(2017)《现代汉语》(增订六版),高等教育出版社。

廖巧云、孟利君(2011)因果构式研究的整体性认知语用框架:HCPM,《外国语文》第6期。

吕明臣(2010)"不然"格式的语义分析,《郑州大学学报》(哲学社会科学版)第5期。

吕明臣、佟福奇(2011)"不论……都……"的语义分析,《社会科学战线》第7期。

吕叔湘(1999)《现代汉语八百词》(增订本),商务印书馆。

慕　桐(1980)复句与推理,《湘潭师范学院学报》(社会科学版)第Z1期。

汤贤均(1987)"无论P,都q"句式的表述问题,《鄂西大学学报》(社会科学版)第1、2期合刊。

邢福义(2001)《汉语复句研究》,商务印书馆。

赵淑端(1982)试谈无条件复句的格式及表达方法,《汉语学习》第5期。

(1. 吉林大学文学院,130012,lvmc@jlu.edu.cn;

2. 吉林大学文学院,130012,caoyuyao20@163.com)

从类型学看现代汉语
冠词的词类地位[*]

罗天华

〇、引　　言

冠词是限定词的一个子类，常依附于名词，主要功能是作名词的修饰语、区分名词的指称，其中最核心的是表达定指性差别（Krámský，1972；Himmelmann，2001）。具体地，标识名词为定指，引入旧信息的是定冠词；标识名词为不定指，引入新信息的是不定冠词（Dryer，2013）。冠词在印欧语中非常普遍，但从跨语言的比较来看，冠词不是一个普遍的词类，且地域分布极不均衡（Dryer，1989、2013；De Mulder & Carlier，2011）。

现代汉语有无冠词，学界争议颇多。本文尝试结合冠词的跨语言定义及其与指示词、量词的区分标准，讨论现代汉语冠词立类的形式、语义和历时依据，认为弱读的"这"和"个"已不用作指示词和量词，而具备了相当的冠词特点，应予单独立类。冠词立类合乎汉语事实，并可避免一些不必要的分析混乱。

一、汉语的冠词问题

关于现代汉语有没有冠词的争议，主要有两种对立的意见。

一种意见是，汉语没有冠词，有称代词、限定词。例如：吕叔湘（1942/1990：17－18，129－131）未把冠词列入汉语词类，而把"这""那"和"个"都归入"指称

　＊本文初稿受张谊生教授的启发写于数年前，较早版本发表于《外国语》（2022 年第 4 期）。本研究受中央高校基本科研业务费项目资助。

词"(称代词),其中"这""那"属于"确定指称","个"属于"单位(指称)词";朱德熙(1982:99,59)把"这""那"归入代词,"个"归入量词;郭锐(2018:229,264)把"这""那"归入指示词,"个"归入个体量词;Dryer(2013)也将汉语归为"无冠词型语言"。

另一种意见是,汉语有冠词,或者一些词具有冠词的特征。例如,虽然吕叔湘(1942/1990)未把冠词列入汉语词类,但他(1944)指出"一+单位词(量词)"及省略"一"的量词(如"个")具有不定冠词的特征,并且(1985:209)进一步指出在专名之前的"这/那"就"纯为冠词性了"(如"这枣椰巷");王力(1989:327-329)也将"一个"(和"一种")定性为无定冠词(如"一个负担");方梅(2002)明确提出汉语有冠词,认为北京话阳平的"一"[i³⁵]是不定冠词,轻读的"这"[zhe]是定冠词;刘丹青(2006)也认为现代汉语是否真的没有定冠词需要进一步推敲,并认同方文对阳平"一"和轻读"这"作为冠词的看法,此外,刘文还提出粤语、吴语的量词"整体具有类似冠词的功能"(参看陈玉洁,2007;刘丹青,2020)。

说汉语没有冠词,恐怕难以对汉语中一些指示词、量词、数词的"冠词化"现象作出妥帖的说明。本文从冠词的跨语言定义及其与指示词的区分出发,认为汉语冠词可以单独立类。下文首先探讨冠词的跨语言定义及其与指示词的区别,在此基础上逐一讨论汉语里可能的冠词,包括"个""这",以及相关的"一""一个"和"那",认为弱读的"个""这"分别是不定冠词和定冠词。

二、冠词的跨语言界定标准

定指性是一个普遍概念,冠词是各种定指性表达方式中的重要成员,其主要来源是指示词、数词和分类词(classifier)(Moravcsik,1969;Greenberg,1978;Givón,1981;Himmelmann,2001;Dixon,2010:160-162)。这是对冠词进行跨语言比较的基础和基本方法论。

要解决汉语是否有冠词这个问题,首先需要探讨冠词的跨语言定义。Himmelmann(2001)从类型学的角度提出,确定冠词有三条标准。

(Ⅰ)仅附于名词性成分,且语序固定。这个形式特点使其区别于一些指示词,因为指示词功能多样,可用作状语、谓语和定语,只有作定语时与名词关系密切。此外,在许多语言中(如斯瓦西里语、拉丁语、澳大利亚语),指示词作定语时位于名词前后均可(Dryer,1989);如果一个词可以独立使用,但位置不定,那么就不是冠词。

（Ⅱ）在需要区分的语境中强制使用。例如，在最高级（如 the greatest singer）、带关系小句的名词（如 the fact that they lost the game）、可数名词作核心论元等情况下，都必须使用冠词。

（Ⅲ）高频使用。如果某个成分使用频率低，则不可能是冠词。Himmelmann（1996：210 - 218；2001）指出这是冠词的一个重要特点，甚至认为可以仅凭词频判定冠词。

这三条都是形式标准。这些标准存在一些局限，一些其他成分，如指示词也可能满足这些标准。Himmelmann（1996、1997、2001）认为冠词在语义上有一些显著特点，并提出两条语义标准对冠词和指示词进行区分。

（Ⅳ）定冠词可用于唯一的所指对象，指示词不可以。例如，英语说 the sun、the queen，但不说 *this/that sun、*this/that queen。

（Ⅴ）定冠词可用于由于概念关联而确定的对象，指示词不可以。当前文已出现某个名词短语，后文回指时用定冠词，而不用指示词。例如：

（1）a. The man drove past our house in a car. The exhaust fumes were terrible.

b. The man drove past our house in a car. *These/those exhaust fumes were terrible.

（那个男人开车经过我们的房子，尾气很难闻。）

例（1）中，当后句引入与"car（小车）"相关的"fumes（尾气）"时，只能用定冠词 the（1a），而不能用指示词 these/those（1b）（参看方梅，2002；Skrzypek，2010）①。

还有的研究从历时演变出发，认为冠词的主要来源是指示词、数词和分类词，冠词被视为这些成分语法化为定语时的过程产物（Lyons，1999：331 - 336；Skrzypek，2010；De Mulder & Carlier，2011）。此外，Givón（1981）提出，许多语言的不定表达都来源于数词"一"，如汉语、日耳曼语、罗曼语、匈牙利语、波斯语、土耳其语、南岛语等，认为"几乎是一种普遍的共性"。Dixon（2010：160 - 162）谈到，许多语言的定冠词来源于分类词或名词类别标记（noun class marker），例如 Gola 语（一种西大西洋语言，分布于利比里亚和塞拉利昂）用名词类别前缀 ke 表示有定，如 kul"树"- ke-kul"这棵树"。Greenberg（1978）提出，冠

---

① 除指示词之外，还有一些定指表达方式与冠词存在纠葛。例如，Krámsky（1972）讨论了附级、词级、语序、重音等方式。

词的演变主要有四个阶段：指示词→定冠词→特定冠词（specific article）→名词标记。因此，可以将冠词的来源概括为鉴别冠词的一条辅助标准：

（Ⅵ）历时上，冠词多来源于指示词、数词和分类词。

以下结合这六条标准讨论汉语中可能的冠词。需要说明，自 20 世纪 50 年代汉语词类问题大讨论以来，学界倡导的划分汉语词类的依据有多种，例如"功能"说、"意义"说、"功能加意义"说、"形态"说，等等，我们赞成这样的主张：汉语的词类划分主要依据词的句法功能（吕叔湘，1979：28；张斌，1998：40；郭锐，2018：118—139）。下文的讨论也主要基于句法功能的视角。

三、"这"与"那"

3.1 定冠词"这"

非弱读的"这"（zhè，包括 zhèi）是指示词，弱读的"这"（zhe）可以是冠词。比较下例：

（2）这（zhe）人啊，不能太老实。（人，不能太老实）

（3）这（zhè）人啊，太老实。（这个人太老实）

（4）这（zhe）张老三就是一个混混。（张老三，是个混混）

（5）这（zhè）张老三就是一个混混。（这个张老三是混混［那个张老三不是］）

弱读的"这"可以是冠词，不意味着它必须是冠词，例如"指示词＋专名"结构的"这"往往是弱读的（方梅，2002）：

（6）你以为呢！这雷锋可不是那么好当的。

（7）你以为呢！这阿 Q 可不是那么好惹的。

（8）你以为呢！这赵庄的阿 Q 可不是那么好惹的。

方文指出，汉语"指示词＋专名"构成一个通指性成分（generic, denoting of kinds），例（6）"这雷锋"实际上指"雷锋这类人"。不过，我们注意到该结构也可用于个体指称，例（7）的"阿 Q"仅指"阿 Q 本人"而不表示"阿 Q 这类人"；甚至"阿 Q"的前面还可以加修饰语使之更具体化、特指，如例（8）"赵庄的阿 Q"。

吕叔湘（1985：209）指出诸如"这/那＋专名/公名"中的"这/那"已经"纯为冠词性了"。不过，这种"这"（和"那"，见 3.2 节）有其语用特点，即弱读的"这"（和"那"）总是实指的，且与话题化有关，其修饰的成分总是说话人引进的一个话题（刘丹青，2002），是指示词兼话题标记。因此，弱读的"这"至少有两个：冠词

"这"、指示词兼话题标记"这"。如果加上非弱读的指示词"这",可以把"这"分为三个:"这₁"(非弱读,指示词),"这₂"(弱读,指示词兼话题标记),"这₃"(弱读,冠词)。

3.2 非冠词"那"

和"这"相对,"那"的句法语义表现很不一样,在各种情形下均不能用作冠词。若把上文"这"的例句(2－5)用"那"替换,得到:

(9) *那(na/ne)人啊,不能太老实。(人,不能太老实)

(10) 那(nà/nèi)人啊,太老实。(那个人太老实)

(11) ?那(na/ne)张老三就是一个混混。(张老三,是个混混)

(12) 那(nà/nèi)张老三就是一个混混。(那个张老三是混混[这个张老三不是])

"那"不具备冠词的特性,理由是"那"总是表示实指的"那个"①。尤其是在指称第三方时,远指的"那"往往比近指的"这"更有可能是实指。方梅(2002)也认为,北京话里的"这"已经产生了定冠词的功能而"那"还没有,因为"那"都是具体指称。例(11)的"那"虽有一定的话题性,但需要特定的语用条件(如为已知对象),可见"那"作为话题成分是不大寻常的,是有标记的。

吕叔湘(1985:206)指出,在名词本身已经有定、无须指别的场合,汉语也常常会在名词前使用指示词"那"(和"这");在这种场合下,"那"(和"这")已经虚化,其作用相当于其他语言(如英语)里的定冠词。例如,例(13)(14)中的"那"已经"纯为定冠词性了"②。

(13) 琥珀、彩霞二人也斟上一杯送至凤姐唇边,那凤姐也吃了。(《红楼梦》第38回)

(14) 那金二接了信,便上了车。(《老残游记》第7回)

与此相似的观点也见于 Li & Thompson(1981:131－132)。不过,Li & Thompson 指出"那"作为定冠词只能弱读,而重读的"那"是指示词。此外,"一"弱读时是不定冠词,重读的时候是数词。Li & Thompson 将"那""一"分别对译为英语"the/that""a/one",即二者均兼有冠词和指示词两种功能。

---

① "那"还可用作连词,相当于"那么",如"他要是不来给我们当翻译,那我们就得另外找人了"(吕叔湘等,1999:397;方梅,2016),这里暂不讨论。

② 此外,陈平(Chen,2004)认为指示词"这""那"都在向定冠词发展,并指出学界对二词的定冠词性有不同看法。另据 Saillard(2018),台湾普通话口语中"那个"比"这个"的语法化速度更快。

张艳玲、刁世兰(2006)的观点有所不同。她们认为"我那(个)前妻"之类格式中的"那(个)""除了保留了原有的指示意义(远指)外,还具有特定的语用功能,不是可用可不用的任意性因素"。一种语用功能是提示受话人所指为双方已知的对象,如"工学院吴教授"与"工学院那个吴教授"的区别在于后者为已知的"吴教授";另一种语用功能是表达说话人的感情色彩,"那(个)"更多用于表达消极情绪。比较例(13)(14)中的"那",确如张、刁文所说,有提示所指为已知对象的语用功能①。

看来,在向定冠词的发展过程中,"这"要快于"那"。这种语法化的不对称,其动因可能是"这"的使用频率更高,范围更广,从而导致"这"的指示功能需要分化。例如:吕叔湘(1999:397)指出,(代词性用法的)"'那''这'意思差不多,但用'这'比'那'的时候多";曹秀玲(2000)讨论了"这/那"单用和"这/那+NP"在语篇中的功能,其统计结果显示"这"复指前文的比例为 61.9%,而"那"为 36.8%,"这+NP"复指前文的比例为 33.35%,而"那+NP"的比例为 9.46%,足见"这"在复指前文的功能上要远远强于"那"(参看张振亚,2006)。

四、"个"与"一""一个"

非弱读的"个"是量词,弱读的"个"可以是冠词。换言之,非弱读的"个"一定是量词;弱读的"个"可以是冠词,但不必一定是冠词。如果对"个"进行细分的话,可以进一步分为三个:"个$_1$"(非弱读,量词),"个$_2$"(弱读,量词),"个$_3$"(弱读,冠词)。分别举例如下:

(15) 满大街只有我一个[kə^{51}]人。

(16) 一个[kə]人不能太老实。("一"音阳平[i^{35}])

(17) 把个[kə]张老太乐得心里开了花。

冠词"个"的句法分布比较广泛,它可以用于"把个""V 个(宾语/补语)"等句式,还可以出现在"个 NP"结构中(主、宾语位置)。

4.1 不定冠词"个":"把个""V 个"

现代汉语"把个 NP"中的"个"[kə]已经完全语法化为冠词了,理由是"个"不

---

① 例(14)原文是:"老残……草草的写了一封,交给金二。……那金二接了信,便上了车"。"金二"为前文已提及的信息。

指涉数量的多少(单数或复数),甚至不指涉数量的性质(可数或不可数)。例(17)的"个"已经无法解释为数量结构"一个"。比较例(17)和例(18)(19):

(18) *把个[kə⁵¹]张老太乐得心里开了花。

(19) *把一个张老太乐得心里开了花。

冠词"个"不限于"把个NP",还有"V个O",最常见的是在离合词中间插入"个",例如"跳个舞""吃个饭""洗个澡"等。非离合词的例子,如:

(20) 张三拖着个鼻涕,耷拉个头。

(21) 赵四小姐穿个裙子,扎个辫子,清清爽爽的样子。

显然,例(20)意在说明"张三"的某种神态,而不是描述"个"之后名词短语的数量,例(21)也是指装饰的类型而不是数量。二例的"个"均非数量解读,因此都是冠词而不是量词。

赵元任(Chao,1968:512)指出,动词之后往往只用"个",而不用"一个";这与第二节的标准(II)是一致的,因为动词后的"个"引介的名词短语是核心论元。赵先生还特别提示例(22)(23)中的名词短语"道理""商量"为不可数的抽象名词,这也从一个侧面支持"个"的冠词分析。

(22) 他也说不出个道理来。

(23) 这事咱们得有个商量。(Chao,1968:512-513)

"V个O"和"个NP"(详见4.2节)的差别主要在韵律上:"个NP"是一个整体韵律块,"个"是依附于NP的;而"V个O"的韵律切分是"V个|O"。其原因可能是"个"这个单音节成分具有粘附性(吴为善,1989),也可能是"韵律跨界":由于"个"负载的信息量"轻",在节律上反映为轻读和节律边界的移动。例如,指代、数量、介词、助动词等在句中的典型表现是一个弱读音步或一个弱读音节,信息负载量的"轻"与节律上的"弱"基本一致,符合"轻则可移""轻则弱"的一般规律(王洪君,2002)。

冠词"个"甚至还可以出现在"V个C"句式,如"玩个痛快""落个清净自在"动补结构里的"个"也可以视为冠词,又如(以下3例转引自张谊生,2003):

(24) 只见灰蒙蒙一片,把老大一座山,上上下下,裹了个严实。

(25) 鸿渐满腹疑团,真想问个详细。

(26) 要都弄个清楚的话,还活不活?

张谊生(2003)对"V个C"句式(张文称为"V个VP")作了详细的历时考察,把这一类"个"看作是量词语法化为助词。本文更激进一些,明确这类"个"具备冠词的特征,已经不是助词。

首先,"助词"的概念很不明朗。什么是助词?胡裕树(1995:296)定义为"附着在词或词组上边,表示一定的附加意义,大都念轻声";不过,附着于什么词(组)、表示何种附加意义均不明确。吕叔湘(1979:38)谈到,"大概除语气词外,(助词)都在不同程度上有能否保留'词'的资格问题"。郭锐(2018:275)更是一针见血地指出:"助词是虚词中的剩余类,即把虚词中不能归入介词、连词、语气词的词聚在一起形成的类。"换言之,"助词"类似一个临时收容所,词类划分的剩余类都可归入,其内部成员性质不一,必然导致"助词内部的成员个性较强,共性较少"。

其次,例(24)—(26)的"个"出现在形容词"严实""详细""清楚"之前,称之为"冠词"可能会失之偏颇。不过,考虑到这些形容词都兼具名词性(参看邵敬敏,1984;郭锐,2018:194-195),即"严实、详细、清楚"可以是"严实、详细、清楚的状态",把"个"看作冠词也就可以理解了。换言之,"V个C"结构中的补语不是典型的形容词,不可被"不"否定,如"*看个不清楚"(游汝杰,1983)。即使是典型的形容词也常常有名词性,如例(27)的"好"是"叫好声":

(27)诸位老少爷们儿们,给咱来个好!(电影《城南旧事》)

在一些辞书中,对"V个"结构("V个O""V个C")的用法已有精审的解释。据《现代汉语词典》(第7版,以下简称《现汉》)和《现代汉语八百词》(增订本,以下简称《八百词》),除了作为通用个体量词,"个"还有几种用法:① 用于约数的前面,如"哥儿俩也不过差个两三岁";② 用于带宾语的动词后面,有表示动量的作用,如"见个面儿,说个话儿";③ 用于动词和补语的中间,使补语略带宾语的性质,如"吃个饱""玩儿个痛快"(《现汉》第442页,《八百词》第221—222页)。这三种用法与前文讨论是一致的:这些"个"都不指涉具体数量的多少,也不可解释为数量结构"一个";此外,《现汉》特别说明动补之间的"个"有名词化的作用("使补语略带宾语的性质"),也印证了我们对"V个C"的分析(例24—27)。

《现汉》《八百词》还特别指出,这些含"V个"结构的句子中,"有的形容词要带儿尾,用于口语",有的"显得语气轻松、随便"(页码同上)。如果将"V个"中的"个"视为冠词,随之而来的一个问题是,冠词是否与轻松随便的口语环境必然相关?对此,我们有两点说明:其一,"V个"结构多见于口语,上文辞书中的例子大多有儿化现象,书面表达则"V个"与儿化都不用;其二,相对于书面语,口语往往有更丰富的语用创新形式,"个"用法的多功能化及其进一步的功能固化,是量词向冠词发展的重要路径。因此,冠词不必然表达轻松随便的语用特征,但是"V个"结构常常出现在这种口语环境,而语言使用进一步触发了"个"由量词向冠词的功能扩展。

4.2 定冠词"个":"个NP"

现代汉语普通话通常不能用"个NP"作主语,作宾语也受到较多限制(如"把个+NP"处置式,见4.1节)。但是,在不少现代汉语方言中,"个NP"类结构可以作主语或宾语,其中"个"类词常用作定冠词。

在粤语中,"个NP"可以作主语(张双庆,1999):

(28)个太阳都咗山咯。(太阳已经落山了)

(29)个月光好圆。(月亮很圆)

例(28)(29)中的"太阳""月亮"显然不是话题,"个"相当于英语定冠词the,充当独一无二事物的修饰语,表示定指。

赣语永新话(属吉茶片)弱读的"个"[kuo]、"介"[kiɛ]也是定冠词,二者几乎可以自由替换(虽然非指人名词更多使用"介",较少使用"个"),下例是"个NP"作主语:

(30)个/介木哩起得屋。(木头可以[用来]盖房子)

(31)个/介人唔要忒老实哩。(人不要太老实了)

与之相对应,非弱读的"个"[kuo⁵¹]、"介"[kiɛ⁴³]都是指示词,分别表示"那个"和"那些":

(32)个[kuo⁵¹]人忒老实哩。(那个人太老实了)

(33)介[kiɛ⁴³]人忒老实哩。(那些人太老实了)

此外,赣语莲花话"个"、湘语益阳话"阿"和双峰话"只"、吴语上海话"只/个"和瑞安话"个"等也都具有定冠词的特征(徐烈炯、邵敬敏,1998:180;曾炜,2006;盛益民,2021)。陈玉洁(2007)收集了许多汉语方言和民族语言中类似的例子(如江淮官话和吴语),陈文还指出量名结构中的量词有演化为定冠词和不定冠词的两条途径,例如彝语dzi²¹"双"、gu³³"条"用作不定冠词,毕苏语maŋ³³"只"、桑孔语ti³¹"条"用作定冠词。①

从以上事实可以看出,冠词作为一个词类范畴广泛地存在于汉语方言之中(包括一些与汉语接触较多的少数民族语言),这可能是一种区域类型学特征。以往的冠词研究虽偶有涉及中国语言,例如Dryer(2013)把粤语、土族语等归为

---

① 此外,苗语名词前附着成分qo³⁵与冠词有共同之处,如松桃苗语(属湘西苗语)qo³⁵ ntu⁵⁴ te²² tɕɯ⁴² pluɯ⁴⁴(树木 可以 建 屋)"木头可以盖房子"(罗安源,1980)。

"有不定冠词、没有定冠词"一类,但中国乃至整个亚洲总体上仍被视为缺乏冠词语言地区,这种认识亟须得到补正。

4.3 非冠词"一""一个"

与"个"不同,数词"一"和数量组合"一个"尚不具备冠词的语法特征。比较:

(34) 把个张老太乐得心里开了花。

(35) *把一个张老太乐得心里开了花。

(36) ?把一张老太乐得心里开了花。

关于这点,吕叔湘(1944)较早已经谈到,"'个'字是单位词(注:量词),但是和别的单位词比较起来它有些地方更近似某些语言里的无定冠词"。吕先生指出,"一+单位词"整体相当于其他语言里的无定冠词,同时"一"字在动词后面的时候又常常容易省去不说(参看 Chao,1968:512)。此外,"我们的冠词并不是'一'这一个字,而是'一单'这个整体,'一'字脱落了还有一个单位词。所以省略'一'字的现象,换一个看法,也可以说是单位词本身的冠词化"(参看张伯江、李珍明,2002;刘丹青,2006)。

相似地,董秀芳(2003)也认为北京话词短语前的阳平"一"是因数量结构"一个"脱落量词所致,即"一"[i^{35}]是"一个"的弱化形式。例如(吴永焕,2005):

(37) 我想借一[i^{35}]瓶子。

(38) 他抓起一[i^{35}]饼子就往嘴里塞。

北京话目前还是"一"[i^{35}]与"一个"并存,究其原因,一方面,汉语口语的韵律特征与"一+名"结构的类推作用导致了北京话名词前"一呃"(弱化的"一个")进一步弱化;另一方面,词形的区别度与现代汉语语法系统的要求却成为"一呃"弱化为"一"的阻力(吴永焕,2005)。目前,北京话"一个"弱化还不够彻底,可能就在于这一阻力。

方梅(2002)进一步认为北京话"一"[i^{35}]是不定冠词,例如:

(39) 我沿着桌子喝一对角线,你喝一中心线。

(40) 我这货好销,一老外昨天从我这儿买走好几条。

例(39)的"一"在宾语位置,例(40)的"一"在主语位置。不过,这两个句子中的"一"都有"数"的意义,表示"一条""一个",宜归为数词而非冠词。比较下例:

(41) 一个[i^{35}kə]人不能太老实。

(42) *一个[i^{55}kə^{51}]人不能太老实。

(43) *一人不能太老实。

例(41)的"一个"是数量,"一个人"作为话题,表示"人啊……";因此当换作例(42)实指的"一个人"时,句子就不合格了(比较"一个人做不了很多事");例(43)的"一",无论变读为什么音,句子都不合格。

总之,"一""一个"总是有"数"的意义,尚不具备冠词的特征。不过,下面这种"一个"可能是例外:

(44) 这次欧洲玩的,那叫一个快活。

(45) 今天的羊烤的,那叫一个好。

这种情形仅限于"那叫一个+形容词"格式,其中"一个"也无须弱读(相反,"一个"需要重读和拖长),其属性和原因有待深究。

五、结　语

现代汉语普通话有两个弱读的冠词:定冠词"这"、不定冠词"个",我们记作"这$_3$""个$_3$"。"这$_3$"来源于虚化以后的指示词,"个$_3$"来源于量词的功能转移,均合乎常见的冠词化路径(参看方梅,2002;刘丹青,2006;Dryer,2013)。对"这"和"个"的分析可总结为表1(未包括4.2节汉语方言中的"个"类定冠词):

表 1　普通话"这""个"的三分与属性

词　项	读　音	功　能	词　项	读　音	功　能
这$_1$	非弱读	指示词	个$_1$	非弱读	量词
这$_2$	非弱读	指示词兼话题标记	个$_2$	弱读	量词
这$_3$	弱读	定冠词	个$_3$	弱读	不定冠词

冠词化分析的直接证据是声调变化。虽然"这""个"也分别被记作指示词、量词,与冠词"这""个"字形相同,但其语音形式已经有所区别,是不同的词。这种语音变化不是口语的地域差异,其变调已经能够区分意义(冠词/量词、冠词/指示词),因而是一种变调构词手段。既然"这$_3$""个$_3$"已经用作冠词,仍然把它们看作指示词"这"和量词"个"显然不妥,更无必要分析为"助词"。因此,有必要把冠词单立为汉语的一个词类。

此外,"这$_3$""个$_3$"也符合对冠词的普遍定义,表2以冠词的六项跨语言界定标准(第二节)对二者进行再核查(√表示符合某项标准)。

表2　普通话冠词"这₃""个₃"测试

	冠 词 标 准	这₃	个₃
Ⅰ	附于名词,语序固定	√	√
Ⅱ	需作区分时强制使用	√	√
Ⅲ	高频使用	√	√
Ⅳ	定冠词用于唯一所指对象	√	无关
Ⅴ	定冠词用于关联对象	√	无关
Ⅵ	来源于指示词/数词/量词	√	√

　　结果显示,"这₃"符合鉴别冠词的六项标准,"个₃"符合冠词的四项标准(Ⅳ、Ⅴ为区别指示词与冠词的标准,与其不相关),均支持"这₃""个₃"为冠词。

　　王力先生(1989:327—329)指出,"这种起冠词作用的'一个''一种'等,在'五四'以前的汉语里是没有的",并且"这种无定冠词性的'一个'和'一种',对汉语语法的发展起了很大的作用"(刘丹青,2006)。虽然我们认为"一个""一种"尚未完全发展为冠词(而与之相关的"这""个"已经具备一整套冠词特征),但是,在讨论汉语冠词问题的过程中,这种语言演变的视角显得尤为重要。

　　从跨语言比较的角度看,对现代汉语(包括境内一些少数民族语言)冠词系统的发掘,有助于补正学界对中国乃至亚洲地区缺乏冠词语言的不实认识(Dryer,2013),也有助于冠词的对外汉语教学。

参考文献

曹秀玲(2000)汉语"这/那"不对称性的语篇考察,《汉语学习》第4期。

陈玉洁(2007)量名结构与量词的定语标记功能,《中国语文》第6期。

董秀芳(2003)北京话名词短语前阳平"一"的语法化倾向,载吴福祥、洪波主编《语法化与语法研究》(一),商务印书馆。

方　梅(2002)指示词"这"和"那"在北京话中的语法化,《中国语文》第4期。

方　梅(2016)单音节指示词与双音节指示词的功能差异,《世界汉语教学》第2期。

郭　锐(2018)《现代汉语词类研究》(修订本),商务印书馆。

胡裕树(1995)《现代汉语》(重订本),上海教育出版社。

刘丹青(2002)汉语类指成分的语义属性和句法属性,《中国语文》第5期。

刘丹青(2006)名词短语句法结构的调查研究框架,《汉语学习》第 1 期。

刘丹青(2020)浙北吴语的类指表达:一种罕见的类指显赫型方言,《中国语文》第 4 期。

吕叔湘(1942/1990)《中国文法要略》,载《吕叔湘文集·第一卷》,商务印书馆。

吕叔湘(1944)个字的应用范围,附论单位词前一字的脱落,《金陵、齐鲁、华西大学中国文化汇刊》第 4 卷。

吕叔湘(1979)《汉语语法分析问题》,商务印书馆。

吕叔湘主编(1999)《现代汉语八百词》(增订本),商务印书馆。

吕叔湘著、江蓝生补(1985)《近代汉语指代词》,学林出版社。

罗安源(1980)贵州松桃苗话的冠词,《民族语文》第 4 期。

邵敬敏(1984)"动+个+形/动"结构分析,《汉语学习》第 2 期。

盛益民(2021)《汉语方言定指范畴研究》,中西书局。

王洪君(2002)普通话中节律边界与节律模式、语法、语用的关联,《语言学论丛》第 26 辑。

王 力(1989)《汉语语法史》,商务印书馆。

吴为善(1989)论汉语后置单音节的粘附性,《汉语学习》第 1 期。

吴永焕(2005)北京话"一个"弱化的原因,《语言教学与研究》第 2 期。

徐烈炯、邵敬敏(1998)《上海方言语法研究》,华东师范大学出版社。

游汝杰(1983)补语的标志"个"和"得",《汉语学习》第 3 期。

曾 炜(2006)湖南益阳方言中的"阿",《云梦学刊》第 1 期。

张 斌(1998)《汉语语法学》,上海教育出版社。

张伯江、李珍明(2002)"是 NP"和"是(一)个 NP",《世界汉语教学》第 3 期。

张双庆(1999)香港粤语的代词,李如龙、张双庆主编《代词》,暨南大学出版社。

张艳玲、刁世兰(2006)"我那个前妻"格式中的"那个",《湖北师范学院学报》第 6 期。

张谊生(2003)从量词到助词——量词"个"语法化过程的个案分析,《当代语言学》第 3 期。

张振亚(2006)"这/那"不对称的功能解释,《东方语言学》第 2 期。

中国社会科学院语言研究所词典编辑室(2016)《现代汉语词典》(第 7 版),商务印书馆。

朱德熙(1982)《语法讲义》,商务印书馆。

Chao, Y. R. (1968) *A Grammar of Spoken Chinese*. Los Angeles:University of California Press.

Chen, P. (2004) Identifiability and Definiteness in Chinese. *Linguistics* 42(6):1129 - 1184.

De Mulder, W. & Carlier. A. (2011) The Grammaticalization of Definite Articles. In Narrog, H. & B. Heine(eds.). *The Oxford Handbook of Grammaticalization*. Oxford:Oxford University Press.

Dixon, R. M. W. (2010) *Basic Linguistic Theory: Methodology*. Oxford:Oxford University Press.

Dryer, M. S. (1989) Article-noun order. *Proceedings of the 25th Annual Meeting of the*

Chicago Linguistic Society.

Dryer, M. S. (2013) Definite articles; Indefinite Articles. In Dryer, M. S. & Haspelmath, M. (eds.). *The World Atlas of Language Structures Online.* Leipzig：MPI－EVA.

Givón, T. (1981) On the Development of the Numeral 'One' as an Indefinite Article. *Folia Linguistica Historica* 2：35－53.

Greenberg, J. H. (1978) How Does a Language Acquire Gender Markers? In Greenberg, J. H., Ferguson, C. A. & Moravcsik, E. A. (eds.). *Universals of Human Language*, Vol. 3. Stanford：Stanford University Press.

Himmelmann, N. P. (1996) Demonstratives in Narrative Discourse：A taxonomy of universal uses. In Barbara, A. F. (ed.). *Studies in Anaphora.* Amsterdam：John Benjamins.

Himmelmann, N. P. (1997) Deiktikon, Artikel, *Nominalphrase：Zur Emergenz syntaktischer Struktur.* Tübingen：Niemeyer.

Himmelmann, N. P. (2001) Articles. In Burkhardt, A. et al. (eds.). *Handbücher zur Sprach- und Kommunikationswissenschaft* 20.1. Berlin：Walter de Gruyter.

Krámský, J. (1972) *The Article and the Concept of Definiteness in Language.* The Hague：Mouton.

Li, C. N. & Thompson, S. A. (1981) *Mandarin Chinese: A Functional Reference Grammar.* Los Angeles：University of California Press.

Lyons, C. (1999) *Definiteness.* Cambridge：Cambridge University Press.

Moravcsik, E. A. (1969) Determination. *Working Papers on Language Universals.* Stanford, CA：Stanford University.

Saillard, C. (2018) Is there a Continuum from Demonstrative to Definite and Beyond? 载方梅、曹秀玲主编《互动语言学与汉语研究》(第2辑),社会科学文献出版社。

Skrzypek, D. (2010) Between a Demonstrative and an Article：The Status of-in in Old Swedish. *Folia Scandinavica Posnaniensia* 11.

（浙江大学文学院,310058,tianhualuo@zju.edu.cn）

关于"这些、那些"的列举功能

殷志平

〇、引　言

最近,分布在同位结构和后附结构中"这些/那些"的功能引起了一些学者的讨论。同位结构指由 X 与"这/那些＋NP"两个同位项构成的"X＋这/那些＋NP",后附结构指同位结构"X＋这/那些＋NP"脱落 NP 后构成的"X＋这/那些"。丁加勇(2014)认为同位结构"X＋这/那些＋NP"中的"这些/那些"的功能是表示列举兼指示,后附结构"X＋这/那些"中的"这些/那些"表达的主要是列举功能。王琳(2016)在讨论包括列举和举例的列举系统时,也把"这些/那些"看作与"之类/一类/之流/一流/者流/这样"同类的列举标记。考察语言事实发现,用"列举兼指示"概括同位结构中"这/那些"的功能不是很准确,而后附的"这/那些"为什么会产生列举意义、表列举意义的特点是什么等问题还需要进一步探讨。本文首先讨论同位结构中"这/那些"的功能,接着讨论后附的"这/那些"列举意义的产生过程及表义类别,最后在讨论列举系统的语义分类基础上揭示后附的"这/那些"在列举系统中的位置和表列举的特征。

一、同位结构中"这些/那些"的功能

丁加勇(2014)称"X＋这/那些＋NP"(该文标记为"A 这些/那些 B")结构为同位式列举结构,表达列举兼指示的功能,但指示功能已经弱化。吕叔湘(1992)提到"这些"常用在列举若干事物之后所加的总括性名词之前,"这些"兼有"等等"的意思。丁加勇(2014)和吕叔湘(1992)都认识到同位结构中的"这/那些"具有指示和列举的双重功能,但侧重点不一样,前者认为列举功能是主要的,

后者认为指示功能是主要的。我们赞同吕叔湘(1992)的观点,并认为同位结构"X＋这/那些＋NP"中"这/那些"主要表达指示功能,其列举功能随语境有不同程度的表现:在多项 X 构成的"X＋这/那些＋NP"中,"这/那些"的列举功能是潜在的,在单项 X 构成的"X＋这/那些＋NP"中,"这/那些"兼表列举功能。下面进行具体分析。

1.1　语义分析

分析"X＋这/那些＋NP"的组成成分的语义特征及其结构关系发现,"X＋这/那些＋NP"具有指示、不定量、范畴化说明等语义构成,具体说明如下。

其一,指示。在同位结构"X＋这/那些＋NP"中,NP 为 X 的上位范畴,X 为 NP 的构成成员,"这/那些＋NP"对 X 具有回指作用,"这/那些"指称的全部对象虽然不确知,但主要对象 X 是明确的,而未明确的指称对象是与已经明确的 X 的同类事物,听话人凭借其与说话人的共享知识是可以识别的(殷志平,2019)。丁加勇(2014)根据"这/那些"的"指示只是有一个大概的类别范围"而认为"X＋这/那些＋NP"中"这/那些"的"主要作用不是用作指别的",这是值得商榷的。

其二,不定量。"这/那些"表明 X 由多个事物构成,但具体数量不确定。

其三,范畴化说明。刘探宙、张伯江(2014)认为同位短语的实质是后项对前项具有阐释关系,在同位结构"X＋这/那些＋NP"中"这/那些"将 X 的构成项目归入 NP 所指的上位范畴,这种范畴化使作为同位后项的"这/那些＋NP"对 X 的阐释呈现为范畴化说明。

基于"指示"＋"不定量"＋"范畴化说明"的语义构成,同位结构"X＋这/那些＋NP"的整体意义为:X 所指数量不确定的对象具有 NP 所指一类事物的属性,其中"这/那些"的功能是指示多个事物(吕叔湘,1992:233)的 X 属于 NP 所指一类事物的成员,在多项 X 情景下,X 中列出的子项目可能就是"这/那些"所指对象的全部,也可能只是部分成员,但由于 X 的多项构成与"这/那些"的多事物指示在复数意义上和谐一致,"可能只是部分成员"的意义成为一种不被听话人关注的隐性意义,"这/那些"仍然是承担其指示的"本职"功能,"是否有子项目未被列出"成为一种潜在的意义;而在单项 X 的语境下,X 的单项构成与"这/那些"的多事物指示产生冲突,有其他子项目没有列举出来的意义被凸显,"这/那些"在表达指示功能的同时兼表列举未尽的功能。例如:

(1)不过有一点大家都无法否认,随着幻灯、电脑、闭路电视等一系列现代化教育设施一步步"登堂入室",黑板、粉笔这些"传统工具"好像已经日渐式微

了,以至教育界某些"先锋派"人士发出了"将黑板粉笔请出教室"的宣言。(BCC科技文献)

(2)因为据我们所知,现在的情况是大学生处于被动,他们往往因为急切想要找到工作而顾不上协议这些东西了。(《专家提醒:擦亮眼睛还要勇敢诉讼》,《文汇报》2005年)

(3)林老、谢老只反映了问题的一个方面,包括在运盐这些事情上需要有一点强制性措施,否则维持不下去。(《报刊精选》,1994年)

例(1)中,"传统工具"是黑板、粉笔的上位范畴,黑板、粉笔是传统工具的成员,"这些传统工具"指示的对象可能就是"黑板、粉笔"这两个子项,也可能包括其他没有列出来的子项,但多项"黑板、粉笔"与"这些"的多事物指示比较和谐,听话人一般只将注意点落在黑板、粉笔上,不会关注是否有其他子项目存在。例(2)中的X只有一个项目"协议",但用"这些东西"指称后,听话人一定会认为,说话人所指的是大学生因为急切找工作而顾不上的还有其他事情;同样,例(3)中的X也只有一个项目"运盐",用"这些事情"指称后,就表示还存在其他子项没有列出来。

1.2 句法分析

句法分析的目的是用句法上的一些特征来证明作者的语义分析。丁加勇(2014)的形式分析之一是从"这/那些"与其他列举标记的对举使用证明"这/那些"的列举功能。我们认为在与其他列举标记对举使用的句子中,"这/那些"的指示功能还是主要的,其列举功能的显现靠的是多项X中列出的一个一个项目以及对举语境的对比作用。例如:

(4)记者今日走访了常府街附近的水果摊,发现除了苹果、梨子、香蕉、橘子这些常见水果外,还有石榴、柿子等季节性水果。(转引自丁加勇,2014)

比较例(4)中的"苹果、梨子、香蕉、橘子这些常见水果"与"石榴、柿子等季节性水果",前者的范畴化指示义还是比后者突出,其存在的列举意义一方面是"苹果、梨子、香蕉、橘子"这些前后排列的一个一个词项带来的,另一方面则是对举语境的对比作用让听话人从对称意义上理解前后两个短语。

丁加勇(2014)的另一项句法分析是从"这/那些"与其他表举例义的词语"啊""像""例如""比如"等的共现来证明其呈现出的连类列举义,我们认为这些句子中的列举意义主要是这些举例义词语带来的,"这/那些"的功能是对含举例义词语的结构进行范畴化概括。例如:

（5）夏经平懊恼地说，"咱们还是拿牲口打比方吧，你可以把牛啊马啊<u>那些</u><u>大牲口</u>放出去不管，你能把鸡也轰山上去任其发展？那最后······说出来可就难听了。我那是女儿······"（王朔《我是你爸爸》）

（6）她们想，这女子有些奇，读书认字也不笨，一到阶级呀、觉悟呀<u>这些问</u><u>题</u>，她就成了浆糊脑子。（严歌苓《第九个寡妇》）

（7）吃水果时要注意，像梨、柑橘、柚子、苹果<u>这些水果</u>都具有止泻、通便、助消化的作用，和月饼一起食用有助于健康；而西瓜、香瓜、芒果、香蕉这几种冷性的水果会降低肠胃蠕动，使肌肉无力，吃多了容易导致消化不良和腹胀。（BBC 微博）

上述三例中的"这些 NP"对包含举例义词语的 X 进行范畴化指示，其中的举例义词语"啊""呀"和"像"使 X 带上了明显的举例义，删除这些举例义词语，这些句子的举例功能就不那么明显了。

二、后附"这/那些"的功能

丁加勇（2014）认为后附式"X＋这/那些"是"X＋这些/那些＋NP"的属性概括项 NP 不出现即脱落时形成的，此时"指示义就更加弱化、连类列举义更加明显"，"可以看成列举助词"。但该文对 NP 脱落的过程、NP 脱落后为什么会产生列举意义、后附的"这/那些"表列举意义的特点是什么等问题没有展开讨论，我们下面对此进行讨论。

2.1 NP 的脱落过程

"X＋这些/那些＋NP"脱落 NP 成为"X＋这/那些"经过了一定的语法化过程：由于表达的需要，"X＋这/那些＋NP"结构中表达上位概念的 NP 通过各种句法操作脱离"这/那些"而构成"X＋这/那些"结构，"这/那些"便成为后附成分。具体有三种情况。

一是 NP 在上文出现。"X＋这/那些"从"X＋这/那些＋NP"中移出并后置，NP 便脱离"这/那些"并出现在"X＋这/那些"的上文。例如：

（8）所以，从明天起，你调在我的办公室里工作，我需要一个人帮我做<u>一些</u><u>案头的事情</u>，整理合同，拟订合同，签发收据<u>这些</u>。（琼瑶《庭院深深》）

（9）大家可能看过在非洲草原上面经常会发生一些很热闹的场面，一些大型的猫科动物，像我们看见的豹、像狮子、像猎豹，会追捕一些它们的猎物，像羚羊、角马<u>这些</u>。（电视节目《百家讲坛》）

例(8)是从"帮我做一些整理合同、拟订合同、签发收据这些案头的事情"移位而来的,例(9)是从"会追捕一些它们的像羚羊、角马这些猎物"移位而来的。在这种语境中,听话人可以凭借上文出现的 NP 理解"X+这/那些"后隐含的范畴化成分。

二是 NP 在下文出现。NP 从"X+这/那些+NP"移出并出现在下文与"X+这/那些"平行的语境中。例如:

(10)而网站对你的考核不外乎责任心、时间安排、节目主持能力这些——当然也有硬件条件,你得有一台配置足够满足网络 DJ 工作需求的电脑。(BCC 科技文献)

可以推测例(10)中"这些"后脱落了"条件",因为破折号后出现了"硬件条件",而"责任心、时间安排、节目主持能力"这些是与硬件条件相对的软件条件。在这样的语境中,听话人可以凭借"硬件条件"理解"责任心、时间安排、节目主持能力这些"后面隐含了范畴化成分"条件"。

三是上下文均不出现 NP。当"这/那些"后的 NP 既不在上文出现,也不在下文出现,"这/那些"便成为纯粹的后附成分,此时有的可以补出"这/那些"后的NP,有的则较难补出,但似乎存在一个隐性的上位概念。

(11)新的一周从挑战的搬家开始说起,那天大人叫我去挑战拿帐篷和睡袋这些,因为挑战又要搬家了。(BCC 微博)

(12)如果你为了追逐名利、荣誉、财富而抛弃友谊的话,你可就是得不偿失,毕竟那些都是暂时的,而友谊会伴你一生一世。达尔说:"谈到名声,荣誉,快乐,财富这些,如果同友情相比,他们都是盐土。"(BCC 微博)

例(11)"这些"后大概可以补出概述名词"东西",例(12)的"这些"后则较难补出相应的 NP,但不可否认的是存在一个隐含的与"友谊"相对的概念。

2.2 NP 脱落产生的结果

NP 的脱落产生了多项结果。首先是"这/那些"的指示功能减弱甚至基本消失:在"X+这/那些+NP"中,"这/那些"是通过与 NP 结合构成指量短语指示 X 的,NP 脱落后,所指对象的语义范畴内涵缺失,"这/那些"对 X 的指示缺乏了语义参照。第二是"这/那些"对 X 的范畴化说明演化为归类:NP 本来是指明X 所属的某个上位范畴,NP 脱落后,作为 X 的上位范畴成为一个隐性的语义概念,具体的范畴化意义抽象为归类意义。第三,仍然保留的不定量意义表明"这/那些"对 X 的归类属于不定量归类。第四,NP 脱落导致重新分析,结构上"这/那些"从后向变为前向,语义上指向前面的 X,"这/那些"成为附着的辅助性成分。

2.3　后附的"这/那些"表列举的语义特征

对 X 的不定量归类表明：存在 X 所指的事物，X 所指事物在数量上是多数的、不确定的，由此造成：如果是多项 X，构成 X 的子项目可能涵盖了同类事物的全部成员，也可能只是部分成员，语义上存在模糊性；如果是单项 X，X 中列出的单一项目只是同类事物的部分成员，就一定还有其他事物没有列出来。从列举的分类角度（下文具体分析）讲，多项 X 之后的"这/那些"表达列举未定，单项 X 之后的"这/那些"表达列举未尽。例如：

（13）多吃坚果好，怀孕的时候要每天吃杏仁、松子那些，对大脑好。（BCC 微博）

（14）寒假我想出去兼职！快餐店咖啡厅这些，有资源的可以私信我，在家太无聊了几天没上网了。（BCC 微博）

上述 2 例都是多项 X。例（13）中"那些"表示怀孕时每天要吃的坚果包括杏仁和松子，也可能要吃一些其他坚果；例（14）快餐厅咖啡厅兼职是否是说话人想做的兼职的全部类型也是不确定的。

（15）我隐隐约约感到，田伯伯仕途这些，都是蓬莱旧事了，不提也罢。（《文汇报》，2002 年）

（16）"我姐姐也有工作，她在政府机关做得很高了，但是因为已婚，所以没有房屋津贴这些，"茉莉说："她老跟菲腊说：'没法子啊，住丈夫屋子，得听丈夫的话。'我与她不同，"她吐吐舌头，"我不懂得哄人欢喜。"（亦舒《法语女郎》）

上述 2 例都是单项 X。例（15）中"这些"表示，属于"蓬莱旧事"的除了已经列举出来的"田伯伯仕途"外一定还有其他事情；例（16）的"这些"也表示在"房屋津贴"之外还有其他项目没有列举出来。

三、列举辅助词的语义分类及后附
"这/那些"列举功能的特征

3.1　列举辅助词的语义分类

这里讲的列举辅助词，主要指后附的表列举意义的辅助词语①。张谊生

---

① 张谊生（2001）把"等、等等、云、云云，一类、之类、之流、者流、一流，什么的、啥的、的₃"等 4 组 12 词称作列举词，王琳（2016）把"等/等等/云/云云"及"什么的/啥的/的₃"称作列举词，而把"之类/一类/之流/一流/者流"和"这些/那些"等称作列举代词，丁加勇（2014）认为可以把"这些、那些"看作列举助词。本文对此不做讨论，概称为列举辅助词。

(2001)根据所表语义把列举助词分为列举未尽、代表性举例、列举已尽和揣测(能表达揣测义的只有"什么的")4 种。其实,揣测不属于列举范畴,应该把其排除在列举系统之外;而代表性举例隐含存在其他同类事物,也是一种列举未尽。此外,张文还指出,"等""云""云云"表示的列举已尽和列举未尽"两种语义的界限也是相对的","并非总是泾渭分明的",但他并没有把列举未尽与列举已尽间界限不清的情况独立为一种语义类别。因此,张文对列举助词的语义分类有待完善。朱军(2006)则提出"等"在表达列举未尽和列举已尽之外存在"列举未定"的情形,即无法判断列举项是否都列举出来,因此他在语义上把列举分成"列举未尽""列举未定"和"列举已尽"三种。回顾张谊生(2001)中的一些观点,列举已尽和列举未尽两种语义界限模糊的情况实际上就属于列举未定。当然,朱文只是讨论"等"这一个词的表义类型,还没有对整个列举系统的语义分类做讨论。

王琳(2016)提出了"举例"的概念,认为列举是一个系统,包括列举和举例。举例是列举的一种特殊形式,列举只需纲目式的罗列,形式笼统,举例(主要指"例如、举个例子、举例来说"等)借用具体的、相对较容易理解的例子阐述一种抽象化事物。但王文在列举的举例的例句中,也有缺乏解释项的形式简单的情况,也就是说,王文对举例的特殊性、举例与列举的区别性并没有表达清楚。徐洋(2016)提出了例举范畴的概念,认为其作用主要是引出例子对上文解释说明,目的是帮助听话人推理说话人所传递的信息,从而使信息传递具有高效性。但该文讨论的例举词语在句法上可以位于例举项前,也可以位于例举项后,还可以位于每个例举项后面,在语义上不仅包括表示列举已尽、列举未定和列举未尽的全部助词类别,这实际上混淆了例举和列举的概念。

上述两篇文献虽然提出了举例的概念,但并没有把举例与列举之间的差别解释清楚。毕燕娟等(2017)提出了例举语气词的概念,指出列举助词既可表示例举即列举未尽,也可表示列举已尽,而"例举语气词只能表示例举",也就是说,例举区别于列举的特征是只能表示列举未尽,不能表示列举已尽。该文虽然是讨论例举语气词的,但对讨论列举助词的语义功能很有启发作用。

综合上述文献的观点,可以把列举的语义类型分为列举已尽、列举未定、列举未尽三种,所有子项目都已列出的为列举已尽,无法判断子项目是否都已列举出来的为列举未定,一定有子项目没有列举出来的为列举未尽。其中列举未尽的所指基本等同于"举例"或"例举",因为举例或例举就是举出项目中的一个或几个例子,同时表明有其他子项目没有举出来,这就揭示了"举例"或"例举"的语义特征。因此下文我们使用"列举未尽/例举"概念来整合上述研究。根据列举

的语义类型,可以对列举助词进行功能分类:

表 1　列举辅助词的功能分类

	列举已尽	列举未定	列举未尽/例举
等	+	+	+
云	+	+	+
云云	+	+	+
等等	−	+	+
这/那些	−	+	+
一类	−	−	+
之类	−	−	+
之流	−	−	+
者流	−	−	+
一流	−	−	+
什么的	−	−	+
舍的	−	−	+
的	−	−	+

　　第一类是全能列举辅助词,即这类列举辅助词可以表达列举已尽、列举未定和列举未尽/例举 3 种功能,全能辅助词有 3 个:"等、云、云云";第二类是双功能列举辅助词,即可表达列举未定和列举未尽/例举两种功能,双功能词有 3 个:"等等、这些、那些(指后附的)";第三类是单功能词,即只能表达列举未尽一种功能,这类词也可以叫作例举性词语,包括"之类""一类""之流""者流""一流""什么的""舍的""的等"。

　　全能辅助词"等""云""云云"的三种语义功能在张谊生(2001)中已经讨论,这里不赘述。"等等"与"等"的一个不同之处是一般不可以"同前列各项的确数词语共现"(张谊生,2001),也就是说,"等等"包含的数量意义是模糊的、不确定的,因此"等等"表达列举未定和列举未尽/例举,不能表达列举已尽。"这/那些"的功能如前所述,在多项 X 情景下表示列举未定,在单项 X 情景下表示列举未尽/例举。

"一类""之类""之流""者流"和"一流"一组 5 个词,具有"与之同类的事物"的字面意义,既可用在单项 X 后,也可用在多项 X 后,在两种情况下都具有明确的列举未尽的含义,不表列举未定和列举已尽。"什么的""啥的""的"也都只表示列举未尽/例举,用在多项 X 之后表示同类事物列举未尽,也就是说其他的相关事物已隐含其中了;用在单项 X 之后则为突显举例,表明其他次要事物不做一一指明(张谊生,2001)。"一类"一组 5 个词和"什么的"一组 3 个词专表列举未尽义,也可以将他们视为专职例举助词。

3.2 后附"这/那些"表列举功能的特征

丁加勇(2014)指出后附的"这/那些"具有列举及连类功能,这是正确的;徐敏(2010)认为"一类、之类"和"一流、之流、者流"都是举例表示类别(其实"什么的"一组 3 词与这组词有相同的功能),也就是说,"这/那些"与"一类"一组 5 词与"什么的"一组 3 词都有连类列举的功能。但在上述表 1 的分类中,"这/那些"却是双功能列举辅助词,"一类"一组 5 词与"什么的"一组 3 词是单功能列举辅助词,这是因为"这/那些"在"类及其他"的同时,还含有数量不确定的意义,由此造成他们表列举的特点:既表示列举未尽/例举,也表示列举未定,而"一类"5 词及"什么的"3 词只表示列举未定或例举。因此,通过建立列举辅助词的语义分类体系可以清晰地揭示后附"这/那些"表列举的语义特征。

四、结　语

基于学者关于"这/那些"列举功能的讨论,本文认为同位结构"X＋这/那些＋NP"中"这/那些"主要表达指示功能,其列举功能随语境有不同程度的表现:在多项 X 构成的"X＋这/那些＋NP"中其列举功能是潜在的,在单项 X 构成的"X＋这/那些＋NP"中兼表列举功能。通过分析"X＋这些/那些＋NP"中 NP 脱落的过程及产生的结果,可以揭示在后附结构中"这/那些"表达列举功能具有的特点,即在多项 X 构成的"X＋这/那些"中表达列举未定,在单项 X 构成的"X＋这/那些"中表达列举未尽或例举。后附结构中表达列举功能的"这/那些"是现代汉语列举系统中增添的新成员,而通过构建列举辅助词的语义分类体系可以揭示"这/那些"在现代汉语列举系统中的位置和表列举功能的特征。

参考文献

毕燕娟、刘 滢、王 珏(2017)例举语气词与例举语块,《对外汉语研究》第 2 期。

丁加勇(2014)指示词"这些、那些"的列举功能,《汉语学报》第 4 期。

刘探宙、张伯江(2014)现代汉语同位同指组合的性质,《中国语文》第 3 期。

吕叔湘(1992)《吕叔湘文集》,商务印书馆。

王 琳(2016)现代汉语中的列举系统及形式标记,《汉语学习》第 4 期。

徐 敏(2010)《现代汉语列举类词语考察》,上海师范大学硕士学位论文。

徐 洋(2016)《现代汉语例举范畴研究》,黑龙江大学硕士学位论文。

殷志平(2019)从互动看"这/那种"的功能,《语言研究集刊》第二十三辑。

张谊生(2001)现代汉语列举助词探微,《语言教学与研究》第 6 期。

朱 军(2006)列举代词"等"的语义等级、隐现规律及其主观化特点——兼议列举助词"等"的虚化历程,《暨南大学华文学院学报》第 6 期。

(上海殷殷商务咨询有限公司,200030,yin-zhiping@hotmail.com)

并列词组成分与序列的
关联标记模式 *

刘慧清[1]　　李倩倩[2]

〇、引　言

　　并列关系是一种重要的语法结构关系,同时,并列成分的排序并不是任意的,而是遵循一定的原则。关于并列关系词组的内部顺序,邓云华(2004)认为,任何语言中的联合短语都存在象似性,尤其是顺序象似。刘世英(2015)也指出,"象似性在并列短语中大量存在,尤其是顺序象似或时间顺序原则,在汉语中尤为明显"。张斌(2010)指出联合短语组成部分的排列顺序遵循"时空原则、感知原则、文化原则"三条重要原则。张建(2013a、2013b)指出,无论是配套型还是居中型并列关系标记的并列项之间往往也具有时间关联。孙本成(2020)指出,"时间先后、重要性、显著性"三个因素会影响述语位"V 和 V"式并列短语并列项"V"的顺序。可见,前贤学者们普遍认同"并列关系"的并列项在排序上不是任意的,而是需要遵循一定的原则。

　　本文拟在前人研究的基础上,对并列词组的内部排序原则进行更加细致、全面地梳理和概括;从标记论的角度,在并列成分与排列顺序之间建立关联标记模式;建立并列成分排序原则的等级序列,为并列词组的构成和识解提供更加充分的依据。

---

　　* 本文的研究得到国家社科基金重大招标项目"对外汉语教学语法大纲研制和教学参考语法书系(多卷本)"(项目编号:17ZDA307)资助。

一、并列成分①的组合性与聚合性特征

并列的各项成分组成并列关系的结构体,是一种组合关系,同时,并列各项也是某一聚合体的内部成员,即并列成分之间也存在聚合关系。这种聚合关系有的可以不依赖语境直接显现出来,有的则需要靠语境激活。并列的各项成分是在某一特征上或某一框架内具有共性的聚合体成员,这也是它们可以组成并列关系结构体的一个重要的逻辑基础。可以说,并列关系是聚合体成员的一种组合化表达。

1.1　直接显现的聚合关系

(1) 会议由风险担保方代表詹妮主持,她 35 岁,<u>金发蓝眼睛</u>,出身名门,<u>柏林大学法学硕士、商业管理学博士</u>。(豆豆《遥远的救世主》)

"金发""蓝眼睛"都是对人的外貌特征的描写,具有直接、显现的聚合关系。"柏林大学法学硕士""商业管理学博士"都是对人的学历水平的介绍,同样具有比较直接、显现的聚合关系。这种不需要语境暗示或激活就能够显现出来的聚合关系项,可以自然地组成并列关系的结构体。再如:

(2) <u>会赚钱的人、地位高的人、有思想的人、有学问的人</u>……我想,或多或少、直接间接,我都见过,但他们都是人,想的、干的都是人的那点事。(豆豆《遥远的救世主》)

"会赚钱的人""地位高的人""有思想的人""有学问的人"都是定中词组,虽然修饰语不同,但中心语都是"人"。可见,这些词组都可以是"人"这个聚合体的内部成员,共同的中心语直接显示了这一点。这些词组之间的聚合关系不需要语境激活就能够显现。

1.2　语境激活的聚合关系

(3) 两个人一路上开心地谈笑着,悠闲地观望车窗外的街道和风景。<u>湛蓝的天空、柔和的阳光、起起落落的鸽子、异国情调的建筑</u>,似乎一切都使人沉醉。(豆豆《遥远的救世主》)

"天空、阳光、鸽子、建筑"分属不同的语义类别,没有明显的聚合关系,但是

---

① 本文的"并列成分"主要指并列词组的组成成分。

在"街道和风景"的语境下，都是对所见风景的描述，因此，受语境激活，它们的聚合关系得以凸显，组成并列词组。再如：

（4）这位头发花白的德国老先生或许是一个摄影爱好者，他**热心而骄傲**地选择了几处很有特色的背景为她们照了十几张合影。（豆豆《遥远的救世主》）

例（4）中的"热心"指"有热情"，"骄傲"指"自豪"①，二者没有直接的聚合关系，但是在"选择背景、帮人拍照"这一语境下，可以同时描写"德国老先生"的状态。因此，受语境激活，它们的聚合关系得以凸显，组成并列词组。

二、并列成分排序的基本原则

并列的各项成分在组合时，位置关系并不是完全任意的，往往是按照一定的原则进行排序的，可以从基本原则和调整原则两方面进行分析。基本原则又分为客观基本原则和主观基本原则。客观基本原则通常指按照客观的逻辑顺序进行排列的原则，主观基本原则指符合主观认知特征的排序原则。调整原则也可分为客观调整原则和主观调整原则。客观调整原则主要指受主题、语境、场景、背景等因素影响进行并列项顺序调整的原则。主观调整原则指受焦点、立场、关注度等因素影响的并列项顺序调整的原则。可见，客观原则和主观原则都不是绝对的，分别可以根据主题、语境、焦点、立场等进行调整。

2.1 客观基本原则——逻辑原则

并列项排序的客观基本原则主要指符合逻辑规律的顺序原则，包括以下一些具体原则。

2.1.1 时间顺序原则

（5）要着力拓展和深化军事斗争准备，推动信息化建设加速发展，不断增强基于信息系统的体系作战能力，确保部队<u>召之即来、来之能战、战之必胜</u>。（央视网，2013 年 2 月 6 日）

（6）通过本次防汛抢险应急演练，有效增强了东城街组织民兵及应急队伍的综合素质和战斗能力，确保灾害发生时能够<u>拉得出、顶得上、打得赢、守得住</u>。（《清远日报》，2023 年 4 月 3 日）

例（5）、例（6）提取并列项关键词，分别存在"召—来—战—胜""拉出—顶

---

① 《现代汉语词典》（第 7 版）（2017）。

上—打赢—守住"的序列,两个序列中并列的各项都有时间上的先后顺序,不能任意调换位置。

2.1.2 递进项居后原则

(7)底层逻辑,能决定一个人的思维模型、行为特点、能力结构,甚至能决定一个人的命运。(水木然《人间清醒》)

"思维模型、行为特点、能力结构"是一个并列词组,做"决定"的宾语中心语,但三者有内在的逻辑顺序,即"底层逻辑决定思维模型,思维模型决定行为特点,行为特点决定能力结构",这些特质最终能决定一个人的命运。培根在《习惯论》中指出"思想决定行为,行为决定习惯,习惯决定性格,性格决定命运。"有人把这种说法概括为"思想决定命运"。"思想、行为、习惯、性格、命运"因为有致使关系,在排序时不能任意调换位置。例(7)"底层逻辑—思维模型—行为特点—能力结构—命运"的关系也是如此。由于存在着递进的逻辑关系,虽然结构上是并列,但排序上需要遵循递进的逻辑顺序。

(8)朋友? 不可能。认识、熟人、够得上说话,这就已经不错了。(豆豆《遥远的救世主》)

肖亚文觉得自己跟丁元英算不上朋友,二人从认识到熟悉,现在"够得上说话",仅此而已。从下文"咱跟人家根本不是一种人,凭什么跟人家成朋友?"能更清楚地看出她对这种关系的认知。"认识—熟人—够得上说话"在关系的密切程度上是层层递进的,不能任意改变顺序。

2.1.3 转折项居后原则

(9)这叫什么境界? 反感而屈服着。(豆豆《遥远的救世主》)

(10)痛并快乐着。(网络流行语)

"反感"和"屈服"虽然并列,但存在着潜在的转折关系,即"虽然反感,但是屈服",转折关系语义重心在后,与前项虽然在结构上并列,但不能任意互换位置。网络流行语"痛并快乐着"也是同样的语义关系,遵循同样的排序原则。

2.1.4 结果项居后原则

结果项在后,前项可以是原因项,也可以是条件项,还可以是其他语义角色。

2.1.4.1 原因项居前,结果项居后

(11)就是要把敌人打疼、打怕。(黄剑东、翁良平、郑忆宁《大决战》)

"打疼"意为"打得敌人疼","打怕"意为"打得敌人怕",二者在结构上并列,在意义上同时又暗含因果关系,即"敌人因为疼,所以怕",因此,二者并列时,"打疼"在前,"打怕"在后。

(12)他们<u>建军早</u>、<u>装备好</u>、<u>战斗力强</u>。(黄剑东、翁良平、郑忆宁《大决战》)

"建军早、装备好"和"战斗力强"虽然是并列关系,但前两者是后者的潜在原因,并列的前项和后项存在着潜在的因果关系,不能任意调换位置,换了以后语义和逻辑关系不合理。

2.1.4.2　条件项居前,结果项居后

(13)人家吵吵中国,那是为了<u>选票</u>、为了<u>赚钱</u>,不是真的跑到东亚来玩命。(史客郎《最近,勾心斗角,冲突的边缘》)

"选票"和"赚钱"都是"吵吵中国"的目的,二者并列,但前者同时还是后者的前提条件,即"只有拿到了选票,当选了,才能赚到钱"。所以,二者并列时,表示结果的"赚钱"在后。

(14)他的酒量比丁元英大多了,此时从容地倒上两杯酒,<u>手不抖酒不颤</u>地递给他一杯,自己端起一杯……(豆豆《遥远的救世主》)

手不抖,酒杯才端得稳,酒才不会颤,这是生活常识。因此,"手不抖"是"酒不颤"的前提条件,二者并列时,顺序不能任意调换。换一个角度,也可以说"酒不颤"的原因是"手不抖",无论如何分析,"酒不颤"都是结果,与条件项或原因项并列时,结果项通常居后。

2.1.4.3　其他语义成分居前,结果项居后

(15)至于你关心的具体的反制措施,我可以告诉你的是,该有的都会有,有关措施将是<u>坚决有力和有效</u>的。(《新闻晨报》2022年8月3日)

"坚决、有力"是从性质的角度说的,"有效"是从结果的角度说的,结果义成分与性质义成分并列时,通常居后。

(16)你放心,我一定<u>秘密圆满</u>地完成任务。(黄剑东、翁良平、郑忆宁《大决战》)

"秘密"是一种方式、状态,"圆满"是结果。无论是原因、条件,还是手段、方式、状态,结果义成分与其并列时,通常居后。

2.1.5　[+方式]义成分居前原则

(17)9·13银行爆炸抢劫案是黄福海暴力犯罪集团的系列金融机构抢劫案之一,首犯黄福海人称"魔王",主犯吴建军、刘东昌也都是杀人不眨眼的惯犯。(豆豆《遥远的救世主》)

"爆炸抢劫"是并列关系的词组,但同时"爆炸"可以看作"抢劫"的手段、方式,即"通过爆炸的方式实施抢劫",因为存在着"手段-目的"的逻辑关系,并列时"爆炸"在前,"抢劫"在后。

(18)<u>省吃俭用</u>攒点钱,看将来有没有机会。(豆豆《遥远的救世主》)

"省吃、俭用、攒钱"可以组成并列词组,但同时"省吃俭用"也可以看作"攒点钱"的方式、手段,即"通过省吃俭用的方式攒钱"。基于此,"省吃俭用"居于"攒点钱"之前。"省吃俭用"还可以看作"攒钱"的条件,即"只有省吃俭用,才能攒下钱"。根据"条件—结果"原则,二者也不能任意调换位置。

2.1.6　领属原则

(19)于是,郑建时、李志江和郑建时的一个助理一道走了。(豆豆《遥远的救世主》)

当领者和属者并列时,领者在前,属者在后。"助理"和"郑建时"具有领属关系,因此,并列时"郑建时"在前,"郑建时的一个助理"在后。二者中间的"李志江"是活动的正式参与者,比"郑建时的一个助理"更具有正式代表的资格和身份,因此,居于"助理"之前。

(20)垃圾往河里倾倒,菜市场乱哄哄、烂菜叶遍地扔……(龙应台《中国人,你为什么不生气》)

"菜市场"虽然是处所,但是跟"烂菜叶"具有领属关系,即"菜市场的烂菜叶"。具有领属关系的成分并列时,领者在前,属者在后。

2.2　主观基本原则——认知原则

并列项排序的主观认知原则主要指与主观认知顺序一致的排序原则,包括以下一些具体原则。

2.2.1　空间方位原则

现代汉语中很多成语遵守并列项的"由前到后、由上到下、由东到西"等空间方位排序原则[①]。如:

(21)前仰后合、鞍前马后[成语]

(22)上蹿下跳、上下一心[成语]

(23)东倒西歪、东张西望[成语]

(24)左邻右舍、左右逢源[成语]

"空间方位原则"有内部一致性,"承前启后"也可以说"承上启下",都遵循"前—后、上—下"的原则。有时,"空间方位原则"也可以通过方位词以外的成分表现,如"天高地厚","天"意味着"上","地"意味着"下"。

---

① 英语儿歌《兔子舞》的歌词也遵守"从左到右"的并列项排序原则,即"left left, right right, go, turn around, go, go, go!"

2.2.2　主次原则

（25）我打算再干两年,然后到法兰克福大学读个学位,这边<u>吃住</u>都省钱,将来回国当个律师。(豆豆《遥远的救世主》)

"王者以民人为天,而民人以食为天。"①"吃"和"住"相比,"吃"更加重要。因此,并列时排在前面。此外,"吃喝穿用、省吃俭用、吃穿不愁"②,都体现出"吃"在中国人生活哲学中的重要性。

（26）<u>德才</u>兼备(成语)

"德"在"才"前是按照主观认知规律排序的。二者既无时间上的先后顺序,也无内在的逻辑顺序,但是,人们通常认为人的"德"比"才"更重要,选人、用人,首先要看其德行,其次再看才干。因此,对人的选拔、任用,要"德才兼备",这反映的是中国人的认知规律,主要的、重要的在前。③

2.2.3　"具体——抽象"原则

（27）蛇身双人的扭结表明在中国人传统思想中<u>物质与精神</u>的自然融合,既得益于多样性内在与群体文化规范而不必指人欲为"原罪"而出伊甸园……(温铁军《八次危机》)

（28）不必非要构建某一个派别的绝对真理而人为地分裂成<u>唯物与唯心</u>这两个体系,制造出"二元对立结构"的对抗性矛盾。(温铁军《八次危机》)

例(27)的"物质"是具体的,"精神"是抽象的。例(28)的"唯物"指对世界的认识是物质第一性,"唯心"指对世界的认识是精神第一性。当[＋具体]义与[＋抽象]义成分并列时,表示[＋具体]义的成分在前。从凸显度的角度来说,[＋具体]义的凸显度高于[＋抽象]义,凸显度高的成分可别度也高,并列时居前,也能够从另一个角度证明陆丙甫(2005a、2005b)的"可别度领前原理"。

2.2.4　"显性——隐性"原则

（29）<u>名存实亡</u>、<u>名实相符</u>(成语)

（30）<u>表里相合</u>、<u>表里不一</u>(成语)

"名"与"实"相比,更加显性,"实"则是相对隐性的。同样,"表"与"里"相比,"表"是一目了然的,"里"则需要透过"表"才能看到。显性成分和隐性成分并列时,通常显性成分在前。

上面两例同时还遵守了转折项居后的原则。因为"名为……,实(则)

---

① 见《史记·郦生陆贾列传》。
② 汉语中也有"衣食住行",此时"食"在"衣"之后,具体原因,还值得进一步思考。
③ "德才兼备"中德和才的排序也符合下文的文化原则。

为……""外表……，(然而)内部……"虽然是并列结构,但都具有潜在的转折关系。可见,无论是客观逻辑原则还是主观认知原则,在未经客观和主观因素调整的情况下,排序规律是一致的。

此外,汉语还有"外焦里嫩""外强中干"等,都遵守"显性-隐性"的并列项排序原则。

2.2.5　职位高低原则

(31)詹妮左手夹着香烟,右手端起酒杯,向<u>丁元英和肖亚文</u>示意了一下。丁元英也端起酒杯向詹妮示意了一下。(豆豆《遥远的救世主》)

丁元英是肖亚文的老板,职位比肖亚文高,二者并列时,职位高的"丁元英"居前。

(32)<u>雷队长和缉毒组的人</u>押着毒贩回刑警队了,芮小丹送赵国强等人回家。(豆豆《遥远的救世主》)

"雷队长"是刑警队的队长,职位高于缉毒组的组长和组员。因此,并列时职位高的"雷队长"居前。同时,"雷队长"无论从职位上还是指称上,凸显度都高于"缉毒组的人",并列时,凸显度高的成分往往在凸显度低的成分之前,这同时也与陆丙甫(2005)的可别度领前原理相一致。

2.2.6　数目由小到大原则

(33)太阳很好,天空透亮,有<u>五六</u>只蝴蝶飞了过来,一只在黄澄澄的树上驻足停留一会儿又飞起。(岳韵诗《32岁,决定了,退休》)

"五六"是概数的一种表示法,即用相邻数字连用表示概数,相邻数字连用时数目小的数词在前,数目大的数词在后。

(34)我们的<u>4纵和11纵</u>付出了巨大的代价。(黄剑东、翁良平、郑忆宁《大决战》)

在东北战役的塔山之战中,第4纵队和第11纵队共同守卫塔山,不分主次,此时,按照数目从小到大的顺序排列。

主观认知原则概括起来,主要体现为凸显度相对高的并列项在前,凸显度相对低的并列项在后。通常,空间方位的"上、前"比"下、后"凸显度高,主要成分比次要成分凸显度高,具体成分比抽象成分凸显度高,显性成分比隐性成分凸显度高,表示职位高的成分比职位低的凸显度高,等等。主观认知原则还体现认知的先后顺序,通常数目的认知顺序是从小到大、从少到多,主要的先认知、次要的在其后认知,等等。

2.2.7　文化原则

(35)准知道你会这么想,但是你错了,这里面什么意思都有,就是没有<u>男女</u>

的意思。(豆豆《遥远的救世主》)

文化原则也是认知原则的一种体现。中国文化中曾经有重男轻女的思想,因此,"男""女"并列的时候,"男"在前。不过,古代母系氏族社会时期,女性地位更高,因此,汉语也有"雌雄"的并列顺序。

(36) 早有准备的工作人员闻声而动,转眼间几个餐厅侍应每人托着一盘子红酒走进会议室,恭敬地给每位女士和先生们送上一杯。(豆豆《遥远的救世主》)

在中国的传统文化中,"男"比"女"重要,并列时通常"男"居前。但在西方社交场合,有"女士优先"的礼仪,所以,在表达上通常"女士"居于"先生"之前。①

不同的民族、不同的地域,可能形成不同的文化习俗,在语言结构中能够表现出来。

三、并列成分排序的调整原则

3.1 客观调整原则

并列项排序的客观调整原则主要指受主题、语境、场景、背景等客观因素的影响进行调整的顺序原则,包括以下一些具体原则。

3.1.1 主题调整原则

(37) 于是,芮小丹起身去酒店里拿照相机,肖亚文把芮母也拽了出来,三个人以紫竹园酒店为背景其乐融融地照起相来,其中更多的是芮小丹与肖亚文的合影。(豆豆《遥远的救世主》)

文章的主角是芮小丹,在"芮小丹"与朋友同现时,如果没有特别需要凸显的对象,通常"芮小丹"在前,符合文章的主题。

(38) 丁总募集的资金全部来自德国,但完全针对中国股市,简单地说就是你的资本、我的头脑,大家一起在股市上捞钱,包你只赚不赔。(豆豆《遥远的救世主》)

这里讨论的主题是私募资金,一群人通过运作私募资金在股市上赚钱。"资金、资本"是主题,因此,与运作的"头脑"并列时,"资本"在前,"头脑"在后。同时,"你的资本"与上文"丁总募集的资金"相呼应,也符合语境调整原则。

3.1.2 语境调整原则

(39) 桌上不但有两份咖啡,还有两杯法兰克福最经典的"苹果酒"饮料和两

---

① 英语中也有"boys and girls"的说法,可见,英语既有社交场合对"ladys"的尊重,也有日常生活中对"男性"的重视。

份世界名菜—法兰克福香肠。(豆豆《遥远的救世主》)

食物和饮料并列时,通常吃的在前,喝的在后,如:"吃的喝的都有了,细说从头吧。"①但是,这里是"饮料"在前,"名菜"在后,主要受语境影响。因为上文是"桌上不但有两份咖啡","咖啡"是饮料,这里要表达的是,桌上不仅有咖啡这样的饮料,还有别的饮料。因此,为了与上文表达的内容相照应,后文两项并列时,"饮料"在前,"名菜"在后。

(40)冯世杰原本是等着用自己的车送丁元英回家,但芮小丹已经下逐客令了,也不好再说什么,只得客气地与欧阳雪和芮小丹点头示意告辞,先走了。(豆豆《遥远的救世主》)

文章的主角是芮小丹,欧阳雪是芮小丹的朋友,不是主要角色,因此,二者并列时,通常是"芮小丹和欧阳雪",符合主题原则。但是,当前语境是在欧阳雪的饭店宴请丁元英,因此,告辞是向"欧阳雪和芮小丹"告辞,这就是语境调节的结果。语境与场景也有关系,如果从"饭店"这一场景考虑,这里同样符合场景调整原则。

3.1.3 场景调整原则

(41)芮小丹坐的位置距离局长比较远,她右手执笔、左手放在笔记本上,微微低着头一副聚精会神的模样,好像是边听边做记录……(豆豆《遥远的救世主》)

在"开会"的场景中,芮小丹"边听边做记录",对"做会议记录"而言,用笔的手凸显度更高,芮小丹的习惯是右手执笔,因此,并列时"右手"居于"左手"前。这是受特定场景下凸显度的影响,对空间方位原则的调整。

(42)这条下面漏水、上面漏风的破船上。他们准备各自逃生呢?还是准备同进同退奋力一搏呢?(史客郎《大变将至!这是个不祥征兆》)

并列时,先"上"后"下"符合人对空间方位的基本认知顺序。但例(52)是相反的顺序,因为并列词组修饰的中心语是"破船",船"破"通常指功能受损,跟"漏水"有关,而"漏水"与船的下部关系更为直接,因此,在说到"破船"时,按照与其关系的密切程度,并列关系的修饰语"下面漏水"在"上面漏风"之前。

3.1.4 背景调整原则

(43)直接给韩先楚和朱瑞发电,原定攻义县的时间还要提前。(黄剑东、翁良平、郑忆宁《大决战》)

这是中央在全国解放战争时期下达的作战命令,韩先楚当时是东北民主联军南满第四纵队副司令员,而朱瑞是东北民主联军和东北军区炮兵司令员,论级

---

① 语料来源于豆豆《遥远的救世主》。

别,朱瑞比韩先楚高,但是,在战争中,炮兵是配合步兵的,作战以步兵为主,因此,表达时将主要的成分前置。这样的并列关系组合在理解时需要一定的背景知识。否则,以为人名没有先后、主次,可以任意调换位置,或者认为应该根据职级高低排列,就不符合表达者的原意了。

(44)东北人民解放军总部决定对长春采取久困长围的方针,<u>军事包围、政治攻势、经济封锁</u>,三管齐下。(黄剑东、翁良平、郑忆宁《大决战》)

在和平年代,我们谈到国家大事的时候,通常是"政治、经济、军事"的顺序,但是在战争年代的大背景下,军事提到更重要的地位,因此,各项并列时,"军事"居前,"政治、经济"居后。

主题、语境、场景、背景的调整,往往具有内部的一致性,因为四者具有密切的关联关系,所以,有时并列词组不仅符合一种客观调整原则,同时也符合其他的调整原则。

3.2 主观调整原则

并列项排序的主观调整原则主要指受焦点、立场、关注度等主观因素的影响进行调整的顺序原则,包括以下一些具体原则。

3.2.1 焦点调整原则

(45)她的回答<u>简单坚定</u>:"我关心新闻中的人。"(翎南会《消失的她,决绝而惨烈》)

"简单"和"坚定"组成并列词组,陈述"她的回答",但是焦点在"坚定",二者还隐含转折关系,即"虽然简单,但是坚定"。"简单"和"坚定"都是形容词,都可以陈述"回答",本来没有客观的逻辑关系和主观的认知差异,但是在例(55)中,"坚定"是焦点信息,因此,与"简单"并列时居后。

(46)她心里很不平静,在去餐厅的路上脑子里还在想,想丁元英在闷热的房间里汗流浃背的样子,想他几十元变卖的唱片,心里禁不住升起一股<u>敬佩与酸楚</u>。(豆豆《遥远的救世主》)

"敬佩"和"酸楚"是不同的内心情感,都可以描述人的内心感受,但是在例(56)中,表达的焦点是"酸楚"而不是"敬佩",因此,二者并列时,"酸楚"在后。①

3.2.2 立场调整原则

(47)就是凡是老百姓日常要用到或者要消费的东西,像<u>汽油柴油、食品、衣服、</u>

---

① 焦点调整原则似乎与主次原则相悖,主要是由于有的并列词组隐含转折关系,转折项往往是表达的焦点,按照转折项居后原则,焦点信息居后。

房租、机票什么的权重，统统大规模地调低。（史客郎《最近，勾心斗角，冲突的边缘》）

对于生活来说，必需品通常采用"吃、喝、穿、用"的顺序排列。而站在美国的立场，车是生活必需品，因此汽油、柴油的重要性高于其他各项，并列时，在其他各项前面。

（48）《中美贸易协定》（Economic and Trade Agreement between the Government of the United States of America and the Government of the People's Republic of China）

站在中国的立场，"贸易协定"的修饰语是"中美"；而站在美国的立场，则是"the Government of the United States of America and the Government of the People's Republic of China"（美中），进行翻译的时候，要将顺序调整过来，这就是受言者立场影响的并列项顺序调整。

3.2.3 关注度调整原则

（49）他们（苏打绿）以自己独特清新的音乐风格和扎实的音乐功底，最终获得观众青睐。（麦桔音乐《平时混得像过气歌手，演唱会却"一票难求"，开口就是万人大合唱！》）

从时间上和逻辑上来说，先有功底，再形成自己的风格。但从歌迷的角度来说，首先考虑的是风格，有人喜欢摇滚风格，有人喜欢校园民谣风格，有人喜欢爵士风格，有人喜欢清新风格，等等。因此，当说话人从自己对音乐的喜好来判断的时候，"音乐风格"居前，"音乐功底"居后。这与言者主体的关注度有关，也是一种主观性的体现，体现出主观因素在并列项排序方面起到的调整作用。

（50）丁元英用汽车钥匙划开纸箱上的封条，小纸箱里放的是整整一箱的三个五香烟和五万元现金，大纸箱里则装满了茶叶和唱片。（豆豆《遥远的救世主》）

丁元英是一个不在乎钱的人，但是烟是他的必需品，所以，作者将"香烟"置于"现金"之前，就是凸显丁元英对烟的关注和对钱的淡泊。

关注度原则与立场原则也有密切的内部关联，不同的立场往往带来不同的关注点和关注度，因此，符合立场调整原则的并列词组，往往也符合关注度调整原则。

四、并列项排序原则的功能解释及关联标记模式

从客观的角度说，符合逻辑规律的并列项的排列顺序是无标记的语序；从主观的角度说，凸显度高、首先认知的并列项在前是无标记的语序。而受主题、语境、场景、背景等客观因素影响的并列项语序是有标记的语序；受焦点、立场、关

注度等主观因素影响的并列项语序也是有标记的语序。总之,并列的各项成分是一个聚合体,当这个聚合体的成员组合成一个并列关系的结构体时,可以在并列结构的成分和序列之间建立一个关联标记模式,这种关联标记模式能够较好地解释并列成分排序的规律。

首先,具有时间先后特征的并列项,按照时间先后顺序排列,这符合汉语的时间顺序原则。汉语在顺序象似方面比印欧语更加严格,这一点在并列结构并列项的排列上也有所体现。

其次,不具有时间先后特征的并列项,按照逻辑顺序原则排列。例如,如果并列的两项或几项具有内在的"原因-结果"或"条件-结果"关系,则"原因、条件"项在前,"结果"项在后。

第三,不具有时间先后特征,也不具有内在的逻辑顺序的并列项,按照主观认知原则排列。如汉语有"德才兼备",而不是"才德兼备",就表明人们在认知上认为"德"比"才"更重要。无论是先主要后次要的原则,还是先具体后抽象的原则等,概括起来都是凸显度高的成分在前。凸显度高的成分从标记性的角度来说,无标记性程度更高。所以,进一步概括可知,并列结构的各并列项在排列时,无标记性程度高的成分在前,有标记性程度高的成分在后。据此,我们可以建立起并列项与其在并列词组中位置的关联标记模式:

表 1　并列项与其在并列词组中位置的关联标记模式①

并列词组组成成分	标记性差异	关联标记模式类型
前项＋后项	无标记项＋有标记项	自然关联
前项＋后项	有标记项＋无标记项	非自然关联

自然关联的标记模式往往是符合基本原则的并列关系序列,非自然关联的标记模式往往是受到客观和主观因素影响进行调整的并列关系序列,往往涉及主题、语境、场景、背景和焦点、立场、关注度等调整因素。结合客观和主观基本原则的逻辑与认知原则,以及客观和主观的调整原则,我们可以尝试建立并列项排序原则的等级序列,即:

---

① 并列前项和并列后项的标记性差异是程度的差别,是相对的,符合基本原则的并列词组前项相对于后项而言,无标记性程度更高一些;后项相对于前项,有标记性程度更高一些。

主观调整原则＞客观调整原则＞主观认知原则＞客观逻辑原则①

这个序列说明,调整原则的优先度高于基本原则,在调整原则和基本原则内部,主观原则的优先度高于客观原则。也可以说,句法结构是主观调适的结果。

五、结　　语

通过对并列词组组成成分位置关系的考察,我们得到如下结论:

第一,并列词组并列项的排序遵循一定的原则,包括基本原则和调整原则。基本原则包括客观逻辑原则和主观认知原则,调整原则包括客观调整原则和主观调整原则。

第二,并列项与其在并列词组中的位置之间存在着关联标记模式。

第三,客观逻辑原则、主观认知原则、客观调整原则、主观调整原则在影响并列词组的构成上存在着等级序列。

参考文献

邓云华(2004)《汉语联合短语的类型和共性研究》,湖南师范大学博士学位论文。

刘世英(2015)并列短语及其次序的认知语言学研究,《重庆理工大学学报》(社会科学)第5期。

陆丙甫(2005a)语序优势的认知解释(上):论可别度对语序的普遍影响,《当代语言学》第1期。

陆丙甫(2005b)语序优势的认知解释(下):论可别度对语序的普遍影响,《当代语言学》第2期。

孙本成(2020)《述语位"V＋和＋V"式并列短语研究》,吉林大学博士学位论文。

张　斌主编(2010)《现代汉语描写语法》,商务印书馆。

张　建(2013a)汉语标记配套型并列结构时间关联特征的象似性,《世界汉语教学》第1期。

张　建(2013b)汉语标记居中型并列结构时间关联模式的象似性,《兰州学刊》第2期。

中国社会科学院语言研究所词典编辑室(2017)《现代汉语词典》(第7版),商务印书馆。

(1. 上海师范大学对外汉语学院,200234,hqliu@shnu.edu.cn;

2. 上海师范大学对外汉语学院,200234,1843126174@qq.com)

---

① 主客观的基本原则往往存在内部的一致性,同样,主客观的调整原则往往也存在内部一致性。有时,并列词组并不是只符合某一条原则,而是同时符合几条原则。

书名号的网络社交平台新用法探析

钟小丹[1]　　张汶静[2]

〇、引　　言

《中华人民共和国国家标准标点符号用法》(GB/T 15834 - 2011)将书名号定义为"标号的一种,标示语段中出现的各种作品的名称",形式有双书名号"《》"和单书名号"〈〉"两种。近来,书名号在各类网络平台出现了高频使用的现象,许多网友喜欢在网络上将自己说的话加上书名号,这显然与书名号的规范用法有所不符。例如:

(1)《关于我在抖音看电影这件事》(抖音评论区,2022 年 3 月 26 日)

(2)A:我刚刚去吃了个橘子

B:《我虽然没有橘子》

B:《但我有沃柑》

A:《我还有苹果》

B:《我有面包》

(小红书,2022 年 5 月 14 日)

(3)我在香港遇见他,《我打书名号了》(新浪微博,2021 年 10 月 18 日)

(4)《烂梗是怎样炼成的》(知乎,2021 年 1 月 20 日)

上述例句中书名号的使用都是不符合传统书名号使用规范的,但是却频繁地出现在如今的网络环境中。说话人添加"《》"标示自己的话语,能够提示听话人注意并且起到强调作用,具有强烈的主观性,作用主要是语用层面上的。我们认为,网络社交平台中书名号的上述用法已经初步具有了语用标记的功能。

标点符号承担语用标记的功能是比较特殊的现象,本文将围绕以下几个方面展开,探究网络社交平台中书名号的新用法、书名号新用法的特点、书名号新用法的来源、书名号新用法在网络社交平台高频使用的原因以及书名号的新用法能否进入规范的语言系统被长期使用。

一、书名号语用标记新用法的特点

1.1 书名号规范用法的特点

要考察书名号网络使用的新特点,就必须先了解书名号的规范用法。书名号原本用来标示作品名称时,书名号内的文字一般是书面语体,而且比较精炼。根据《中华人民共和国国家标准标点符号用法》(GB/T 15834-2011)对书名号用法的解释,我们搜集了一些规范使用书名号的例子。例如:

书名:《平凡的世界》《飘》《在细雨中呼喊》

卷名:《中国大百科全书·物理学》《三国志·蜀志·诸葛亮传》

刊物名:《中国语文》《汉语学习》《方言》

影视剧名:《哪吒之魔童降世》《我和我的祖国》《东方快车谋杀案》

戏曲名:《霸王别姬》《贵妃醉酒》《状元媒》

上述例子包括书名、卷名、刊物名、影视剧名、戏曲名等。分析书名号内的内容,可以归纳出书名号的使用具有以下特点:用于书面语体;音节数量在1—10个之间;书名号内一般没有标点符号。

1.2 书名号网络新用法的特点

祁伟(2002)指出"网络语言是指信息时代出现的,与网络和电子技术有关的进行信息交流和信息处理的交际符号"。用书名号将自己的话语进行标示,是现在年轻群体中比较流行的用法,这是一种典型的网络语言。本文从网络社交平台中摘录了一些书名号新用的例子,如下:

(5)《我　不　理　解》①(公众号"晨星",2021年10月5日)

(6)《关于工作没找好书没读好只想着去拍星星也没拍到满意照片以及带着书名号强装高级这件事情》(新浪微博,2021年12月4日)

(7)《这年头是不是随便一句话加个书名号都能成为轻小说书名》(百度贴吧,2021年6月17日)

(8)《这可是发单曲呀!》(抖音评论,2021年12月11日)

---

① 该例子中字和字之间有空格,说话人故意为之,并非摘录错误。

(9)《这合法吗???》(新浪微博,2022 年 2 月 11 日)

(10)《而且现在网络不也很流行加书名号嘛,我是在为出书做贡献啊!》(新浪微博,2021 年 3 月 17 日)

(11)《上一首歌是我开课前一天》《再发歌我居然已经放假了》(抖音评论,2021 年 12 月 11 日)

(12)《请个假出去不返校就行》《我们一直没有通知》(微信群聊,2022 年 5 月 21 日)

(13)第一点《耐心》第二点《理解》第三点《变好》(微信群聊,2022 年 5 月 21 日)

(14)兔子①名言《你主动当我没说》(微信群聊,2022 年 4 月 11 日)

(15)记忆大师,《我带书名号了》(新浪微博,2022 年 3 月 16 日)

(16)《我加书名号了》反贪风暴 4(新浪微博,2021 年 10 月 23 日)

书名号新用法中,书名号内表达的内容可以是多样化的。例(5)表达了说话者对某事的态度;例(6)、例(7)和例(10)—(12)是对事实进行陈述,书名号内的内容叙事性较强;例(8)是感叹句;例(9)是疑问句;例(13)—(16)书名号内的内容是需要刻意强调的词、短语、句子等,是说话人主观强调的重点。

上述新用法显然打破了以往的使用规范,有许多特别之处。我们根据书名号新用法的形式将书名号标示话语的特点分为两类:标示所有话语内容,如例(5)—(12);只标示部分话语内容,如例(13)—(16)。

书名号标示所有话语内容时,相比于规范使用书名号时"《》"内的内容限制更少。语体上,书名号内的内容不再局限于书面语体,而更多使用口语。语音上,书名号内的音节数量没有严格限制,如例(6)音节数量多达41个。格式上,一是书名号"《》"内可以出现其他标点符号或多个相同标点符号,如例(8)—(10)添加了感叹号、问号、逗号,且例(9)中出现了多个问号。此外,书名号"《》"外不需要再加上表示话语结束的标点符号,所有书名号表示所有话语内容的例子中"《》"外都无任何标点符号。二是书名号内的内容格式相对来说比较随意,如例(5)字与字之间添加了空格。三是可以接连使用多个书名号,将说话人的话语分为几个重点部分来标示,再如例(11)表达的是"上一首歌是我开课前一天,再发歌我居然已经放假了",说话人连用两个书名号"《》"将话语分为两个部分,例(12)也是如此。

---

① 这里指人,是某人的外号。

书名号标示部分话语内容时,是说话人对话语中的关键词、短语、句子等进行标示,是说话人主观强调的重点。此时,书名号内的内容一般是口语语体。因其强调的是说话人话语中的关键词、短语、句子,相比于书名号标示所有话语内容时,书名号"《》"内的音节数量更少,而且书名号"《》"内或"《》"外一般都不使用标点符号。书名号标示部分话语时也可以接连使用多个书名号,如例(13)表达的重点是"耐心""理解""变好",说话人接连使用三个书名号标示这些关键词,起到强调作用。例(15)和例(16)则非常特别,常规的用法应该是在电影名称《记忆大师》和《反贪风暴4》上加书名号,但是例子中却没有,而是在后面的补充说明语言"我带书名了""我加书名了"外却加上了书名号,这种最不符合常规的有标记用法起到了最强等级的强调作用。这种用法也和其独特的来源有关,我们将在下文详细讨论。

1.3 书名号新用法与双引号的比较

书名号在网络社交平台中被用来标示话语内容,而通行的国家标准标点符号使用规范中用双引号来标示话语是最为典型的用法。例如:

(17) 我曾带了学生下乡,田里长着苞谷,有一位小姐,冒充着内行,说:"今年麦子长得这么高。"(CCL)

(18) 有一个留学生来面试,他问我:"你是哪里毕业的啊?"我说:"我本科是南京大学读的,后来在北大读的博士。"他说:"北大不算什么。我是从英国回来的。"我说:"你的那个英国学校我也不知道啊!"对方不屑地说:"你没出去过,当然不知道了。"(CCL)

(19) 恩格斯说:"运动本身就是矛盾。"(百度网页,2014年5月11日)

(20) 从教十几年,我一直坚信"教育根植于爱"。(百度网页,2020年10月10日)

例(17)—(20)中,"小姐""留学生""我""恩格斯"的话语都是用双引号来标示。网络社交平台中,可以说书名号的新用法是书名号部分替代了双引号标示话语的功能。书名号的新用法和双引号的用法有异有同。

我们将书名号标示话语内容的情况分成两类:标示所有话语内容;标示部分话语内容。具体分析如下。

1.3.1 书名号标示所有话语内容时与双引号用法的比较

二者的相同之处是:标示话语时,书名号和双引号内的话语内容都是口语语体;标示的话语可以添加标点符号,且标点符号数量没有严格限制;标示的话语音节数量也没有严格限制;用符号《》或""标示话语,对话语内容都能起到强调作用,吸引听话人的注意。

二者的不同之处表现为以下几个方面:

其一,在单个语句(如例(3)(4))中,使用书名号新用法时可以不指明话语发出者,因为此时话语的发出者就是说话人"我"自己,而非其他人,此时书名号可以作为单独标记说话人自己话语内容的专用标记。而双引号用来标示话语时,无论是在单个语句(如例(17)、例(19)(20))还是话轮(如例(18))中,在话语前后一般都需要指明话语发出者(即便不明确出现,一般也能通过上下文推断发话人是谁)。

其二,使用书名号的新用法时,可以接连使用多个书名号,如例(11)和例(12),说话人可以使用多个书名号将话语分为多个部分。而双引号标示话语时,标示同一发话人发出的言语内容时一般只使用一对双引号,不使用多对双引号将话语进行切分;与此相反,在话轮中,当发话人不停轮换时,可以接连使用多对双引号标示话语,如例(18),此时双引号的使用也是提醒读者这些话语内容是由不同的发话人发出的,是一个话轮转换的标记。

其三,使用书名号新用法时,说话人话语结束时,书名号内外都可以不添加其他任何表示话语结束的符号(如"。""!""?"等)。而双引号标示话语时,在说话人话语结束时必须添加标示话语结束的符号。如果双引号内的话语是直接引语,结束符号在双引号内,如例(19);是间接引语,结束符号在双引号外,如例(20)。

1.3.2　书名号标示部分话语内容时与双引号用法的比较

两者的相同之处是:书名号的新用法和双引号都可以标示口语语体,书名号新用法用例如例(13)—(16),"耐心""理解""变好""你主动当我没说""我带书名号了"是说话人话语的一部分,都带有口语色彩。

两者的不同之处表现为以下几个方面:

其一,双引号标示话语时,必须将说话人所有的话语都包含在内。书名号标示的话语是说话人话语中的关键词、短语、句子等焦点信息,所以音节数量相对较少,书名号内一般不加其他标点符号;书名号外也不加任何标点符号。而双引号内音节数量和标点符号都有规范的使用限制;双引号内的话语是直接引语时,双引号外有表示话语结束的符号。

其二,书名号标示说话人部分话语时也可以接连使用多个书名号,标示说话人话语中的多个重点,如例(13)"耐心""理解""变好"都是说话人主观认为的话语重点。双引号的使用则不同,双引号标示话语时,必须将说话人所有的话语都包含在内。

无论是跟书名号的规范用法相比还是和双引号相比,网络社交平台中的书名号都有许多特殊之处。那么,书名号的新用法究竟起源于何处? 我们发现,网络社交平台中书名号的新用法来源不止一个。

二、书名号的新用法溯源

2.1 源自日本轻小说①

21 世纪初,日本轻小说在国内兴起。轻小说的标题取名方式具有趣味性,或是以一句话作为标题,或是直接申明主题,或是直接点明故事大致走向,或是呈现故事背景等。例如:

(21)《辉夜大小姐想让我告白》(知乎,2021 年 9 月 1 日)

(22)《路人女主的养成方法》(知乎,2021 年 9 月 1 日)

(23)《打工吧! 魔王大人》(知乎,2021 年 9 月 1 日)

例(21)—(23)是轻小说的名称,都带有说明内容式的特点。在网络社交平台中通过关键字查找,模仿日本轻小说取名方式的现象在 2015 年就已经出现。如下:

(24)《今天索尼破产了吗?》加个书名号就成了轻小说。(新浪微博,2015 年7 月 24 日)

(25)《随便一句很长的话加上书名号就能当轻小说题目了!》(百度贴吧,2020 年 8 月 30 日)

在网络社交平台中查找,我们发现,模仿轻小说取名方式的现象比较多。例如:

(26)《我们至今仍未知道这个人为什么蓬头垢面的时候还要拍照并且拍得高糊以及为什么加上书名号就会显得很轻小说这件事》(新浪微博,2022 年 7 月22 日)

(27)《只要一句特别长的废话加上书名号就看起来像轻小说的说》(新浪微博,2022 年 3 月 11 日)

例(26)模仿了日本轻小说的取名方式,书名号内是要说明的内容,句式较

---

① 轻小说可以理解为"能轻松阅读的小说",盛行于日本。其文体多使用读者惯常口语书写,比较浅显易懂。

长。其叙事性较强,而且带有强烈的主观色彩。例(27)形式上模仿日本轻小说取名方式,书名号内的话语仅仅是想表达"把说的话加上书名号就像轻小说"的意思。该种模仿轻小说取名的书名号新用现象中,书名号能起到强调作用,提示听话人注意。

模仿日本轻小说取名方式的书名号网络新用法有标示说话人所有话语内容的现象,也有只标示说话人部分话语内容的现象。标示所有话语内容时,说话人主观认为所有话语都是重点,提示听话人注意,如例(25)—(27);而标示部分话语内容时,说话人主观认为标示的词、短语、句子等是重点,如例(24)标示的重点是"今天索尼破产了吗"。

2.2　源自电子竞技比赛直播

书名号的语用标记用法随着时代的发展在网络中产生,并由网民们竞相模仿演变而来。书名号的使用不再局限于标示各类作品,而是更多地体现使用者的主观性。书名号的新用法,在 2019 年 MSI①(Mid-Season Invitational)上 SKT1(全称 SKTelecom T1,韩国的电子竞技俱乐部)和 G2(全称 G2 Esports,西班牙的电子竞技俱乐部)比赛直播中出现较多。比赛中,对战中 G2 战队上单②派克③的操作让网友觉得像个笑话,接连使比赛陷入不利。由此引发游戏迷对 G2 战队的教练和队员的吐槽,网友们在直播中刷起了带书名号的弹幕。例如:

(28)《上单派克:从入门到入坟》(知乎,2019 年 5 月 14 日)

(29)《G2 教练:BP④的艺术》(知乎,2019 年 5 月 14 日)

(30)《派克奇兵》(知乎,2019 年 5 月 14 日)

(31)《派克正传》(知乎,2019 年 5 月 14 日)

在游戏直播中刷屏的弹幕加上书名号,简洁并且能够起到吐槽、讽刺的作用。弹幕加上书名号时书名号仅仅是用来标示说话人的话语,并不属于作品,明显不符合书名号原来的使用规范。例(28)中"上单派克"概述了游戏中 G2 战队

---

① MSI(全称 Mid-Season Invitational,即英雄联盟季中邀请赛)是 Riot Games 于 2015 年增加的国际性赛事,是英雄联盟当中最重要的国际赛事之一。
② 上单(也叫作 TOP),游戏名词。LOL(英雄联盟)地图分上中下三路以及野区(三条主干道外的其他区域),一般上路由一个人控制,称为"上单"。
③ 派克,英雄联盟中的一名辅助类英雄。
④ BP(BAN/PICK 的简称,即禁人/选人),电子竞技游戏中的一个比赛术语。BAN 意为禁用,PICK 意为挑选。

的操作,即操控游戏英雄"派克"走上路;"从入门到入坟"预示了比赛的走向,体现了吐槽者的不满。例(29)中"G2 教练"是事件中的主要人物之一,"BP 的艺术"是把教练的决策称之为"艺术",利用反语吐槽。例(28)、例(29)是仿照书名写成的,类似于《C 语言:从入门到精通》《PLC 编程:从零基础到实践》这样的书名。例(30)、例(31)都是以"派克"为主要描述对象,而且都是仿照电影名、动漫名写的,例(30)、例(31)分别模仿电影名《夺宝奇兵》《阿甘正传》。我们发现,最初网友们在游戏直播弹幕中加上书名号,都会仿照一些规范的作品名称,特点为:一是注意形式相近,使其看起来更像作品名;二是突出话语,传达主观情感。竞技游戏直播中的书名号弹幕,因其模仿规范的作品名称的特点,书名号基本标示所有话语内容。

2.3 源自规范用法的漏用

网络时代人们在网络世界中的互动日趋频繁,2021 年一条介绍动漫《你的名字》的抖音视频,又把书名号推进人们视野。一位叫"敏"的网友在评论中询问视频里动漫的名字,网友回复"敏":"你的名字",因为没有添加书名号导致敏误以为该网友在询问她的名字,网友"敏"老实回答道:"韦一敏,然后呢?可以告诉我了吗?"。另一网友解释道"他是说这部动漫是你的名字",同样也没添加书名号,使网友"敏"误以为动漫的名字就叫"韦一敏",她发出感慨"这部动漫叫作韦一敏?这么巧?"。由此,书名号成为一个调侃的梗。网友们在介绍各类作品时,时常利用书名号进行调侃,增加话语趣味性。例如:

(32)我在香港遇见他《我打书名号了》(新浪微博,2021 年 10 月 18 日)

(33)我叫余欢水《书名号加了》。(新浪微博,2022 年 3 月 30 日)

(34)怪兽卡车《我加书名号了》(新浪微博,2020 年 3 月 30 日)

上述例子是调侃漏加书名号的典型示例,漏加书名号容易引发误会,这也从侧面反映了规范使用书名号的重要性。将书名号添加在"我加书名号了"或"加书名号了"这些字上,体现了说话人主观的信息侧重点。书名号的标示能够把听话人的注意力吸引到"是否添加书名号"这个话题上来,增加了话语的趣味性。

规范用法的漏用促使书名号产生了网络新用法,书名号所标示的都是"我加书名号了""加书名号了"等话语内容,而"我加书名号了""加书名号了"只是说话人的部分话语内容,是说话人主观认为的重点。说话人使用书名号的网络新用法介绍作品时,话语所产生的戏谑性和趣味性也正是来源于此。

网络社交平台上,书名号泛化使用的现象很多。网友们给话语加上书名号,

用来标示自己的观点、吐槽、建议、感慨等,带有强烈的主观情感。例如:

(35)《格局小了》(微信群聊,2022 年 5 月 12 日)

(36)《差不多得了》(新浪微博,2020 年 2 月 17 日)

(37)《当场逮捕》(新浪微博,2022 年 3 月 12 日)

(38)《可以呀》(微信群聊,2022 年 5 月 12 日)

形式上,书名号显然不是语用标记。但上述例子表明,书名号承担了语用标记的功能。说话人用书名号来标示自己的话语,显然是具有强主观性的。例(35)"格局小了"是评价,例(36)"差不多得了"是建议,例(37)"当场逮捕"是对事实的描述,例(38)"可以呀"是应答。上述例子中书名号被用来标示话语,凸显说话人的话语内容。

书名号用来标示话语、凸显主观性,开始承担话语标记功能的用法在网络社交平台出现,成为流行用法,这与信息技术的发展息息相关。

三、书名号新用法在网络社交平台高频使用的原因

余智华、刘胜华、张衍、张宏莉、张玥(2018)指出"社交网络作为复杂网络的一种典型,主要是为拥有相同兴趣与活动的人提供一个相互交流的平台,因此其中存在着非常复杂的用户群体互动行为"。微博、微信、小红书等因其基于宽带网络,依托大数据、云计算等新应用,并且能够实现用户相互交流,都属于网络社交平台。

书名号的新用法在网络社交平台中产生,承担语用标记功能,并且该用法目前已经出现了高频使用的倾向。本文认为产生这种现象主要有以下几点原因:

第一,用书名号标示话语能够吸引注意力。在网络社交平台中,人们每时每刻都在接收庞杂的新信息,用书名号标示话语,将想要让听话人关注的话语用"《》"标示,相比于常规的双引号,更能引起读者的注意。

第二,使用群体年轻、富有创造力。谭天、张子骏(2017)指出社交媒体的理念、发展可以追溯到 20 世纪 70 年代,但是直到 20 世纪 90 年代末至 21 世纪初,中国才开始进入网络传播新阶段。所以,90 后、00 后等年轻群体是见证新媒体发展的一代,也是新媒体使用的主力军之一。而年轻群体富有创造力的特点,也促使书名号在网络社交平台中产生新用法。

第三,新媒体盛行且影响力大。新传播技术深刻改变人们的交流方式和生活方式,而新的表达方式依托新的媒介出现。网民受新兴媒体如微博、抖音、微

信等的影响接收到新信息,也会成为新信息的传播者、创造者。书名号的新用法就是人们依托社交平台创造性产生的,人们接收新信息后对其进行创造性加工,由此出现书名号的新兴用法,然后看到这类新用法的人又成为新用法的传播者。

四、书名号新用法未来发展的预测

祁伟(2002)指出,流行语和网络语言折射出了社会中人们的审美体验、精神风貌和心理特征,反映了社会物质生产和精神生活,表现了百姓的多彩情感,发挥了人们对语言的创新能力。所以,只要语言格式能够贴切表达人们的主观感情,并且特征鲜明,就能引起人们的争相效仿,在语言表达中流行起来。但是,书名号标示话语的用法能否保留下来呢? 张谊生(2017)指出:"流行格式的规范与否并不是一个静态评价,而是要看在特定的交际场景中是否实现了比较高的交际价值,是否可以用其他成分来代替,代替之后是否降低了实际效果。"用书名号标示话语的用法能否保留下来,变成约定俗成的用法,还需综合分析。

首先,书名号的新用法不符合国家标准标点符号用法规范。从《中华人民共和国国家标准标点符号用法》(GB/T 15834 - 2011)中对书名号的使用规范来看,书名号用来标示作品,而现在的流行格式中用书名号标示话语,这种用法是脱离规范的。

其次,书名号的新用法局限在一定的语言社团或围绕一个短期的热点事件。书名号标示非作品的用法来源于竞技游戏比赛直播以及日本轻小说。上述来源的接触群体是有限的,书名号新用法的使用者局限于一定的语言社团,该语言社团之外的人不但不了解书名号的该种用法,而且可能会将其认定为错误用法。直到因为漏加书名号引发误会,利用书名号进行调侃,以及书名号开始被用来标示话语时,书名号的使用群体才逐渐扩大,但这种用法的流行最初是因为一个单独的、短期的热点事件。随着时间的流逝,该热点事件逐渐被人们所遗忘时,书名号的这种创新用法也很有可能随着事件一起被人们所淡忘。

再者,书名号表示主观强调的新用法有可替代性。书名号标示话语,承担语用标记的功能,主要是为了强调说话者的主观意见。而语气词、下划线、双引号、感叹号等都可以用来表示强调,书名号表示强调作用的用法不是必要的,可以被替代。

最后,书名号标示话语内容的功能在主流媒体中还未出现,也暂未被语言文字工作者讨论是否应大力推崇。

综上,我们认为,书名号标示话语的用法应该会在一定的时间内流行,然后慢慢淡出人们视野,最终很难正式进入规范的语言系统被人们长期使用。

五、结　　语

书名号标示话语的新用法与互联网的发展息息相关,其常用来强调说话人的主观性,这使得书名号有了语用标记的作用。

书名号的新用法无论与书名号的规范用法相比还是和双引号相比,都有许多特殊之处。这种新用法可以分为两大类:标示所有话语内容、标示部分话语内容。书名号标示所有话语内容时,说话人强调的是所有话语。书名号内的内容不再局限于书面语体,而更多使用口语,且书名号内的音节数量没有严格限制。格式上,一是书名号内可以出现其他标点符号,且对标点符号的数量和类别没有严格限制,且书名号外不需要再加上表示话语结束的标点符号。二是书名号内的内容格式相对来说比较随意。三是可以接连使用多个书名号,将说话人的话语分为几个重点部分分别标示。书名号标示部分话语内容时,是对说话人话语中的关键词、短语、句子等进行强调。此时,书名号内的内容一般是口语语体;书名号内的音节数量更少,而且书名号内或外一般都不使用标点符号;书名号标示部分话语时也可以接连使用多个书名号。

我们发现,网络社交平台中书名号的新用法来源不止一个,其来源包括:其一,日本轻小说,模仿轻小说的取名方式;其二,竞技游戏直播,直播中的弹幕被加上书名号,大多仿照一些规范的作品名称;其三,规范用法漏用,书名号标示"我加书名号了""加书名号了"等话语内容,使话语产生戏谑性和趣味性。

但是,书名号的网络社交平台新用法不符合国家标准标点用法,局限在一定语言社团内使用,有可替代性,且未被主流媒体认可。这种用法属于流行用法,我们预测其生命力并不长久,只能在一定时间内流行。

参考文献

祁　伟(2002)试论社会流行语和网络语言,《语言与翻译(汉文)》第3期。

谭　天、张子俊(2017)我国社交媒体的现状、发展与趋势,《编辑之友》第1期。

余智华、刘胜华、张　衍、张宏莉、张　玥(2018)《在线社交网络结构特性与建模》,科学出版社。

张谊生(2017)《现代汉语》,中国人民大学出版社。

中华人民共和国国家质量监督检验检疫总局、中国国家标准化管理委员会(2011/2014)《中华人民共和国国家标准 GB/T 15834—2011:标点符号用法》,中国标准出版社。

(1. 上海师范大学对外汉语学院,200234,zhongxd1104@163.com;

2. 上海师范大学对外汉语学院,200234,zhangwenjing@shnu.edu.cn)

极量敏感算子"再"与"再 x 也 y"的构式化及后构式化演化[*]

陈昌来¹　李晓飞²

〇、引　　言

现代汉语中,"再 x 也 y"格式可用于表达言者的主观断言(assertion),表示"无论条件 x 怎样变化,结果 y 都不会改变"的无条件义。如:

(1)"你这是风凉话!"她给了他一个白眼。

"钱<u>再万能也买不到你</u>,不是吗?"(林晓筠《傲君驭心》)

(2)再看一下这些公司的股价,无一不是气势如虹,<u>再不懂市场的人也知道</u><u>上市公司在利用分配方案配合庄家出货</u>。(《文汇报》,2001 年 5 月 19 日)

例(1)的"再 x 也 y"表示无论"钱多万能"都不能改变"买不到你"这一结果。例(2)的"再 x 也 y"表示"无论一个人多么不懂市场",也会知道"上市公司在利用分配方案配合庄家出货"这一结果。

"再 x 也 y"所表示的无条件义不能从其构成成分中得到完全预测,可看作为一个构式(为表述方便,下文将此类"再 x 也 y"称为无条件义构式"再 x 也 y")来讨论。学界对该结构有过一定的研究,如施雯(2009)、芜崧(2011)、蒋玉琴(2016)、杜亚飞(2015)、陈园园(2019)等从三个平面对其句法、语义和语用特征进行了探究;李凰(2009)、李文浩(2010)、李会荣(2012)、王丽芳(2016)等从构式语法的角度对该结构的性质、功能和承继关系、固化过程及动因等方面做了探讨。但对以下问题关注得还不够:其一,构式化完成的标志之一是新形式和新

---

* 本项研究得到国家社科基金重大项目《中国语言学史(分类多卷本)》(编号:16ZDA206)的支持,谨此致谢。

意义(功能)配对的形成,构式化后的"再 x 也 y"在形式、意义、功能上有哪些新特征? 其二,构式化完成后的"再 x 也 y"构件特征有无变化? 其三,"再 x 也 y"这一线性序列包含了多种语法意义和结构形式,从语义上看,可表达让步转折义,也可表示无条件义;从形式上看,具有复句、紧缩句和单句等多种结构形式,这些不同的意义和多样的结构形式之间存有怎样的联系? 它们何以能在现代汉语中共存?

Traugott & Trousdale(2013/2019:28)将涉及构式化的系列演变总结为"先构式化构式演变—构式化—后构式化构式演变"。上述问题之所以未引起学者们的关注,是因为对该结构的过往研究多关注"先构式化构式演变—构式化"阶段,忽视了对其在"构式化—后构式化构式演变"阶段的研究。鉴于此,本文将重点探讨以下三方面问题:一是构式"再 x 也 y"的构件特征;二是构式"再 x 也 y"的构式义与功能特征;三是构式"再 x 也 y"的构式化与后构式化演变的历程、动因与机制。

一、构式"再 x 也 y"的构件特征

构式"再 x 也 y"由变项 x、y 和常项"再""也"构成。

1.1 变项的特征

1.1.1 从构成成分看

构件 x 可由动词、形容词以及代谓词等谓词充当,也可由动宾短语、状中短语等谓词性短语充当,名词、定中短语等体词性成分也可进入该槽位。如:

(3) 几种报都是楔送的,要退报贩不准退,再叽咕也没有用。(张爱玲《创世纪》)

(4) 做人得讲良心啊,再饿也不能抢别人家的东西。(余华《活着》)

(5) 她再怎么也不会哭,她还小呢!(萧红《生死场》)

(6) 徐伯贤他再有钱也不雇小保姆。(陈建功、赵大年《皇城根》)

(7) 我们是干这个的嘛! 再不容易修也得修啊!(梁晓声《钳工王》)

(8) 一个动作再男人也会变成娘娘腔。(优酷视频网,2019 年 10 月 18 日)

(9) 再好的男人也禁不住诱惑,小丈夫最终还是放纵了。(腾讯视频网,2021 年 4 月 2 日)

构件 y 可以由动词、形容词等谓词充当,也可以由动宾短语、动补短语、状中短语、兼语短语等谓词性短语充当。如:

(10) 能给他带来名利的钱,再多也给;否则,钱再少也<u>不给</u>。(王跃文《国画》)

(11) 幸好有你,再辛苦也<u>幸福</u>,我爱你。(网络语料)

(12) 这毕竟是沿海开放地区,这儿的人再不开化也<u>认得美元</u>呀。(海岩《永不瞑目》)

(13) 技法之类东西是很容易传授的,那个花边再复杂也<u>学得会</u>。(张炜《激情的延续》)

(14) 我知道再问也<u>不会有回答</u>。(余华《死亡叙述》)

(15) 家里再穷也<u>让我进学堂读书</u>,庄户人家同样望子成龙。(龙正明《边关夜话》)

多种功能成分均可以进入 x 和 y 槽位,说明该构式已被高频使用,且具有能产性强的特征。

1.1.2 从语义特征看

构件 x 的语义特征对构式义的识解有重要作用,这将在下一节论述。李文浩(2010)指出 x 在量性特征上所表现的是量幅而不是量点。李会荣(2012)认为 x 为无界语块,具有伸缩性且内部同质。芜崧(2011)指出 x 表示程度轴上的某一起点至顶端(极限)这一区间内的任何一点。上述对构件 x 语义特征的表述虽然各异,但实质上是从不同角度揭示出了 x 的核心语义特征:"[+量][+可持续变化]",x[+可持续变化]的语义特征在形式上要求其不可含有表数量义的具体成分。如:

(16) 照这样下去,生意再好些也<u>不中用</u>。(茅盾《林家铺子》)

(17) 凭南京那点兵就打得过日本?笑话!<u>再有六个南京也不行</u>!(老舍《四世同堂》)

例(16)中的 x 槽位因出现了表数量义的具体成分"些",例(17)中 x 槽位因出现了表数量义的具体成分"六个",两句中的"再 x 也 y"结构不表无条件义,而表示"客观量的增加不会改变结果。"

1.2 常项的特征

1.2.1 构件"再"的特征

关于构式中的"再",此前主要有三种观点。《现代汉语八百词》(1999:642-643)指出"再"与"也"共用等同于"无论多……"的两种情况:一是后接动词表示一个动作(或一种状态)重复或继续;二是后接形容词表示程度的增加;史锡尧(1996)则指出"再"和"也"中间隔有其他词语,配合呼应时,"再"表示程度加深;李文浩(2010)则从量范畴的角度指出"再"由"两次、第二次"所引申出的意义可统称为"增量",用于动词前表示动量、时量的增加,用于形容词前表示程度量的增加。事实上,这三种观点在认知上构成了一个连续统。《现代汉语八百词》是对"再"用于表"无论多……"无条件义时分布情况的充分描写,指出"再"表达"动作和状态的重复与继续"和"程度的增加";史锡尧(1996)则是关注到两种分布情况背后的共性,因为"动作和状态的重复与继续"也是一种"程度的加深";李文浩(2010)则是从量范畴的角度为史文找到了形式上的验证。

进一步看,上述三种观点实际上都以[+过程性]为前提,动作的重复或继续有过程性,程度的加深有过程性,"增量"也有过程性。量持续性增加或减少才可能最终到达极量,按此推断,则"再 x"的极量义尚属于隐含义,需借助语用推理才能够获得。我们认为构式"再 x 也 y"中"再 x"的极量义已经固化,为此我们进行了测试,所采集到的数据验证了我们的判断。①沈家煊(2015:106)把"再……也……"称为"极量词",我们则认为与表"量增"义的"再"比较,这里的"再"已进一步虚化,可看作为激活 x 极量属性的敏感算子。如:

(18) 这样,再下几天雨也不怕了。(张贤亮《男人的一半是女人》)

(19) 别人再好也是别人,自己再不堪也是自己,独一无二的自己只要努力去做最好的自己。(网络语料)

例(18)中的"再"表达的是"量增"义,"再下几天雨"表达的是"下雨天数的增加";相较而言,例(19)中的"再"已经更为虚化,可看作激活"好""不堪"极量义的敏感算子,"再好"表示"好到极致"义,"再不堪"为"不堪到极点"义。

1.2.2 构件"也"的特征

学者们多认为"也"的主要语义特征表"类同"(吕叔湘,1999:595;张斌,2013:588;马真,1982等)。史锡尧(1996)指出"再"和"也"中间隔有其他词语,配合呼应时,"也"表示强调,强调"同一",有"仍然"义。从语料看,我们认同"再 x 也 y"中的"也"在语义上表"类同",在语用上表说话人的主观强调,凸显说话人的主观情态。

---

① 我们以 20 位汉语言文学(师范)专业本科生,10 位语言学及应用语言学专业硕士生以及 5 位语言学及应用语言学专业博士生为被试,35 位被试能从给定的 100 条"再 x 也 y"句中正确且迅速地勾选出表极量义的 18 条例句。随后对理工科专业背景的 35 名本科生发放了问卷,结果一致。被试均表示凭直觉断定"再"的语义相当于表极量的副词"最"。

二、"再 x 也 y"的构式义与语用功能

2.1 "再 x 也 y"的构式义及其理据

"再 x 也 y"的构式义可概括为"言者主观上认为条件 x 无论怎样变化,结果 y 都不会改变"。如:

(20) 龙君再不服也只能顺从他,温驯地任他抱着她睡。(左晴雯《将军令》)

(21) 我已榨尽母亲的记忆,再与她多说也无用。(鲁迅《朝花夕拾》)

(22) 规定再严也不生效,你今天在这个山头看守,他就从那个山头上去,真是禁不胜禁。(《福建日报》,1980 年)

例(20)画线部分表示"说话人主观上认为无论'龙君怎样不服气'都不会改变'顺从他'这一结果",例(21)表示"说话人'我'主观上认为无论'和母亲说多少'也不会改变'无用'这一结果",例(22)表示"说话人主观上认定无论怎样'严'都不会改变'不生效'这一结果"。

"再 x 也 y"构式义的形成有一定的理据性,x 具有[＋量][＋可持续变化]的语义特征,"再"为激发极量的敏感算子,二者组合后,"再 x"表达极量,"也"表示"类同"义,"再 x 也 y"表层形式的组构义为"条件'x'达到极量结果'y'仍不变"。"再 x 也 y"中"再 x"表主观极量(可以是极大量,也可以是极小量),其向下蕴含整个量级,在最高层级都不可能使得结果 y 产生变化蕴含了在其下的任何层级中都不可能使得结果 y 变化,进而衍推出"言者主观上认为条件无论如何变化都不会引起结果的改变"的构式义。

2.2 构式"再 x 也 y"的语用功能

构式"再 x 也 y"多出现于言语互动语境中,是言者根据自己的认识对条件量变所引起结果的断言,具有表达反预期信息和凸显说话人主观情态的语用功能。

2.2.1 表反预期信息

在言谈事件中,当言者针对语境中所论及的某一事物或事态,提出一种与其自身或受话人预期相反或背离的论断、信念或观点时,言者就表达出一种反预期信息。人们根据常识建立的心理预期通常是事物的量变积聚到一定程度会引起质变,而"再 x 也 y"表达的意义是说话人根据自身主观认知断言即使条件 x 的

量处于极量,其结果 y 仍不变,条件和结果间的弱转关系使该构式具备表达反预期信息的功能。吴福祥(2004)把反预期的情况分为"与说话者预期相反、与受话人预期相反、与说听双方在内的特定言语社会共享的预期相反"三种类型,"再 x 也 y"在表达反预期功能时涵盖了这三种类型。

首先,可用于表达与说话者预期相反。说话人原先对 x 达到极量所导致的结果持有一定的预期,但结果与其相反。如:

(23)长了翅膀的小鸟终归要飞走,<u>我再不放心也只好故作大方</u>。(亦舒《胭脂》)

(24)官儿算个屁呀!<u>再大的官也是屁,是大屁</u>!更何况一个破工段长,还是副的!(刘恒《贫嘴张大民的幸福生活》)

例(23)中,"故作大方"并不符合"我"最初的预期,"只好"表达出"我"的"无可奈何"。例(24)中,在"张大民"一直以来的预期中,"当官"是"一件好事",而"再大的官也是屁"表达了与这一预期相反的信息。

其次,可用于表达与受话人预期相反。受话人对条件 x 在极量状态下产生的结果 y 存有预期,说话人通过该构式表达的实际情况与受话人预期相反。如:

(25)方雨林说:"你们这么大的公司……"

老龚头苦笑笑:"<u>公司再大也没用</u>啊,总经理跑了!"(陆天明《大雪无痕》)

(26)你们<u>再打也是一家人</u>,瞧都是打的皮肉伤,几天就好,不碍事。……刘板眼最后实在忍受不了邋遢的絮叨,说:"滚一边去!"(池莉《你以为你是谁》)

例(25)中,方雨林的预期"这么大的公司现在应该可以拿出现金",而老龚头所说的"公司再大也没用"表达的信息与受话人"方雨林"的预期相反。例(26)中说话者"邋遢"用"再打也是一家人"劝慰受话人"刘板眼",让他不要和"陆武桥"打架,而这与受话人的心理预期相反,故"刘板眼"让"邋遢""滚一边去"。

第三,可用于表达与特定言语社会共享的预期相反。吴福祥(2004)指出特定言语社会共享的预期通常体现为某个言语社会普遍接受或认可的先设,它是人基于对客观世界的认识和经验建立起来的常规,这种"先设"或"常规"通常被称为老套模式(stereotypes)。"再 x 也 y"可表示对此类老套模式的否认。如:

(27)我轻飘飘地连续大跳,不为人察觉地偷着懒,<u>再剧烈的活动我也不会出汗了</u>。(王朔《浮出海面》)

(28)有了朋友,<u>再糟的环境也会风光顿生</u>。……由于有了朋友,他眼中的流放地也不无美色了。(余秋雨《流放者的土地》)

在人们理想化的认知模式中,"剧烈的活动会出汗","糟糕的环境不可能景色美丽",而例(27)、例(28)中画线部分所表达的信息与人们固有的认知"常规"相反。

2.2.2 凸显说话者主观情态

构式"再 x 也 y"在话语中常会与情态副词"要""会""能""得""必须"等共现,表达言者的主观情态。

首先,表判断与评价。该构式可用来表示说话人对所陈述对象的性质、特征等方面进行的判断与评价。如:

(29)罗老头到处向人灌输他的真理:"工厂再好迟早也要倒闭,种田的永远不会倒闭。"(余华《在细雨中呼喊》)

(30)时装摄影要达到的目的通常具有时限性,再美的时装也不会永远流行。(百度百科"时装摄影")

例(29)中罗老头认为"工厂"的最后归宿是"倒闭",这是对陈述对象"工厂"特点的判定;例(30)是对陈述对象"时装"及其"流行"特征的评价。

其次,表建议和告诫。该构式可表示说话人建议、告诫听话人克服条件 x 的不足,努力创造出结果 y。如:

(31)福贵,做人得讲良心啊,再饿也不能抢别人家的东西。(余华《活着》)

(32)娘要大家再穷也要合成一团,谁也不要只顾自己。(张平《姐姐》)

例(31)画线部分是说话人"王四"对受话人"福贵"的告诫;例(32)画线部分是"娘"临死时对"弟兄几个"的建议与告诫,要求他们无论多"穷"都要"团结"。

第三,表能力或决心。该构式可表示说话人主观上认为"有能力""有决心"克服条件 x 的不足,确保结果 y 的实现。如:

(33)虽说困难确实很多,但是有全国人民支持我,再大的困难也能战胜!(赵瑜《马家军调查》)

(34)家珍可不能再这样,家里再穷也要给她打一口棺材,要不我良心上交代不过去。(余华《活着》)

例(33)画线部分说话人表态有能力有决心战胜困难;例(34)画线部分表达了说话人"我"的决心,要克服困难"给家珍打一口棺材"。

不错,"判断与评价""建议和告诫""能力或决心"只是无条件义构式"再 x 也 y"在具体使用中比较常见的一些主观表达倾向,几个方面各有侧重,有时又会互相交叉、相互渗透。

三、构式"再 x 也 y"的历时演变

3.1 "再 x 也 y"的演化历程

3.1.1 "再 x 也 y"的构式化

宋代,"再 x 也 y"的源形式出现,"再"表"第二次"义,x 为动作行为,"再 x 也 y"结构表示"动作行为 x 重复第二次时,结果 y 不变",表达的是言者对某事件的客观陈述。如:

(35) 如一斛米,初间量有十斗,再量过也有十斗,更无些子少欠。(《朱子语类》卷 64)

元代,"再"引申出"次数增加"义。x 为动作行为,形式上表现为"谓词+数量成分",表示"条件 x 所表动作行为的重复增加不会改变(影响)结果"。如:

(36) 就是这桥梁桥柱,也比在前收拾的牢壮,再过十几年也不能坏的。(元《老乞大》)

明代,"再 x 也 y"语例增多,语义上仍主要指"条件 x 所表动作行为的重复增加不会改变(影响)结果",表达说话人的客观陈述,如例(37)、例(38)。这一时期表无条件义的"再 x 也 y"用例零星出现,表现为 x 不再与"数量成分"共现,如例(39)、例(40)。

(37) 似这小妖,再多几万,也不打紧,却不知这三个老魔有多大手段。(明《西游记》第 74 回)

(38) 再差一个同去,也跟我做不得飞檐走壁的事,倒误了时候。(明《水浒传》第 118 回)

(39) 那妇人扶他上炕,打发他歇下,那西门庆丢倒头在枕上鼾睡如雷,再摇也摇他不醒。(明《金瓶梅》第 79 回)

(40) 忽然一阵昏迷,闭了眼去,再叫也不醒了。(明《醒世恒言》卷 26)

此后较长时间里表无条件义的"再 x 也 y"使用频次较低,据李文浩(2010)的统计,《红楼梦》中为 0 例,《儿女英雄传》中 1 例,老舍作品中 6 例,王朔作品中出现了 48 例。统计结果说明表无条件义的"再 x 也 y"高频使用及固化时间并不久远。

固化后的"再 x 也 y"是一个新形式和新意义的配对,形式上,受语义特征影响,构件 x 不能出现表数量成分的词语;语义上,"再 x 也 y"表示规约性强、理据

性弱的无条件义;语用上,由说话者的客观陈述转变为说话者的主观断言,无条件义"再 x 也 y"在高频使用中完成了构式化。

3.1.2 "再 x 也 y"的后构式化构式演化

Traugott & Trousdale(2013/2019:122-124)指出"一旦固化发生,被重复使用的序列容易在音韵上更为整合并缩减","形式内部组合性缩减和固化增强与后语法构式化构式演变紧密相连"。固化后的无条件义构式"再 x 也 y"在高频使用中逐步整合缩减,开始了后构式化构式演变。语料显示,无条件义构式"再 x 也 y"主要有三种结构形式,如:

(41) 对他而言,言听计从的长子彭光耀是继承他一切产业的人,即使三子再怎么有才、能干,也只是他可攻可守、随意摆置的一步棋。(阿蛮《只愿天空不生云》)

(42) 如果没有"气",再下功夫也不能写出好文章。(《人民日报》,1998 年)

(43) 上贴下粘,竟能想出双眼皮就出双眼皮,想做薄嘴唇就做薄嘴唇,再不可救药的皮肤也能搞得挺光滑的。(《福建日报》,1992 年)

三种结构形式可码化为:

A 式:让步转折类连词①+再 x(,)也 y

B 式:再 x 也 y

C 式:再 x 也 y

A 式为一般复句,"再 x 也 y"与"让步转折类连词"共现,如例(41);B 式为紧缩句,"让步转折类连词"省脱,结构中间无语音停顿,如例(42);C 式虽然表层序列和 B 式相同,但内部结构关系发生变化,为单句,如例(43)。

基于跨语言研究和已有的相关研究成果,我们认为构式"再 x 也 y"的三种结构形式形成了 A>B>C 后构式化构式演变的整合缩减梯度。

学界对 A>B 的演变多有关注,邢福义(2014:19)指出"再 x 也 y"是"标志成对"的紧缩句,相当于"即使 x 也 y"。毛哲诗(2006)、李凰(2009)认为"再 x 也 y"相当于"即使再 x 也 y"。李文浩(2010)指出"再 x 也 y"与"即使 x 也 y"存有差别,并基于"最大理据性原则"和"最大经济性原则"认为构式"再 x 也 y"是对"即使再 x 也 y"的承继,后由"即使"脱落后形成。但以上结论多为推断或假设,未对"A>B"具体缩略过程作出探讨。我们认为"再 x 也 y"由复句形式缩略为紧缩

---

① 从语料看,此类连词有"即使""哪怕""就算""纵然"等,从分布频率上看,以出现在连词"即使"后的语例最多,也最为典型,文中我们只以"即使"类句为研究对象。

句形式,大致经历了以下几步:

(44) a. 他们每个晚上都睡在一起,而现在,很明显地他不在房里,即使他的房间再大,她也能一眼看出他不在的事实。(彤琤《地狱之子》)

b. 我只能说,像你这样的美女,以后,千万别拿自己来做交易。即使交换的东西再有价值,也比不上你自己!(倪匡《巨龙》)

c. 有了观众的关心,我们干这一行即使再累也不觉得。(《人民日报》,1995 年)

d. 做人得讲良心啊,再饿也不能抢别人家的东西。(余华《活着》)

例(44)中,a 句画线处两个分句中的主语不同指,都需出现,分句间有语音停顿(用逗号隔开);b 句画线处两个分句的主语同指,无须都出现,出现的主语位于关联标记后,前后分句间有语音停顿(用逗号隔开);c 句中画线处两个谓词共用同一主语,共同主语位于关联标记"即使"前,句中画线部分语音停顿消失,由距离象似性原则可推知"再 x 也 y"内部语义依存度增强;d 句中关联标记"即使"脱落,"再 x 也 y"紧缩句形式形成。

可见,a→d 构成了"再 x 也 y"的整合斜坡,其整合缩略过程伴随着关联标记成分省略,分句间的语音停顿消失,语义依存度增强,句间界限由清晰到模糊等特征。Lehmann(2008)指出"双句结构随着时间流逝可逐渐被语法化成单句话题—说明结构"。无条件义构式"再 x 也 y"的紧缩句形式形成后,高频使用促使其内部组块"再 x"与"也 y"进一步整合,最终结构形式内嵌融合降级为单句,完成了 B>C 的演变。曹秀玲(2018)指出小句降级往往表现为语表形式的简化(如成分删略)和语法功能的弱化(如由中心语到修饰语或名词化)。降级为单句的"再 x 也 y"中的"再 x"就由原所在分句的谓语中心变成名词性成分的修饰语,如例(43)中,"再不可救药"为中心语"皮肤"的定语。董正存(2016)指出让步条件构式的省缩过程遵循"复句>紧缩句>简单句"的演变路径,"再 x 也 y"由 A>B>C 的后构式化构式演变梯度链是对这一演变路径的印证。

我们从 BCC 语料库中提取出表层结构形式为"再 x 也 y"的语例 10 000 条,分析统计共获得无条件义构式"再 x 也 y"共 257 例,其中一般复句 A 形式 167 例,约占 64.98%;紧缩句 B 形式 69 例,约占 26.85%,单句 C 形式 21 例,约占 8.17%。这表明三种结构形式的无条件义构式"再 x 也 y"在现代汉语中呈互补分布,复句形式为其优势分布,紧缩句形式次之,单句形式最少。需要说明的是,多种结构形式"再 x 也 y"在语言中共存并非是其演变得不够彻底。事实上,语言发展过程中一个新形式出现后,旧形式不一定就会消失。Hopper &

Traugott(2003：118—122)指出新旧形式的并存分两种情形。第一种是由"裂变(divergence)"引起的,"裂变"是一个语法化项语法化后,其源形式可以继续存在,如条件合适,也不排除语法化为其他功能手段。第二种是由"更新(renewal)"引起的,"更新"往往是以新形式表达既有语法意义的一种策略(译文引自彭睿,2020：149)。"再 x 也 y"在现代汉语共时平面能够以多种形式并存也可以看作是"裂变原则"和"更新原则"共同作用的结果。"裂变原则"使表让步转折义的"再 x 也 y"与表无条件义的构式"再 x 也 y"得以共存;在后构式构式演变中,A 式经缩略形成 B 式,后又经小句降级形成 C 式,三种结构形式表达的构式义相同,A、B、C 三种结构形式在同一共时平面共现是"更新原则"发挥了作用。

3.2 动因与机制

3.2.1 类推扩展与去范畴化

元明开始,"再 x 也 y"中的"再"为副词,x 的典型形式为"谓词性结构＋数量成分",结构义为"条件 x 所表动作行为的重复增加不会改变(影响)结果"。如例(36)、例(37)、例(38),当不具有"具体数量成分"的谓词性成分和部分体词性成分能够进入 x 槽位,并逐渐占据主导,变项 x 的类推扩展就使得常项"再"的功能扩展,语义虚化,逐步去范畴化,由表"量增"义的副词去范畴化为功能更加虚化极量敏感算子,"再 x 也 y"的新形式与新意义得以组配与固化。

3.2.2 主观化与表达的经济性原则

元明时期,"再 x 也 y"结构中的 x 是含有具体量的数量结构,"再 x"表示客观数量,如例(36)、例(37)、例(38),"再 x 也 y"的结构义可以识解为言者基于条件客观量的增加而对结果的判断。随着"再"的去范畴化,其后所接成分不再表示具体量增,言者对结果变化的判定依据就只能依据自己的主观认知,进而在言语互动中对"再 x 也 y"重新编码,赋予其主观性语义,用以表达言者的情感、态度和立场。

无条件义构式"再 x 也 y"在当代汉语中大量出现,高频使用一方面促使该结构新形义配对的固化,另一方面,高频使用促使人们寻求更加简单经济的表达方式进行同义表达,以达到交际过程中语言表述的简洁、方便。为了省力而又不违背语言交际中量的原则和质的原则,人们常通过句法操作或寻求其他简单句式替代来实现。正是说话人基于以简化使用为目的的视角,构式"再 x 也 y"的结构形式才得以历经整合到最终融合,在后构式化演变中逐步缩略并降级。

四、结　语

综上所述,现代汉语无条件义构式"再 x 也 y"是一个能产性强的半图式构式,构件的语义和功能特征经蕴含推理,使得该构式的构式义被识解为"言者主观上认为条件 x 无论怎样变化,结果 y 都不会改变"。"再 x 也 y"是言者根据自己的认识对条件量变所引起结果的断言,言语互动中,可表达"与说话人预期相反""与受话人预期相反""与特定言语社会共享的预期相反"等反预期信息;也可表达"判断与评价""建议和告诫""能力或决心"等言者主观情态。

宋代是该构式的萌芽时期,"再 x 也 y"的源形式出现,元明时期是该构式的发展期,明代,表无条件义的语例零星出现。至现代,无条件义构式"再 x 也 y"构式化完成。形式上,构件 x 不再与表数量的成分共现;语义上用以表示无条件义;功能上由说话者的客观陈述转变为说话者的主观断言。在高频使用中,无条件义构式"再 x 也 y"逐步整合缩减,形成了"复句＞紧缩句＞单句"后构式化构式演变整合缩减梯度。类推扩展与去范畴化、主观化与高频使用,经济性原则等因素是该构式历时演变的动因与机制。现代汉语中不同形式、不同意义、不同功能的"再 x 也 y"之所以能够共存共生,是语言演变过程中"裂变原则"与"更新原则"交互作用的结果。

参考文献

曹秀玲(2018)汉语小句降级与语篇整合效应——以"作为 NP,(S)VP"为例,《语文研究》第 4 期。

陈园园(2019)《"再 x 也 y"格式表量研究》,河北大学硕士学位论文。

董正存(2016)让步条件的省缩与副词"打死"的形成,《语言教学与研究》第 1 期。

杜亚飞(2015)《"再 x 也 y"和"再也 z"构成机制的考察及对外汉语教学建议》,华中师范大学硕士学位论文。

蒋玉琴(2016)《现代汉语"再 x 也 y"格式研究》,南京师范大学硕士学位论文。

吕叔湘(1999)《现代汉语八百词》,商务印书馆。

李会荣(2012)"再 A 也 B"构式的类型分析——兼谈构式的基本类型,《语文研究》第 4 期。

李　凰(2009)"再 x 也 y"的构式分析,《暨南大学华文学院学报(华文教学与研究)》第 4 期。

李文浩(2010)"再 XP 也 VP"构式分析,《汉语学报》第 4 期。

马　真(1982)说"也",《中国语文》第 4 期。

毛哲诗(2006)《关于形容词前"再"的研究》,暨南大学硕士学位论文。

彭　睿(2020)《语法化理论的汉语视角》,北京大学出版社。

施　雯(2009)《"再 x 也 y"格式考察及教学研究》,北京语言大学硕士学位论文。

沈家煊(2015)《不对称和标记论》,商务印书馆。

史锡尧(1996)"再"语义分析——并比较"再""又",《汉语学习》第 4 期。

王丽芳(2016)《副词"再"的相关格式研究——兼论"再"的主观化》,上海师范大学硕士学位
　　论文。

吴福祥(2004)近年来语法化研究的进展,《外语教学与研究》第 1 期。

芜　崧(2011)试论无条件让转句"再……也……",《江汉大学学报》(人文科学版)第 1 期。

邢福义(2014)《汉语复句研究》,商务印书馆。

张　斌(2013)《现代汉语虚词词典》,商务印书馆。

Hopper，P. J. and Traugott，E. C.（2003）*Grammaticalization*. Cambridge：Cambridge
　　University Press.

Lehmann, C.（2008）Information Structure and Grammaticalization. In Seoane, E.，López-
　　Couso, M. J.（eds.）. *Theoretical and Empirical Issues in Grammaticalization*.
　　Amsterdam & Philadelphia：John Benjamins.

Traugott，E. C. and Trousdale，G.（2013/2019）*Constructionalization and Constructional
　　Changes*. Oxford：Oxford University Press.(《构式化与构式演变》,詹芳琼、郑友阶译,商
　　务印书馆,2019 年。)

（1. 上海师范大学对外汉语学院,200234,chchl62@shnu.edu.cn;
　2. 南京师范大学泰州学院,225300,157233479@qq.com)

建议标记"要不"的功能扩展[*]

匡鹏飞[1]　曹亚敏[2]

〇、引　言

"要不"在现代汉语中的用法较多,史金生(2005)将其概括为四种:表假设性否定、表选择、表建议、表醒悟。近年来,随着篇章、话语、互动等研究不断深入,"要不"表建议的用法受到学界较多关注。李宗江(2011)认为"要不(然)"[①]是引出下文建议的语篇关联语。李宗江(2019)将"要不"归入"否定"类前置建议标记。曹秀玲(2016)把"要不……(吧)"归入由"排除选"发展而来的表"建议"的话语标记。周莉(2020)基于"要不"和"不如"共同的建议类语用功能,从语法化、语义及其语用动因方面阐释了二者语用差异的内在理据。

已有研究无疑取得了丰硕成果,但还有继续探讨的空间。仅以"要不"表建议的用法而言,有判定为副词的(史金生,2005),也有认为是连词的(曹秀玲、张磊,2009),甚至有些辞书如《现代汉语词典》(第7版)尚未收录这一义项。那么,到底如何定性才比较准确? 此外,我们发现"要不"的某些用法,既与建议有关,又不能完全用建议来概括,似是表建议用法的进一步扩展。例如:

(1) 铁锁说:"要不你就叫老掌柜在这里睡吧,你家也住得满满的了!"(赵树理《李家庄的变迁》)

(2) "我满足了您的请求,那您对我的请求该怎么办? 要不您听我说说?"

---

　*　本文已发表于《汉语学习》2022年第4期。本研究受国家社科基金一般项目"汉语'超词形式'关联词语的体系建构及理论探讨"(项目编号:19BYY010)资助。
　①　"要不"和"要不然"在已有研究(如陈若君,2000;史金生,2005;曹秀玲,2009;李宗江,2011;周莉,2020等)中一般都被看作是等义形式,本文亦不做区分。

(刘海涛[译]《法医宿舍的枪声》)

(3)"我说,要不,咱们俩离婚吧！我带着孩子。我想,你舍不得的,不过是那些钱,我们一人一半。"(六六《蜗居》)

(4)方珍珠:我擦桌子总可以了吧？要不然我坐在这儿擦铜痰盂,省得来回乱转,裹乱你。(老舍《方珍珠》)

例(1)中"要不"表建议,但例(2)—(4)中,"要不"已不再表建议,而分别表达请求、要求和不满。后三种用法,尚未受到学界关注。

我们认为,大量研究已揭示了"要不"表建议的用法,《现代汉语词典》在新修订时应考虑新增这一义项。从词性的角度来看,它应是副词。但由于它主要用于互动会话中,具有标记"建议"言语行为的话语功能,从篇章、语用的角度来说,它可以看作一种语用标记。本文赞同李宗江(2019)的分析,将"要不"这一用法称作"建议标记"。本文以互动会话为研究背景,对建议标记"要不"的功能扩展进行梳理,概括"要不"不同话语功能的共同特征,并剖析"要不"引导命题被拒的原因机制。

一、"要不"的功能扩展模式

根据 Ervin-Trippetal(1990)对言语行为的分类,"要不"表达的建议、请求、要求、不满,是发话人利用不同的交际策略使受话人和其具有相同的心理表征,并希望受话人采取相应的行动,都具有指使性语力。从衍生路径看,"要不"表达建议的功能分别发展出表达请求、要求和不满三种功能,形成了三条平行并列的衍生路径。不同功能的"要不"引导的言语行为在施受关系、语气类型、人称、命题性质以及面子和礼貌程度等语用维度表现不同。根据表达功能和礼貌原则的关系,我们将"要不"的功能分为两大类:遵循礼貌原则的功能有表达建议和请求,称为正向话语功能;违反礼貌原则的功能有表达要求和不满,称为负向话语功能。

1.1 正向话语功能

Couper-Kuhlen(2014)从会话行为的施事者和受事者两个维度对建议(suggestion)、提议(proposal)、提供(offer)和请求(request)四种言语行为进行了区分。该文从多维度对与建议有关的话语行为进行分类,对于我们研究"要不"的话语功能具有一定的启发性。

1.1.1　表达建议

"要不"表达建议的功能来源于表达选择(史金生,2005;曹秀玲,2009),前者的语境为会话双方共同参与的协商会话活动,发话人期待受话人认同其所述命题,并希望受话人能采取相应行动,以达到有利于受话人或会话双方的结果。"要不"表达建议的功能继承了选择功能的条件性,将涉及未来行动的所述命题视为一个较为优化的选项。形式上,"要不(然)"之后常接"这么办""这样"等,也可以添加建议语气词"吧"(王珏,2019),形成"要不(然)这么办(吧)"之类标记建议的短语句,引导其后具体的建议内容,并体现出兼有陈述和祈使的商询式弱疑问语气。人称上常使用第一人称"我(们)""咱(们)",显示发话人将和受话人共同参与未来行动,具有共情性;或采用第二人称"你(们)""您"等直接关涉受话人,以期待所提建议能够被受话人采纳。当受话人接受建议时,除了使用常规同意标记语,还常携带表达赞同、感谢、默许等具体言语行为的语句,形成了话语的交互性。例如:

(5)"您瞧您……<u>要不</u>这么办,咱俩把尾巴拴在一块儿,要吃咱爷俩全让它吃了;咱们要得手,咱爷俩把它吃了,怎么样?""好好好……"(刘英男《中国传统相声大全》)

(6)满喜说:"没有! 那老大娘很难说话,我不想去丢那人!""只要说对了脾气,我姐姐也不是难说话的人! <u>要不</u>婶婶去替你问问!""婶婶要能帮我点忙,我情愿先请婶婶吃顿饭!"(赵树理《三里湾》)

例(5)中,发话人采用"要不"引导的建议短语句引出建议"咱俩把尾巴拴在一块儿",表明自愿跟受话人一起分摊获得利益需要承担的风险,"咱"表明会话双方利益和风险的施受关系更加平均,为受话人着想的态度使得受话人给予了肯定承诺。例(6)中,发话人"婶婶"主动提议帮受话人"满喜"问问,满喜提出了感谢条件"请婶婶吃顿饭",使婶婶也成为会话中的受益者,形成了互利共赢的局面。

1.1.2　表达请求

在会话交际中,当发话人失去了对所述事件的控制、只有受话人的行动才能解决当前困局且未来行为的受益者是发话人时,"要不"就从建议衍生出表达请求的功能。无论发话人和受话人的身份地位如何,当发话人向受话人提出请求时,意味着受话人作为请求的接收者对发话人有绝对控制权。这种有求于他人的状态使得发话人的身份地位在一定程度上被放置在低于受话人的层级上,从而体现出会话双方的等级性差异。并且,请求行为避免了强加于受话人的表现,符合礼貌原则,有利于受话人接受请求并采取相应的对发话人有利的行动。语气上,"要不"引导的命题常采取祈使语气,与一些用疑问式表达的请求行为具有相通性(方梅、谢心阳,2021)。人称上为了突出受话人对话语行为的控制权和发话人处境的艰难性,施事主语一般仅限第二人称"你"或"您",受事一般仅限第一人称"我",施受关系显著。例如:

(7)"大爷,我啥也没有,要不你把我的褂子脱走吧!"身后的人说:"我不要褂子,要票子!"小得说:"大爷,我一个穷喂马的,哪里会有票子?"身后的人说:"你敢说你没票子? 你睡觉床下有个小泥罐,里头藏的是什么?"(刘震云《故乡天下黄花》)

(8)"我找了好久,就是没看见,要不你帮我瞧瞧去。"兰薇心里仍存一线希望,但愿是自己看走了眼,它依然好端端地留在那儿。"好,你等着,我马上回来。"喜娃快步跑了出去。(楼采凝《真假花贼》)

例(7)中,发话人"小得"称呼受话人为"大爷",在称谓上体现了会话双方身份地位具有等级性,而且"小得"处于有求于受话人的弱势地位,协商条件是"要不你把我的褂子脱走吧",看似为受话人利益着想的建议,实则是"小得"为自己权益着想而提出的请求。例中的"要不"滞留了一定程度表达建议的功能,说明了表达建议和请求具有衍生关系。例(8)中,发话人"兰薇"向受话人"喜娃"提出帮忙找箱子的请求,这种有求于受话人的状态,突出了受话人在事件中的重要性,也是促使受话人采取行动的原因。

1.2 负向话语功能

在常规会话中,发话人如有需要可以采用直接陈述、商询建议或请求等符合礼貌原则和合作原则的方式促使受话人做某事,不需要采用具有面子威胁的表达方式。当会话受益者仅为发话人时,在双方身份地位悬殊或发话人处境艰难,受话人难以取得和发话人相同的心理表征时,迫使发话人采取具有面子威胁的话语指使受话人采取相关行动,这是变相的"建议"行为,"要不"表达要求和不满的话语功能得以衍生。

1.2.1 表达要求

发话人向受话人提出要求常常具有目的性,指使受话人去采取相关行动,以受话人为直接导向的要求是常规范式,人称一般为第二人称,语气上常采取强烈的祈使语气。考虑到面子需求和礼貌原则,提出要求是敏感性交际问题。当发话人主动把自身的道义权威凌驾于受话人之上,发话人和受话人的身份地位产生了上对下的不对等性。发话人提出要求的语境一般具有紧急性,所以才使用较为生硬的威胁受话人面子的言语策略。"要不"表达要求时,其前常有表达非指令形式的语句或词汇作为要求策略的组合。例如:

(9)刘志彬插话,"我也看出来了,这件事你是不会秉公处理的,不管你说得多么好听?"年轻民警的脸涨得通红,"你这是对我个人,我所从事的职业的侮辱。""你怎么说都可以的,要不你就做出个样子来,立刻把他铐走。"(王朔《顽主》)

(10)陈杰"哼"了一声道:"要不,麻烦你先说说为啥推荐杜拉拉吧。"(李可《杜拉拉升职记》)

例(9)中发话人"刘志彬"对民警的行为提出了质疑,"要不"引导的要求言语行为是具体的质疑表现,"要不"之前非指令性语句"你怎么说都可以的",为"要不"引导的要求句提供了铺垫,共同形成了要求策略的组合。例(10)中"要不"引导的要求句之前出现了表达发话人立场和态度的叹词"哼",其后是发话人"陈杰"提出的具体要求。

1.2.2 表达不满

"要不"表达不满时,并非执意要受话人采取某种行动,而是通过指使受话人采取行动借以表达不满情绪。"要不"引导的话语具有处置性,和建议相比,发话人为了达到所述命题的目的,从仅对受话人进行建议转变成没有商量余地直接指使受话人采取未来行动,更能体现出"要不"表达的不满。和要求相比,发话人的身份地位往往低于受话人,导致发话人只能以不满的方式表达诉求,而不直接命令受话人采取行动。与此相应,"要不"所在句主语往往是会话中被指令的第二人称"您",句中常出现表达谦敬的礼貌标记语,形成了既有礼貌又有威胁的矛盾统一体。投射到"要不"的话语功能上,就产生了请求和要求之间的折中功能,即表达不满。这类句子语气常具有弱祈使性,明显有别于表建议时的弱疑问语气,但又低于表要求时强烈的祈使语气。例如:

(11)她抿嘴一笑,宽宏大量地瞟了我一下:"你呀?老土,我教你。""别价,维纳斯的胳膊就是半截子。我看你也挺欣赏。全中国,我还没听见一个人敢说维纳斯老土。"我有点儿火了:"外国人没胳膊也是好的,我两臂俱全就是老土。我还就这么土了,要不,您跟上头说说,换个洋娃娃来。"(苏叔阳《安娜小姐和杨同志》)

(12)马林生:"这我知道,我心领……"
儿子:"可要老这么下去——您也得照顾点我的面子。人小也不能没面子!要不您就别来这假招子,咱们还回老样子,我比现在这么成天谢您还省点

力气……"（王朔《我是你爸爸》）

例(11)中，据对话语境可知，和"我"进行交际的是"我"的领导"她"，会话双方是典型上下级关系，"要不"后小句主语"您"点明了二者不对等的身份地位，其前小句"我还就这么土了"为其后"要不"引导的不满做了铺垫。例(12)中，会话双方是父与子的等级关系，"要不"引导的否定意味祈使句点明了儿子对父亲不满的态度。

根据上述分析，我们把"要不"的功能扩展模式和不同功能的特点归纳为图1和表1：

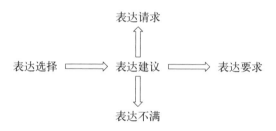

图 1 "要不"的功能扩展模式

表 1 "要不"不同功能的特点

语义类型	未来行动的实施者	未来行动的受益者	语气类型	"要不"所在句主语	命题性质	身份地位
建议	发话人/受话人	发话人/受话人	弱疑问	第一/二人称	共情性	对等性
请求	受话人	发话人	祈使	第二人称	降级性	等级性（下对上）
要求	受话人	发话人	指令/祈使	第二人称	指令性	等级性（上对下）
不满	受话人	发话人	弱祈使	第二人称	处置性	等级性（下对上）

二、"要不"话语功能的特征

"要不"从表达建议的功能分别发展出表达请求、要求和不满三种话语功能，以前者为纽带，后三者得以串联起来，因此不同的功能之间存在一定的共性特征。

2.1 具有主观性或交互主观性

首先,"要不"的几种功能引导的言语行为都是从发话人转移到受话人的交互活动。发话人使用"要不"在提出建议和请求时,不把自身诉求强加于受话人,这种交际策略是会话双方的面子需求所驱动的;"要不"表达要求和不满时,受话人可能接受要求、屈服威胁,也可能拒绝要求、不惧威胁,无论做出何种回应都会诉诸反应。这些是"要不"具有主观性和交互主观性的具体表现。其次,"要不"的主观性和交互主观性在反馈期待值上得到了体现。完权(2018)认为发话人提出一个话题,就是期望共享一个言谈框架,期待听话人接纳,同时具有高信据价值和强反馈期待。"要不"几种话语功能的使用语境都处于言谈对话的语言背景,发话人通过表达建议、请求、要求或不满等手段促使受话人在未来采取行动,以实现所述命题涉及的有利结果,受话人一般都会直接或间接、主动或被动地做出回应,具有高反馈性。

2.2 会话双方道义权威具有不对称性

"要不"的几种话语功能,在具体语境中,会话双方道义权威存在不对称性。无论发话人以商询的语气提出真实有效解决问题的方案,还是以请求的态度提出利己的解决办法,或是以要求或不满等生硬的口吻达到诉求,通过"要不"采用不同的交际手段,都是在某种程度以自己拥有的道义权威或把自己放置在道义权威的高度上争取达到会话的目的。由于这种不对称,导致"要不"的不同功能具有两极性和矛盾统一性。首先,在语用功能上,表达建议、请求和表达要求、不满分别是正向话语功能和负向话语功能的表达手段,从而呈现出两极性;其次,随着发话人态度由谦敬到强硬,表达建议和请求可以转化为表达要求和不满,它们之间实际上是一个语力由弱到强的连续统。会话双方道义权威具有不对称性制约着"要不"表达的语力和语用功能。

2.3 引导命题具有被拒的高风险性

在理想的话语中,发话人希望所述命题能被受话人顺利接受。因此,发话人需要特定的话语策略将诉求传递给受话人。在实际会话中,双方的身份地位、所处语境和利益施受情况等因素往往会影响发话人向受话人传递信息的方式,这时发话人需要运用话语策略来促进信息向受话人传递。"要不"的多重话语功能具有不同的表达效果,代表了不同的话语策略,发话人在不同的互动语境中可以选择建议、请求,也可以选择要求、不满。当发话人在会话互动中提出一个关于未来的行动,受话人理论上应向发话人的诉求作出承诺或拒绝。Couper-Kuhlen (2014)指出,"对建议、提议、提供和请求这几种言语行为作出反应的首选方式是接受、默许或遵守,即同意或承诺实施未来行动、参与未来活动或实现未来情况"。但"要不"的情况似乎与此相反。我们对北京大学 CCL 语料库中涉及"要不"四种话语功能的现代汉语语料,随机选取了 500 条,对其中受话人的回应情况进行了统计,结果发现,直接或间接拒绝(如转移话题)的比例高于承诺。具体情况如表 2 所示:

表 2　"要不"四种话语功能受话人的回应情况

功能类型	拒 绝		承 诺		总 计
	数 量	占 比	数 量	占 比	
建 议	273	62%	166	38%	439
请 求	20	80%	5	20%	25
要 求	9	90%	1	10%	10
不 满	25	96%	1	4%	26
总 计	327	65%	173	35%	500

由表 2 可知,在上述功能中,表达建议是"要不"最常用的功能,使用频率占绝对优势,由它衍生出的请求、要求和不满等更为虚化的话语功能,使用频率还不太高,尚处于发展状态。在 500 例中,有 327 例收到了拒绝回应,占比高达 65%。其中,表达建议收到拒绝回应 273 例,占比 62%,请求、要求和不满分别是 20 例、9 例和 25 例,占比分别为 80%、90% 和 96%。可见,"要不"引导的话语具有较高的被拒绝风险。

三、"要不"引导命题被拒的原因

"要不"表达要求或不满时引导的命题具有祈使性和威胁性,这种不符合礼貌原则和合作原则的表达自然较易收到拒绝回应。但是,"要不"表达建议或请求时常常也会收到拒绝回应,其背后原因值得讨论。

3.1　言语行为具有面向未来性

在事件时态上,发话人希望受话人采取的行动是未来行为,无论是立刻实施的还是远离言语事件语境待施的行为,都具有面向未来性。而且,"要不"引导的命题本就是对问题进行协商的,发话人关于所述命题和受话人的回应是一个协商互动的空间,这种缺乏对命题承诺性和确定性的空间,为受话人的拒绝提供了时间和空间条件。所以,"要不"标记的这几种言语行为都存在被拒风险。例如:

(13) 杜涛想了想说:"要不,等过完年,我陪你去一趟北京?"拉拉赶紧摆手道:"这算什么,你别掺和了。"(李可《杜拉拉升职记》)

(14)"何处长,要不咱们就这么办,马上给省公安厅打报告,干脆就说我们已经破获了'1·13'特大杀人抢劫案,已经找到了'1·13'一案的元凶,然后再通报给省委省政府和省政法委,通报给省司法厅和省监狱管理局,等到把声势造起来了,看他古城监狱还交不交出这个王国炎。"何波轻轻地站了起来,一边在办公室里踱着步子,一边慢慢地说道:"……如果真是有了这么一个声势,真的迫使古城监狱不得不交出这个嫌疑犯王国炎,这样一来,到了我们手里的王国炎,那还会有什么价值? 岂不是早已打草惊蛇,让这个王国炎变成了一个空壳子?"(张平《十面埋伏》)

例(13)中,发话人"杜涛"提议"过完年"陪受话人"拉拉"去一趟北京,这种面向未来的提议收到了拉拉的拒绝回应。例(14)中,发话人提出的建议是由多种言语行为组成的具有整体性和系统性的组合体,时间副词"马上"表明建议所涉及的行动具有面向未来的即时性,受话人"何波"通过一系列分析,间接地拒绝了发话人的提议。

3.2　命题具有非优选性

"要不"所处的大语境往往是已经出现了某些棘手或偶然事件,尽管有时说话人针对该事件提出已经经过筛选的、最优化的解决办法,但事件本身性质导致受话人的权益受损或受话人需要采取额外的行动,甚至不得不承担一些原本与自己无关的责任或风险。所以,面临被拒绝的风险自然就比较大。"要不"表达请求时引导的命题对发话人来说是较优选项,而受话人是为发话人实施行动争取利益的一方,从道义权威和利益施受的角度看,拒绝的概率无疑更高。当表达要求和不满时,如果发话人所述命题能较易取得受话人的认同,并使受话人主动或乐意采取相应的行动,使用要求等具有威胁受话人面子的表达不会是发话人

的优先选择。此外,命题表达出的不满本身就传递给受话人一种不合作的行为态度,也较易收到拒绝的回应。例如:

(15)烧饼:<u>要不</u>我让栾云平用 QQ 送咱们一趟。

　　守望:得了吧,他那 QQ 连后座都没有,你让我躺地上呀。(郭德纲《相声集》)

(16)小乐:"现在很多同学家里都有电脑,大家没事就经常在一起比赛,看谁的电脑玩技高,谁的电子游戏得分高。还比谁懂的网络知识多,谁认识的网友多。我们班里很多同学会上网,大家经常交流谁知道更多更好的网站,我一句也插不进去。<u>要不</u>这样,您今年就不用请我们同学去饭店吃饭了,给我买个电脑吧,爸爸!"

　　爸爸:"孩子,你渴望接受新生事物的心情爸爸很欣赏,电脑也不是不可以买。但如果你想跟同学攀比,看谁家有钱,爸爸坚决不答应。"(冯德全《说服孩子的对话:这样说孩子最能接受》)

例(15)中,发话人"烧饼"提出建议"要不我让栾云平用 QQ 送咱们一趟",实际上,栾云平的 QQ 连后座都没有,可见,建议对受话人来说具有不合理性,不是优选项,所以遭到了拒绝。例(16)中,"要不"引导的命题是小乐对爸爸的请求,第二人称谦敬"您"的使用是"要不"表达请求在人称上的典型表现,希望爸爸能给自己买电脑,符合发话人小乐的优选利益,但从受话人"爸爸"的立场看,儿子请求的理由不具有说服性,所以予以拒绝。

3.3　话语表达具有威胁性

言者的身份地位(李先银,2017)、权势性(方梅等,2018)、利益和风险的施受情况等使得"要不"的话语表达具有威胁性。从面子策略或交际原则的角度看,"要不"表达建议的功能来源于表达选择,它实质上是双项或多项选择的择一性表达,而这种受话人为受益者或受益者包含受话人在内的行动却是由发话人提出的。所以,当寻求问题的解决方式时,发话人将自己置于更高的位置(Heritage & Sefi,1992)。从这个意义上说,受话人对建议的拒绝是对其身份地位降级的自主性反应。"要不"表达要求时,若受话人觉得请求对自身会带来麻烦,它对于受话人来说就是威胁。"要不"表达要求时具有指令性,尤其当发话人以要求的口吻指使受话人做某事以达到所期待的诉求,对受话人产生了面子威胁。"要不"表达不满时,将不如意的情绪通过指使受话人做某事而直接反映给受话人,受话人理所当然采取拒绝回应;和表建议、请求、要求不同的是,受话人表面拒绝了发

话人的指令,但实质上可能倾向于理解发话人的处境,取得跟发话人相同的心理表征。例如:

(17)"你没正经的,要不你请我吃饭去吧,我这儿坐着听你说都听饿了。""要是咱俩单独约会我肯定请你吃,这会儿我是办公呢,要请你吃饭得请示我们经理。"(王朔《顽主》)

(18)交通民警面临的寒冰是常人所无法体会的。以往每到冬季,交警执勤时溜岗的,进岗亭取暖的,操袖的,跺脚的,搓手的,大有人在。有群众说:"交警咋这形象?"领导找谈话,冻得发冷的交警甩出一句更冷的话:"冷!要不你试试!"(《人民日报》,1996年)

例(17)中,发话人使用"要不"表达要求时,跟受话人的时间安排产生了冲突,使受话人处于两难的境地,受话人并没有直接爽快地答应。例(18)中,当交警被群众投诉形象后,交警对谈话领导说出"要不你试试"表达自己的不满,领导面子受损,当然不会真的去"试试",但也基本理解和体谅了交警"进岗亭取暖、操袖、跺脚、搓手"等行为。

四、结 语

汉语建议标记"要不"在会话语境中衍生出了表达请求、要求和不满的话语功能。这些不同的话语功能在施受关系、语气类型、人称、命题性质以及面子和礼貌程度等语用维度上,既有联系又存在差异,从而体现出不同衍生路径的理据性。根据表达功能和礼貌原则的关系,"要不"的话语功能可分为正向和负向两大类,表达建议和请求为正向功能,表达要求和不满为负向功能。不同话语功能之间存在共性特征,主要包括具有主观性或交互主观性、会话双方道义权威具有不对称性和引导命题具有被拒的高风险性。"要不"的各种功能都拥有指使性语力,但无论是正向功能还是负向功能,均存在被拒的高风险性,主要原因在于这些功能的言语行为具有面向未来性、命题具有非优选性以及话语表达具有威胁性。由于表达请求、要求和不满的话语功能都由表达建议衍生而来,从目前的使用现状来看,这些功能中,表达建议仍是主要用法,其他功能尚处于发展之中。而且,在实际话语中,就某些具体语句而言,有时存在建议功能和其他功能兼而有之或彼此两可的情况。

"要不"从表达建议到表达请求、要求和不满等话语功能的扩展,说明这些功能之间具有一定的相通性。从其他语言的材料来看,也存在类似的关联和演变现象。Kim(2018)从面子威胁的角度将韩语的建议标记"tunci"的功能扩展概括为两大类:"表达建议>表达提议/请求/提供"和"表达建议>表达威胁/批评"。Xiang(2018)则指出,英语中的句法结构"let's-"在语义上实现了[对行动的建议],根据会话行为的事实,形成了"建议""提议""请求"等表达。可见,在不同语言中,不同的表达建议的语言单位,常常与请求、要求、不满、批评等话语功能相关联,从建议功能,很容易扩展为相关的其他功能。但具体到某一语言表达建议的某一语言单位,到底关联几个话语功能、存在哪些演变路径,可能会同中有异。本文指出的现象,一方面可以提升到跨语言的高度来进行观察,从类型学角度对其进行合理解释;另一方面,也为相关研究提供了一个汉语实例,充实了可比较的语言材料。

参考文献

曹秀玲、张 磊(2009)"否则"类连词的语法化梯度及其表现,《汉语学习》第6期。

曹秀玲(2016)《汉语话语标记多视角研究》,中国社会科学出版社。

陈若君(2000)"要不(要不然)"的篇章连接功能,《语言教学与研究》第3期。

方 梅、李先银、谢心阳(2018)互动语言学与互动视角的汉语研究,《语言教学与研究》第3期。

方 梅、谢心阳(2021)汉语对话中问句的解读——以反问句和陈述式问句为例,《汉语学报》第1期。

李先银(2017)《现代汉语话语否定标记研究》,世界图书出版公司。

李宗江、王慧兰(2011)《汉语新虚词》,上海教育出版社。

李宗江(2019)《近代汉语语用标记研究》,上海教育出版社。

史金生(2005)"要不"的语法化——语用机制及相关的形式变化,《解放军外国语学院学报》第6期。

完 权(2018)信据力:"呢"的交互主观性,《语言科学》第1期。

王 珏(2019)语气词句式及其系统初探,《汉语学报》第4期。

周 莉、王 静(2020)建议类虚词"要不"和"不如",《汉语学习》第2期。

Couper-Kuhlen, E. (2014) What does Grammar Tell Us about Action? *Pragmatics* 24(3): 623 - 647.

Ervin-Tripp, S., Guo, J. & Lampert, M. (1990) Politeness and Persuasion in Children's Control Acts. *Journal of Pragmatics* 14(2): 307 - 331.

Heritage, J. & Sefi, S. (1992) Dilemmas of Advice: Aspects of the Delivery and Reception of Advice in Interactions Between Health Visitors and First Time Mothers. In Drew, P. and Heritage, J. (eds.). *Talk at Work: Interaction in Institutional Settings*. Cambridge,

UK: Cambridge University Press.

Kim, M. (2018) From Connective to Final Particle: Korean Tunci "or" and Cross-linguistic Comparisons. *Journal of Pragmatics* 135: 24 - 38.

Xiang, D. & Liu, C. (2018) The Semantics of MOOD and the Syntax of the Let's-construction in English: A Corpus- based Cardiff Grammar Approach. *Australian Journal of Linguistics* 38(4): 549 - 585.

(1. 华中师范大学 语言与语言教育研究中心,430079, kuangpf@ccnu.edu.cn;

2. 洛阳师范学院文学院/河南文化传播与社会发展研究中心,471934, cyamin@163.com)

偏正复合词"$N_1＋N_2$"构式图式及其层级性[*]

吴　颖[1]　沈爱伦[2]

0、引　言

现代汉语偏正复合词"$N_1＋N_2$",如"毛笔、酒杯、书桌、农民",理解和推测词义时往往难以直接推出,需要补充成分。原因是"N_1"(如"毛、酒、书、农")处于非结构中心地位,其指称性降低,而抽象性和程序性增强。由于汉语形式手段较少,句法成分的实现往往不受严格的形式规则的制约,使得汉语名词性偏正复合词成为一种强能产性的构词模式,而它们又不仅仅是一种构词,而是可以被看作高度图式化与规约化进入语言系统的常规结构式。

句法层面的构式研究已较深入,而词法层面的构式研究还显得薄弱,构式角度的汉语词汇研究尚不多。刘玉梅(2010)提出"吧"族词的形成是多重构式压制的结果,Arcodia(2011)基于构式形态学探讨了汉语的派生构词问题。宋作艳(2014)从构式强迫角度重新解释了逆序词、语素化等问题,孟凯(2016)从构式角度考察了致使复合词,杨黎黎(2017)则探讨了"免X"和"难X"的词汇构式化。学界已有学者对名词性偏正复合词"$N_1＋N_2$"进行研究,如谭景春(2010)、刘正光(2003)、刘正光、刘润清(2004)、宋作艳(2014、2016)等。石定栩(2002)运用现代句法理论分析手段,以"白布""白菜"和"行人"为例,探讨复合词和短语的句法地位。[①]

* 本研究得到国家社会科学基金项目"性质形容词语主观化与结构功能的互动研究"(项目编号:17BYY145)、教育部中外语言交流合作中心2021年度《国际中文教育中文水平等级标准》教学资源建设重点项目(项目编号:YHJC21ZD-044)支持,在此表示感谢!

① "白布"是"白的布"的意思,而"白菜"却不等于"白的菜","行人"也不能说"行的人"。

本文在认知构式语法理论框架下,基于构式化形成的基本理念,以《现代汉语词典》(第7版)为依据,全面调查研究"$N_1＋N_2$"偏正复合词结构内在的生成机制、外在的认知和表义功能,探讨"$N_1＋N_2$"偏正复合词的概念模式,提出偏正复合词"$N_1＋N_2$"内部构式与词项的多重压制机制而形成的认知模式,强调概念结构的整体性特征。

一、汉语复合词构式化表现

构式化分为两种:词汇构式化和语法构式化。它们是从内容性到程序性的梯度上的两个端点。现代英语中 cupboard 这个词的历时演变就是词汇/内容性的构式化的一个典型的例子。语源学上是两个独立的词,结合成复合词,本义是"在上面放杯子的木块",而今是指"橱柜、衣柜、壁橱",换句话说,它已经成为一个新的、有内容的常规符号性的单位,其语义和形态结构都是新的。这一系列形式和语义上的变化,是一个具有再生能力的复合短语,变成了语义上、非组合性、非内容性的形式,并被许多说话者使用,这就是从语法中的能产的复合模式中浮现出来的,这就是构式化。

词汇构式化在不同层级进行,实体构式化会形成特定词汇图式构式化,这是基于实体构式的抽象,会形成新的词法模式,从而建立词汇化与词法化之间的联系(Traugott & Trousdale,2013:149-151)。

词汇化研究成果颇丰,而词法化研究成果不多。这类组合的词汇化伴随词法模式的形成,偏正复合词"$N_1＋N_2$",整体意义基本可预测,是现代汉语一种能产的构词模式。另外,汉语构式语法研究目前还是比较集中在两个方面:一个是习语的构式,另一个是具有较强规则性的句法结构。而对于处于低层面的词和语素,很少有基于构式语法方面的研究,词语作为构式与构式化的常见单位应该是值得关注的研究领地。

词汇单位扩展为"词汇"和"构式"两者。词汇是指词的组合,如:形名组合(如"大树、白花、高楼、好人");词汇构式即发生了构式化,如:动名组合(如"炒手——专门从事炒作的人、吃货——光会吃不会做的人、打手——受主子豢养,替主子欺压、殴打人的人、动机——推动人从事某种活动的念头")。

定中式偏正结构从表层看来大致相同,但内部构成是有区别的。有的是直推义,具有强预测性,"形＋名"如"大树、白花、高楼、好人"等;而有的理解时则需要补充成分,预测性弱,"名＋名"如"毛笔、酒杯、书桌、农民、炒手、茶色、石雕、吃货、打手、动机"等。其中又以"名＋名"组合的结构和语义关系最为复杂,其概念结构大都表示一种物性结构,是处于"词汇—语法""形式—语义""词法—句法"和"词库—句法"的多层面和界面的互动,如"花瓶、书桌、餐桌和酒瓶",英语中分别是"vase,desk,table,wine bottle"。复合词来源的两个名词都是内容性的,相加在一起使用的变化结果是内容性的,其系列形式和意义变化所产生的语法形式、语义配对,则不同于其实词词汇性来源,其内容性会降低,而抽象性和程序性会增强。

偏正复合词"$N_1＋N_2$","N_1"处于非结构中心地位,其指称性降低,而抽象性和程序性增强。王寅(2011)指出,"当前人们越来越认识到,语言能力并非如乔姆斯基所说,是由天赋的句法结构或普遍语法所决定的,而是由具有'语义—语用—句法'多重信息的构式所决定的"。可见,不仅要重视语法构式的研究,还要重视词汇构式化研究。

二、图式性表现及偏正式"$N_1＋N_2$"概念结构类型

图式性增强是构式化主要条件之一。语言图式是抽象的、一般语义构成的构式群体。图式是跨构式集合的抽象概念,能够让语言使用者(无意识地)感知在构式网络中的相互联系。从这一角度上说,图式是与人的概念相关联的,影响着人们对语言结构的习得。图式性程度与概括性和具体性层次,以及网络中的细节化丰富的部分有关(Langacker,2009)。[1]

2.1 词汇的图式性表现

近年来,复合型图式性构式(compound schema construction,以下简称"图式性构式")的历时演变逐渐成为学界的一个研究热点。

陆俭明(2009)提出,认知表达—过程的假设是构式认知域中的意象图式在语言中的投射。构式的意义来源于认知域里的意象图式。词汇的构词图式一般是部分图式的构式。偏正复合词"$N_1＋N_2$"只有"N_1"具有图式性,构成了构词图式发展的重要语境。

---

[1] 图式(schema)一词来自希腊语,最早出现在古希腊哲学和心理学著作中。18世纪,康德论述图式的哲学意义,他认为,人的大脑中存在概念的东西,图式是连接概念和感知对象的纽带。后来,完形心理学家接受了图式的概念,认为大脑的组织形式倾向于尽可能的完满和连贯,即简单、有规律的对称(参见彭睿,2020)。

图式性着眼于整体进行概括,Langacker(1987)总结了多种意象图式。其中重要的两种是:其一,"部分——整体图式"(the part—whole schema);其二,"中心——边缘图式"(the center—periphery schema)。第一种的例子如:"树干,树枝,树叶,花瓣,花萼",实际上就是整体和部分的关系,"树"和"干""枝""叶子","花"和"瓣""萼"构成整体和部分的关系。而它们在图式上反映的即是中心和边缘的关系,其中"树"和"花"是中心,是重要的,其部分"干""枝""叶""瓣"和"萼"是边缘,是依赖中心而存在。这与句法角度的修饰与中心不同,表现出不同的意象图式和描写概念结构的语义系统。图式,它不仅限于某一具体的体验活动,更强调了这种印象的概括性、抽象性和规则性。多个意象图式进行融合,是人类的一种基本认知操作,将抽象的意象图式与具体的感知经验融合起来的过程,实际上就是一种基本的概念操作过程,融合有效整合,也是形成和理解的一个基本过程。

在语言中图式具有结构性和抽象性特征。结构性(或者叫概括性)就是在某一图式内,空位在大脑中不是线性组合的,而是具有层次结构的,表现为层级性,层级性越高,信息范围越广或越抽象。层级性越低,信息越具体。不同共事之间又构成部分-整体或邻近的关系,如此,我们所有知识图式互相连接构成知识系统或知识网络。

抽象性图式来自人的经验,来自一个个具体实例,但又不是实例的堆砌,而是这些实例基本共性的集合,是从具体中抽象出来的模式。

意象图式本身不需要任何解释,它本身就具有意义,当被激活时,就可以与范畴或概念相对应,意象图式结构是最重要的语义结构。人们为了认识世界、理解世界、获得意义、构建知识,就需要多次运用这样的意象图式,来对外部世界中实体间同一关系,进行反复比较、仔细分析、不断抽象,从而逐步完善一个意象图式,使其具有相对的稳定性。这样它才能作为了解世界的一种认知模式,储存于人们记忆中,从而形成图式—实例关系(schema—instance relationship)。

在一些认知语法学家们看来(如 Langacker,1987、1991;Howse et al.,2001),图式是一个比较概括的抽象的寓意,如动物或音位概念。相对来讲,"实例"是一个比较详细的、具体的音位或语义概念。如:"猫",激活的是动物这个图式概念,概括了"猫"等实例概念的共同特征(commonalities),或者说是对"猫"等的共同特征的抽象和概括。

物性角色是生成词库理论的核心内容,它是一套词项物性结构的描写框架,尤其是针对名词的语义信息,主要包括四个层面的语义知识。

另外,虽然传统的句法观认为,词汇和句法可以明显区分开来,但其实词汇和句法不是明显可分的成分,它们构成了构造的连续体。

逻辑语义学的基本原则"组合原则"的基本观点是:构造是由其组成部分,根据句法规则组合而成的。据此,构造本身就没有什么特别的意义,除了成语之外,它们的属性可通过其他组成部分的属性和句法组合规则来作出预测。而且词汇本身的词性等范畴须被明确确定为句法规则,就按照这个范畴进行运作。词汇构式语法理论推翻了组合原则的这些假设,认为词汇范畴不是事先被确定的,而应该参照其出现的构造来描写。

Langacker(1987)提出的规则(regularity/rule)和类型(pattern)以构造的形式出现。构造对于例示表达来说,具有图式性。

词汇构式化也可以是图式的,换个角度说就是词汇构式化通常导致图式性增强。构造具有多样性,且因语言而异,不同的语言里表达相同功能的构造,在结构上有明显差异。对照汉英的复合名词,例如:

花瓶 vase	书桌 desk	餐桌 table
木桌 wooden table		木盒 wooden box
酒瓶 wine bottle		酒杯 wine glass
铁柜 iron cabinet;strongbox		

由此可见,一个构式可能是部分图式的。汉语复合词"N_1+N_2"中"N_1"具有图式性,"木桌"中的"木"是"用木头加工制作的"。英语的 wooden box 中 wooden 的图式性比 box 图式性强。

词汇构式化的语境往往是复合词,即带形态依赖性的复合图式和词干的语义结合。wooden table(木桌)和 wooden box(木盒)说明英语中复合词"N_1+N_2"中"N_1"具有形态依赖性。

图式性,主要涉及抽象性的范畴化特征。无论是语言学或者其他科学领域,一个图式就是一个范畴,有各种下位概念范畴分类。图式应用也是根据百科知识进行推断、假设、验证和纠正的过程。所以图式知识在理解学习记忆中起着决定性的因素,有必要深入研究图式性的概念结构类型。

2.2　汉语偏正式"N_1+N_2"概念结构类型

现代汉语的双音节复合词最具成词趋势,可以作为词法与句法的接口。袁毓林、詹卫东、施春宏(2014)指出:我们通过多年的考察和研究发现,跟人类语言的生成和理解相关的概念结构,是隐藏在词库中的词语和由词语组合固化出的构式之中的。①

意象图式正是可以用来描写概念结构和语义系统的。概念结构着眼意义，而图式着眼形式且具有抽象性。作为图式，它不仅限于某一具体的体验活动，更强调了这种印象的概括性、抽象性和规则性。所以由意向图式整合的观念来看，能够更系统，更有规则性。从图式着眼，汉语偏正式"N₁＋N₂"分为以下概念结构类型。

2.2.1　构成概念模式

构成概念模式（constitute conceptual model）描写一个物体或人与其组成部分之间的关系，包括材料（material）、重量（weight）、职业（profession）身份（identity）等。可分为以下两类：

其一，材料制作类（中心语是物体名词），如：

【木马】　木头制作的马。

【塑像】　用石膏或泥土等塑成的人像。

【皮包】　用皮革制成的提包。

【皮带】　用皮革制成的带子，特指用皮革制成的腰带。

【药酒】　用药浸泡的酒。

概念模式语义框架"（用）……制作成的"表示的是材料与制品的关系，结构义是很典型的构成概念模式。

其二，职业身份类（中心语是指人名词），如：

【药农】　以种植或采集药用植物为主的农民。

【花农】　以种植花木为主的农民。

【茶农】　以种植茶叶为主的农民。

【菜农】　以种蔬菜为主的农民。

【棉农】　以种植棉花为主的农民。

【木匠】　制造或修理木器、制造和安装房屋的木制构件的工人。

【牧民】　牧区中以畜牧为生的人。

【牧人】　放牧牲畜的人。

概念模式语义框架"以……为生的""从事……的"表示的是人与职业的关系。

---

① 谭景春（2010）归纳出"名名"偏正结构语义关系的十二种主要类型，重点在于说明"名名"偏正结构语义关系在词典释义中的作用；"名名"组合在类义上有选择限制，比如"材料＋制品（木船、草鞋）""用途＋用品（地砖、马鞭）""可容物＋容器（面缸、果篮子）""所从事的工作＋职业（果农、花匠）"等，构成语义搭配框架。这样的语义结构关系还不是概念结构。

2.2.2 功用概念模式

功用概念模式(function concept mode)广泛存在于各种语言的复合词中。有些语言有专门的介词或词缀来标记功用修饰关系,如意大利语中的介词 da 和西班牙语中 de。

酒杯——bicchiere da vino(意大利语)

vaso de vino(西班牙语)

un verre de vin(法语)

wine glass(英语)

功用概念模式的汉语偏正式"N_1+N_2"又可以分为以下两类:

其一,用途(purpose)和功能(function)类。

"用途+名词"是汉语中常见的复合词构造方式,具有强能产性。在偏正式"N_1+N_2"的结构义类型中比例最高。功用角色(telic role):描写对象的用途(purpose)和功能(function)。

谭景春(2001)将"用品类名物词的释义方式"称为"用品类名物词",如:茶具、饭碗、书架、杯子等,用品词的基本释义方式概括为:表用途、形状、材料+类语词。比如:

【书房】 读书写字用的房间。

【书桌】 (~儿)读书写字用的桌子。

N_2多为处所词,N_1大部分表示"给人供用"的意义,"浴室"释义为"供人洗澡用的房间"可能比"有洗澡设备的房间"更合适。据统计,中心语大多为带有某种功能的"-屋、-房、-场、-室"等。例如:

【饭馆】 出售饭菜供人食用的店铺。

【饭厅】 专供吃饭用的比较宽敞的房子。

【客房】 供旅客或来客住宿的房间。

【厨房】 做饭的屋子。

功用概念的语义框架可表示为:用来……的(施成角色)。

比如,"制作"是"桌子"的施成角色,"做/缝"是"被面"的施成角色等。

施成角色(agentive role)即动词描写对象怎样形成或产生的,如创造、因果关系等,由 N_2 激活动词概念。

其二,时空概念类。

时间和空间不仅是物理学中两个带有根本性的普遍概念,世界上任何物都是在特定的、具体的时间和空间条件下发生的。如:"宴会"作为一个事件,可以激活时间和处所这两个概念,而形成"晚宴"(evening dinner)和"家宴"(family party)。魏雪、袁毓林(2013)指出,"词项的物性结构实际上说明了跟一个词项相关的事物、事件和关系等知识,这为我们描写和预测汉语名名组合的语义解释提供了概念结构和形式手段"。偏正式"N₁＋N₂"有两类与时间、空间概念相关的构成。

一类像"午饭、春假、夏装、秋粮、冬笋、年画、年货"等,是与事件有关的知识,是与动作的时间有关的概念结构。再如:

【早饭】 早晨吃的饭。

【早点】 早晨吃的点心。

【午饭】 中午吃的饭。

【晚饭】 晚上吃的饭。

【晚会】 晚上举行的以文娱节目为主的集会。

【春假】 学校春天放的假。

【夏装】 夏季穿的服装。

【牧歌】 牧人、牧童放牧时唱的歌谣。

另一类像"牌匾、石雕、市郊、林木"等,是与事件的动作的空间处所有关的概念结构。如:

【脚轮】 安在提包、箱笼、沙发腿、床脚等底下的小轮子。

【牌匾】 挂在门楣上或墙上,题着字的木板或金属板。

【石雕】 在石头上雕刻形象、花纹的艺术,也指用石头雕刻成的作品。

【市郊】 城市所属(在)的郊区。(属于城市的郊区)

【水门】 ① 安装在水管上的阀。②〈方〉水闸。

【林木】 ① 树林。② 生长在森林中的树木。

【腹地】 靠近中心的地区;内地:深入～。(腹的内涵意义——中心)

以上也可以看作是一种词项组合物性结构的一种特殊功用概念,激活了事件相关的时间和处所概念框架。

其功用概念的语义框架可表示为:"在……时间/处所＋施成角色"。

2.3 汉语偏正式"N₁＋N₂"图式的层级性

图式性在两方面具有层级性。第一,它是个或多或少的因素。第二,它是可以进行等级区分的(伊丽莎白·特劳戈特、格雷姆·特劳斯代尔,2019:27),也就是说图式的具有层级性。其层级性表现为一个宏观图式,是由子图式和若干微观图式组成的。我们认为其一是,图式内部又有不同的微观图式构成的;其二是指图式性是在变化的。汉语偏正式"N₁+N₂"图式的层级性图如下:

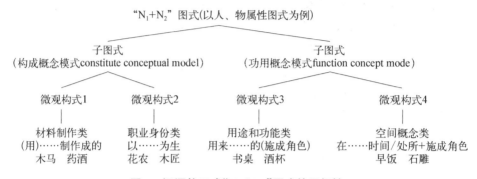

图1 汉语偏正式"N₁＋N₂"图式的层级性

汉语中复合词"N₁+N₂"词汇构式化,是"形式新—意义新"配对的创造过程,图式性越强,组合性就越低,就越抽象。伴随图式性、能产性和组合性变化。在偏正式复合词"N₁+N₂"词法化分析中引入词汇构式化的理念,可以更好地了解汉语复合词产生的动因与机制,打通词汇(化)与词法(化)之间的联系,揭示词法与句法的关系。

随着人们对于该结构认知的发展,它还可以不断根据新信息,来扩充或修正已建立起来的图式或再建新图式,为其后的信息处理提供基础。由此可以证明,意象图式是我们获得意义的主要方式之一。

偏正式"N₁+N₂"复合词呈现出图式性层级以及概念结构类型,该研究有助于探究从物性概念结构到语言表层结构的生成理据、语言认知的内在机制等。

构式语法关注概念结构的整体性特征。构式语法认为:当词汇运用于一定构式中时,如果词汇和构式在意义和用法上存在不兼容或冲突时,显然,语句的意义就是词汇义和构式义的"合义"。既是概念结构的意象图式(从上而下),又是语义结构系统(从下而上)。词汇构式化可以更精细地解释词汇化的动因和机制,可以打通词汇化与词法化的关系,二者分别表现为实体性词汇构式化和图示性词汇构式化,分别促生新词语和新词法。

参考文献

刘玉梅(2010)"吧"族词形成的认知机制研究,《解放军外国语学院学报》第1期。

刘正光(2003)关于N＋N概念合成名词的认知研究,《外语与外语教学》第11期。

刘正光、刘润清(2004)N＋N概念合成名词的认知发生机制,《外国语(上海外国语大学学报)》第 1 期。

陆俭明(2009)构式与意象图式,《北京大学学报》(哲学社会科学版)第 3 期。

孟　凯(2016)复合词的形义关系对二语者词义识解的影响及教学——以致使性动宾复合词为例,《汉语应用语言学研究》第 5 辑,商务印书馆。

彭　睿(2020)《语法化理论的汉语视角》,北京大学出版社。

石定栩(2002)《乔姆斯基的形式句法:历史进程与最新理论》,北京语言大学出版社。

宋作艳(2014)定中复合名词中的构式强迫,《世界汉语教学》第 4 期。

宋作艳(2016)功用义对名词词义与构词的影响——兼论功用义的语言价值与语言学价值,《中国语文》第 1 期。

谭景春(2001)用品类名物词的释义方式,中国辞书论集。

谭景春(2010)名名偏正结构的语义关系及其在词典释义中的作用,《中国语文》第 4 期。

王　寅(2011)《构式语法研究(上卷):理论思索》,上海外语教育出版社。

魏　雪、袁毓林(2013)基于语义类和物性角色建构名名组合的释义模板,《世界汉语教学》第 2 期。

杨黎黎(2017)两种不同的词汇构式化的结果——以"免 X"和"难 X"为例,《语言教学与研究》第 2 期。

伊丽莎白·特劳戈特、格雷姆·特劳斯代尔(2019)《构式化与构式化演变》,詹芳琼,郑友阶译,商务印书馆。

袁毓林、詹卫东、施春宏(2014)汉语"词库—构式"互动的语法描写体系及其教学应用,《语言教学与研究》第 2 期。

中国社会科学院语言研究所词典编辑室(2016)《现代汉语词典》(第七版),商务印书馆。

Arcodia, F. G. (2011) *A Construction Morphology Account of Derivation in Mandarin Chinese*. Morphology

Howse, J., Molina, F., Shin, S.-J. & Taylor, J. (2001) Type-syntax and Token-syntax in Diagrammatic Systems. In *Proceedings FOIS‐2001: 2nd International Conference on Formal Ontology in Information Systems*. Maine, USA: ACM Press.

Langacker, R. W. (1987) *Foundations of Cognitive Grammar*, Vol. I: *Theoretical Prerequisites*. Stanford: Stanford University Press.

Langacker, R. W. (1991) *Concept, Image, and Symbol: The Cognitive Basis of Grammar*. Berlin and New York: De Gruyter Mouton.

Langacker, R. W. (2009) *Investigations in Cognitive Grammar*. Berlin: Mouton de Gruyter.

Traugott, E. C. & Trousdale, G. (2013) *Constructionalization and Constructional Changes*. Oxford: University of Oxford Press.

(1. 上海师范大学对外汉语学院,200234,wuying@shnu.edu.cn;

2. 上海师范大学对外汉语学院,200234,allensim330@foxmail.com)

事件给予类双及物构式"V＋N＋MP借"解析[*]

过国娇

〇、引　言

本文所要探讨的"V＋N＋MP借"构式主要是指以下划线部分的结构表达：

（1）李子荣扣上帽子，<u>打了马威一拳</u>，跑了。（老舍《二马》）

（2）陆小凤简直恨不得找条鞭子，在后面<u>抽他几鞭子</u>。（古龙《陆小凤传奇》）

（3）六指头已经抢进了堂屋，当胸<u>给了她一斧头</u>。（陈世旭《将军镇》）

其中的 V 代表动词性成分，N 代表名词或代词性成分，"MP借"是由数词和借用动量词构成的借用动量短语。对于该结构的句法关系，尤其是其中"MP借"的语法功能，学界尚存争议。很多语法教材认为该结构是"述-宾-补"格式，其中的"MP借"充当补语，如黄伯荣、廖序东主编（1980）、胡裕树主编（1995）、张斌主编（2002）等。也有学者把该结构看成"述-宾-宾"双宾语格式，其中的"MP借"充当直接宾语（准宾语），如朱德熙（1982：119 - 120）、马庆株（1983）、李湘（2011）等。前人研究大多采用结构主义分解式的方法对"V＋N＋MP借"结构进行探讨，这一方式可以加深我们对该结构的认识。遗憾的是，以往研究忽视了对构式整体意义的关照，而且对动词后动量成分功能的认识比较模糊，很少区分借用动量成分跟专用动量成分的差异，导致对构式中"MP借"的句法功能和论元地位认识不一。

＊ 本文已发表于《对外汉语研究》2023 年第 28 期。《对外汉语研究》匿名评审专家提出了宝贵的修改意见，谨致谢忱，文责自负。本研究得到 2019 年度教育部人文社科研究青年项目"汉语借用动量词及相关构式的认知研究"（项目编号：19YJC740015）以及 2018 年度上海市哲社规划青年项目"汉语句法结构与语体选择的互动研究"（项目编号：2018EYY004）资助。

双及物构式(Ditransitive Construction)一直是汉语语法学界关注的热点问题。自朱德熙(1979)对汉语典型双及物构式"给"字句展开分析以来,学者们从结构主义(马庆株,1983;李临定,1984)、形式主义(顾阳,1999;周长银,2000)、认知(沈家煊,1999;张伯江,1999)和类型学(刘丹青,2001)等多个视角对其进行了探讨。张伯江(1999)采用"句式语法"理论对汉语双及物构式"V－N_1－N_2"的语法语义特征及其句式引申进行了较为系统分析,这给我们重新认识"V＋N＋$MP_借$"结构提供了一个新的视角。基于 Goldberg(1995/2007)构式语法的理论框架,通过对"V＋N＋$MP_借$"句法语义特征的分析,我们将其界定为"事件给予类"双及物构式。从双及物构式的原型语义特征出发,考察构式的构件特征,并对其产生机制进行阐释。

一、构 式 的 存 在

汉语双及物构式是一个原型范畴,张伯江(1999)将其核心语义概括为"有意的给予性转移",并认为不同类型的双及物构式都以"现场给予类"典型构式为基础,通过隐喻和转喻的认知方式构成放射性的语义引申网络。根据考察,我们认为"V＋N＋$MP_借$"构式在句法语义上都承继了双及物构式的基本特征,是一种特殊的表给予义的双及物构式。本节我们主要从两方面阐述"V＋N＋$MP_借$"双及物构式:一是 $MP_借$ 的宾语论元地位;二是"给予性转移"构式义的表达①。

1.1　$MP_借$的宾语论元地位

从语序形式上看,"V＋N＋$MP_借$"虽然与双及物构式"V＋N_1＋N_2"相似,但如引言中所说目前学界对于构式中"$MP_借$"论元地位的认识仍存在分歧,"补语说"和"宾语说"意见不一。要说"V＋N＋$MP_借$"是双及物构式,意味着"$MP_借$"在构式中充当的是直接宾语,而不是补语。对此我们比较认同李湘(2011)的观点,他通过对比动词后一般动量短语与借用动量短语的句法表现差异,认为"$MP_借$"占据的是动词后的宾语论元地位。

首先,在与动词搭配能力方面,一般动量短语与借用动量短语二者存在显著差距。一般动量短语与及物动词和不及物动词搭配都比较自由,而借用动量短语通常只能跟及物动词搭配,例如:

---

① 此处感谢匿名评审专家的宝贵建议。

(4) 看了一回　　见了两次　　读了几遍(自拟)

(5) 跑了一趟　　病了一场　　逃了几次(自拟)

(6) 踹了一脚　　打了两棍　　抽了几鞭(自拟)

其次,二者与动词后受事宾语的共现能力也并不相当。一般动量短语与受事宾语共现的能力较强,既可以与有生性受事宾语共现,也可以和非有生性受事宾语同现,且这些受事宾语位置灵活,位于一般动量短语前后均可;相比之下,借用动量短语与受事宾语共现的能力则非常受限,它们通常限于与有生性受事宾语共现。例如:

(7) 拍了一下桌子　　读了两遍课文　　砸了几次门(自拟)

(8) 问了一下小张　　训了儿子一顿　　找了他两回(自拟)

(9) 踹了流氓一脚　　打了小王两棍　　抽了马儿几鞭(自拟)

而且,借用动量短语对动词后的非有生性受事宾语表现出了"强烈的阻断效应"(李湘,2011)。比较以下例(10)、例(11)中的 a、b 两列可以看出,当动词后带有借用动量短语时,非有生性受事宾语不管是位于借用动量短语之前还是其后,都似乎不太合适,但如果把相关受事成分转化成处所成分置于动词前表达就比较自然了,如例(10)、例(11)中的 c 列所示。也就是说,动词后的借用动量短语与非有生性受事宾语似乎并不兼容。

(10) a. * 砸了一拳头那张桌子

　　　b. ? 砸了那张桌子一拳头

　　　c. 在桌子上砸了一拳头

(11) a. * 扎了两针皮球

　　　b. ? 扎了皮球两针

　　　c. 在皮球上扎了两针

(以上转引自李湘,2011)

对于二者以上句法表现和差异,可以给出一个较为合理的假设,那就是借用动量短语与一般动量短语在句法地位上并不相同,它们可以占据及物动词后的宾格论元位置。

那么,上文例(9)中借用动量短语与有生性受事宾语的共现语例是否说明此时的借用动量短语并非真正的论元呢?我们认为这并不构成以上假设的反例。因为例(9)这样的表达其实正是本文所要探讨的事件给予类双及物构式,其中借用动量短语占据的正是直接宾语的论元位置。更多用例如下:

(12) 土匪还打了少东家一巴掌,说是回头算账。(刘震云《故乡天下黄花》)

(13) 后边的特务,更狠地又抽了解文华一鞭子。(刘流《烈火金刚》)

而且,从语序特点看,"V＋N＋MP借"构式中的"MP借"通常只能位于有生名词性成分 N 之后而不能出现在 N 之前(张伯江、方梅,1996:112),①这和双及物构式"V－N₁－N₂"要求有生名词 N₁(间接宾语)在前、N₂(直接宾语)在后是一致的。因此以上例(12)、例(13)不能作如下变换:

(12') *土匪还打了一巴掌少东家,说是回头算账。

(13') *后边的特务,更狠地又抽了一鞭子解文华。

总之,我们认为"V＋N＋MP借"构式中"MP借"占据的是直接宾语的论元位置,且整个构式的语序特点符合双及物构式的要求。

1.2 "给予性转移"构式义的表达

从构式的整体意义来看,"V＋N＋MP借"也体现了双及物构式"有意的给予性转移"的句式语义。

首先,这种"给予"构式义在句法上可以得到印证。我们考察发现构式中的部分动词 V 本身就由"给予"义动词充当,例如:

(14) 噗咚一声,胡文玉仰脸倒在地上,许凤又给了他一脚。(雪克《战斗的青春》)

(15) 他便狠狠给韩云程一棒子,想叫韩云程抬不起头。(周而复《上海的早晨》)

而那些不具有"给予"义的动词进入"V＋N＋MP借"构式时,通常也可以用"给"进行变换,而句义基本保持不变,这说明构式的"给予"意义是独立于动词意义而存在的(Goldberg,2007:1)。例如:

(16) 听他这一说,黄所长当即擂了孔太平一拳。(刘醒龙《分享艰难》)

(16') 听他这一说,黄所长当即给了孔太平一拳。

(17) 渡边吼叫着又扎了他几刀,窦洛殿为祖国壮烈牺牲了。(雪克《战斗的青春》)

(17') 渡边吼叫着又给了他几刀,窦洛殿为祖国壮烈牺牲了。

其次,与典型双及物构式(如"张三给了李四一本书")的实体转移模式不同,"V＋N＋MP借"构式是把有意指向另一个人的动作及其产生的影响隐喻理解为

---

① 张伯江、方梅(1996:112)在探讨动词后宾语 N 和动量成分 M 的语序时指出,当 M 为专用量词时,指人名词 N 可以在 M 前也可以在 M 后,即 VNM 和 VMN 语序两可,当 M 为借用量词时,M 通常只能在 N 之后,即语序为 VNM。

转移给这个人的实体(Goldberg,1995/2007:146)。作为动作事件的"给予性转移",该构式主要体现的是力动态作用下的能量转移模式。下面我们将结合Langacker(1990)的台球图式(billiard-ball model)对"V+N+MP借"构式的转移模式进行阐释。"台球图式"主要展现的是图1这样一个行为链(action chain)和能量传递(energy transmission)过程:源自行为链头 A 的能量经过中介 B 的传递使行为链尾 C 发生某种反应或变化(圆圈 C 中的曲线所示)。它实际包含了两个层面的内容:一是从"链头"到"中介"再到"链尾"的物理接触和动程变化;二是从链头传递过来的能量对链尾造成一定的影响和变化。

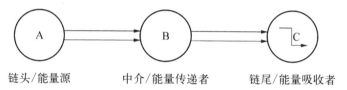

图 1　**Langacker(1990)的台球图式**

我们认为"V+N+MP借"构式的转移模式较完整地呈现了以上"台球图式"的行为链和能量传递过程,以"张三打了李四一棒"为例:作为施事的"张三"主动发出了"打"这个动作,因此是行为链头,也是能量传递的源头。该例中的"一棒"用来指涉一个"打人"的动作事件,这个动作事件吸收了"张三"传递的能量并将其传递给"李四",因此是能量的传递者,处于行为链的中间。"李四"是动作的承受者/接受者,处于行为链的末端,也是能量的吸收者,他往往会受到"一棒"事件能量的影响,而产生疼痛或受伤等反应或变化。如图 2 所示:

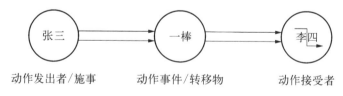

图 2　**"V+N+MP借"构式的转移模式**

从"张三打了李四一棒"的行为链和能量传递过程来看,它主要表达的是施事"张三"有意地把受事"一棒的动作及其影响"转移给予接受者"李四"。因此,我们概括"V+N+MP借"的构式义为:施事 A 有意地把动作事件 MP 及其相应影响施加或转移给接受者 N。

综上所述,我们认为"V+N+MP借"构式在句法语义特征上都承继了双及物构式的基本特征,是一种特殊的表给予义的双及物构式,①我们称之为"事件给予类"双及物构式。

二、构件特征分析

"V＋N＋MP_借"事件类双及物构式主要由 V、N 和 MP_借 三个构件组成,下面我们将进一步解析其构件要素特征,以便更好地寻找构式理据。

2.1 构件 V

2.1.1 V 的构成
首先,表"给予"义的动词进入构式比较自由,例如:

(18) 小坡往前跑了几步,给了他一脚。(老舍《小坡的生日》)

(19) 黑衣人眼睛一直盯着那灰衣人,似乎恨不得给他一刀。(古龙《小李飞刀》)

第二,能进入构式的最主要一类动词为表强打击义的二价动词,如"打""踢""抽"等:

(20) 王四看到凤霞砸他,伸手就打了凤霞一巴掌。(余华《活着》)

(21) 马江威冲过去踢了董云升一脚:你他妈翻天了?(杨银波《中国的主人》)

(22) 官本气得抽了洛殿几鞭子。(雪克《战斗的青春》)

第三,少量弱打击义或非打击义的动词也能进入构式,例如:

(23) "你真聪明!"春红赞赏地点了我一指头。(《作家文摘》,1997 年)

(24) 回到后舱,青青把后帘拉上就使劲亲了我一口②。(李承鹏《寻人启事》)

2.1.2 V 的语义属性
首先,能进入构式的动词所代表的动作通常都是由施事有意主动发出的,体现出很强的自主性特征,下列表达因为违反了这条语义规则而不合法,如:

(25) *身不由己地踢了他一脚(自拟)

(26) *不经意地抽了他一鞭(自拟)

---

① 刘辉(2009)、李湘(2011)也提出过相似看法,但刘文并没有区分构式中的专用动量词和借用动量词,造成一些难以解释的困难;李文主要是在论证借用动量词的论元地位时顺带提及的,对该类构式没有展开具体分析。

② "亲/吻了她一口"等表达也涉及由触碰事件而引发的能量传导模式,属于本文研究的事件给予类构式,但用例不多,属于非典型表达。它们主要是通过"亲昵"动作的能量传递给对方带来心理层面的影响和变化。典型的事件给予类构式是通过"打击"事件的能量传递给对方造成疼痛或受伤等身体层面的消极影响。

其次,进入构式的动词还具有瞬时性特征,即它们只能表达一个现场瞬间完成的动作,不能呈现动作过程的持续性特征。因此以下用例通常也不能成立:

(27)﹡慢腾腾地<u>击了他一掌</u>(自拟)

(28)﹡不紧不慢<u>打了他一棒</u>(自拟)

2.2 构件N

2.2.1 N的构成

N通常由指人或动物的名词或代词充当,如:

(29)江涛<u>拍了嘉庆一掌</u>,说:"净瞎说白道,我情愿!"(梁斌《红旗谱》)

(30)牛牧师一忙就忘了抚摸迷失了的羊羔,而想<u>打它两棍子</u>。(老舍《正红旗下》)

有时,一些非有生性名词也能进入构式,但用例很少,如:

(31)大娘狠狠地<u>踢了鸡笼一脚</u>。(孙犁《风云初记》)

(32)"欧盟的宠儿"爱尔兰反对欧盟条约,从背后"<u>给了欧盟一刀</u>"。(新华网,2001年)

2.2.2 N的语义属性

第一,有生性。在双及物构式中,通常要求我们把间接宾语解读为有主体感受能力的"接受者(recipient)"(Goldberg,1995/2007:142),因此N一般由表人或动物的有生性成分充当也就不难理解。但是为什么例(31)、例(32)中的非有生性名词也能进入该构式? 我们认为这主要是在移情原则(empathy principle)的作用下,人们赋予了它们"有生性"特征。如例(31)中前文交代大娘是因为把"鸡笼"中的"鸡"当作倾诉对象,但在"鸡不明白她的意思"时,她才把对"鸡"的不满情绪发泄到了"鸡笼"身上。而例(32)中的"欧盟"是人为设置的组织,人们也很容易把属于人类的某些特性"移情"到它身上。[①]

第二,受影响性。构式中的动作接受者N在事件过程中,一般会因为动作的实施而受到相应的影响,如产生身体或心理方面的反应或感受。首先,因为"V+N+MP借"构式一般涉及的是一个"打击"事件,所以N受到的通常是身体层面的消极影响,如感到疼痛或者受伤等。例如:

(33)王金庆猛翻回头来就<u>踢了我一脚</u>,疼得我一下昏倒了。(雪克《战斗的

---

① 评审专家指出"狠狠踢了桌子一脚"的表达也是能说的,我们认为这类表达也是把"桌子"等非有生物件当作情绪发泄的对象,实际上是通过"移情"赋予了它"有生性"特征。

青春》)

(34)尖嘴婆打了他一板凳,差点把他打死。(王晓波《黄金时代》)

而当非打击义或弱打击义动词出现于构式时,施事通常对 N 实施的是一种"亲昵"的触碰行为,这时给 N 带来的往往是心理层面的感受和体验,比如愉悦、感动等,例如:

(35)弟弟亲了张丽娜一口,张丽娜笑了。(李樯《孔雀》)

(36)王金娣红着脸捶了他一拳,众人起哄欢呼。(电影剧本《云水谣》)

2.3 构件"MP借"

2.3.1 对借用动量词的选择

能进入"V＋N＋MP借"构式的借用动量词主要为工具动量词,它们往往是动作 V 得以实施的凭借和工具,具有位移性、力量的传递性等特征(周娟,2012:146、147)。具体又包括器官工具量词和器械工具量词两类。

器官工具量词具有封闭性,能出现在构式中的主要有拳/拳头、脚、掌/巴掌、口、指头等,例如:

(37)志如把嘴一努,捅了小虎儿一拳头,扭过了脸去。(刘流《烈火金刚》)

(38)桦林霸火透了,转身准备狠狠踢她几脚。(马烽、西戎《吕梁英雄传》)

(39)孙毛旦抢过驴骑上,狠狠打了驴屁股两掌。(刘震云《故乡天下黄花》)

工具器械量词则具有开放性特征,但能进入该构式的通常是借用打击器械名词而来的工具量词,如刀、棒、鞭等,

(40)无论是人是猫,只要一进水池,就给他一刀。(古龙《陆小凤传奇》)

(41)白大嫂子扶着老田太太,想挤进去,也去打他一棒子。(周立波《暴风骤雨》)

(42)我威风凛凛地挺直身子,顺手给了犍牛一鞭。(张承志《黑骏马》)

2.3.2 "MP借"的语义属性

第一,事件性。刘劼生(2000)称 MP借 为事件短语,认为它们在表达动作的量时"总是蕴含着一个事件"。如我们有时可以在 MP借 短语之间插入"大、小"等形容词:

(43)那两个自认为消耗了气力的老兄一人给了卢小波一大脚。(《作家文摘》,1993 年)

(44)贝利给中国队注射了一针强心剂后,米卢却对中国队"扎"了一小针。(新华网,2002 年)

不难看出,例(43)、例(44)中的"大""小"并不是指工具实体"脚"和"针"等的尺寸大小,而是指"用脚踢""用针扎"这些动作事件效能(影响)的大小,也就是说它们修饰的不是工具实体,而是与工具实体相关的动作事件。

第二,生成性。典型实体受事具有[+现成性]特征[①],而指称动作事件的MP借是伴随动作的发生而临时生成的,例如:

(45) 曾希圣夫妇刚走,毛泽东便捅了我一指头。(权延赤《红墙内外》)

(46) 保斯大怒,顺手拿起一根木棍打了拜德一棒子。(王蒙《善狗与恶狗》)

例(45)、例(46)中的受事"一指头""一棒子"并不能先于动作"捅""打"之前而独立存在,它们是伴随"捅""打"等动作同时产生的,其存在需要施事和接受者双方的共同参与,没有人可以事先将"一指头""一棒子"动作事件准备好,然后再将它们"送给"别人。

从对"V+N+MP借"构件特征的分析不难看出,其构式要素基本体现了双及物构式的语义属性,如施事的有意性、动作的瞬时性、接受者的有生性和受影响性。同时构式要素中也呈现出一定的非典型性特征,如 V 大多为打击义的二价动词,这与构式的"给予"义并不一致,而事件 MP借的临时生成性也溢出了由具体的表物名词充当给予物的典型特征。

三、构式的产生机制

根据原型范畴理论,双及物构式内部有典型成员和非典型成员之分,非典型成员通常是在典型成员的基础上,通过隐喻和转喻等认知机制引申扩展而产生的。那么,作为非典型成员的双及物构式"V+N+MP借"究竟是怎样在原型的双及物构式基础上进行建构的? 下面我们将从给予物的引申、动词与构式的整合、句式语义的建构等方面分析其产生机制。

3.1 给予物的引申

典型双及物构式中的给予物是由具体的物件名词充当,[+生成性]的事件MP借是怎样实现"给予性"转移的? 这离不开我们转喻性思维的运作,如:

(47) 何应钦又不失时机地踢了对手一脚。(邓贤《大国之魂》)

---

① 陈昌来(2003:80)认为典型的受事具有现成性特征,即它们在动作行为发生时其所指称的事物已经存在,是现成的事物。

（48）郭全海添了一句："韩老六还<u>打过他一棒子</u>。"（周立波《暴风骤雨》）

例（47）、例（48）中的"脚"和"棒子"都是人实施某一动作所凭借的工具，在"工具—动作"的转喻机制促动下，它们可转喻凭借该工具而执行的动作事件"一脚"和"一棒子"。实施"一脚""一棒子"动作本身并不是施事要达到的目的，其真正意图是给动作接受者造成一定的影响或后果，因此在"原因—结果"转喻机制作用下，"一脚""一棒子"的动作进一步转喻为事件所产生的后果。也就是说，施事在实施"一脚""一棒子"的动作时实际"给予"接受者的是这些动作所带来的影响或后果。可见，构式中给予物的引申实际经过了两次转喻过程，表述如下：

a. 工具　　　　　　**转喻**　　　　　　　　　　**动作**

　"脚/棒子"　　　　转喻　　　　　　凭借"脚/棒子"所实施的动作

b. 原因　　　　　　　　　**转喻**　　　　　　　　　**结果**

　动作"一脚"/"一棒子"　　　转喻　　　　　相关动作所带来的后果

3.2　动词与构式的整合

Goldberg（1995/2007：58）提到了构式允准动词进入的两个常见条件：一是当动词义表达的是构式义的一个实例时，动词能自如地进入构式进行表达；二是当动词义和句式义之间具有"使成"关系时，动词也能被允准进入构式。这两种动词与构式的整合机制在"V＋N＋MP借"构式中也得到了体现。

首先，"给予"义动词能非常自由地进入"V＋N＋MP借"构式，因为动词义正好是体现了构式义的一个实例。如：

（49）在李浩淼又叫又跳的时候，陆武桥又<u>给陆建设几拳几脚</u>。（池莉《你以为你是谁》）

（50）似乎那进来的人将是一个暴徒，他防备着当头要<u>给他一棒</u>。（萧红《马伯乐》）

其次，我们也发现出现在"V＋N＋MP借"构式中的大部分动词本身并没有给予意义，而是具有打击义的二价动词，如：

（51）可是他刚一抬腿，二虎仰着<u>踹了他一脚</u>。（刘流《烈火金刚》）

（52）开完老地主斗争会之后，每人上去<u>夯他一棍子</u>。（严歌苓《一个女人的史诗》）

"踹、夯"这些动词本身并没有给予义，而是呈现给予行为得以实现的方式或手段，也就是说它们是从给予的方式或手段角度来体现给予意义的，如例（51）中二虎就是通过"踹"的方式给予他"一脚"的动作及其所造成的后果。用"手段/方式转指行动"是常见的认知操作,这时动词义与构式义之间正好构成的是一种"使成"关系,因此,以上"V＋N＋MP借"构式中允准非给予义动词进入的引申机制可表述如下:

c. 手段/方式　　　　**转喻**　　　　**行动**
　"踹/夯"的方式　　　转喻　　　给予的行为

3.3　句式语义的建构

　　双及物构式"给予"义的建构包含了两个过程:一是受事的位移过程,二是受事的领有权的转移过程。受事位置的转移隐喻派生出其领有权的转移(延俊荣、潘文,2006)。典型双及物构式中的领属关系转移涉及的是具体可见的实物的领属关系转移过程,如"张三给李四一本书":实体受事"一本书"在"给予"前属于施事"张三"所有,"给予"动作实施后,其所有权归接受者"李四"所有。我们把这种实物受事与施事和接收者之间的关系看作一种狭义的领属关系。

　　但是"V＋N＋MP借"构式中的受事并不具有[＋现成性],如前述例(51)、例(52)中的受事"一脚、一棍子"等,它们在动作实施前并不为施事所实际领有,而是伴随动作"踹、夯"的实施而同时产生的。那么怎样来理解这种[＋生成性]受事与施事、接受者的领属关系转移呢? 我们引入广义领属关系的概念对其进行意义建构。以"张三踢李四一脚"为例,施事"张三"在实施"一脚"的动作时,并不仅仅是要把这个动作转移给接受者"李四",而是通过实施"一脚"的动作使接受者"李四"承受/拥有"一脚的事件后果",可见,受事"一脚"与施事张三、接受者李四形成的是较抽象的广义领属关系。因此,"张三踢李四一脚"的意义建构过程我们可以表述如下:

d. 受事位置的转移　隐喻　　　　　　　**受事领有权的转移**
　给予[施事(张三)　使　受事(一脚的动作)　转移　到达　受者(李四)]
隐喻派生出:
　给予[施事(张三)　使　受者(李四)　拥有　受事(一脚的事件后果)]

　　综上所述,与典型的双及物构式相比,"V＋N＋MP借"构式在受事(给予物)、动词和句式语义上都出现了一定程度的扩展引申。"V＋N＋MP借"双及物构式的意义建构以广义的领属关系为基础,其引申机制以隐喻和转喻为主,如构式中受事(给予物)、动词的意义建构主要通过转喻机制运行,而句式语义的建构则是隐喻机制作用下的结果。

四、结　语

　　构式语法把构式看作一个"完形"结构,主张在"把握句式整体意义"的前提下,更合理地解释"许多对应的语法现象"(沈家煊,1999)。本文对"V＋N＋MP借"的构式解析使我们能对学界关于动词后动量成分句法功能的争议问题进行重新审视。在构式整体语义观的视角下,MP借占据的正是事件给予类双及物构式"V＋N＋MP借"中直接宾语的论元位置,从这个语言事实来看,我们认为至少对于动词后的借用动量成分来说,"宾语说"比"补语说"似乎更具合理性。同时,构式语法观还强调"自上而下"和"自下而上"相结合的语法分析(Goldberg,2007：23),通过对"V＋N＋MP借"构件特征以及动词与构式整合关系的分析,我们看到了构式意义和词汇意义之间的互动影响。此外,我们将"V＋N＋MP借"作为双及物构式的实例分析,在"有意的给予性转移"中心义的扩展引申下,其构式义和产生机制都可得到较为合理的阐释。

参考文献

陈昌来(2003)《现代汉语语义平面问题研究》,学林出版社。

顾　阳(1999)双宾语结构,载徐烈炯主编《共性与个性：汉语语言学中的争议》,北京语言文化大学出版社。

胡裕树主编(1995)《现代汉语》(重订本),上海教育出版社。

黄伯荣、廖序东主编(1980)《现代汉语》(下册),甘肃人民出版社。

李　湘(2011)从实现机制和及物类型看汉语的"借用动量词",《中国语文》第4期。

李临定(1984)双宾句类型分析,载《语法研究和探索》第二辑,北京大学出版社。

刘　辉(2009)《现代汉语事件量词的语义和句法》,上海师范大学博士学位论文。

刘丹青(2001)汉语给予类双及物结构的类型学考察,《中国语文》第5期。

刘劼生(2000)表示事件的"数∣N"结构,《世界汉语教学》第1期。

马庆株(1983)现代汉语的双宾语构造,载《语言学论丛》第十辑,商务印书馆。

沈家煊(1999)"在"字句和"给"字句,《中国语文》第2期。

延俊荣、潘　文(2006)论"给予"的非典型参与者之建构,《汉语学习》第1期。

张　斌主编(2002)《新编现代汉语》,复旦大学出版社。

张伯江(1999)现代汉语的双及物结构式,《中国语文》第3期。

张伯江、方　梅(1996)《汉语功能语法研究》,江西教育出版社。

周　娟(2012)《现代汉语动量词与动词组合研究》,暨南大学出版社。

周长银(2000)现代汉语"给"字句的生成句法研究,《当代语言学》第 3 期。

朱德熙(1979)与动词"给"相关的句法问题,《方言》第 2 期。

朱德熙(1982)《语法讲义》,商务印书馆。

Goldberg, A. E. (1995/2007)《构式:论元结构的构式语法研究》,吴海波译,北京大学出版社。

Langacker, R. W. (1990) Settings, Participants, and Grammatical Relations. In Tsohatzidis, S. L. (ed.). *Meanings and Prototype: Studies in Linguistic Categorization*. Oxford: Routledge.

(上海师范大学对外汉语学院,200234,guoguojiao@shnu.edu.cn)

"一锅粥"的固化及句法性质演变[*]

王 刚

〇、引 言

数量结构在汉语中具有类型学的意义,在实际的使用中其功能、性质会发生诸多变化。其中越是高频使用的结构,发生变化的概率越高,变化的形式也越多样。"一量名"就是这种高频使用的结构,从其线性组合来看,其基本功能是表示数量,但是从现代汉语共时层面来看,这一结构已经有了更多的功能和意义。学界诸多学者也关注到了这一结构,储泽祥(2003),储泽祥、金鑫(2008),储泽祥(2014)分别研究"一个人""一条龙""一条心"的固化过程,曾常红(2014)分析"一口气"的词汇化及其相关问题,刘琪(2018)讨论"一个人"的副词用法,王志英、何晓璐(2018)探讨"一根筋"的相关问题,万晓玥(2020)对"一量名"式三音节词的词汇化做专项研究,郭瑜(2021)分析"一阵风"的词汇化及其语用特点。从这些研究可以看出,"一量名"结构在演化中虽然具有一些共同的轨迹和机制,但是由于各自部件的不同,不同的具体结构之间也存在较大的差异,若要全面深入地分析"一量名"结构的演变,对其展开充分的个案研究是十分必要的。本文拟在前人时贤相关研究基础上,以"一锅粥"为具体研究对象,探讨这一具体构式的固化过程及其句法性质演变。

"一锅粥"在现代汉语共时层面有以下几种用法:

(1)我给钟书穿好衣裳、棉鞋,戴上帽子围巾,又把一锅粥严严实实地裹在厚被里,等汽车来接我们。(杨绛《我们仨》)

---

* 本文已发表于《湖州师范学院学报》(2022 年第 11 期),本次发表部分内容有改动。基金项目:国家社科基金一般项目"互动视野下现代汉语数量构式研究"(项目编号:19BYY021)。

(2) 这种弄堂的房屋看上去是鳞次栉比,挤挤挨挨,灯光是如豆的一点一点,虽然微弱,却是稠密,一锅粥似的。(王安忆《长恨歌》)

(3) 就因为这哥俩拼命地干活,所以家里乱成了一锅粥。(王小波《黑铁时代》)

(4) 谭功达的心一下子就乱成了一锅粥。(格非《江南三部曲》)

例(1)中的"一锅粥"很明显指的是由米等粮食煮成的稠糊的食物,例(2)中的"一锅粥"已有所虚化,不再是其本义,而是"一锅粥"的比喻用法,可理解成"浓稠粘密"之意,例(3)、例(4)中的"一锅粥"本义已完全消失,结构也已经固化,表示"一团糟,极其混乱"。

储泽祥(2005)提出,固化(hard-wired)是指"两个或几个紧挨在一起的语言单位,由于频繁使用而化为一个相对稳固的、整体性的语言单位"。我们可以采用替换或添加修饰成分的方法来检验数量名结构"一锅粥"是否固化。如例(1)中的"一锅粥"不仅数词"一"可以被替换为"二""三""四"等数词,名词"粥"之前也还可以添加修饰成分,如"热""白米"等,替换和修饰后,句子仍然能够成立,其基本意义没有发生改变,各部分之间的关系还比较松散。故例(1)中的"一锅粥"属于可拆分的数量名短语。例(2)中的"一锅粥",虽然数词"一"可以被替换,但是替换后无法再表达"灯光如豆一点一点,微弱却稠密"的意思,且名词"粥"之前已不可以再插入别的修饰成分,由此可知例(2)的"一锅粥"已发生一定程度的固化。例(3)和例(4)中的"一锅粥","一"既不能用别的数词替换,"粥"前也不能添加修饰成分,说明数词、量词、名词这三个成分之间的关系已经稳固,形成了一个整体,此时的"一锅粥"可以被认定为完全固化,其意义为"混乱"。

一、"一锅粥"的固化过程

某一语法结构在其演化过程中,语义、功能的改变总会有某些诱发因素,语法形式的变化往往是一种重要的因素。从语料来看,"一锅粥"经历了无标记到有标记再到无标记的形式演化过程。

1.1 作为数量名短语的"一锅粥"

"一锅粥"作为数量名短语出现时间较早。例如:

(5) 里谚云:"上乡熟,不抵下乡一锅粥。"(苏轼《论浙西闭籴状》)

(6) 还有一些狡猾的租户,将米伴着水,或是洒盐卤,或是熬一锅粥汤,再洒上些粗糠,拌入米中,便称"糠拌粥"了。(陆人龙《三刻拍案惊奇》)

(7) 鲁智深大骂道:"你这几个老和尚简直没道理! 只说了三日没饭吃,如今却见煮好一锅粥。既已是出家人,又为什么扯谎?"(施耐庵《水浒传》)

"一锅粥"的数量名结构用法是汉语的基本规则,这是一种无标记用法。虽然我们找到的例句较早见于宋代苏轼引用的里谚(即民间谚语),但是根据规则应该可以推知,这种用法或许在时间上还会早于此。通过例(6)中的"一锅粥汤"也可见,这时的"锅"虽然是借用量词,但是"一锅粥/汤/粥汤"等的用法是一种规则用法,"锅"常常被借来用作粥/汤/粥汤等的量词。

1.2　带有辅助手段的"一锅粥"

1.2.1　与比喻词同现

由于具有很强的形象性,"一锅粥"在使用中自然发展出了比喻用法,使用时往往会有表"比况"的比喻词伴随使用,例如:

(8) 消息很快传到建湖厂里,上上下下的议论像是煮开了一锅粥。(《人民日报》,1996 年)

(9) 在方形大厅里,是乱糟糟挤来挤去像一锅粥似的人群。(莫泊桑《死恋》)

(10) 灯光如豆般一点一点,尽管有些微弱,却很是稠密,一锅粥似的。(王安忆《长恨歌》)

1.2.2　与引号同现

引号在"一锅粥"意义引申过程中具有显化标示作用。"一锅粥"从原义向比喻义、"混乱"义发展的过程,是逐渐变化的过程。人们使用和接受"混乱"义的"一锅粥",也有一个逐渐认可和适应的过程。在这个过程中,书面上常用引号来标明"一锅粥"不同于原义的特殊含义。例如:

(11) 马威看着李子荣,大眼睛里发出点真笑:"你这几天干什么玩呢?"
　　　　"我? 穷忙'一锅粥'!"(老舍《二马》)

(12) 眼下,伊拉克可以说是混乱不堪,犹如"一锅粥"。(新华社新闻报道,2003 年 11 月)

以上例(8)—(12)中,"一锅粥"所指意义已经发生改变,不再是表层的指称意义,而是转喻意义。只是在这个阶段,这种转喻意义还有比喻词、引号同现作为辅助。

1.3　单独出现的固化结构"一锅粥"

在高频使用过程中,即使没有明显的比喻词出现,"一锅粥"也具有了独立的

转喻意义,固化为表"混乱"义结构,例如:

(13) 意思是偌大的一个哈尔滨,找不出书记和市长了,让美国人和日本人来当,搅成了一锅粥。(郑笑枫《天鹅展翅》)

(14) 一件事又扯出来八件事,有件事又撞到了姜龙老婆头上,姜龙老婆也加入进来,全家吵成了一锅粥。(刘震云《一句顶万句》)

(15) 我岳父家的邻居们吵成一锅粥。(莫言《蛙》)

例(13)—(15)这三个例句中已经没有了明显的比喻词,固化程度已经很高。但是,这里的"一锅粥"常常与"吵成""乱成""打成"等词语搭配使用,这些词语在某种程度上也可以看成是表示比喻的标记成分。"一锅粥"的演化还可以朝着更为无标记的方向发展。

(16) 共享单车一锅粥。(虎嗅网,2016 年 11 月 28 日)

例(16)中的"一锅粥"已经完全无标记化,已经高度固化了。

需要说明的是,从历时语料来看,带有辅助手段和单独出现两种情况并非截然分开。我们虽然将之分成了两种情况,但是这并不意味着一旦"一锅粥"有了单独出现的例子,就不再会有其他辅助手段出现了,这中间的时间链条并非如文中描述的这般清晰明确。我们看到,即使"一锅粥"已经出现了无标记用法,在共时层面的实际语料中仍然存在大量的标记用法。但是,这并不妨碍本文对该演化过程的描述。沈家煊(2008)在讨论"逻辑先后"和"历史先后"时曾经提出,共时的理论分析并不因历史事实不符合而被推翻,一方面,共时研究提出的假设除了充分的共时证据和合乎逻辑的论证,最好也有历史材料的佐证;另一个方面,共时研究提出的假设并不因为缺乏历史材料的佐证或者跟历史材料相悖而被推翻。

二、构件意义演化

"一锅粥"能固化且固化后具有"混乱"义,与人们对"锅"和"粥"的认知相关,这种认知进而引起相应的联想,使得"一锅粥"具有了隐喻性且指向清晰,因此被广泛地接受和使用,最终固化下来。

"锅"和"粥"都为普通的名词。锅作为一种炊事用具的使用历史悠久,其可用于对食物进行烹、煮、煎、炸、炒等多种熟制工作,是中国人生活的必需品,自然被看作是盛装食物的容器。例如:

(17) 收取好了的稻谷背到部落酋长或村长的家中,先用锅炒,炒完后由年轻姑娘用手碓舂。(宋思常《中国少数民族宗教》)

（18）逢做饭她就听女主人抱怨燃气灶冒烟，把亮亮的锅熏得黑灰。（尚绍华《悄然寻找另一个天空》）

"锅"不仅作名词，也可作量词。例如：

（19）南大洋已解冻，海洋中浮游生物大量繁殖，鱼类和磷虾特别多，南大洋如同一锅营养汤。（马天白《黑仔到南极》）

但是"锅"在一些句子中，其词性变得模糊，发生了变化。例如：

（20）如果我们仅仅因为这样便把新生事物的悲剧与英雄悲剧画上等号，就无异于是将萝卜与青菜一锅煮了。（徐岱《艺术文化论》）

（21）姬得旺这遭遇，一锅端，全给透露出来了。（董富强《冰河溯行图》）

（22）变文不是所有敦煌讲唱文学的共名，尽管专治敦煌文学的学者十分清楚，但一些基础性的文学史著作却把这些文学体裁"稀里糊涂地一锅烩了"。（曹俊杰《论敦煌变文的通俗化特征》）

以上例句中的"一锅煮""一锅端""一锅烩"，在数词"一"后的"锅"的量词性已大大弱化，其表达的意思也不再是"炊具"，而是延伸出"全部""一起"的意思。且大都出现在"有很多不同的事物被混乱放置在一起"这样的语境中。

"粥"的意义延伸，主要是因为"粥"本身的状态引起的。"粥"，也称"糜"，解释为是一种由稻米、小米或玉米豆类等粮食煮成的稠糊的食物。可见"粥"算是一种混合物，并且具有"黏稠""糊状"的特征。"粥"在人们的日常食物中频繁出现，具有"使用频率高、民众熟悉度高、特征明确"等特征，这就为其比喻义的产生奠定了使用基础。人们拿"粥"来作比况，形容"黏糊""浓稠"状。例如：

（23）不下雨的时候那泥浆就好像是粥一样。（萧红《呼兰河传》）

（24）贵阳市上的细泥那浓度比小贩子卖的糖粥还要浓。（遊子《贵州观感》）

周安（2018）认为，固化"一量名"结构对构件量词和名词的选择，显然不是随意随机的，除却民族心理、文化选择等语言外部因素的制约，"一量名"内部语义匹配机制可能在起着作用。我们可以理解最终是"一锅粥"固化下来，而非"一份粥""一碗粥"或"一锅饭""一锅汤"等。"锅"和"粥"在这一固化结构中有着不可替代性，其本身的意义延伸使得"一锅粥"有了隐喻性，进而承载起了"混乱"的意义。

三、"一锅粥"固化前后功能演变

从总体来看，"一锅粥"经历了从"一量名"的数量组合到独立成词的演变，固化前后在句法功能、语义特征、语用功能上均有变化。未固化的"一碗粥"可以用别的数词替换并插入新的修饰成分,其语义功能主要是计量和指称,固化后的"一锅粥"语义发生变化,主要表示"情况混乱,不好解决"之意,并且结构固定不能插入其他成分,也不可随意更改其中的部件。

3.1 主语功能丧失,只能充当宾语

未固化的"一锅粥"是常见的数量名结构,属于名词性短语,在句中多充当主语或宾语,且语义关系为"述语+受事"。例如:

(25)一锅粥吃一天,菜都懒得炒,一个人太凑合,废了。(百度贴吧,2021 年10 月14 日)

(26)紧紧地攥着这张来之不易的票子,她想出去弄点杂合面来,好能煮上一锅粥。(老舍《骆驼祥子》)

固化后的"一锅粥"具有"混乱"义,在句中已经丧失了做主语的功能,只能做宾语。

(27)我心里都快乱成一锅粥啦!(王树元《杜鹃山》)

(28)等"文化大革命"发展到了鼓动知青下乡的年岁,陈明家就乱成了一锅粥。(杨镰《青春只有一次》)

3.2 指称义消失,隐喻义凸显

固化后的"一锅粥"凝固成一个整体,不再表示计量和指称,在语义上表示"情况混乱"。常与一些动词搭配,例如"乱""打""搅""吵"等,该类动词本身也具有"场面失控才会发生"的特点,并且动词之后一般须有"成""作"等词衔接才可以搭配使用。例如:

(29)只有张春和平时不同,非要和刘长水比赛不可,把班务会搅了个一锅粥。他说:"我和刘长水比赛抱炸药!"(郭光《仅仅是开始》)

(30)儿媳妇和小姑子打成了一锅粥,兄弟跟兄弟也红了眼。(陈建功、赵大年《皇城根》)

"一锅粥"在这两个句子中已经不具有实在的指称意义,同时也可以看出,虽然处于宾语位置,但是其语义也并非典型的受事或者成事,而是具有一种较为明显的描述义,从语义角色上来看,这些句子里的"一锅粥"更像是补语,而非宾语。

3.3 语用功能凸显,客观性减弱,主观性增强

如果说语篇环境、句法环境是促使构式固化的语言因素的话,那么言者主观

性的凸显、言者对修辞效果的追求则可以看作是促使构式固化的交际主体因素。"一锅粥"固化以前,这些因素促使其固化,"一锅粥"固化以后,这种修辞效果和主观性更加凸显。

3.3.1 增强日常表达的形象性、简洁性,提升语言的张力

霍伯尔和特拉格特(Hopper & Traugott)(1993)从语用的角度指出在词语"语法化"的过程中,很大一部分是由于"省力原则"才导致了词语的"固化"或者说是"成语化"。一般情况下,越是复杂的意义越需要复杂的语言形式,但是这些复杂的语言形式会增加交际的负担,而减轻这些负担的一个有效途径就是,将这些意义整合起来打包在一个相对简化的语言形式里面。日常生活中要表达情况"混乱"的意思的词语有乱七八糟、混乱无序、七零八落,等等,但是这些词语虽然能够表现出混乱之意,却不能达到受话人"脑现其状、身临其境"的效果。要达到这样的效果,可以极尽描写之能事,将混乱的场景一一描写清楚,但是这样又耗费很多精力。与"一锅粥"相比,这些表达形式的精炼和形象程度就有所逊色。使用"一锅粥"更容易使听话者捕捉到有效信息,从而增强了语言表现力,而且"一锅粥"的使用让话语更简洁清晰,例如:

(31) 而房外,则是一片沉重的涛声,这种声音带着湿透了的雪花的重量——水在搅着雪,雪又在搅着水,最后搅成了一锅粥。(王小波《青铜时代》)

例(31)描写"水在搅着雪,雪又在搅着水"的情景,水、雪交融的样子通过"一锅粥"的说法立刻就明白、形象起来。

(32) 谭功达挨着她蹲了下来,问她现在的情况怎么样。汤碧云笑了笑道:"别提了,简直是一锅粥!"(格非《江南三部曲》)

例(32)言者在被问到现状的时候,心中有很多苦处,却没有细说,用"一锅粥"来进行总括式表达。提问者听到这样的言辞时也必能体会其中的辛酸,可谓是"一言足以道尽人间万事",足见"一锅粥"的经济性。

3.3.2 凸显言者主观性

沈家煊(2001)提出,语言的主观性是指说话人在说出一段话的同时,也表明了自己对这段话的立场、态度和感情,从而在话语中留下明显的自我印记。主观化主要从三个方面对语言使用产生影响:说话人的认识、说话人的视角和说话人的情感。固化后的"一锅粥"就是说话人为了凸显主观情态而采取的一种表达方式,这里的主观情态主要是对当前事件的一种评价,这种评价就是说话人的一种认识。说话人用"一锅粥"来形容事件,都是为了凸显情况的"糟"和"混乱"。例如:

（33）工地上到处都是蚂蚁一样的筑路大军，他们从四面八方赶过来，简直乱成了一锅粥。（格非《江南三部曲》）

（34）一件事又扯出来八件事，有件事又撞到了姜龙老婆头上，姜龙老婆也加入进来，全家吵成了一锅粥。（刘震云《一句顶一万句》）

例(33)中"筑路大军"赶过来的场面相当混乱，没有任何组织和秩序，说话人对此情景进行评价，采用的语言形式就是"一锅粥"，这是说话人认识的表示形式。例(34)也是如此，说话人用"一锅粥"表示对"全家吵架"的一种评价。在这些例子中，说话人首先观察到一种情景和现象，然后在自己的词库中选择合适的语言形式——"一锅粥"，对之进行描述和评价，这种描述和评价都是基于说话人自己的视角的，是说话人观察客观世界的一种角度，这也是说话人主观性的一种体现。

四、结语与余论

从历时角度来看，"一锅粥"经历了从组合义到构式义的演化过程，其意义透明度由高到低，其功能也逐渐从指称为主到描述为主，其性质也由松散的短语结构演变为凝固的词语。

需要说明的是，"一锅粥"的固化并不意味着组合义的结构就消失了，在现代汉语中，"一锅粥"仍存在数量名结构和固化结构两种用法，它们在意义上有明显的差别，在语用功能上也是不同的。固化的"一锅粥"常用来表达说话人主观的负面评价，并且仍然受到其本义的影响，主要用来凸显复杂混乱的场面或情况。另外，固化的结果通常是新词语的产生，而语言单位在固化后通常也会产生区别于固化前的、新的语法功能。可以说这两者是相互伴随着发生的。尽管"一锅粥"的本原意义仍然在一定程度上制约了固化形式出现的环境，但事实是"一锅粥"在语言表达主观性作用下，通过隐喻和引申具有了"混乱"的意义，产生了新的语用价值，已成为一个新词，并且已经被收入了权威词典。

"一量名"形式的三音节结构在现代汉语中有很多，如前人时贤已经研究过的"一条龙""一条心""一窝蜂""一阵风""一根筋""一个人""一口气"等，这些结构(词)各有特点，对其开展个案研究固然必要，但是如何在一个更高的层面上对其展开类型研究，找出其中的共性，做出统摄性的总结，将是我们下一步研究的重点。

参考文献

储泽祥(2003)"一个人"的固化及其固化过程,《华中师范大学学报》(人文社会科学版)第5期。

储泽祥(2014)"一条心":省略、量名组配分工引发的固化和词汇化,《汉语学报》第2期。

储泽祥、曹跃香(2005)固化的"用来"及其相关的句法格式,《世界汉语教学》第2期。

储泽祥、金 鑫(2008)固化的"一条龙"及其使用情况考察,《语言教学与研究》第1期。

郭 瑜(2021)"一阵风"的词汇化及其语用特点,《文学教育》第8期。

刘 琪(2018)"一个人"的副词用法,《汉语学报》第4期

沈家煊(2001)语言的主观性与主观化,《外语教学与研究》第4期。

沈家煊(2008)"逻辑先后"和"历史先后",《外国语》第5期。

万晓玥(2020)《"一量名"式三音词的词汇化研究》,华中师范大学硕士学位论文。

王志英、何晓璐(2018)"一根筋"的固化及其固化的动因和机制,《渤海大学学报》(哲学社会科学版)第2期。

曾常红(2014)"一口气"的词汇化及相关问题,《语文研究》第3期。

周 安(2018)"一量名"固化的形式和语义条件,《阜阳师范学院学报》(社会科学版)第6期。

Hopper, P. J. & Traugott, E. C. (1993) *Grammaticalization*. Cambridge：Cambridge University Press.

（湖州师范学院人文学院,313000,941472896@qq.com）

"人称代词＋就是说"的话语标记功能及社会性直指研究[*]

夏禹圣

〇、引　言

　　话语标记"就是说"从"就是"过渡而来。张谊生(2002)描写了"就是"用于衔接的语义关系：让步、解说、递进、条件、选择和转折。史金生、胡晓萍(2013)考察"就是"与"就是说"的语法化历程，指出"就是"句法组合初形成于唐五代，成为话语标记后让话题或信息前景化，子功能为确立话题、自我修正、标记迟疑和明示信息，"就是"具备解说义后与言说动词"说"融合成词，语义弱化，增强了"判断义"并用于陈述前句言外之意。"就是说"话语标记功能是"解释说明"，"人称代词＋就是说"由"就是说"派生，人称范畴凸显会话主体，言者为突出信息阐述的主体性将人称代词与"就是说"结合以增强交互性。"人称代词＋就是说"一般置于句首，多用于交际对话，较少用于独白叙述语篇。本文讨论的"人称代词＋就是说"(标记为"S就是说")话语标记包括第一人称代词的"我/我们/咱就是说"(S1就是说)、第二人称代词的"你/你们就是说"(S2就是说)、第三人称代词的"他/他们就是说"(S3就是说)，拟从话语标记功能出发，再测试社会性直指指标。[①]

　　* 本文将发表于《对外汉语研究》(2024年第29期)。感谢曹秀玲教授、唐正大研究员、陈振宇教授、宗守云教授、张谊生教授、李怡祺博士和《对外汉语研究》审稿专家的指导。

　　① 本文语料主要源于北京语言大学BCC语料库、北京大学CCL语料库、中国传媒大学MLC语料库。

一、"人称代词＋就是说"的话语标记功能

"S就是说"话语标记不影响句子真值语义,作为"发语词"衔接前后语篇。李秀明(2011:100)认为话语标记有语篇、人际两类功能,语篇功能强调篇章组织与衔接,言者调控话语和言语行为;人际功能强调交际主体互动,标示言者对命题或听者的态度、情感、评价等。"解释说明"是"就是说"类话语标记的共有功能,其他功能都是此功能的分支。为方便表述,"S就是说"语篇前背景信息标记为X,后引出的信息标记为Y,即"X＋S就是说＋Y"结构,X与Y基于同一话题框架,Y是X的信息延续。

1.1 人际功能:会话主体的信息阐释

人称范畴介入让人际功能成为"S就是说"的主要功能,第一类是凸显交际主体,第二类是明确表达主体信息,根据言听双方的交互主观性和话语意图判断。

1.1.1 凸显交际主体

"S1就是说"标示言者观点或态度,"S2/3就是说"是言者回应其他参与者。例如:

(1)丽娟:妈,我们早上不吃干饭的,就喝豆浆或者牛奶。你怎么一大早就做干饭啊?

婆婆:是哪! 我就是说,你们这里米可不咋地。我下回来背点儿东北米,叫你瞅瞅啥是真正的大米。到时候你就知道早饭吃干的也美。(六六《双面胶》)

例(1)丽娟提出"不吃干饭"X信息,Y信息则是婆婆根据X信息标示"米不咋地"的观点,亦是婆婆对丽娟的回应。再如:

(2)博雅:这种奇怪的心情连自己也理不清头绪。

晴明:你就是说,这不对头吗?(梦枕貘《阴阳师》)

例(2)X是博雅所言,Y是对X的信息总结,也是晴明对博雅的回应,就总结话语征询对方答复,增强互动。又如:

(3)毛佩奇:我们再往前看,实际上,在洪武十一年,朱元璋就已经采取了措施,当时,朱元璋没说。什么措施呢? 他就是说,以后再上奏书不许再关白中书省。(《百家讲坛》,2005年4月12日)

例(3)"他就是说"引述话语第三方朱元璋的具体措施,言者从铺垫的背景信息 X 引出 Y 信息,向听者介绍他方信息。

1.1.2 明确表达主体信息

"S 就是说"可明确表达主体信息,意在让听者理解并判断言者表述,言者用 Y 补充 X 或就对方 X 信息提出言者见解 Y,包括寻求认同、推断信息、确认信息等功能,让 X 信息更明确,便于听者理解。例如:

(4)朱力安:因为西方大家独立惯了,就是说你要是依赖于别人,别人没说什么,不是爸妈的问题,有时候是爸妈的问题,但有时候不是他们的问题。

伊能静:家里人怎么会是别人呢。

朱力安:不是,我就是说他自己给自己压力你明白吗?(《锵锵三人行》,2012 年 9 月 11 日)

例(4)朱力安第一段对话信息是 X,"就是说"连接前后语篇以填补话语空白。由于伊能静对 X 中的"别人"表示质疑,不同意推论,朱力安再用"给压力"等信息补充解释,希望她认同自己的观点。再如:

(5)月　容:老太太做长辈的人,也同我们小孩子开玩笑了。

丁老太:开玩笑要什么紧,只要你们俩和和气气的,我心里就十分的痛快。我也不是别的什么意思,我就是说,你们俩,要过得像亲兄妹一样,那才好呢。(张恨水《夜深沉》)

例(5)"我就是说"可替换成"我的意思是",丁老太用此澄清信息,XY 围绕"两人关系"展开,X 是"你们和和气气",Y 是"你们像亲兄妹一样"为补充。又如:

(6)郭德纲:谦哥说那就一小手术,换一般人可也盯不下来,要我,糖尿病外带三高,要上去了还真够呛,当然了我也不会走那一步。于谦实在没办法了,艺术的瓶颈很难突破呀!

于　谦:我怎么听着不对呢?

郭德纲:我就是说谦哥身体好,我虚胖,谦哥身体素质好。(郭德纲《德云社相声集》)

例(6)"我就是说"可替换成"我的意思是",于谦质疑郭德纲 X"小手术"信息,郭德纲用"我就是说+Y"中"谦哥身体好"来纠正。无论解释、补充还是纠正,言者都希望听者认同自己并移情。"S2/3 就是说"更关注对方或他方,例如:

(7)于建华:即使现在按照我们预设 8 年的目标,如果到 2020 年,所有的污染物降低 30%的话,我们的 PM2.5 仍然是不达标的,PM2.5 到时候年均大约在

50 微克每立方米左右,国家的标准是 35,所以我们还离国家标准有一段差距。

　　记　者:你就是说,到 2020 年降低 30％,也差不多只能降到 50 微克左右?

　　于建华:对,越往后应该说降得越慢越难。(《新闻调查》,2012 年 2 月 5 日)

　　例(7)"PM2.5"表述为 X,记者 Y"污染物降低"是对 X 总结,向于建华确认信息并寻求回应,推断与确认可并行,"S2 就是说"疑问和陈述形式都是寻求确认。再如:

　　(8) 杨海兵:王祥龙这个人呢,有个特点,一是会说,能言善辩,第二呢,王祥龙花钱很大方,他跟女的在一起,什么吃喝玩都不在乎,但是这些钱,其实王祥龙没有钱,他都是通过骗这个女的,他同时交往了好几个女的,他就是说从这边女的这儿借钱然后几个女的在一起花,然后花完了再找其他理由上另外那个女的那儿借。(《经济与法》,2013 年 5 月 21 日)

　　例(8)"王祥龙特点"为 X 信息,"他就是说＋Y"是基于 X 的详细阐述,并作出"借钱花"的推断,此处无须确认。

1.2　语篇功能:篇章的衔接连贯

　　语篇功能是衔接前后篇章,不要求言者评价或让听者回应。语篇上,"X＋S就是说＋Y"中 Y 是 X 的延续。"S 就是说"中"S"突出主体性,表达个人观点或立场,语义特征明显,不具备"就是说"中不凸显语义只用于填补空白的标记迟疑功能。

1.2.1　引述、纠正(修正)、总结

　　"X＋S 就是说＋Y"中,X 和 Y 关联度高,语篇功能细分为引述、纠正(修正)和总结。引述功能是基于旧信息引出新信息,例如:

　　(9) 爷爷见了我一直流眼泪,我就是说,我们这些做孙子孙女的该多伺候他老人家啊!(罗兰《西风·古道·斜阳》)

　　(10) 这显然是极为重要的线索,因为青山饭店正好坐落在高岳路上,说明那张假钞票可能是从青山饭店收进的,然后交到高岳路营业所,汇总到滨海市银行。他就是说,作案者可能在青山饭店吃过饭。(杨晓雄、王宛平《纸醉金迷》)

　　例(9)Y"我们该多伺候他老人家"是根据 X"爷爷见我流眼泪"的推论,明示信息。例(10)X 是青山饭店事件①,"他就是说"引出作案者与青山饭店的关联Y 信息,"他"非参与者而是回指 X 信息,可替换成"这/那/也＋就是说"。

---

　　① "青山饭店事件"指前文中作案者在青山饭店使用假钞消费的事件,此处"他"回指此事件。

纠正是针对听者的话语调整,因听者质询需言者解释,若言者察觉 X 表述错误,则用 Y 修正。例如:

(11) 小陈:我就是做灯的,我还不知道。如果温州产的,还是便宜。

　　小敏:这一点你倒不要和他辩了,他在做这生意呢。

　　小姐:我不是要和先生争什么,要是先生是做这个的,自然比我们清楚。我就是说,小姐喜欢的这一款东西,我们店里也好销。

　　小陈:你这个小姐挺会说话。(陈丹燕《女友间》)

例(11)"我就是说"将 X"先生"和 Y"小姐"等话语衔接,纠正(修正)功能与例(6)相似,小姐纠正话语行为以缓解冲突或规避矛盾。

总结功能例如:

(12) 宋晓军:随着芯片技术、传感器技术的发展,可以说越来越便宜,电脑也越来越便宜。

　　水均益:你就是说技术的获得也越来越容易了。

　　宋晓军:对。(《环球视线》,2011 年 12 月 12 日)

例(12)水均益总结宋晓军的 X 信息,得出 Y 结论,宋晓军也赞同 Y。

1.2.2 "S2/3$_{虚指}$就是说"的自我表达

"S2/3$_{实指}$就是说"用于与对方或他方互动,"S2/3$_{虚指}$就是说"[①]非人称直指对方或他方,不要求互动,实为表达自我观点。例如:

(13) 张志伟:我把哲学如果看作是广义的人生哲学,或者你就是说哲学是世界观的话,它需要的是思考,需要的是自觉,需要的是你自己灵魂在场。(《百家讲坛》,2003 年 11 月 13 日)

(14) 往下泼开水呀,就是你工人这个罢工,他就是说这个用百般的这、这个手法,这个压制你们,不让你们讲话。(《1982 年北京话调查资料》)

例(13)和例(14)"你""他"是虚指,非指听者。例(13)听者不理解"人生哲学",言者就用 Y 解释 X"人生哲学"和"世界观"的关系,是引述。例(14)"他就是说+Y"是对"泼开水"等 X 信息的进一步阐释,总结前文信息。"S2/3$_{虚指}$就是说"可替换成"就是说",让 X 与 Y 衔接连贯。

"S1/2/3 就是说"话语标记功能不对称,分布详见表 1,(＋)是虚指承担的功能。

---

① 本文的"S2/3$_{虚指}$"较宽泛,言者设置不出现在话语场景的虚拟角色即为"S2/3$_{虚指}$"。参考完权(2019)、王义娜(2008)对"人称移指"的定义,其用于增强交互主观性,但部分移指角色是存在的。

表 1 "S 就是说"的话语标记功能分布

功　　能		话　语　标　记		
		S1 就是说	S2 就是说	S3 就是说
语篇功能 衔接连贯	引述功能	＋	＋/（＋）	＋/（＋）
	纠正（修正）功能	＋	－	－
	总结功能	＋	＋/（＋）	＋/（＋）
人际功能 交际主体	自我标示	＋	－	－
	回应对方	－	＋	－
	引述他方	－	－	＋
人际功能 明确表达	寻求认同	＋	（＋）	（＋）
	推断/确认信息	－	＋	＋

　　"S 就是说"语篇衔接铺垫 X 信息,引出 Y 信息。形式上,"S1 就是说"的 XY 可分布于同一语句或前后话轮中,是自我话语,能派生自我标示、寻求认同、纠正（修正）信息等功能,"S2/3虚指 就是说"虽是自我表达但无法设定虚拟角色来纠正（修正）话语。由人称直指能凸显信息来源,言者不能曲解其他参与者的信息。"S2实指 就是说"的 X 多是对方话语,言者话语 Y 是向对方寻求确认,"S3实指 就是说"的 X 引述他方话语,与 Y 共现于同一语句中。X 也作为话语参与者的共识信息,不出现于语篇。

二、"人称代词＋就是说"的社会性直指表达

　　直指(deixis)源于哲学的指示(pointing、indicating)①,是一个符号指向语境的某个客体,须存在参照对象,列文森 Levinson(1979;1983：54)认为言者直指事物的参照对象包括：参照物、听者、旁观者和环境。本文讨论特殊直指范畴——社会性直指(social deixis)。列文森(Levinson,1979)和曼宁(Manning,

―――――――
　　① 直指与指示接近。参考陈平(2012)和徐起赳、祝亚雄(2021),直指是言者以自我为中心,在人称、时间和地点上为其他事物定位,强调特定语境下言者和事物的关系,基本类别有人称、时间和处所直指。

2001)认为社会性直指编码话语参与者的社会关系,包括:同盟性,参与者话语立场的一致性;尊卑性,参与者话语地位的高低;威权性,言者通过宣示信息所有权来表达话语权力,与示证范畴与命题态度相关;亲疏性,参与者间的心理距离。Siewierska(2004:214)认为"视点"(point of view)和"移情"(empathy)是影响社会性直指的主因,言者以何种视角邀请听者参与事件,多以己方视点邀请。"人称代词+就是说"的人称直指性强,言者可设置己方、对方、他方或虚拟方视点来邀请听者,视点选择可反映参与者的动态社会关系①,有不同移情效果。

人称代词与人称直指有联系也有区别,徐赳赳、祝亚雄(2021)认为,直指中"言者"对应第一人称代词,"听者"对应第二人称代词,"其他人"(参与者、接受者、旁观者)对应第三人称代词。"S就是说"人称直指更复杂,如包括式"咱"和"我们"同时直指言者、听者或其他人,虚指"你/他"直指非现实话语场景的角色。"S就是说"因人称范畴加入强化了人际功能与社会性直指。唐正大(2019)测试了关中方言人称范畴的社会性直指指标,指出汉语"轻尊卑重亲疏"倾向,本文参考此研究,设置"同盟性"②和"威权性"③两类指标考察"S就是说"社会性直指表达。

2.1 "S1就是说"的同盟性直指

"S1就是说"语用主观性较强,多标示言者态度、立场与观点,包括式的"咱/我们就是说"具备正向同盟性,希望对方认同己方。

2.1.1 正向同盟性的"X+S1就是说+Y"

"咱"和"我们"是包括式人称代词,"S1$_{复数}$就是说"把言听双方包括在内,具备正向同盟性,言者意与听者拉近心理距离让对方移情以接受自己的观点。例如:

(15)许子东:电话公司是没有权力停掉你的手机的,什么人能停掉你的话,要公安局监听,监听完了他也不停你的电话,他直接上你家里把你抓起来了。

窦文涛:反正现在这个事儿,什么是合法,什么是非法,有的时候你也

---

① "动态社会关系"为非传统的家庭、亲属或职业等稳定社会关系,蕴含言者与其他参与者的动态关系,通过话语导向来反映。

② "同盟性"为言者是否希望与参与者结成"话语共同体",在命题上能否达成共识,根据能否达成分为正向或负向同盟性。

③ "威权性(entitlement)"指的是非社会等级层面的"权威"(authority),由Fox(2001)提出,言者通过示证标记(evidential markers)表达话语中的权威地位,言者话语对听者是否具备确信度与理据性,威权性有高低之分。

说不太清楚。咱就是说大家对于这部门那部门有种种的质疑,其实这个部门自己也吓得跟孙子似的,你知道吗?(《城市零距离》,2008 年 10 月 26 日)

例(15)X 是许子东的信息,Y 是窦文涛对 X 的回应。"咱/我们就是说"和"我就是说"功能基本一致,是自我标示,"咱""我们"也编码进听者,意与对方构建话语同盟。再如:

(16)这个情况下呢,就是说我们中央也讲了,我们取得解放战争的最后胜利啊,连敌人都不怀疑了,国际上也不怀疑。我们就是说,人民解放战争取得最后胜利已基本成定局了。(《见证亲历》,2009 年 8 月 31 日)

例(16)"就是说"是标记迟疑。"我们就是说＋Y"是基于 X"解放战争胜利"的强调说明,言者用"我们"替代"我"建立同盟,实现移情。

2.1.2 主观性表达:"(X＋)S1 就是说＋Y"的功能扩张

新兴话语标记"咱就是说"以及功能扩展的"我就是说"可不铺垫 X 信息,将话题信息前景化。例如:

(17)咱就是说,冬奥上的姑娘们真棒。(澎湃新闻,2022 年 2 月 20 日)

(18)咱就是说,萌萌探这个节目真是越来越好看了呢。(新浪看点,2022 年 6 月 25 日)

(19)咱就是说,真人芭比让我很无语。(新浪时尚,2022 年 6 月 21 日)

(20)咱就是说,为什么室友 6 点过就起床说要去自习,8 点半还没走呢,还把自己的所有东西弄得全是声音。(知乎,2022 年 3 月 11 日)

例(17)—(19)"咱就是说"都是新闻标题,未铺垫 X 信息。"咱就是说＋Y"用于评价,正负面评价兼具。例(20)Y 虽是表述事件,但个人情感立场也较明显。使用包括式"咱"是为了让听者参与话语中以己方视点构建话语同盟,"咱就是说"是言者主观性表达,意让对方认同 Y 并增强互动性,不完全是包括式用法。"咱就是说＋Y"事先完成了"模拟对话"①,无须设置背景信息,即可将话题前景化,模拟预设 X 共识信息,默认或假设听者已知此信息。再如:

(21)我就是说,没有人可以拒绝鸭心鸭脖大草莓。(微博,2022 年 1 月 19 日)

(22)终于看到武大靖全身了我就是说。(微博,2022 年 6 月 24 日)

(23)就是说,到今天上班的我是天选打工人无疑了。(微博,2022 年 9 月 28 日)

---

① "模拟对话"是相对于"自然对话"的概念,"咱就是说"默认双方模拟完成了"X 信息"的对话,能直接进行"Y 信息"的对话。

例(21)"我就是说"也是言者主观性表达,与"咱就是说"功能一致。例(22)将"我就是说"后置,让"终于看到武大靖全身了"话题化。例(23)是"就是说"主观性表达的功能扩展,上述"S1扩展就是说"多表达个人立场。

2.2 "S2/3 就是说"的同盟性直指

我们分实指和虚指讨论"S2/3 就是说",它们的同盟性指标不同。

2.2.1 "S2/3 实指就是说"立场判断与同盟性

"S2/3实指就是说"确指某话语参与者,X 是参与者提供的信息,Y 是对 X 的回应,通过 Y 立场回应判断双方的同盟性。例如:

(24)主持人:就是你现在撤销了我们看到的这些驻京办,但是它可能换一种方式,以另外一种身份继续存在着。

刘 戈:对,你就是说变成地下组织,潜伏下来,是吧。

主持人:有这种可能。(《今日观察》,2010 年 1 月 25 日)

例(24)刘戈 Y"地下组织"信息是对主持人 X"驻京办"的总结与回应,此处刘戈表示赞同,主持人也肯定,具备正向同盟性。

(25)A:王者荣耀里也可以聊天,谈事情啊,线上线下都可以约啊,这也是社交生活啊,社交方式是多种多样的。

B:你就是说,让孩子都不用干什么了,就直接在王者荣耀里,什么都可以?你知道孩子的身心健康吗?(BCC 对话,2017 年 8 月 2 日)

例(25)A 阐述 X"王者荣耀的优点",B 对 A 的话语进行推断 Y,但 B 不赞同 A 并表示质疑。因此 A 与 B 是负向同盟性,立场不一致。"S3 就是说"例如:

(26)窦文涛:那个律师声称起诉微软的,他就是说,微软行为等同于最大的黑客行为。

梁文道:对,这也有可能。(《锵锵三人行》,2008 年 10 月 24 日)

例(26)窦文涛将未在现场的律师引进对话,"起诉微软"是 X,"他"实指律师,再引出 Y"黑客行为",根据梁文道的肯定回应,具备正向同盟性。

2.2.2 "S2/3虚指就是说"虚拟对话与同盟性

"S2/3虚指就是说"能扩大言者话语同盟。例如:

(27)窦文涛:很多时候你跟人说你没有道德底线,但要公平来讲,你先要看看你有没有制度底线。如果你就是说,大家可以随便,谁都不排队,那么你越过这一层,直接去指责一个人,你为什么不排队,你这个就属于越过了,你的制度都没有建立。

纪文凤：对。(《锵锵三人行》,2009 年 3 月 5 日)

例(27)"你"非纪文凤,而是虚拟角色,言者将虚拟与现实角色(窦文涛、纪文凤、"你")整合一起构建对话,纪文凤回应"对"具备正向同盟性。再如:

(28)张鸿：对,其实土地泡沫率也讲了,他就是说大概相当于一个什么样的警告呢,比如说 70％,包括平均 29％点多,他说是中国经济可能会被房地产绑架。(《今日观察》,2010 年 12 月 8 日)

例(28)"他"是虚拟角色,"他就是说"实为"我就是说",将"我"的 Y 信息移指到"他"身上,把言者、听者和虚拟角色整合扩大同盟。

2.3 "S1/2/3 就是说"的威权性等级序列

"X＋S 就是说＋Y"传信时各人称蕴含的威权性不同,自我表达确信度最高,总结对方或转述他方话语易出现信息偏差,确信度减弱。同盟成员越多,话语威权性越高。威权性判定标准是确信度,同盟性和理据性[①]。详见图 1:

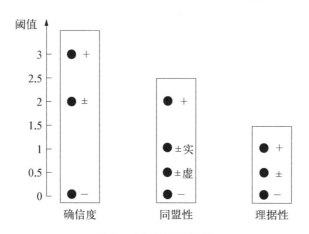

图 1 威权性测试阈值

2.3.1 "S1 就是说"的威权性直指

"S1 就是说"是高威权性表达,为断言,引出 Y 是言者高度确认的信息。例如:

---

① 威权性阈值以优先度分三类,最高是确信度、其次是同盟性、最低是理据性,赋值从大到小为"＋""±""一",确信度是言者对信息的确信(完全确信为"＋",计 3 分;转述信息为"±",计 2 分;待确认为"一",计 0 分);同盟性是话语同盟的大小(话语同盟成员多为"＋",计 2 分;话语同盟成员少为"±",分为现实同盟"±实"(计 1 分)和虚拟同盟"±虚"(计 0.5 分);"一"表示难构建同盟,计 0 分);理据性是背景信息呈现方式(语篇出现为"＋",计 1 分;模拟共识为"±",计 0.5 分;无信息为"一",计 0 分)。

(29)我们现在存在的一些问题,就是搞质量的,跟做质量的,没有很好地用一种很容易的沟通的语言,让那些老总们知道这个东西对他怎么有好处,让他看到这种光明,看到这种亮。我们就是说一个质量工作者,最好的说服领导的办法,就是给他算一笔账。(马林《话说质量经营》)

例(29)"我们"代替"我"扩大同盟赋予正向同盟性,暗示"许多人"认同观点,提高确信度与威权性。"我们就是说"赋值为[＋确信,＋同盟,＋X],阈值6。再如:

(30)咱就是说,离婚不可怕。(豆瓣,2022年3月2日)

例(30)语篇未出现X信息,但言者预设X即"离婚不可怕"的原因,默认听者共识X并接受Y观点,确信度高但理据性低。"咱就是说"赋值为[＋确信,＋同盟,±X],阈值5.5。再如:

(31)起　明:你这是吹牛!

　　　　阿　春:在美国这可不叫吹牛,这叫树立形象。我跟你认真讲,我刚来的时候,我也曾经谦虚过,可是连你自己你都不相信的话,谁会相信你呀。

　　　　起　明:我就是说,你不能太离谱,你知道吧。你回头让人知道多笑话你呀。(李晓明《北京人在纽约》)

例(31)X是"吹牛",Y为纠正。Y是高确信的,有X与阿春的话语铺垫,"我就是说"赋值为[＋确信,±同盟(实),＋X],阈值5,同盟仅"我"一个个体,主观性强。

2.3.2　"S2/3就是说"的威权性直指

"S2/3就是说"多为回应、确认或推断话语信息,比"S1就是说"确信度低,分实指和虚指讨论。例如:

(32)财　神:你想呀!咱们面试最重要的是什么呀?

　　　　九　儿:当然是面呀。

　　　　小　怡:那个面呀,是聪明人说的面。

　　　　九　儿:哦,你们就是说我长得不够漂亮吗?

　　　　财　神:别别别!(俞白眉《翠花上酸菜》)

(33)记　者:你的哥哥两次都是挂床,你的爱人三次都是挂床,那么他们就是说,都不到这儿来,只是把药拿回去就可以了。

　　　　许海燕:对。(《焦点访谈》,2006年4月13日)

例(32)"你们"实指"财神"和"小怡",九儿推断财神和小怡的X信息得出Y"我不漂亮"结论。例(33)"他们就是说"的"他们"直指"哥哥和爱人",X是铺垫,

Y是根据X"挂床"信息的推断。"你们/他们就是说"多为转述对方或他方话语，难与听者构建同盟，威权性较低，赋值为[±确信，－同盟，＋X]，阈值3。再如：

（34）许鞍华：导演就是集中人家最好的东西然后据为己有啊。

窦文涛：你就是说，等于说这个对白什么的基本上都按照这个剧本，你们不去在现场让他们调整，或者这样不舒服换一个说法。

许鞍华：少，很少，不太多。（《锵锵三人行》，2012年5月10日）

"S2/3实指就是说"威权性最低，例（34）窦文涛Y根据许鞍华X推断得出，希望对方回应Y是否正确。由于"X（对方话语）＋S2就是说＋Y（言者推断）"，Y需确认，确信度低，赋值是[－确信，－同盟，＋X]，阈值1。"S2/3虚指就是说"例如：

（35）张颐武：你办一件事情，虽然你尽了最大的努力，但是你没办成的时候，你还是一个失败者，当然我们对这种失败者，也应该有最大的尊重和爱，但是这不妨碍我们对他的作品还是要批评。你就是说，你费了很大的劲，把生命都付出了，你拍了一部电影，或者写了一个小说，还是不成材，还是写得不好，那么我们也不能放弃我们批评的权利。（《百家讲坛》，2005年3月23日）

（36）窦文涛：你们会认为我是落后的，你们是现代化。他就是说，到底现代化是个什么标准？（《锵锵三人行》，2008年12月6日）

例（35）和例（36）"你""他"是虚指，不直指参与者，实为自我表达，但虚指角色构建的是虚拟同盟，指标低于S1，赋值[＋确信，±同盟（虚），＋X]，阈值4.5。

"S就是说"威权性指标与人称直指、同盟数量、实指虚指相关，如图2所示：

威权性低 ──○────○────○────○────○────○──▶ 威权性高
　　　　　你/他　　你们/他们　你/他　　　我　　　咱　　　我们
　　　　（实指）　　　　　　（虚指）

图2　"S就是说"的威权性等级序列

三、结　　语

"人称代词＋就是说"话语标记主要为人际功能，兼有语篇功能，所有分支功能基于"解释说明"而扩展。张旺熹、姚京晶（2009）指出人称代词进入话语标记具备交互主观性。"人称代词＋就是说"先具备人称直指义，整个结构传达社会性直指义，整体话语内容具备同盟性、威权性，能增强交际互动，从而具备激活话题、移情、达成立场一致与增强确信度等人际功能,社会性直指表达手段不限于人称代词、称呼语、敬谦语等,也可以是特定结构或构式。社会性直指显赫主要通过话语内容编码参与者的动态社会关系体现。

参考文献

陈　平(2012)话语分析与语义研究,《当代修辞学》第 4 期。

李秀明(2011)《汉语元话语标记语研究》,中国社会科学出版社。

史金生、胡晓萍(2013)"就是"的话语标记功能及其语法化,《汉语学习》第 4 期。

唐正大(2019)社会性直指与人称范畴的同盟性和威权性——以关中方言为例,《当代语言学》第 2 期。

完　权(2019)人称代词移指的互动与语用机制,《世界汉语教学》第 4 期。

王义娜(2008)人称代词移指:主体与客体意识表达,《外语研究》第 2 期。

徐赳赳、祝亚雄(2021)直指的概念、功能和应用,《当代语言学》第 1 期。

张旺熹、姚京晶(2009)汉语人称代词类话语标记系统的主观性差异,《汉语学习》第 3 期。

张谊生(2002)"就是"的篇章衔接功能及其语法化历程,《世界汉语教学》第 3 期。

Fox, B. A. (2001) Evidentiality: Authority, Responsibility, and Entitlement in English Conversation. *Journal of Linguistic Anthropology* 11(2): 167 - 192.

Levinson, S. C. (1979) Pragmatics and Social Deixis: Reclaiming the Notion of Conventional Implicature. In Chiarello, C. (ed.). *Proceedings of the Fifth Annual Meeting of the Berkeley Linguistics Society*. Berkley, CA: Berkley Linguistics Society.

Levinson, S. C. (1983) *Pragmatics*. Cambridge: Cambridge University Press.

Manning, P. H. (2001) On Social Deixis. *Anthropological Linguistics* 43(1): 54 - 100.

Siewierska, A. (2004) *Person*. Cambridge: Cambridge University Press.

(上海师范大学对外汉语学院,200234,XiaYusheng_Dervish@163.com)

假设句关系类型及焦点结构

朱　斌[1]　段佳璇[2]　袁陈杰[3]

○、前　言

什么是假设(句)？假设句的命题有真假性,假设句与条件、时间、因果、让步等有关联,假设句又有多样的认知语用功能,对于假设句的界定和分类,国内外语言学界尚无定论。以往对假设句和条件句的分类,主要有五个角度:

其一,假设的命题真假或事实性分类。如吕叔湘(1942/1982)、利奇和斯沃特威克(Leech & Svartvik, 1975)、章敏(2016)、科姆里(Comrie, 1986)、汤普森等(Thompson et al., 2007)、张雪平(2017)、龚波(2017)等。

其二,假设句的条件属性分类。吕叔湘(1942/1982:416)提出假设句从条件性上分为充足条件、必需条件和充足又必要条件;另外吕叔湘(1942/1982:419-421)还提出两歧假设句,相当于无条件句。

其三,假设句的语用和话语功能分类。邢福义(1985:5;2001:41)把假设句看作因果类之一种,是"假设性因果推断句"的简称。邢福义(1985:28-31;2001:85-88)指出,"如果……就……"跟陈述、疑问、祈使、感叹等用途都有关系,有推知性、应变性、质疑性、祈使性、评说性和落实性等6类。另外,在假设句的分析中还提到"说法"假设(如果说)(邢福义,1985:39;2001:90,373)和"反证释因"假设(要不是)(邢福义,1985:36;2001:108)。德克勒克和里德(Declerck & Reed, 2001: 7,277-363)基于条件句在语篇中的功能,把条件句分为特定条件句和修辞条件句。

其四,假设句的认知域和心理空间分类。斯威彻尔(Sweetser, 1990:113-121)把条件句分为三域:内容条件句、认知条件句和言语行为条件句。丹西吉尔和斯威彻尔(Dancygier & Sweetser, 2005:28,111)将条件句的心理空间分为内容域和非内容域。哈德(Harder,1996)做了类似的划分:触发条件句、认知序列条件句和言语行为条件句(Declerck & Reed,2001:4)。角田(Tsunoda,2012)在斯威彻尔三域的基础上扩展为五层。

其五,事实性、逻辑语义关系和语用认知功能复合分类。Quirk et al.(1985:1091—1097,1989:1509—1518)将条件句分为3类:直接条件句、修辞条件句和间接条件句。王维贤等(1994:156—172)认为典型的假设句"如果 A,那么 B"表示假设的条件,并根据假设句语义和形式的特点谈了5种特殊的假设句:违实性假设、时间性假设、对比性假设、解注性假设、倚变性假设。Athanasiadou & Dirven(1997)将条件句分为3类:事件过程条件句、假设条件句、语用条件句。Newstead et al.(1997)把条件句分为5类7种:劝诱(包括承诺、威胁)、建议(包括提示、警告)、时间、因果、通则。Nickerson(2015)把 if 的用法概括为12种:包含性重言式、声明(指示)、承诺、威胁、警告、建议、提示、祈使(命令)、请求、询问、反事实、预测。埃尔德(Elder,2019:125—155)把条件句分为假设条件句和饼干条件句。克罗格(Kroeger,2022:345—348)分条件句为3种:标准条件句、言语行为条件句(又称关联条件句)和让步条件句。董秀英(2020:49)根据语义关系把假设句分为原型假设句(因果关系)和非原型假设句(非因果关系)。

从以上关于假设句和条件句的分类可以看出,主要的问题是对于假设句和条件句的划界并不清晰,而且把时间性、因果性、条件性的事理和逻辑关系与小句事实性、句子话语功能和语用义混在一起进行分类。

我们认为,假设是人们对可能世界的预期估测和推理。假设词"如果"等设置预期框架,假设句在信念和愿望上展开预期内容。从逻辑语义关系上,假设句可以划分为6种类型:充分条件假设、必要条件假设、推论假设、说法假设、目的假设和让步假设。假设句的前提小句和结论小句的命题,从事实性上可分为四种:现实事实、可能事实、反事实和虚构事实。

"否则"具有回指投射焦点的功能。邢福义(1983、2001:309—331)讨论了"p,否则 q"句式,"否则"之类关系词语含有先假设否定前面所说的事,然后转到肯定后面所说的事,表示"假言否定性的逆转"。"p,否则 q"表意重心一般在 p。克鲁伊夫-科尔巴约、韦伯(Kruijff-Korbayova、Webber,2001)讨论了英语回指连接词 otherwise(否则)如何对上文相关从句的信息结构(IS)敏感,展示了信息结构(主位-述位)如何影响哪个成分成为"否则"的回指成分。朱斌(2011)从"如果 A,那么 B,否则 C"的语义关联角度考察假设句的焦点分布规律。

本文将对假设句的语义类型和焦点结构做进一步探讨,分析假设句"如果

A,那么 B"假设句的语义类型及其与后续"否则"句构成的复合假设句联(复句或句群)的细颗粒语义类型,探讨假设关系类型与"否"的焦点投射域之间的对应规律,考察假设关系类型中 B 和 C 的情态类型及其与"否"的焦点投射域的关联规律。本文例句基本来自 CCL 语料库和 BCC 语料库。

一、充分条件假设句

充分条件假设句,指假设前提表示充分条件,后件表示结果或结论。焦点域可以在假设前提的充分条件,也可以在结果或结论。当焦点域在充分条件时,可以构成双条件假设句和无条件假设句;当焦点域在结果或结论时,可以构成双充分条件假设句、单充分条件假设句和结果选择式假设句。

1.1 双条件假设句

充分条件中双条件假设句,A 表示假设的充分条件,B 表示相应的结果或结论,C 表示否定 A 后得到的与 B 相反或相对的结果或结论。逻辑式为"A→B∧¬A→¬B≡A↔B",焦点域在假设的充分条件 A。假设充分条件可以是事理性的,也可以是目的性的。

1.1.1 事理性双条件假设句

事理性双条件假设句,基本格式为"如果 A,(那么/那)(就/便/则/将)B,否则非 B",例如:

(1)她让我做什么,如果我照办了,我们就是好朋友;否则她就会冷落我,把我关在外面。(《作家文摘》1997 年)[认识:必然-认识:必然]①

(2)如果看到,第二天就可以开斋;否则,还要继续斋戒,但一般最多只延续三天。(林崇源、王德胜《中国儿童百科全书》)[道义:许可-道义:必要]

(3)如果他们克服了这些,他们就能正直地生活,否则就不能。(李约瑟著,何兆武译《西方哲学史》)[动力:能力-动力:能力]

1.1.2 目的性双条件假设句

目的性双条件假设句,A 表示假设的目的性条件,B 表示相应的结果或结论,C 表示否定 A 后得到的与 B 相反或相对的结果,基本格式为"如果(想/要)A,(就)B,否则非 B",例如:

① 符号"-"前为 B 分句中的情态类型,后为 C 分句中的情态类型,下文同。

(4)如果主人要见你们,自会在外面相见,否则你找来也没有用,藏剑庐中绝不容外人进去。(古龙《圆月弯刀》)[认识:必然-认识:必然]

(5)如果只是想"练练手""熟悉熟悉情况"来年再考,不妨可以继续复习,否则就应该选择主动放弃,以便腾出更多的时间来完成其他也很重要的事情。(网络语料)[道义:许可-道义:理当]

(6)如果美方确有诚意解决非法转口问题,中方愿意同美方就此共同调查并再次进行磋商,以取得双方都能接受的结果。否则,中方将不得不作出进一步反应。(《人民日报》1995年)[动力:意愿-道义:承诺]

1.2 无条件假设句

无条件假设句,A表示假设的充分条件,B表示相应的结果或结论,C表示否定A后得到的与B相同的结果,其逻辑式为"A→B∧￢A→B≡(A∨￢A)→B"。焦点域在假设的无条件。根据B和C之间的语义关系,可分为对等反无条件假设句和让步反无条件假设句。

1.2.1 对等反无条件假设句

对等反无条件句,A表示假设的充分条件,B表示相应的结果或结论,C表示否定A后得到的与B相同的结果,基本格式为"如果A,就B,否则(也/还是)B",逻辑式为"A→B∧￢A→B≡(A∨￢A)→B",焦点域在假设前提。

吕叔湘(1942—1944,1982:419-421)提出假设句一正一反叠用的"两歧假设句",其中有一类两歧假设句和无论句可以相通,并指出这类假设句的作用或是表示两可,或是表示两难。这里讨论的"对等反无条件句",大体相当于吕先生所说的这类两歧假设句。例如:

(7)白萝卜切条,如果要当天吃,就切丝,否则萝卜条的粗细完全取决于个人的喜好和刀功,没有一定之规。(网络语料)[两可]

(8)若依法判决此案,损失的是国家,否则,损失的还是国家。(《报刊精选》1994年)[两难]

1.2.2 让步反无条件假设句

让步反无条件句,A表示假设的充分条件,B表示相应的结果或结论,C表示否定A后得到的与B相同的结果,基本格式为"如果A,B,即令不然也B",逻辑式为"A→B∧￢A→B≡(A∨￢A)→B",焦点域在假设前提。与对等反不同,让步反无条件句的B、C分句之间具有虚拟性让步关系。例如:

(9)这时父亲如果能够保持着相当丰裕的收入,家中当然充满一片天伦之乐,即令不然,儿女人数不多,只要分配得平均,也还可以过得相当快乐,万一分配不太平均,反正儿女还小,也不至闹出大乱子来。(闻一多《关于儒·道·土匪》)[认识:必然-动力:能力]

1.3 双充分条件假设句

双充分条件假设句,A 表示假设的充分条件,B 表示相应的结果或结论,C 表示在 A 的大前提下非 B 的结果或结论,逻辑式为"$A \rightarrow B \wedge (A \wedge \neg B) \rightarrow C$",焦点域在结果或结论。假设前提可以是事理性的,也可以是时间性的,例如:

(10)如果一国苦于高失业率,而另一国经济繁荣,欧洲央行是很难通过降低利率,来对前者施以援手的,否则,后者就会有通胀之忧。(新华社 2001 年新闻报道)[认识:必然-认识:必然]

(11)如果服用不当,特别是在精神失常的时候,肯定出问题。否则,主席也不会这么着急呀。(《作家文摘》1993 年)[认识:必然-认识:必然]

1.4 单充分条件假设句

单充分条件假设句,A 表示假设的充分条件,B 表示相应的结果或结论,C 表示非 B 的结果或结论,并且 C 与 A 之间是相反对立的关系,"否则"式是充分条件"如果 A,那么 B"的否定后件式推理,因此只构成单充分条件,其逻辑式为"$A \rightarrow B \wedge \neg B \rightarrow \neg A$",焦点域在结果或结论。其中假设前提可以是事理性的,也可以是时间性的,例如:

(12)他相信,拿屋内不同地方拍的照片进行复杂的加工,如果上帝存在的话,他迟早准会得到上帝的照片,否则就永远结束有关上帝存在的一切臆想。(加西亚·马尔克斯著,高长荣译《百年孤独》)[认识:必然-认识:必然]

(13)如果当有一天我们需要结婚时,首先做的事情应该是面对面了解,否则怎么联姻。(网络语料)[道义:理当-认识:必然]

1.5 结果选择式充分条件假设句

结果选择式充分条件假设句,A 表示假设的充分条件,B 表示相应的结果或结论,C 表示与 B 相对并立的选项,其逻辑式为"$A \rightarrow (B \vee C)$",焦点域在结果或结论。根据 B 和 C 之间的语义关系,可以分为结果列项选充分条件假设句和结果让步选充分条件假设句,例如:

(14)如果对方势在必行或必止,便是命令,否则便是祈求、要不然就是商

酹。(托马斯·霍布斯著,吴福刚译《利维坦》)[认识:必然-认识:必然]

(15)如果有可能,历史家应该亲临其境,目睹其事;不然的话,他也应该采用不偏不颇的报告,选择那些不会因偏见而夸大或贬抑的口证。(百度百科)[道义:理当-道义:理当]

二、必要条件假设句

必要条件假设句,假设前提表示必要条件,根据 A、B 的肯否,分为正说必要条件假设句和反说必要条件假设句,前者的焦点域一般在 A,后者的焦点域有时在 A,有时在 B。

2.1 正说必要条件假设句

正说必要条件假设句,A 表示假设的必要条件,B 表示条件依赖性强的结果或结论,C 表示没有必要条件 A 得到的与 B 相反或相对的结果或结论,因此,"否则"式是必要条件的否定前件式推理,二者构成单纯的必要条件。基本格式为"如果 A,才 B,否则非 B",逻辑式为"A←B∧¬ A→¬ B",焦点域在假设前提,例如:

(16)据说普罗泰戈拉教过一个年青人,规定这个年青人如果在第一次诉讼里就获得胜利,才交学费,否则就不交。(李约瑟著,何兆武译《西方哲学史》)[认识:必然-认识:必然]

2.2 反说必要条件假设句

反说必要条件假设句,A 表示假设的反说必要条件,B 表示相应的结果或结论。根据焦点域的不同,分为双条件反说式必要条件假设句、逆结果反说式必要条件假设句,例如:

(17)他表示,如果没有违法行为,印尼武装部队将不会采取行动。否则,为了国家和政治的稳定,武装部队将不得不采取有效措施。(《人民日报》1998年)[认识:必然-道义:必要]

(18)记住,如果你真没这事,千万别乱说,否则,一害别人,二害自己。(冯冀才《一百个人的十年》)[道义:祈使-认识:必然]

三、推 论 假 设 句

推论假设句,A 表示推论依据的知识或经验,B 表示推论所得的结果或结论,C 表示非 B 的结果或结论。推论假设句的焦点域在结果或结论,可分为单充分性推论假设句和双充分性推论假设句。

3.1 单充分性推论假设句

单充分性推论假设句,A 表示推论依据的知识或经验,B 表示推论所得的结果或结论,"否则"的结论与 A 相反对立,是充分性的否定后件式推理。基本格式为"如果 A,就 B,否则非 A",逻辑式为"A→B∧¬ B→¬ A",例如:

(19)家父如果在家,就一定在里面,否则就不知道上哪儿去了。(古龙《圆月弯刀》)[认识:必然-认识:必然]

3.2 双充分性推论假设句

双充分性推论假设句,A 表示推论依据的知识或经验,B 表示推论所得的结果或结论,C 表示在 A 的大前提下,由非 B 得出的结果或结论,基本格式为"如果 A,那么(就)B,否则 C",逻辑式为"A→B∧(A∧¬ B)→C",焦点域在结果或结论,例如:

(20)如果这信被别人看见,别人很容易就能推理出她一定是跟老三做下什么了,不然怎么谈得上忘记她,又怎么谈得上葬送前途呢?(艾米《山楂树之恋》)[动力:能力-认识:必然]

四、说 法 假 设 句

邢福义(2001:90,371-374)指出,"如果说……那么……"表示说法上的假设与结论之间的关系,分句之间具有比较性(包括相对性和类同性)或解注性。说法假设句"如果说 A,那么 B,否则 C"中,A 表示假设的说法,B 表示依据说法所得的结论,C 表示在 A 的大前提下,由非 B 得出的结论,其逻辑式为"A→B∧(A∧¬ B)→C",焦点域在结论 B。根据 A、B 之间的语义关系,说法假设句分为比较性说法假设句和解注性说法假设句。

4.1 比较性说法假设句

比较性说法假设句的 A、B 分句之间具有类同和相对两种关系,从而构成类同性说法假设句和相对性说法假设句,例如:

(21)如果说商品的使用价值对买者比对卖者更有用,那么商品的货币形式对卖者比对买者就更有用。不然他何必出卖商品呢?(中共中央马克思、恩格

斯、列宁、斯大林著作编译局《资本论》)[认识：必然-道义：必要]

(22) 如果说过去主要靠规模、有形资本，可以在竞争中取胜，现在则主要靠知识创新，否则再大的企业也会垮台。(《人民日报》1998 年)[认识：必然-认识：必然]

4.2　解注性说法假设句

解注性说法假设句，A 表示假设的说法，B 表示依据说法所得的解注性结论，C 表示在 A 的大前提下，由非 B 得出的结论，基本格式为"如果说 A，(那么)B，否则 C"。例如：

(23) 如果说梦见飞翔是象征着肺叶的胀缩，那么这种梦，正如史特林姆贝尔所说的，应该是常常被梦见的，不然就得证明出在做这梦时梦者的呼吸特别加快。(西格蒙德·弗洛伊德著，赖其万、符传孝译《梦的解析》)[认识：可能-道义：必要]

五、目 的 假 设 句

目的假设句，A 表示假设的目的、愿望，B 表示实现该目的、愿望的条件、手段、方式或途径等，C 表示非 B 的结果或结论。目的假设句的焦点域在 B。根据 B 的语义特点，目的假设句分为限制性目的假设句和规范性目的假设句。

5.1　限制性目的假设句

违目的限制性目的假设句，A 表示假设的目的、愿望，B 表示实现该目的、愿望的限制性条件，C 表示非 B 的结果或结论，为非 A。B 分句的限制性条件具有排他性，可强化为唯一条件。基本格式为"如果想 A，(那)除非/只有 B，否则非 A"，逻辑式为"A→/↔B∧¬B→¬A(≡A↔B)"，焦点域在结果或结论的限制条件 B，例如：

(24) 一个国家如果希望富强，除非文官不爱财，武将不怕死。否则，只有自取灭亡。(星云法师《佛教的真谛》)[认识：必然-认识：必然]

5.2　规范性目的假设句

规范性目的假设句可以分为违目的式、逆结果式和结果选择式。违目的的规范性目的假设句基本格式为"如果想/要 A，(那么/那)(就/将)B，否则非 A"，逻辑式为"A→B∧¬B→¬A"，焦点域在 B。逆结果式规范性目的假设句基本格式为"如果 A，(那么/那)(就/则)B，否则 C"，逻辑式为"A→B∧(A∧¬B)→C"，焦点域在 B。结果选择式规范性目的假设句基本格式为"如果 A,B,否则 C",逻辑式为"A→(B∨C)",焦点域在 B,例如：

(25)如果你们还想继续留在这支队伍里,你们就必须去抬担架,否则我就把你们赶走。(邓贤《大国之魂》)[道义：必要-道义：承诺]

(26)如果想带出境,那必须获得矿产部出具的出境许可证,否则海关会找你麻烦。(新华社 2001 年新闻报道)[道义：必要-认识：必然]

(27)军事专家分析认为,如果美英联军包围巴格达,似应动用 60 万地面部队。否则,只能要道控制、重点控制,围而不包。(新华社 2003 年新闻报道)[道义：理当-动力：能力]

六、让步假设句

让步假设句,A 表示退一步的假设,B 说明结果或结论,并强调 B 不受 A 的影响,C 表示在 A 的大前提下,否定 B 后得到的结果或结论,逻辑式为"A→B∧(A∧¬B)→C",焦点域在结果或结论。根据 A 的语义性质,让步假设句分为条件让步假设句、推论让步假设句、说法让步假设句和目的让步假设句。

6.1 条件让步假设句

条件让步假设句,A 表示假设的条件让步,B 表示在 A 的条件让步下得出的结果或结论,C 表示在 A 的大前提下,否定 B 后得到的结果或结论,基本格式为"如果 A,(至少)也 B,否则 C",逻辑式为"A→B∧(A∧¬B)→C",焦点域在 B,例如：

(28)如果一时还不能完全做到这一点,至少也必须把思想政治工作放在重要地位上,否则党的领导既不可能改善,也不可能加强。(邓小平《邓小平文选》)[道义：必要-认识：必然]

6.2 推论让步假设句

推论让步假设句,A 表示假设让步所依据的知识或经验,B 从相反的方向来推断结果或结论,C 表示在 A 的大前提下,否定 B 后得到的结果或结论,基本格式为"如果不(是)A,(至少)也得/应 B,否则 C"和"如果不是 A,至少也是 B,否则 C",逻辑式为"A→B∧(A∧¬B)→C",焦点域在结果或结论 B,例如：

(29)如果不是一位倾国倾城的绝代佳人,至少也是一位美艳异常的俊俏女郎,不然,权势显赫而又风流倜傥的张学良怎么会相中她呢?(《作家文摘》

1995 年)[认识：必然-认识：必然]

6.3 说法让步假设句

说法让步假设句,A 表示假设的说法性让步,B 从相反的方向来说明结果或结论,并强调 B 不受 A 的影响,C 表示在 A 的大前提下,否定 B 后得到的结果或结论,基本格式为"如果不能说 A,至少也 B,否则 C",逻辑式为"A→B∧(A∧¬B)→C",焦点域在 B,例如：

(30) 如果不能说是完美,至少也可以说是美妙绝伦,否则大家不会都叫好!(BCC 旧版)[道义：许可-认识：必然]

6.4 目的让步假设句

目的让步假设句,A 表示假设的目的性让步,B 说明实现该目的的必要行为,C 表示在 A 的大前提下,否定 B 后得到的结果或结论,基本格式为"如果要 A,也必须 B,否则 C",逻辑式为"A→B∧(A∧¬B)→C",焦点域在结果或结论 B,例如：

(31) 如果要采取行动,也必须得到联合国的授权,否则比利时坚决反对对伊拉克动武。(新华社 2002 年新闻报道)[道义：必要-认识：必然]

七、小　　结

7.1 假设关系类型、句式、逻辑式与焦点域

假设句表达预期的估测和推理,从逻辑语义关系上,划分为 6 种：充分条件假设、必要条件假设、推论假设、说法假设、目的假设和让步假设。假设句的具体语义类型、句式和逻辑式与焦点域,总结如表 1：

表 1　假设关系类型、句式、逻辑式与焦点域

逻辑语义关系类型		焦点	句式和逻辑式	例数
充分条件	双条件 事理性【1】	A	如果 A,(那么/那)(就/便/则/将)B,否则非 B A→B∧¬A→¬B≡A↔B	248
	双条件 目的性【2】	A	如果(想/要)A,(就)B,否则非 B A→B∧¬A→¬B≡A↔B	11

逻辑语义关系类型			焦点	句式和逻辑式	例数
充分条件	无条件正反	对等反【3】	A	如果 A,就 B,否则 B A→B∧﹁A→B≡(A∨﹁A)→B	2
		让步反【4】	A	如果 A,B,否则 B A→B∧﹁A→B≡(A∨﹁A)→B	1
	双充分大小	事理性【5】	B	如果 A,(那么/那)(就/便/则/将)B,否则 C A→B∧(A∧﹁B)→C	170
		时间性【6】	B	如果 A,(那么)(就)B,否则 C A→B∧(A∧﹁B)→C	11
	单充分	事理性【7】	B	如果 A,(那么/那)(就)B,否则非 A A→B∧﹁B→﹁A	10
		时间性【8】	B	如果 A,B,否则非 A A→B∧﹁B→﹁A	1
	结果选择	列项选【9】	B	如果 A,(那)(就/便)B,否则 C A→(B∨C)	12
		让步选【10】	B	如果 A,B,否则也 C A→(B∨C)	1
必要条件	正说【11】		A	如果 A,才 B,否则非 B A←B∧﹁A→﹁B	6
	反说	双条件【12】	A	如果不/没有 A,就不/没有 B,否则 B ﹁A→﹁B∧A→B≡A↔B	1
		逆结果【13】	B	如果不/没有 A,就不要/不能 B,否则 C ﹁A→﹁B∧(﹁A∧B)→C	13
推论	单充分【14】		B	如果 A,就 B,否则非 A A→B∧﹁B→﹁A	1
	双充分【15】		B	如果 A,那么(就)B,否则 C A→B∧(A∧﹁B)→C	7
说法	比较性	类同性【16】	B	如果说 A,那么就 B,否则 C A→B∧(A∧﹁B)→C	1
		相对性【17】	B	如果说 A,则 B,否则 C 如果 A,而 B,否则 C A→B∧(A∧﹁B)→C	2

逻辑语义关系类型			焦点	句式和逻辑式	例数
说法	解注性【18】		B	如果说 A,(那么)B,否则 C A→B∧(A∧¬B)→C	5
目的	限制性	违目的【19】	B	如果想 A,(那)除非/只有 B,否则非 A A→/↔B∧¬B→¬A(≡A↔B)	4
	规范性	违目的【20】	B	如果想/要 A,(那么/那)(就/将)B,否则非 A A→B∧¬B→¬A	35
		逆结果【21】	B	如果 A,(那么/那)(就/则)B,否则 C A→B∧(A∧¬B)→C	27
		结果选择【22】	B	如果 A,B,否则 C A→(B∨C)	1
让步	条件性【23】		B	如果 A,(至少)也 B,否则 C A→B∧(A∧¬B)→C	3
	推论性【24】		B	如果不(是)A,(至少)也得/应 B,否则 C 如果不是 A,至少也是 B,否则 C A→B∧(A∧¬B)→C	5
	说法性【25】		B	如果不能说 A,至少也 B,否则 C A→B∧(A∧¬B)→C	2
	目的性【26】		B	如果要 A,也必须 B,否则 C A→B∧(A∧¬B)→C	2

假设句的 6 种语义关系中,充分条件最多,占 80% 以上,6 种语义关系类型的用频大小依次为:充分条件(467)＞目的假设(67)＞必要条件假设(20)＞让步假设(12)＞推论假设(8)/说法假设(8)①。这 6 种语义关系类型的假设句,在"否则"的焦点投射下,大体分为两类:一类假设句的焦点域在假设前提,分布在部分充分条件假设句、正说必要条件假设句和部分反说必要条件假设句;另一类假设句的焦点域在结果或结论,包括推论假设句、说法假设句、目的假设句和让步假设句,以及部分充分条件假设句、部分反说必要条件假设句。

---

① 括号内数字分别表示充分条件、目的假设、必要条件假设、让步假设、推论假设和说法假设 6 种语义关系类型假设句的统计数字。

7.2 假设句的关系类型与事实性类型

假设句"如果 A,那么 B,否则 C"中,"A"和"B"的事实性类型,在 6 类 26 种假设句句式中的分布,见表 2:

表 2 假设关系类型的事实性类型①

假设关系类型及句式		SS	SK	KK	KF	KX	FF	FK	XK	小计
充分条件	【1】	2	2	237	1	—	3	—	3	248
	【2】	—	—	11	—	—	—	—	—	11
	【3】	—	—	2	—	—	—	—	—	2
	【4】	—	—	1	—	—	—	—	—	1
	【5】	1	1	162	—	—	1	1	4	170
	【6】	—	—	11	—	—	—	—	—	11
	【7】	—	—	9	—	—	1	—	—	10
	【8】	—	—	1	—	—	—	—	—	1
	【9】	—	—	11	—	1	—	—	—	12
	【10】	—	—	1	—	—	—	—	—	1
必要条件	【11】	—	—	6	—	—	—	—	—	6
	【12】	—	—	1	—	—	—	—	—	1
	【13】	—	—	12	—	—	1	—	—	13
推 论	【14】	—	—	1	—	—	—	—	—	1
	【15】	—	—	7	—	—	—	—	—	7

① S 表示"现实事实";K 表示"可能事实";F 表示"反事实";X 表示"虚构事实";表格中数字为不同假设关系类型与 A、B 分句事实性配置类型的对应数据。

续 表

假设关系类型及句式		SS	SK	KK	KF	KX	FF	FK	XK	小计
说 法	【16】	—	—	1	—	—	—	—	—	1
	【17】	—	—	2	—	—	—	—	—	2
	【18】	—	—	5	—	—	—	—	—	5
目 的	【19】	—	—	4	—	—	—	—	—	4
	【20】	—	—	35	—	—	—	—	—	35
	【21】	—	—	27	—	—	—	—	—	27
	【22】	—	—	1	—	—	—	—	—	1
让 步	【23】	—	—	3	—	—	—	—	—	3
	【24】	—	—	5	—	—	—	—	—	5
	【25】	—	—	2	—	—	—	—	—	2
	【26】	—	—	2	—	—	—	—	—	2
小 计		3	3	560	1	1	6	1	7	582

从事实性类型看,"如果 A,那么 B,否则 C"中,"A"和"B"的事实性类型配置共有八种,最多的是"可能事实+可能事实",用频等级为:可能事实+可能事实>虚构事实+可能事实>反事实+反事实>现实事实+现实事实/现实事实+可能事实>可能事实+反事实/可能事实+虚构事实/反事实+可能事实。

7.3 B 分句的情态类型与焦点结构

通过考察发现,假设句的结果或结论 B 的情态类型对假设句的焦点域具有制约作用,总结如下页表 3 所示。

由表 3 可知:横向看,当假设句的焦点域在 A 时,认识情态约占 70%,道义情态约占 19%,动力情态约占 11%,其中以必然的认识情态为绝对优势,约占 67%;当假设句的焦点域在 B 时,认识情态约占 16%,道义情态约占 80%,动力情态约占 4%,其中以必要的道义情态为绝对优势,约占 42%。纵向看,B 为认

表3　B的情态类型与焦点域①

焦点域	认识情态		道义情态						动力情态		小计
			单　纯			祈诺语气					
	必然	可能	必要	理当	许可	祈使	允诺	承诺	能力	意愿	
A焦点	179 67% 80%②	7 3% 54%	2 1% 2%	4 1% 8%	16 6% 46%	10 4% 18%	8 3% 100%	12 4% 55%	23 9% 77%	6 2% 60%	267
B焦点	45 14% 20%	6 2% 46%	131 42% 98%	45 14% 92%	19 6% 54%	45 14% 82%	0 0% 0%	10 3% 45%	7 2% 23%	4 1% 40%	312
小计	224	13	133	49	35	55	8	22	30	10	579

识情态时,78%焦点域在 A,22%焦点域在 B;B 为道义情态时,17%焦点域在A,83%焦点域在B;当B为动力情态时,73%焦点域在 A,28%焦点域在 B。

　　因此,当B含有认识情态或动力情态时,假设句的焦点域倾向于在 A;当 B含有道义情态时,假设句的焦点域倾向于在 B。

参考文献

董秀英(2020)《跨语言视角下的汉语假设句研究》,科学出版社。

龚　波(2017)《上古汉语假设句研究》,商务印书馆。

吕叔湘(1942/1982)《中国文法要略》,商务印书馆。

王维贤、张学友、卢曼云、程怀友(1994)《现代汉语复句新解》,华东师范大学出版社。

邢福义(1983)试论"A,否则 B"句式,《中国语文》第 6 期。

邢福义(1985)《复句与关系词语》,黑龙江人民出版社。

邢福义(2001)《汉语复句研究》,商务印书馆。

张雪平(2017)现代汉语假设句的分类系统,《渤海大学学报》(哲学社会科学版)第 5 期。

章　敏(2016)《现代汉语中情态指向的反事实句研究》,浙江大学博士学位论文。

朱　斌(2011)"如果 A,那么 B,否则 C"的语义关联及其"否"的辖域,《世界汉语教学》第 4 期。

Athanasiadou, A. & Diven, R. (1997) *On Condinicals Again*. Amsterdam, Philadelphia: John Benjamaing Publishing Company.

---

　　① 表格中数字为 B 分句不同情态类型与假设句焦点域的对应数据及其横向、纵向的百分比。
　　② 两个百分比中,第二行是横向百分比,第三行是纵向百分比。

Comrie, B. (1986) Conditionals: A Typology. In Traugott, E. C. et al. (eds.) *On Conditionals*. Cambridge: Cambridge University Press.

Dancygier, B. & Sweetser, E. (2005) *Mental Spaces in Grammar: Conditional Constructions*. Cambridge: Cambridge University Press.

Declerck, R. & Reed, S. (2001) *Conditionals: A Comprehensive Empirical Analysis*. Berlin: Mouton de Gruyter.

Elder, C. H. (2019) *Context, Cognition and Conditionals*. Basingstoke: Palgrave Macmillan.

Harder, P. (1996) *Functional Semantics: A Theory of Meaning Structure and Tense in English*. Berlin/New York: Mouton de Gruyter.

Kroeger P. R. (2022) *Analyzing Meaning: An Introduction to Semantics and Pragmatics (Third edition)*. Berlin: Language Science Press.

Kruijff-Korbayova, I. & Webber, B. (2001) Information Structure and the Semantics of "Otherwise". In *Proceedings of ESSLLI 2001 Workshop on Information Structure, Discourse Structure and Discourse Semantics*. Helsinki, Finland.

Leech, G. & Svartik, J. (1975) *A Communicative Grammar of English*. London: Longman.

Newstead, S. E., Ellis, C., Evans, J. St. B. T. & Dennis, I. (1997) Conditional Reasoning with Realistic Material. *Thinking & Reasoning* (3): 49 – 76.

Nickerson, R. S. (2015) *Conditional Reasoning: The Unruly Syntactics, Semantics, Thematics, and Pragmatics of "If"*. New York: Oxford University Press.

Quirk, R. el al. (1985) *A Comprehensive Grammar of the English Language*. London: Longman.

Sweetser, E. (1990) *From Etymology to Pragmatics: Metaphorical and Cultural Aspects of Semantic Structure*. Cambridge: Cambridge University Press.

Thompson, S. A. et al. (2007) Adverbial Clauses. In Shopen, T.(ed.). *Language Typology and Syntactic Description, Vol. 2: Complex Constructions*. Cambridge: Cambridge University Press.

Tsunoda, M. (2012) Five-level Classification of Clause Linkage in Japanese. *Studies in Language* (2): 382 – 429.

(1. 华中师范大学文学院,430079,ccnuzb@126.com;

2. 新疆社会科学院语言所,830011,jxduan@mails.ccnu.edu.cn;

3. 华东师范大学外语学院,200241,chenjie.yuan@upf.edu)

回应性话轮中"有什么 X"的话语立场表达研究*

顾鸣镝[1]　杨　勇[2]

〇、引　　言

现代汉语自然口语中,"有什么 X"反问构式倾向于出现在会话序列的回应性话轮中,浮现了否定义(朱军,2013;袁毓林等,2016),体现了说话人的负面事理立场(李宇凤,2010;刘娅琼等,2011)。本文通过对自然语言事实展开分析,考察讯问语体下"有什么 X"反问构式在回应性话轮中的位置分布及其基于主观事理否定评述的提醒、反对、申辩、斥责的语义变化,揭示说话人推进、挑战、修正、不满的话语立场,探究其在讯问语体中有别于他的特征分布以及因此带来的构式用变。

除特别注明,本文选用语料主要来自公安机关处置交通违法案(事)件的讯问会话。语料的录制时间为 2021 年 5 月至 2022 年 5 月,录制说话人一方为办案民警,一方为违法嫌疑人。语料经脱敏处理后共 476 组,包含"有什么 X"用例 122 个。

一、"有什么 X"的主观事理否定评述

"有什么 X"是上古时期"何 X 之有"的变相,李先华(1999)认为受当时焦点表达语法手段的影响,"何 X"是"有"的前置宾语,用来表达对 X 是否存在的疑

---

* 本文为杭州市哲学社会科学规划课题"精神障碍患者的话语'歧用'及其标记研究"(项目编号:M23JC102)阶段性成果。

问。孙良明(1989)指出,受语言经济性原则的影响,两汉时期的疑问代词宾语由前置转为后置,"有何 X"开始取代"何 X 之有"。至元明清时期,"有什么 X"反问构式基本成型,在回应性话轮中的位置主要有四种:独立充当话轮,居于话轮中间位置(前后有其他语句),居于话轮起始位置(后有其他语句)和居于话轮结束位置(前有其他语句),凸显了说话人的主观事理否定评述。

1.1 "有什么 X"的构式化

构式知识是在人类语言经验中形成、获得和使用的,且为特定的使用群体所共享,具有在线生成性和规约性(施春宏,2021)。随着元明清时期白话文小说的兴起,"有什么 X"的出现频率大幅增加,王鲁振(2020)对"有什么 X"类的历时语料统计反映了这个特点,见下表 1 所示:

表 1 "有什么 X"的历时语料统计

时期	朝代/格式	何 X 之有	有何 X	有阿没 X	有甚 X	有什摩 X	有什麽 X	有甚麽 X	有甚么 X	有甚末 X	有什么 X
上古	春秋战国	68	4	0	0	0	0	0	0	0	0
	两汉	0	15	0	0	0	0	0	0	0	0
中古	南北朝	0	54	0	0	0	0	0	0	0	0
	隋朝	0	24	0	0	0	0	0	0	0	0
近代	晚唐五代	0	17	1	10	9	1	0	0	0	0
	两宋	0	0	0	125	0	21	47	5	0	0
	元	0	0	0	13	0	0	10	2	0	5
	明	0	0	0	117	0	0	0	121	1	34
	清	0	0	0	112	0	34	0	87	0	538

经进一步考察后发现,这一时期的"有什么 X"已出现在回应性话轮的 4 个不同位置,主要以独立结构存在。朱军(2013)指出,对于说话人而言,表反问的"有什么 X"的前面需要引发语,例如:

(1)云中子谢曰:"蒙陛下不弃幽隐,欲贫道居官,贫道乃山野慵懒之夫,不识治国安邦之法,日上三竿堪睡足,裸衣跣足满山游。"纣王曰:"便是这等,有什么好处!何如衣紫腰金,封妻荫子,有无穷享用。"(明·许仲琳《封神演义》)

(2)鸨子说:"奴才,慌甚么?惊着你姐夫。"丫头说:"还有什么姐夫!不知那里去了!俺姐姐回脸往里睡着。"(明·冯梦龙《警世通言》)

(3)他妻子道:"莫非你怕他前来与你借贷么?"洪广武道:"即使前来借贷,况亲戚之谊,有什么不可?"他妻子又道:"既非如此,又有什么疑惑呢?"(明·唐芸洲《七剑十三侠》)

(4)秋葵听了,登时止住泪,道:"这话果真么?"何氏道:"有什么不真呢?"秋葵便立起身来,道:"如此,母亲请上,待孩儿拜见。"(清·石玉昆《七侠五义》)

如上 4 例所示,回应性话轮中的"有什么 X"反问构式主要是由"有""什么"和 X 三个构件组成。其中,"有"还是表存在义的,顾鸣镝(2016)指出此类"有"的动词性已变得模糊,突出了介引功能,引出"什么"问某个事件的性质。袁毓林、刘彬(2016)认为其中的"什么"凸显的是其"虚指"用法,指向特定范畴中 X 集合的"不确定成员"。X 代表的是引发语中的焦点信息,王鲁振(2020)发现,"有什么 X"反问构式中的 X 以抽象名词或短语居多,比如例(1)中的"好处";在动词的离散性特征和形容词的弥散性特征被激活后,谓词性成分得以进入构式,比如例(4)中的"不定"。据此,"有什么 X"反问构式的构式义可概括为:是说话人对引发语中焦点信息存有的不确定性疑问所引发的事理否定评述。

1.2 "有什么 X"的主观性

Searle(1976)指出,"阐述类"(representative)言语行为的言外之意是使说话人对所表达的命题的真实性做出承许。吴为善、顾鸣镝(2016)在此基础上进行了细化,认为否定事理是说话人有感而发的"评述",体现了话语中说话人的"自我"表现,是一种典型的主观评述性的言语行为。现代汉语反问句的功能在于否定,回应性话轮中"有什么 X"反问构式体现的正是语义层面关于某个特定事件信息的"不确定性疑问"在语用层面的映射,例如(转写格式详见文后附录):

(5)[民警问询违法嫌疑人涉嫌无证驾驶]

01 A:知道为什么要找你吗?

02 B:我有驾照的,只不过没去看,[所以是过期了]-

03 A: [有什么要看的],你这个手机号码在用的呀,短信都应该通知好几遍了,这不是理由啊!

04 B:哎::想想真当冤枉啦!我(——)

05 A：<u>有什么好冤的呢</u>？

06 B：哦呦::算了＝算了，反正也这样了。

07 A：是呀，事实都很清楚呀，你还有其他什么要补充的吗？

08 B：那个::那个＝反正都已经这样子了，<u>有什么好说的啦</u>，就是我晦气喽！

09 A：看来你还是没好好反省啊，现在这种态度，<u>有什么用</u>！

10 B：＃＃＃

上例话轮 03 中居于起始位置的"有什么要看的"，是说话人对话轮 02 中焦点信息"没去看"的疑问促发的。从说话人使用了话语重叠和截断来看，说话人对此事件信息的不确定程度较低，浮现了"有什么 X"基于主观事理否定评述的反对义；05 中独立充当话轮的"有什么好冤枉的呢"，是说话人对 04 中焦点信息"真当冤枉"的疑问促发的，说话人对此事件信息的不确定程度较高，浮现了"有什么 X"基于主观事理否定评述的提醒义；08 中居于话轮中间位置的"有什么好说的啦"，是说话人对 07 中焦点信息"有什么要补充的"的疑问诱发的，是同一话轮中前述话语"反正都已经这样子了"促发的，并引发了"就是我晦气"的感叹，说话人对此事件信息的不确定程度几乎归零，浮现了"有什么 X"基于主观事理否定评述的申辩义；09 中居于话轮结束位置的"有什么用"，已不再是因说话人对此事件信息的不确定性疑问促发或诱发的，而是其根据同一话轮中的背景信息所做出的负面推导结论，浮现了"有什么 X"主观事理否定评述的斥责义。

以上表明，说话人对某个特定事件信息的不确定性疑问程度越高，"有什么 X"反问构式在话轮中的位置就越靠前，独立充当话轮＞话轮起始位置＞话轮中间位置＞话轮结束位置（箭头右边表示对特定事件信息的不确定程度高），并形成"提醒、反对、申辩、斥责"的语义分布。这符合陆丙甫(2005)关于可别度越高的成分越倾向于前置的语序优势概括。接下来需要解释的问题是，回应性话轮中不同位置分布的"有什么 X"表征了说话人怎样的话语立场？

二、"有什么 X"的立场表达

话语立场代表了说话人对事件合理性所做出的一种判断。姚双云(2011)指出，说话人使用何种形式标记来表达话语立场、表达了何种立场在面向功能的汉语研究中已显得尤为重要。话语中的立场表达具有主观性、评价性和互动性的特点。Du Bios(2009)将话语立场定义为：以对话方式，通过外在交际手段发出的公开行为。对应主观事理否定评述所浮现的 4 个子类语义,"有什么 X"反问构式在回应性话轮中的不同位置分布表征了说话人推进、挑战、修正、不满 4 个不同层级的话语立场。

2.1　独立充当话轮:说话人的推进立场

刘娅琼、陶红印(2011)指出,否定反问句是通过已知或常识类知识表达说话人对受话人的负面事理立场。作为主观事理否定评述的"有什么 X"反问构式也具有这样的话语功能。在独立充当话轮时,一般是说话人意识到了受话人对某种应知信息的忽视或回避,因而需要"提醒"对方,例如:

(6)〔民警告知行政拘留〕

　　01 A:你家里人我们联系谁?

　　02 B:啊! 这个::这个还要通知哒? 他们都不在这里的,难为情的。

　　03 A:有什么难为情的?

　　04 B:不是,呃:::要么通知我妈妈好了。

上例话轮 03 中的"有什么难为情的"反问,是为了提示对方不要忽视或回避"通知"这一信息,体现了说话人的推进立场,即要求受话人激活共识,所以才会有后续受话人的新信息"通知我妈妈"。此处的"有什么 X"在会话序列起到了承上启下的连接作用。

2.2　居于话轮起始位置:说话人的挑战立场

居于话轮起始位置的"有什么 X",体现了说话人因对方所述之事或所持立场与己不同,所以需要使用反问来要求对方放弃原来立场,从而达到反对的效果,例如:

(7)〔民警问询车辆所有人〕

　　01 A:你朋友叫什么名字?

　　02 B:(———)叫什么名字? 这个我不说-[说不清唉]-

　　03 A:　　　　　　　　　　　　　　　 [有什么]说不清楚的? 你连你朋友的名字都叫不出来,还问他借车? 他车会[借给你]-

　　04 B:　　　　　　　　　　　　　　　　　　　 [不＝不是,叫他]什么"哲"就行了,我们微信里联系的。

上例话轮 03 中,说话人用"有什么说不清楚的"的反问截断前一话轮,并引发一个新的话轮,体现了说话人挑战受话人原有立场,要求其重返共识的急迫性。这样的挑战立场是在会话连续建构的主观交互中被激发出来的。

2.3　居于话轮中间位置：说话人的修正立场

居于话轮中间位置的"有什么 X"，体现了说话人因对方所述之事或所持立场与己方期待不符，所以需要表达自己的意外或不理解，目的是希望与对方重塑共识，例如：

(8)〔民警问询事故经过〕

01 A：你为什么不让一下呢？

02 B：啊！他车速太快了呀，我没看到，看到么(--)肯定会让的喽。

03 A：是你变道呀，你应该注意观察后方来车的，<u>有什么看没看到的</u>，你就是没注意路面情况么，对不对？

04 B：看是看的，那个:::那个时候他还很远的。

之所以认为居于话轮中间位置的"有什么 X"表达的是主观事理否定评述的申辩义，主要是因为同一话轮中的前后语句才是构成支持说话人立场的实质性信息。因此，即便省略"有什么 X"也不会影响说话人在上例话轮 03 中的意义表达。这反过来也说明，此处的"有什么 X"就是说话人用来宣示修正信息的话语立场的。

2.4　居于话轮结束位置：说话人的不满立场

居于话轮结束位置的"有什么 X"，体现了说话人因对方表现出对应知信息的无知或可能导致的不良影响，需要表达自己的强烈指责，目的是迫使对方接受共识，例如：

(9)〔民警问询违法嫌疑人涉嫌酒后驾驶〕

01 A：你上次是不是因酒后驾驶被处理过的？

02 B：呃:::是的，被处理过的，跟这次总没关系的吧？〔我上次〕-

03 A：　　　　　　　　　　　　　　　　　〔当然〕有关系，你啊:::真是一点都不吸取教训。前面被处罚过的，再次饮酒后开车的，要处十日以下拘留，还要吊销驾照。你这么干，<u>有什么意思</u>？

04 B：###(--)

上例话轮 03 中，说话人通过在具有社会规约性的显著维度上的客体评价(饮酒后驾驶机动车的处罚规定)，使用"有什么意思"的反问完成了对主体"你这么干"的定位。同时，也向受话人传递了己方的不满立场。受话人在话轮 04 中的含糊反应也验证了朱军(2013)的观点，即对受话人来说，"有什么 X"的反问无须回答或根本无法回答。

需要指出的是,以上回应性话轮中"有什么 X"反问构式的 4 个立场只是基于 122 条讯问会话用例的概略分类。但至少可以证明,汉语重在"意合",所以汉语语序是经过语义建构、语用处理后形成的相关结构块的终端排列次序。刘娅琼、陶红印(2011)发现,就说话人之间的社会关系来说,反问句多用于交际地位平等者之间或用于交际地位较高的人对地位较低的人。在关系密切的参与者的随意谈话中,否定式反问句绝大多数都用于表示"提醒"。与之不同的是,讯问语体回应性话轮中的"有什么 X"反问构式,多数却体现了民警的挑战立场,见下表 2 所示:

表 2 讯问会话中"有什么 X"的语料统计

话 轮 位 置	主观事理否定评述	话语立场	民警用例	违法嫌疑人用例	共计	百分比(%)
独立充当话轮	提醒	推进	14	7	21	17.2
居于起始位置	反对	挑战	59	5	64	52.5
居于中间位置	申辩	修正	13	17	30	24.6
居于结束位置	斥责	不满	6	1	7	5.7

接下来需要解决的问题是,讯问语体是通过何种机制对说话人的话语立场进行压制的?

三、"有什么 X"的互动理据

作为公安机关的机构性话语,讯问会话由主事实框架和案件事实组成,落实案件事实是讯问语体的核心要义。在违法嫌疑人被采取强制措施的特殊语境下,交际双方的社会角色和权力分配极不对称。方梅、谢心阳(2021)指出,互动双方不同的认识地位会影响相同语言形式的不同解读。也正是因为存在这样的社会语用距离,民警与违法嫌疑人在"元语用意识"(meta-pragmatic awareness)上的不同压制了各自的话语立场。

3.1 讯问会话的语体压制

话语使用是说话人在交际意图驱使下做出的策略性语言选择,体现的是说话人的元语用意识。讯问会话中,民警的元语用意识是"证实",在会话策略上着重说话人的"问",并要求受话人遵照己方的"问"来进行供述。数量原则上,民警提出的疑问信息不会超过案件的事实内容;信息原则上,只提供探询所需的最少语言;方式原则上,不无故停顿或拖长音。以上前两个原则是造成为什么居于中间位置和结束位置的"有什么X"在讯问会话中出现较少的主要原因,即民警缺少表达"修正"立场和"不满"立场的机会。相较而言,违法嫌疑人的元语用意识是"应承",在会话策略上倾向于着重受话人的"答"。数量原则上,嫌疑人的陈述信息不应弱于自己的所知程度;信息原则上,会尽可能多地提供有利于自己且能使对方相信的语言;方式原则上,因回忆或思考,会出现停顿、拖长音或使用填充语,但不无故使用冗长或隐晦的表达方式。以上前两个原则是导致民警使用独立充当话轮的"有什么X"的概率大幅降低的主要原因,即缺少表达"推进"立场的机会。例如:

(10)[民警问询违法嫌疑人涉嫌酒后驾驶]

　　01 A:你车牌号多少?

　　02 B:浙 AKXXXX。

　　03 A:视频核对过了吧,是不是你本人?

　　04 B:是的。

　　05 A:事故当天你开车是从哪里到哪里的?

　　06 B:那个,从秋水路到::到上沙。

　　07 A:嗯,秋水路哪里啊? 在秋水路干什么?

　　08 B:呃:::(—)就是:::就那个火锅店,吃火锅。

　　09 A:噢,喝酒了喽?

　　10 B:(—)

　　11 A:有什么不好说的啦,喝了就喝了。

　　12 B:嗯,喝的。

上例中,话轮01至06体现了讯问会话中民警与违法嫌疑人的正常元语用意识,表现为命题明确且话轮交替的"问""答"相邻对边界清晰。但当在话轮07中民警提出"在秋水路干什么"后,违法嫌疑人在话轮8中出现了语音延长、暂停等言语行为,林波、王文斌(2003)将这一现象概括为出于交际策略需要的积极语用模糊,表明违法嫌疑人的语用意识已从"应承"过渡到了"抵抗"。也正因为如此,民警话语的挑战立场被激发,"有什么X"主观事理否定评述的反对义被激活。从语用模糊与交际语境存在互动作用的视角出发,在关键信息上制造和限制语用模糊是讯问语体有别于他的重要特征,这也就是为什么在讯问会话中会经常性地出现民警使用居于起始位置的"有什么 X"反问构式的原因。

3.2 语体压制的构式用变

在讯问会话的语体压制下,回应性话轮中的"有什么 X"反问构式已成为说话人概念化负面事理立场的意图信息。其中,"有什么"高度整合,成为承载主观事理否定评述的命题格式;X 作为引述信息的分配主焦点,已可用指示代词"这/那"替代。在本文所搜集的 476 组语料中,已出现了 51 例"这/那有什么",呈现出语体压制下构式形义匹配的继续用变,例如:

(11)〔民警问询涉嫌交通肇事逃逸〕

01 A:为什么不报警?

02 B:那个∷∷我看他坐起来了,坐起来＝还骂我,我怕后面的事情麻烦,〔就先走了〕-

03 A:

〔那有什么?〕你撞到人了,能走吗?

(12)〔民警问询涉嫌遮挡号牌〕

01 B:不是,这个泥是下雨天溅上去的,我没注意,所以没去洗。

02 A:即便是下雨天溅上去的,根据《交法》,你有义务保持车牌的清晰、完整的呀,这有什么,这不是理由啊!

(13)〔民警问询涉嫌醉酒驾驶机动车〕

01 A:你血液酒精含量每百毫升有 112 毫克,涉嫌醉酒驾驶了,这个你知道的喽?

02 B:啊,不会吧,我又没喝多少＝就喝了〔两三瓶〕-

03 A: 〔我是在〕跟你确认你知不知道化验结果? 你涉嫌醉酒驾驶了,这有什么?

如上三例所示,居于话轮起始、中间、结束位置的"这/那有什么"同样浮现了说话人基于主观事理否定评述的反对、申辩和斥责义,体现了说话人挑战、修正和不满的话语立场。形式上"有什么 X"中的 X 已经脱落,转而以"这/那"指示引发语中的焦点信息。至于为什么在讯问会话中的"有什么 X"会发生向"这/那有什么"的用变,本文认为理据有二:一是受元语用意识只提供探询所需最少语言的信息原则的影响,民警不想或不愿重述包含冗繁信息的引发语,"什么"转向任指并激活了代词的指称功能;二是根据沈家煊(2020)提出的汉语"对言明义"的观点，省略 X 导致"有什么○"（"○"为"零形式"标记）的对言平衡被打破，填入"这/那"可以补足空位，表现为语义重心和韵律重音也随之前移。至于为什么没有发现"这/那有什么"在讯问会话中独立充当话轮的现象，本文的解释是：依据李先银（2017）提出的，话语否定是交际互动中对话语环境中的刺激根据个人情理系统和情感做出的否定性反应或评价，较之"有什么 X"，"这/那有什么"已完全可视作表现说话人否定性反应和评价手段的话语否定标记，因而不再需要基于观事理否定评述的提醒义，因此也就不能够体现说话人的推进立场。

四、结　　语

本文认为，回应性话轮中"有什么 X"反问构式的口语色彩鲜明，其核心功能是"主观事理否定评述"。从讯问会话的语料考察中可以发现，"有什么 X"的话轮位置表征了说话人的不同话语立场。甚至，现代汉语回应性话轮中的［有＋疑问代词＋X］反问构式表征说话人话语立场的特点已体现出构式的部分能产性，例如：

（14）"伟明，你为什么不帮自己和我一个忙？去追小纪！追上了，你高兴，我快乐。""好啊！""从明天开始？""有何不可？""太好了，来，预祝你成功。""谢谢。"（方心羽《奇幻梦话》）

（15）"一把手"慌忙站起身，离开两步，劝阻说："青青阿姐，这不好，叫王大哥看见了，又……"盘青青没有抬手，只顾洗着："有哪样不好？ 我又不是做坏事。"（古华《爬满青藤的木屋》）

（16）轻笑道："据我所知，于姑娘似乎是个云英未嫁的黄花大闺女，何来的夫婿？ 我又如何勾引你相公？""放眼天下，有谁不期将来我会是莫大哥的妻子？ 你敢说你没勾引莫大哥？"（沈苇《傲剑道情》）

（17）会长笑着说："哪里发什么财？ ……这东西吕家坪要多少有多少，不值钱的，带下去恐怕也不值钱吧。"队长说："可不是！ 橘子这东西值多少钱，有多少赚头？"（沈从文《长河》）

如上四例，［有＋疑问代词＋X］的编码均已浮现出主观事理否定评述的功能，在话轮中的 4 个位置分布也表征了说话人提醒、挑战、修正、不满的话语立场。如此，回应性话轮中的［有＋疑问代词＋X］是否已具有了不局限于讯问语体的表征说话人话语立场的共性，能否据此析出不同说话人对相同语言形式的使用偏好，识别说话人的交际地位与社会角色。以上问题，有待后续探讨。

参考文献

方　梅、谢心阳(2021)汉语对话中问句的解读——以反问句和陈述式问句为例,《汉语学报》
　　第1期。

顾鸣镝(2016)"有 N"和"有 V"的同构性研究,《语言教学与研究》第4期。

李先华(1999)论"何……之 V"式句,《语言研究》第1期。

李先银(2017)《现代汉语话语否定标记研究》,世界图书出版公司。

李宇凤(2010)从语用回应视角看反问否定,《语言科学》第5期。

刘娅琼、陶红印(2011)汉语谈话中否定反问句的事理立场功能及类型,《中国语文》第2期。

林　波、王文斌(2003)从认知交际看语用模糊,《外语与外语教学》第8期。

陆丙甫(2005)语序优势的认知解释,《当代语言学》第1期。

沈家煊(2020)有关思维模式的英汉差异,《现代外语》第1期。

施春宏(2021)构式三观:构式语法的基本理念,《东北师大学报》(哲学社会科学版)第4期。

孙良明(1989)谈先秦至东汉汉语语法的发展,《殷都学刊》第1期。

王鲁振(2020)《"有什么 X(的)"构式化、构式变化及承继关系研究》,浙江师范大学硕士学位论文。

吴为善、顾鸣镝(2016)"能性否定＋疑问代词"组配的主观小量评述及其理据解析,《语言科
　　学》第1期。

姚双云(2011)《话语中的立场表达:主观性、评价与互动》评介,《外语教学与研究》第1期。

袁毓林、刘　彬(2016)"什么"句否定意义的形成与识解机制,《世界汉语教学》第3期。

朱　军(2013)反问格式"有什么"的否定模式与否定等级——互动交际模式中的语用否定个
　　案分析,《中国语文》第6期。

Du Bios, J. W. (2009) *The Stance Triangle*. Amsterdam：John Benjamin.

Searle, J. (1976) A Classification of Illocutionary Acts. *Language in Society* 5：1‑23.

附录:

转写符号说明如下:

((　))	转写者说明	阿拉伯数字 01、02……	话轮序列
A	办案民警	B	违法嫌疑人
[]	话语重叠	=	话语立即延续
—	话语截断	###	话语含糊不清

(‑),(——),(———)　　　暂停 0.2—0.5 秒,0.5—0.8 秒,0.8—1 秒

:,　::,　:::　　　语音延长 0.2—0.5 秒,0.5—0.8 秒,0.8—1 秒

　　(1. 浙江警察学院国际学院,310053,gumingdi@zjjcxxy.cn;

　　2. 杭州市公安局交警支队快速路大队,310014,743606599@qq.com)

"超词形式"关联词语 "再不然"的连接功能[*]

——兼论"再不然$_1$"和"再不然$_2$"两可现象及动因

李忠亮[1] 谢飘飘[2]

○、引　　言

关于"再不然"的研究,目前学界进行了诸多讨论,可以归结为四类,一是词性归属问题,如张斌(2001:680)将其归为短语词,表示选择关系;刘华林(2020:52)将其归为关联词语,跨选择和假转两小类,分别属于并列类和转折类。二是从历时角度考察"再不然"词汇化过程,如刘红妮(2009:166)指出"不"后面成分 VP 代词化为"然",促进了连词"再不然"的词汇化,经过重新分析和加上语境吸收,逐渐凝固成词;曹秀玲等(2009:13)对"不然"进行历时考察,指出表假设时"然"的指代义最实,表选择时"然"的指代义较实,表"建议"时"然"的指代义较虚;褚艳(2011:31)对"再不然"的融合成词过程进行描写。三是从语篇衔接角度考察,如朱敏(2020:79)认为"再不然"的基本作用是连接两个或多个具有选择关系的小句,但是这些小句之间地位并不平等。四是从逻辑角度分析,如邸子桓(2021:45)认为"再不然"只能够表征选言推理。

前人的研究极具有启发,我们认为,"再不然"能够起到关联的作用,是介于短语和词之间的成分,可划为"超词形式"关联词语(下文简称为"超词形式")。"超词形式"是在形式上比词大的具有联结句子、标明句子关系的关联

　　* 本文已发表于《励耘语言学刊》(2022年第2期)。限于篇幅,本文内容作了较多删减。本研究为国家社科基金一般项目"汉语'超词形式'关联词语的体系建构与理论探讨"(项目编号:19BYY010)成果之一。

作用的语法单位,如"不要说、换句话说、总而言之"等(邢福义,2001:29;刘华林,2020:22)。文章尝试从连接的角度对超词形式"再不然"进行研究,指出其不仅具有复句连接功能,还具有语篇连接功能,并讨论了两种连接功能的差异。本文还指出"再不然$_1$"和"再不然$_2$"的两可现象,多角度分析两可的原因。

一、"再不然"的复句连接功能标题

"再不然"是由"再+不然"整体构成的具有关联作用的"超词形式",其中,"再"为副词,表示动作重复或继续,"不然"为连词。"再不然"在现代汉语中有两种语义:一种是假设否定语义,解释为"如果不这样",可以标记为"再不然$_1$";另一种是选择语义,解释为"或者",标记为"再不然$_2$"。例如:

(1)我该走了,再不然$_1$(我)家里就要找上来了。(欧倩兮《发烧新恋曲》)

(2)他们的日常生活基本上就是醒了看电视、困了打瞌睡,再不然$_2$就是吃饭睡觉,生活非常单调和乏味。(《人民日报》,2021年10月24日)

"再不然"的复句连接功能包括"再不然$_1$"的复句连接功能和"再不然$_2$"的复句连接功能。

1.1 "再不然$_1$"的复句连接功能

"再不然$_1$"作为"超词形式",连接分句和分句,构成复句"X,再不然$_1$Y"。吕明臣(2010:112)从逻辑角度指出"不然$_1$"所在语句表现为必要条件假言推理,"不然$_1$"承担否定的前提。在复句中,"再不然$_1$"连接的语句也包含着必要条件假言推理过程,即:

前提1:只有p,才能q;

前提2:非p;

结论:则非q。

在这个推理过程中,p是q的必要条件,若否定命题的前件,则一定否定命题的后件,"再不然$_1$"在必要条件假言推理中具有否定命题前件的作用。如例(1)中,"我走"是"家里不会找来"的必要条件,如果否定"我走",那么一定会得到"家里找上来"的结论,"再不然$_1$"在这里具有否定前件的作用。

从时态上看,"再不然$_1$"主要连接"未然-未然"和"实然-未然"。先看"未然-未然"情况,这种情况占比最高。如例(3)和例(4)。

（3）别退后了,再不然①你就要压坏管家辛苦种的玫瑰了!（洛炜《痴心护卫》）

（4）孟樵,别再抓住我,再不然,我会说出很难听的话来……（琼瑶《我是一片云》）

例（3）"再不然₁"表示假设否定,连接两个分句"别退后了"和"你就要压坏管家辛苦种的玫瑰了",语句中包含典型未然词语"别"和"就要",都属于未然事件。例（4）"再不然₁"连接两个分句"别再抓住我""我会说出很难听的话来",语句中包含未然词语"别""会",都属于未然事件。

再看"实然-未然"情况,如例（5）。

（5）这一天太冷了,收购的商贩也怕冷,再不然就可以直接在田间地头卖了。（《贵州日报》,2020 年 12 月 30 日）

例（5）中"再不然₁"连接两个分句"收购商贩也怕冷"和"就可以直接在田间地头卖了"。邸子桓（2021：48）认为"实然性事件"广义上包含日常经验、性质、状态、习惯、常识、社会现象等具有普遍性特征的语言环境。前分句描写日常经验的客观事实,时态为实然,后分句是未然事件。

1.2 "再不然₂"复句连接功能

"再不然₂"最基本用法是引出其他选择项,并且往往是两个及两个以外选项的其他可能性选择。"再不然₂"连接的语句包含着一个选言推理过程,可分为相容的选言推理和不相容的选言推理,如例（6）和例（7）。

（6）一把普通的雨伞,无非长的短的,圆的方的,再不然②,就是颜色和布料不同。然而,各国的设计师们别出心裁,在小小的雨伞上大做文章,让雨伞撑出了新的花样。（《人民日报》,2015 年 1 月 27 日）

（7）"快拿出来咱们二一添作五。""你怎么……",商络做梦也想到,她会有如此不洁的思想。"不肯平分,三七也成,再不然二八拆。"（黄朱碧《板凳姑娘》）

例（6）的相容选言推理过程为:

前提 1：一把不同的普通雨伞,要么长短不同,要么圆方不同,要么颜色和布料不同;

前提 2：雨伞长短相同,圆方也相同;

结论：至少颜色和布料不同。

---

① 这一节例子中的"再不然"都为"再不然₁"。
② 这一节例子中的"再不然"都为"再不然₂"。

例(7)的不相容选言推理过程为：

前提1：要么平分，要么三七分，再不然二八分；

前提2：不平分，不三七分；

结论：只能二八分。

综上，这两种类型的选言推理过程都可以表示为：

前提1：p，或者q，或者r；

前提2：非p，非q；

结论：则r。

不过二者的推理规则存在差异，即当已知一部分选言支为假时，相容的选言推理可以推出另一部分选言支至少有一支为真，而不相容的选言推理则推出另一部分选言支有且只有一个为真。从选项(选言支)能否调换的角度看，一般情况下，选项可以调换，但当选项之间存在性质差异或递进关系时，则不能调换。其中，例(6)中"长的短的"和"圆的方的"属于同一个层次上"外在形状描述"，两者可以调换位置。第三个分句中的"颜色和布料"属于"内在性质质量"，作者重点论述的内容，所以不可和前两个分句替换。例(7)三个分句"五五平分""三七分""二八分"之间存在明显递进关系，三个选项不可互换。

"再不然$_2$"在不同格式中又具有细微差异，我们从其构成特定格式入手，比较各个格式的细微差异进而分析格式对"再不然$_2$"的影响。

1.2.1 不是X，就是/便是Y，再不然Z

该格式最为常见。这是由三个分句构成的单层并列复句，分句之间为选择关系。"不是……就是/便是"属于直陈选择式，表示非此即彼的选择关系。"再不然$_2$"连接非此即彼选择外的额外补充选项。

其连接项和前面两个成分之间有两种情况：一是各选项具有交替关系、类属关系时，可以替换①，如例(8)和例(9)。

(8) 一部苹果4S手机千呼万唤始出来，先是信号门，又是耗电门……但是却丝毫没有消减大家的使用热情，不是恢复手机出厂设置、更新系统、重启手机(X)，就是到移动更换与苹果4S匹配的小卡(Y)，再不然就将手机卡多次插拔(Z)。(《北京您早》，2012年2月12日)

(9) 他的手也似乎无处可放的样子，不是摸着被边(X)，就是拉着床架(Y)，再不然就是用指甲磕着床架咚咚地响(Z)。(萧红《马伯乐》)

---

① 是否可以替换是针对"再不然"所在的"Z"和前面两个连接项"X""Y"之间的关系谈论的。

例(8)中的三个连接项属于交替关系,三个选项可以循环往复,位置可调换。例(9)中的"摸""拉""磕"表达的都是手部动作,三个动作为类属关系,位置可调换。

二是各选项具有顺序关系、递进关系时,不可替换,如例(10)和例(11)。

(10) 此信将在十六日以后才能到你手,因此,请你来看我也来不及了。我不是十八走(X)就是十九走(Y),再不然,二十号走(Z),估计二十号这儿留不下我。(《人民日报》,2013年2月4日)

(11) 足球比赛嘛,不是你踢进(X),就是他踢进(Y),再不然全都踢不进(Z)。(白桦《白桦文选》)

1.2.2　X,或/或者Y,再不然Z

该格式使用较多。"……或/或者……"也属直陈选择式,表示任凭选择关系。"再不然₂"连接的是对任凭选择外的综合、排除或另类的选项。三个选项地位不平等,往往不可调换。例如:

(12) 如果你想除掉某种植物,你可以不去灌溉、不去施肥(X),或者你可以喷除草剂(Y),再不然就双管齐下(Z)。(马君美等《佛教的见地与修道》)

(13) 他总是喝汤不吃饼(X),或吃饼不喝汤(Y),再不然干脆啥也不买,省下钱买书(Z)。(《人民日报》,1996年6月19日)

(14) 有那么一瞬间我想到,也许我要昏死过去了(X),或者要尖声叫喊了(Y1),或者会大叫大嚷、晕倒在地(Y2),再不然也许会站起来逃离(Z)。(苏珊《德温特夫人》)

例(12)三个选项都为未然,Z选项是包含X和Y的综合型选项。例(13)三个选项都为已然,Z选项是排除X和Y的其他可选项。例(14)共含四个选项,表达的都是未然事件,Z是X和Y不同类别外的另类选项。

1.2.3　不是X,而是Y,再不然Z

该格式使用较少。这是一个两重复句,Y和Z之间为选择关系,X再与Y、Z之间构成对照关系。"不是……而是……"属于对照关系,否定前项肯定后项。"再不然₂"连接任凭肯定选择关系中的其中一个。第一个选项和后面两个选项地位不平等,不可调换;后面两个选项可以调换。例如:

(15) 有些群众当自己的权利受到侵犯或遇到某些冲突纠纷时,往往不是去找司法部门(X),而是去找书记、找县长为自己"作主"(Y),再不然就是诉诸新闻单位(Z)。(《人民日报》,1986年10月28日)

(16) 楚楚不是刻意泼她冷水(X),而是若昀仿佛是安徒生童话故事看太多

（Y），再不然就是被好莱坞的浪漫电影冲昏头，才会相信白马王子的论调（Z）。（黄若好《霸龙戏爱》）

该格式与前两个格式相比，具有一定特殊性，包含典型的肯否对立，X 和 Y、X 和 Z 不可调换。其中，第一层关系是选择关系，第二层关系是对照关系。三种格式具体差异见表 1。

表 1 "再不然$_2$"在三种格式的差异

格　式	不是 X，就是/便是 Y，再不然 Z	X，或/或者 Y，再不然 Z	不是 X，而是 Y，再不然 Z
性质	单层并列复句	单层并列复句	双重并列复句
连接项特点	X、Y、Z 地位平等或不平等，有时可以调换，有时不可	X 和 Y 地位平等，可调换。Z 和 X、Y 不平等，不可调换	X 与 Y、Z 地位不平等，不可调换。Y 和 Z 地位平等，可调换
"再不然$_2$"功能	连接非此即彼的额外补充选项	连接任凭选择外的综合、排除或另类选项	连接任凭肯定选择关系中的其中一个

二、"再不然"的语篇连接功能

"再不然"的语篇连接功能只包含"再不然$_2$"的语篇连接功能，因为"再不然$_1$"一般只出现于复句中，语篇连接功能较弱。"再不然$_2$"的语篇连接功能主要体现为语篇功能中的追加功能以及人际功能中的委婉功能、退而求其次、后悔叹息。

2.1　语篇功能

语篇功能是把语言成分组织成为语篇的功能（胡壮麟等，2005：161），重在句与句之间的结合，通过某一连接成分完成。"再不然$_2$"的语篇功能主要体现为追加功能，包括追加说明、追加选择、追加疑问、追加论证。

2.1.1　追加说明

追加说明是在概括介绍的基础上进行进一步解说。"再不然$_2$"表示追加说明，多出现在叙述或解说文本中，如例（17）：

(17)（A）这个职务使克利斯朵夫牺牲不小：下午他不能再到野外去舒舒服服地玩。（B）可是人家拿他当大人看,他也很得意,便一本正经地尽他的责任。（C1）他竭力逗小兄弟们玩儿,（C2）把自己的游戏做给他们看,（C3）拿母亲和小娃娃说的话跟他们胡扯。（D）再不然他学大人的样轮流地抱他们；重得吃不住了,他就咬紧牙齿,使劲把小兄弟搂在怀里,不让他跌下。（罗兰《约翰·克里斯朵夫》）

语篇总体框架为：A（背景信息）—B（引出话题）—C1（陈述状态）—C2、C3（说明话题）—再不然 D（追加说明）,"再不然2"连接"前面两个逗小孩的方式选择"和"追加逗小孩的方法",追加说明"如何充当大人角色去逗小孩玩"。

2.1.2　追加选择

"追加选择"是在原有选择基础上提供额外选项,为主体提供更多选择空间,如例(18)：

(18)①郁文涣叫住他："哎,你总得告诉我怎么跟人家回话呀。"……"那你就说我有急事到外地去了,或者你就说我刚查出有甲肝、肺结核、羊痫疯。再不然你就说我犯事了,让公安局给拘起来了。"（海岩《永不瞑目》）

例(18)中,"再不然2"又追加了"有急事到外地""刚查出疾病"这两种借口以外的选项,即"说自己犯事了",为达成拒绝见面的目的提供了更多可选空间。

2.1.3　追加疑问

"再不然2"具有追加疑问的功能,在已有疑问的基础上追加询问,追加疑问类型包括有疑而问和无疑而问。如例(19)、例(20)：

(19)安娜怕秋天。一年四季的节日,安娜最不想过的就是中秋节。每年大学一开学,安娜便心神不宁。她常常会翻日历。（A）然后问王贵,今年八月十五什么时候？（B）或者问,今年是大年小年？（C）再不然就是乡下人什么时候来？（D）不晓得今年收成怎么样,梨子甜不甜？（六六《王贵与安娜》）

(20)（A）仔细想想春节期间,能够让一家老小都坐下看的综艺,除了《中国诗词大会》也无太多选择。（B）否则,真的有勇士愿意一边看《我家那闺女》,一边同家人激辩当代女性婚恋观,或者跟着Papi酱排一排父母和伴侣谁应该更靠前？（C）再不然,打开视频网站,和父母一起看看偶像选拔综艺,切磋一下当代青年审美或者听嘉宾感叹市场浮躁？想想都有些哭笑不得。（《新京报》,2019 年 2 月 21 日）

---

① 为节省篇幅,在不影响语义前提下,进行适当删减。

例(19)的语篇总体框架为：A(特指问)—B(选择问)—再不然 C(特指问)—D(特指问＋正反问)，"再不然₂"在多重问句中起到追加疑问的作用,疑问程度层层深入,表现出安娜的心神不宁与慌乱。例(20)的语篇总体框架为：A(提出观点)—B(表达质疑)—再不然 C(追加疑问)，"再不然₂"引出 C 句,通过追加无疑而问,再次表达个人观点"可观看的综艺节目太少"以及对当前现状的不满情绪。

2.1.4 追加论证

追加论证多出现在书面评论语体中。"再不然₂"在原有论证的基础上追加事实证据、他人观点、主观推理等,以增强论证可信度,如例(21)：

(21)(A) ……对待日常物品,"断舍离"是一种方式,"囤破烂"其实也是。(B) 王玲觉着,也许后者够不上"环保节约"那么高的评价,但这是一部分年轻人选择的一种生活态度。(C) 再不然,也是像陈皮所说,每一件"破烂"都带着人的记忆,每一段记忆又是一部分人生,积攒起来,就能拼出自己在人间的大致旅程。(中国新闻网,2018 年 11 月 19 日)

例(21)的语篇框架为：A(提出观点)—B(证明观点)—再不然 C(追加论证)，"再不然₂"追加引用他人话语,可帮助证明所述观点,提高观点的可信度,即"囤破烂其实也是一种生活方式和生活态度"。

2.2 人际功能

"再不然₂"和后续小句共同作用可以发挥独特的人际功能,如委婉功能、退而求次、后悔叹息等。

2.2.1 委婉功能

在交际中,"再不然₂"具有委婉功能。说话人遵守礼貌原则,用"再不然₂"引出个人建议、态度或情感,表达方式礼貌含蓄,能够维护听话人面子,促进会话顺利进行,如例(22)：

(22)二姨讪讪地："(A) 升平,你知道姨妈也是为你好。(B) 你这么老远离着家在这儿念书,过年就三十一了。(C) 太太早晚是要娶的呀!(D) 你妈妈那边,我回信也好有个交代。(E) 再不然,你就把这事情想一想,什么时候要想认识这位小姐,打个电话来给我。(F) 其实也就是认识一下,谁也没说你就得点头娶她!"(小楂《客中客》)

例(22)的语篇总体框架为：A(说明隐情)—B、C(解释原因)—D(强调情况)—再不然 E(委婉建议)—F(解释说明)，"再不然₂"引出"认识这位小姐"的建议,缓和劝告语气,易于被对方接受。

2.2.2 退而求次

"再不然₂"还具有退而求次的人际功能。此功能多发生在建议语境中,说话人提出优先建议后,为提高听话人的接受度而采取部分让步,退而求其次提出新建议,如例(23):

(23)(A1)这个冰箱的质量是差点儿,(A2)你说你们各位心里有数不就得了吗?(B1)再不然,给你们的亲朋好友打个招呼别上当,(B2)其他人,老百姓,你管他呢!(王朔等《编辑部的故事》)

例(23)的语篇总体框架为:A1(描述客观事实)—A2(提出优先建议)—再不然 B1(退而求次提出新建议)—B2(其他建议),"再不然₂"引出"给亲朋好友打招呼"这一让步性建议,容易提高听话人的接受度,达成说话人的交际目的。

2.2.3 后悔叹息

"再不然₂"有时与"……就好了""早知道……"这类表示懊悔情态义的成分共现,在语境中连接"应该实施却未实施"的选择项,发挥后悔叹息的人际功能,如例(24):

(24)(A)她只是长长地叹口气道:"嗐,那天晚上你要是什么都没有看见,那有多好!"周炳不大明白她的意思。他是一个脾气随和的孩子,因此就顺着他干娘的口气说了:"(B)是呵,是呵。(C)我回来早一点就好了。(D)不,我回来迟一点就好了。(E)要不然,客厅里没灯就好了。(F)再不然,我先使劲把铁门一关就好了。"(欧阳山《三家巷》)

例(24)的语篇总体框架为:A(背景信息)—B(迎合观点)—C(提出假设)—D(修正假设)—E(提出新假设)—再不然 F(提出其他假设),"再不然₂"连接"回来迟一点""客厅里没灯""使劲把铁门一关"等选择外的另类选项,使主体的后悔和叹息更加凸显。

三、"再不然₁"和"再不然₂"两可现象及动因

前面我们已经分析了两者在复句层面的差异表现在"再不然₁"表示假转,"再不然₂"表示选择,但发现有些情形具有两可现象,需要甄别。例如:

(25)面对这种罕见病,你要准备 500 万,再不然就只能等死。(电视节目《新闻1+1》)

(26)(要想到对面),人必须在石头上跳上纵下,再不然就得涉水前进。(朱

邦复《宇宙浪子》）

（27）我给他吞了药下去,还是汗出不止。我想只有找神手华佗,或许他有办法;再不然就得回泰山向家师求救。（张梦还《沉剑飞龙记》）

"再不然"为什么能够出现两可现象？探讨"再不然"如何从假设到选择,我们可以从逻辑和历时演变两个角度解释出现两可的动因。

从逻辑角度看,"再不然$_1$"连接的语句包含必要条件假言推理过程,"再不然$_2$"连接的语句包含选言推理过程。吕明臣（2010：113）指出这两种推理具有相同的逻辑含义,即在一个推理中,表现前提中"否定前提"。相同的逻辑语义使得"再不然$_1$"和"再不然$_2$"之间具有紧密的联系。此外,"再不然"能够出现两可动因还跟决选语义有关。逻辑推理过程为：前提1：如果想要达成目的,不是选择 a,就是选择 b。前提 2：如果不选择 a。结论：就只能选择 b。所以,当 a 和 b 之间具有选择关系且必须为决选关系时,a 和 b 还可以理解为假转关系。以例（25）为例：

前提 1：面对罕见病,不是准备 500 万,就是等死。

前提 2：如果没有准备 500 万。

结论：就只能等死。

所以,当"准备 500 万"和"等死"之间为决选关系时,同时又可以理解为假转关系。

从历时演变看,"再不然"最早见于明代,但使用还较少,其结构为"再+不然",其中,"不然"为连词,"再"为副词,"再不然"在语句可连接前后具有假转关系或者选择关系的分句。到了清代,"再不然"表示假转关系和选择关系的用法增多,还出现较多两可现象。分别如下：

（28）张虎便叫张狼道："你不闻古人云：'教妇初来。'虽然不致乎打他,也须早晚训诲;再不然,去告诉他那老虔婆知道。"（明《清平山堂话本》）

（29）团头聚面的说说笑笑,或是与儿子讲说些读过的书文,或是与女儿说些甚么贤孝的古记;再不然,与细君下局围棋。（清《醒世姻缘传》）

（30）如今多了四个人,六人三对面,方桌亦还坐得下;再不然,加张圆桌面子也坐得很舒服,很宽展了。（清《官场现形记》）

"再不然"两可现象的出现与连词"不然"密切相关。"不然"最先见于先秦,为偏正结构,有多种含义,如"不这样""不正确"等。如例（31）和例（32）。同时,"不然"还出现个别连词用法,表示假转关系或选择关系,如例（33）和例（34）。

（31）赴以名,则亦书之,不然则否,辟不敏也。（《左传·僖公二十三年》）

(32)上帝板板,下民卒瘅。出话不然,为犹不远。(《诗·大雅·板》)

(33)子之罪大极重,疾走归!不然,我将以子肝益昼晡之膳。(《庄子·盗跖》)

(34)凡守围城之法,……大臣有功劳于上者,多主信以义,万民乐之无穷;不然,父母坟墓在焉;不然,山林草泽之饶足利;不然,地形之难攻而易守也……(《墨子·备城门》)

"不然"由偏正短语发展出连词用法,这是词汇化和语法化共同作用的结果。第一,"然"的语义变化以及重新分析促使词汇化:当"不"后面的成分在上文已经出现时,这个旧信息可以用指示代词"然"来代替(刘红妮,2019:166),"然"的语义发生变化,由动词变为代词;"不然"发生边界融合,由偏正词组"不/然"融合为连词"不然"。第二,句法环境和语境吸收促使语法化。"不然"经常出现在连接两个小句的句法环境中,逐渐吸收假设语义和选择语义,完成语法化过程。同时"不然"所处的两种语境,也会造成"不然"出现两可现象。

因此,从历时角度分析,"再不然"两可现象的出现跟"不然"语法化过程中可以出现两种不同语境用法有直接关系。

四、结　语

"再不然"在现代汉语中有两种语义:一种是假设否定语义,解释为"如果不这样",标记为"再不然₁";另一种是选择语义,解释为"或者",标记为"再不然₂"。在复句中,"再不然₁"经常连接两个分句,构成假转关系,包含必要条件假言推理过程;"再不然₂"连接三个及三个分句以上分句,构成广义选择关系,包含选言推理过程。在语篇中,"再不然₂"还具有追加功能和一系列人际功能。有些情形中出现"再不然₁"和"再不然₂"两可现象,这跟它们逻辑上具有相通性以及"不然"在语法化过程中可出现在假转语境和选择语境密切相关。

参考文献

曹秀玲、张　磊(2009)"否则"类连词的语法化梯度及其表现,《汉语学习》第6期。

褚　艳(2001)《"X然"类连词的词汇化研究》,安徽师范大学硕士学位论文。

邸子桓(2021)《现代汉语"不然"类关联词语的语义属性及功能研究》,吉林大学博士学位论文。

胡壮麟、朱永生、张德禄、李战子(2005)《系统功能语言学概论》,北京大学出版社。

刘红妮(2019)从假设否定到选择再到建议——"再不"的成词与演变,《语言研究集刊》第
　　1期。

刘华林(2020)《汉语"超词形式"关联词语研究》,华中师范大学博士学位论文。

吕明臣(2010)"不然"格式的语义分析,《郑州大学学报》(哲学社会科学版)第5期。

邢福义(2001)《汉语复句研究》,商务印书馆。

张　斌(2001)《现代汉语虚词词典》,商务印书馆。

朱　敏(2020)"再不然"的语篇衔接功能,《柳州职业技术学院学报》第4期。

　　(1.华中师范大学语言与语言教育研究中心,430079,441339892@qq.com;

　　　2.华中师范大学语言与语言教育研究中心,430079,490530715@qq.com)

话语标记"不是"：从话语修正到话语推进*

刘梁强

〇、引　　言

"不是"在现代汉语中的出现频率高，用法丰富多样。例如①：

(1) 他们捕人未请示副司令，是他们的<u>不是</u>，现托我向副司令报告，请示处理办法。（李云峰《西安事变史实》）

(2)［背景：讨论辟谷的最佳年龄段。］

　　1 A：所有人都可以用吗？谁都可以用？

　　2 B：＜嗯＞...(1.5)<u>不是</u>，要根据人的状态。（节目《22 度观察》）

(3) 有些高校对大学生社会实践的意义认识不足，<u>不是</u>没有钱，就是没有车，再有就是人员安排不开。（《中国青年报》，1991 年）

上面例(1)—(3)中的"不是"分别是名词、动词短语、连词的用法。此外，"不是"还常用于口语应答话轮中。例如：

(4)［背景：讨论站立的时机。］

　　1 A：谁没事这么站着呀，学士。

　　2 B：<u>不是</u>，就这样站着。（节目《鲁豫有约》）

---

　　* 本文获得第十届现代汉语虚词研究与对外汉语教学国际学术研讨会青年优秀论文一等奖，已发表于《汉语学习》(2023 年第 5 期)。本文在写作过程中得到曹秀玲教授的精心指导，胡建锋老师、朱庆祥老师、罗堃老师提出了宝贵意见，特致谢忱！文中尚有谬误，概由作者负责。

　　① 本文语料取自北京大学中国语言学研究中心 CCL 现代汉语语料库、北京语言大学 BCC 语料库和中国传媒大学 MLC 语料库，部分来源于前人研究和日常生活，所有例句均标明出处。例句中的"A、B"是区分不同发话人的标志。

学界将"不是"看作话语标记①进行研究的有刘丽艳（2005）、殷树林（2011）、闫建设（2015）和陈家隽（2019）等，他们分别从"标异性"、使用模式、语法化和语用功能角度对话语标记"不是"进行考察。本文在现有研究基础上，考察"不是"作为话语标记的多种功用模式、功能格局及其演化，并探讨"不是"言语功能演化的动因和机制、话语组织功能及其语义减值后的话语推进作用。

一、"不是"的话语修正和话语推进功能

在话语标记"不是"的话语修正功能中，其最初的否定义没有完全消失，是依托部分否定而产生话语修正功能；随着"不是"否定义的进一步弱化，"不是"由对言谈内容的修正转为对言语事件的推进，发挥话语推进功能。

1.1 "不是"的话语修正功能

话语修正是指在实际语言交际中，说话人认为前一话轮中内容表达有误，对其加以修正，是一个动态的过程（郑贵友，2016）。话语修正的主要功能是在言语交际过程中对一方的观点作出修正，包含对其观点的否定，根据修正对象的不同，可分为修正他人和修正自我。话语修正成分主要分布于两话轮交界处，故而间接体现一定的话语组织功能。

1.1.1 修正自我

修正自我主要表现在交谈中，言语一方发现自己所述与当前主题不符，需做出调整或修正，常见的是在当前小句结束后，以修正性话语标记"不是"作出修正说明，随后重新加以表述。此时"不是"只能位于话轮内部，即非话轮起始位置。例如：

（5）［背景：主持人与台下观众讨论最爱吃的食物。］

　　1 A：我最爱吃水煮肉片。

　　（以下省略4行）

　　6 B：说什么也要＝今天中午请你吃宫爆鸡丁。<u>不是</u>↑请你吃水煮肉片。（节目《乡约》）

---

① 目前学界对于话语标记的定义还存在诸多不一，本文采用 Schourup（1999）关于话语标记的相关定义。从话语标记的语体倾向、句法特征、语义特征、结构特征和语音特征五方面入手，将这类"不是"视作话语标记是有理由、有根据的。

例(5)中,言者发现个人言语输出有误后,用"不是"及时进行调整和修正。

1.1.2　修正他人

修正他人主要表现为交际双方中一方对另一方的观点、看法或结论不认同,这种不认同包含与自己观点不同、与事实不符、结论不全面等多种情形。此时"不是"多位于话轮起始位置,通常有回指成分伴随出现。例如:

(6)〔背景:肖东坡与赵先军就一些宠物用品做交流。〕

　　1 A:这个我知道,这个狗不听话,拿这个抽它↑皮鞭吗这不是?

　　2 B…(1.0)不是。这个是牵引带,这个是专门为狗做的。一种·就是能够控制狗的:—

　　3 种带子。(节目《乡约》)

上例中的"不是",是当前话轮持有者对前一话轮说话人的观点做出修正,并在"不是"后加入修正后的观点或看法。同时,这类起修正他人功能的"不是"在语音上通常有时长缩短的表现,这与学界认为"话语标记经历了与语法化类似的过程"这一观点相同①。

1.2　"不是"的话语推进功能

随着"不是"否定义的进一步弱化,"不是"在句中发挥话语推进的作用。根据"不是"前后内容的相关度及说话人的认识立场,将话语推进分为反向转接和正向延续。

1.2.1　反向转接

反向转接是在言语互动过程中,言语双方观点相异,处于不同立场,其中一方使用"不是"作为"标异性"标志,标示说话人在交际过程中交际状态或认知倾向上的前后不一致(刘丽艳,2005)。前后不同立场的参照对象可以是自己的话语,也可以是会话中另一方的话语,这对应于"不是"的两种分布位置:话轮起始位置和非话轮起始位置。需要注意,"标异"并不等同于修正,"不是"的反向转接功能和话语修正功能主要区别在于后续内容与前述内容的相关度②。"不是"前后内容相关度降低,就标示着其自身否定义的减值,这一过程伴随修正功能减

---

① 主张这类看法的有:Traugott & Dasher(2002:155)、Brinton & Traugott(2005:137)、Brinton(2008:18)等。

② 若对话中后续内容与前述内容呈现直接相关,即被认为是高相关度,如例(5)、例(6);若前后内容不直接相关,需要进行联想、引申等思维加工,则被认为是低相关度,如例(7)—(11)相关用法。

弱，而话语推进功能得到强化①。

当会话双方观点不一致时，其中一方有时不直接针对不同观点进行修正，而是采用切换、重启话题等委婉方式引入新的内容，推动言语进程进一步发展。例如：

(7)〔背景：A 让 B 喝酒。〕

    1 A：节目一开始，先有一个小小的要求，来，麻烦你把这个酒打开，你的工作人员说你

    2   喝点酒，比较容易说好多话。

    （以下省略 2 行）

    5 B：那我就整瓶了，<u>不是</u>，没有（酒杯），直接来啊。（节目《鲁豫有约》）

例(7)中，"不是"位于非话轮起始位置，容易错误理解为正向延续，需联系前后篇章信息进行解读。"不是"前的内容对前序话轮作跨话轮承接性应答，"不是"后引入针对上一话轮提出的新信息，前后信息内容呈间接相关，可作如下形式化表达：

$$S 想 V+无 Q \longrightarrow 不能更好 V（Q 是 V 的非充分条件）$$

此处"不是"不充当任何句法成分，删除之后，前后语段间的语义关系会发生改变，篇章连贯性也会降低，可见此处"不是"起推进话语的功能。

当会话双方有明显的权势性(entitlement)差别时，在互动过程中遇到分歧，居于强势的一方就会强制性截停对方话轮，在会话中插入自己的观点。这种情形下，"不是"只能分布于话轮起始位置。例如：

(8)〔背景：一月内多次请假的学生又向老师请假。〕

    1 A：老师，我早读想请假，我今天状态不太好，不知道[行不行]。

    2 B：   -[不是]，什么叫状态↑不好，

                            |转头、眉头紧皱、注视学生|

    3   一个多月？天天状态＝不好？（生活实录语料，2019 年 4 月 20 日）

(9)〔背景：父子讨论学习相关问题。〕

    1 A：话是那么说，分数那么低，我学也学不懂，反正我不想[学了]。

    2 B：   -[不是]，你怎么会有这种想

                            |起身接近、眉头紧皱、注视|

---

① 此处需说明"不是"在分别发挥反向转接功能和话语修正功能时的区别。在"不是"发挥反向转接功能时，由言者引入的事件与前述内容无直接相关关系，无法准确识别追补的内容与前文哪一具体内容相异，故多使用一些与言语事件非直接相关的内容进行追补，这一点和联想回指(徐起起，2005)相像；而当"不是"发挥话语修正功能时，其是就不同观点或内容展开直接说明，前后不同之处可以被准确识别。

　　3　　　法,你之前的书白念了＝是不是?(生活实录语料,2021 年 8 月 11 日)

　　以上两例中的"不是"否定义并不强烈,也无法指出其具体否定的对象,更多体现言谈一方向另一方表示不满,带有追问、责问的意味,可推进话语进一步发展。此处"不是"违背了会话合作中的礼貌原则,故只用于上对下或同辈关系亲密者之间的交际。

　　"不是"的话语推进功能还可从注目、转头、身体靠近等体态语得到旁证。Goodwin(1979)指出,注视(gaze)和句法的结合能提示话轮的结束或扩展。例(8)、例(9)中发话人通过具体言语、身势等多种信息对另一方进行言语批评和话轮抢夺,也是通过直接互动以推进话轮的继续。

1.2.2　正向延续

　　正向延续是指前后话轮之间的观点相同,言谈双方处于同一立场,通过话题的延续表达自身观点,进而推动话轮继续。此时"不是"真值语义大幅弱化,不再发挥修正功能,更多是对话语的推进。

　　当"不是"居于话轮起始位置时,发话人在前一话轮的基础上,用"不是"接过话轮,再对事实加以追补,言说双方多持相同观点,这是一种话语的正向延续。例如:

　　(10)〔背景:谈练乐器有吱吱吱的怪声音。〕

　　　　1 A:练的时候脑子就炸了,脑子就感觉:有半身不遂的那个样子一样。

　　　　2 B:不是↑＝我听着都有点半身不遂了。(转引自陈家隽,2019:89)

　　陈文认为例(10)的"不是"用来纠正对方观点,并提出言者观点。但结合语境可知,此处"不是"的否定功能大幅弱化,看似是对上一话轮的否定,实际言者使用"不是"截停话轮,并对会话中另一方的话语进行追补,言说双方属于同一观点,是对言语事件的正向延续,起话语推进作用。这从"不是"的语音靠近后一语音单位和节奏上的紧缩也可以得到旁证。

　　"不是"还可分布于非话轮起始位置。例如:

　　(11)〔背景:讨论金融危机下的医学美容。〕

　　　　1 A:去哪里啊?

　　　　2 B:三十个人,而且都是大学生啊,(……)大学啊,什么(……)师范,她就是

　　　　3　　　上海人,但是父母亲都是上海人,在香港长大是吧? 后来离异,不是,我就说:上

　　　　4　　　海的大学生三十个,因为大学生没什么钱,然后说呢,三十个人组团,可以减价

5   30％。（节目《锵锵三人行》）

例（11）中，"不是"未对言语事件中的命题进行否定或修正，是言者对自己言谈内容的进一步补述，使言谈内容对整个言语事件有更大贡献。"不是"前后内容都围绕话轮内主题进行，促进言语事件发展，起话语推动作用，属于正向延续。

综上，在自然口语中，"不是"既能发挥话语修正功能，也能在真值语义大幅减弱的条件下用作话语推进。

二、"不是"的言语功能演变和语义弱化推进

通过前文分析，"不是"在分别发挥话语修正功能和话语推进功能时，自身的否定程度会呈现出梯度级差，同时其句法分布也有相应的改变。

2.1 "不是"的言语功能演变

话语标记功能的浮现在很大程度上受其命题意义的影响，原有的命题意义决定了功能扩展的方向（方梅，2018：19）。话语标记"不是"基于否定性应答产生话语修正功能，在"不是"的否定概念弱化过程中，仍保留了原有的负面、不认同义，这使得"不是"的话语修正功能得到拓展。

进一步发展中，在自然口语中的高频使用，促使"不是"语义减值，这种字面的否定暗含对整个命题和话轮的推进，使其在原有功能基础上产生了话语推进功能。自然口语中影响"不是"意义和功能的因素，主要有以下两个方面：一是话题延续性，"不是"对整个话题的贡献主要是话题延续，并在此基础上推进话语，根据话题延续方向分为反向转接和正向延续；二是线性位置，自然口语中的线性分布位置会影响"不是"的功能选择，具体出现位置分布于话轮起始位置和非话轮起始位置。

"不是"用于话语推进时的功能和分布情况见下表[①]：

表 1　自然口语中"不是"的话语推进功能分布情况

	话轮起始位置	非话轮起始位置	总　　计
正向延续	35(22.3％)	31(19.7％)	66(42.0％)
反向转接	63(40.1％)	28(17.8％)	91(57.9％)

---

① 表内所统计"不是"不同功能语例共计 157 例。

上表显示,位于话轮起始位置、起反向转接功能的"不是"呈优势性分布,这从"不是"是源于否定性应答而产生话语推进功能可以得到解释:因为源于否定性应答,即使"不是"经历了语义减值,真值语义大幅弱化,其优势用途仍与基本义呈现出一定的相关性。"不是"的功能从话语修正到反向转接,再到正向延续,是其自身真值语义不断弱化,修正功能不断减弱和篇章功能不断强化的过程,这与上表的功能分布情况一致。

上述几种功能演变路径和虚化程度可总结如下:

功能:否定>修正>推进

话语否定>话语修正>话语推进

话语否定>话语修正>(反向转接>正向延续)

意义:实——→虚

2.2 "不是"的语义弱化推进

随着"不是"的语义弱化,出现"不是"与"对"共现的情况:

(12)〔背景:讨论穿着与谈话主题的关系。〕

1 A:但是你不要小看幼婷,我=觉得幼婷选择什么衣服,她都是看着话题。

2 B:真的啊,今天要美。

3 A:对:不是↑今天讲的还不是一般的美,而是那种·有点职业感的女性,今天她听说

4　要讲"卢美美"所以=她就穿成"卢美美"该穿的样子。(节目《锵锵三人行》)

例(12)先用"对"进行话轮间的承接,然后用"不是"进行谈话内容上的调整。这类用法,是下文"不是"语义进一步弱化的临界环境①。此例中,A 在第 3 行先使用"对"进行话轮承接,是一种下意识应答行为,然后再使用"不是"对自身话轮内部的"对"进行修正。而"不是"后引出的内容是延续上一话轮中(第2行)的观点进行增补,是一种正向的程度递进。因此,"不是"在此例中发挥正向延续的话语推进功能。

"不是"的否定语义进一步弱化,直至其真值语义无限趋近于零,此时"不是"在会话中更多发挥话语组织功能,形成如下用例:

---

① 临界环境的名称我们借于彭睿(2020),此处和彭文在语法化过程中的临界环境较为相似,也是演变过程中不可缺少、极为重要的一个环节,故借称为临界环境。

(13) [背景：课前老师和学生就快递归属问题聊天。]

　　1 A：这是你的快递啊？

　　2 B：-不是...(1.5)这我下午刚拿的快递。（生活实录语料，2020 年 12 月 3 日）

(14) [背景：两位同学在讨论一个包的来源，王丽是 B 的本科同学。]

　　1 A：这包是你本科同学送你的[吗]?

　　2 B：　　　　　　　　　　　　-[不是]，是王丽送我的。（生活实录语料，2019 年 10 月 22 日）

　　上面两例中的"不是"，形式上是对前文内容进行否定，但从逻辑和前后语句语义关系上来看，并未对任何内容进行实质性否定。同时，基于现场即席话语的互动性，言者没有过多时间对自己的真实想法作以加工，便使用一些"不是""然后""那个"之类的成分先进行话轮的接替，随即进行后续内容说明，这为言者争取了思考时间，便于言者针对上一话轮更好地组织语言。

　　此时"不是"的否定义大幅降低并趋近于零，出现不表否定、不作修正，转而表承接的倾向，这种倾向在其他类似的话语标记中也有体现。比如："所以"在做话语标记时，主要功能是引发话轮，起调控和组织话语作用（姚双云，2009）；"但是""可是""不说"在一定的语境中，本身基本没有什么真值语义（张巍，2014）。上述话语标记在一定语境中都会降低自身的真值语义，直至本义消失，成为一个起话语组织功能的篇章衔接成分。

　　同时，我们截取本文部分语例原始录音，使用 Praat 分析"不是"不同言语功能的具体韵律表现，以此对其言语功能演变和语义弱化表现进行说明。具体如下所示①：

　　图 1 至图 3，分别是"不是"发挥话语否定、话语修正、话语推进功能时的韵律表现，韵律方面表现最突出的特征就是语音弱化，即时长缩短，这与语法化在语音上的表现相同。值得关注的是，当"不是"的否定义进一步弱化，直至趋近于零时，其时长（图 3）却明显增加，有了不同于语法化和话语标记的韵律表现，例(14)中"不是"的时长也有同样的变化（显示为 0.319s）。

　　针对"不是"的这种新用法，虽然其意义虚化符合话语标记的产生及演变过程，但其韵律特征所表现出来的语音强化却值得关注。这也进一步证明，"不是"的这种新用法正随着自身语义的不断弱化而进一步浮现出来。

---

　　① 通过观察，我们发现"不是"的话语标记用法和非话语标记用法的语音差异主要表现在时长方面，音高特征规律不明显。同时，结合谢心阳、方梅(2016)对自然口语中弱化连词的韵律表现考察，此处主要选取时长作为参量。

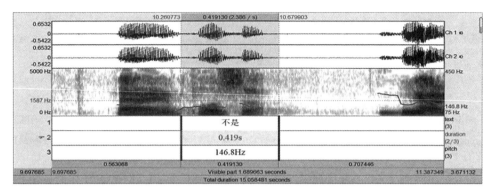

图 1　例(2)中"不是"的波形和音高曲线图

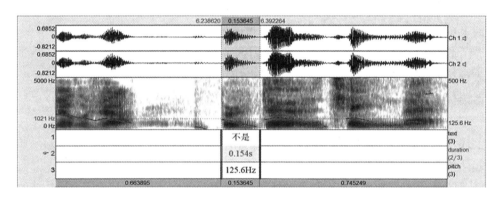

图 2　例(6)中"不是"的波形和音高曲线图

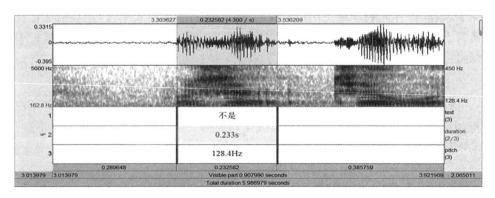

图 3　例(13)中"不是"的波形和音高曲线图

三、"不是"的言语功能演变动因与机制

言者是基于何种原因使用"不是"对言语内容进行否定,并以此引出自己的看法和观点的? 又是何种原因导致"不是"否定义弱化、甚至产生否定义消失的倾向?

通过对汉语中一些表示肯定和否定的成分分析可知,它们在演变路径上呈现出较强的规律性:一些形式上不具有停止、中断、结束的成分逐渐获得了结束行为的功能,而一些形式上表示否定、中断、结束的成分又逐渐获得了话语推进、延续话轮的功能。结果是,具有肯定、否定功能的成分经常有形式和意义不一致的情况。

"不是"从否定性动词结构经历了语义弱化,变为典型的修正性话语标记,这是话语标记化的基本过程;在进一步弱化中,篇章功能强化,产生话语推进功能;但在更进一步的语义弱化中,"不是"的真值语义趋近于零(例(13)),不起话语修正功能,只起抢占话轮和争取思考时间的作用。综上,"不是"的言语功能演变动因和机制有以下三个方面。

3.1　基于标异性的主观化表达

对话时应答人往往跟引发人一样期待对方对自己的应答做出反应,并期待得到反馈信息(沈家煊,1989)。起修正功能的"不是"以自身的否定形式对前后内容标异,作反馈标记。这种标异在互动中会引起另一方的期待:既是一种对"不是"后续内容的心理需求,也是一种对新信息的心理期待。这种心理期待是由"不是"的认知语境①所激活的一类经验化交际推理活动:当会话中出现"不是"时,就会引发听话人对于后续内容的关注。

同时,这种基于标异性所产生的期待心理也使"不是"后言语内容的重要性得到凸显,提升了交际效果,显著提升了听说双方的互动参与度,推动"不是"从反馈标记转变为一种言语策略。具体过程为:相邻对前件启动话轮之后,相邻对后件持有者使用"不是"进行否定回应,这会提升相邻对前件持有人,即发话人的心理期待值,在期待中相邻对后件继续进行"不是"后续内容的信息反馈。图示如下:

---

① 认知语境是现实世界的事件、状态或行为的典型结构概念化或经验化的结果(刘国辉,2005)。

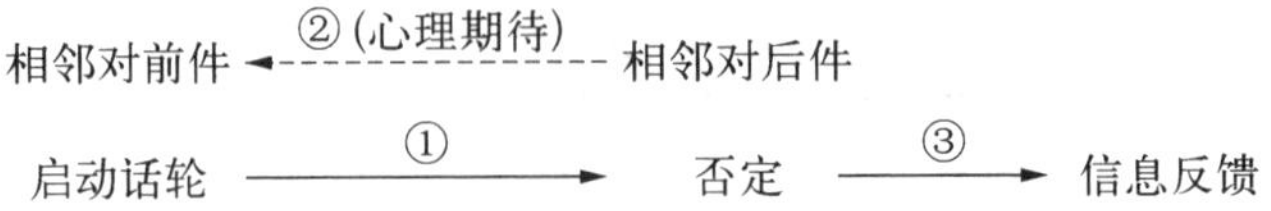

```
                    ②(心理期待)
相邻对前件 ◀------------------------ 相邻对后件
          
启动话轮 ————————————▶ 否定 ————————▶ 信息反馈
              ①                    ③
```

图 4 "不是"言语策略心理机制加工图

语言的使用或多或少总会带有言者的主观性,"不是"的使用同样含有言者主观性。上文使用"不是"来提升听说双方对于新信息期待值的手段,也是一种言者主观性的体现,言者可以根据自己的主观认知对言语产出进行调控加工。在"不是"的否定语义趋近于零的用例中(例(13)、例(14)),"不是"更充分体现了言者的主观干预。

"不是"的优势分布是居于话轮起始位置,从反馈标记转变为言语策略后,自身真值语义减弱,随着分布位置多样化、前后内容相关度降低和言者主观性的干预,"不是"发展出话语推进功能。

3.2 基于会话合作原则推动人际互动

会话中的交际双方观点不一致时,言者多会使用表否定的词语来表明自己的观点。而言语活动总是在一定的社会环境中进行,这使得人们在进行不同观点表达时,必须遵守会话合作原则。人们在交际中会使用"不是"进行修正并引出自己的观点,这类修正用法的最终目的也是为推进更进一步的互动。Hayano (2011)也提出,谈话时双方认识立场的不一致会促成序列的进一步扩展,这也证实了"不是"是在标异的基础上发挥话语推进功能。

"不是"的话语推进功能在语义弱化进程中获得,而上文新功能(例(13))则是在语义进一步弱化和语言使用中获得的。例(12)中的"对"是"提问-应答""陈述-回应"等序列中常见的回应序列,表达对前述内容的确认,接着用语义减值的"不是"引出言者观点。人们在会话中,也会下意识地使用一些具备承接功能的成分对前一话轮进行回应,然后再表达观点,进而推进话语,这符合会话合作原则。

"不是"分布位置的多元化,从语用否定到语义否定,从修正他人到修正自我,从反向转接到正向延续,再从话语修正到话语推进。这一系列言语功能的演变,都是推动人际互动和言语互动继续进行。

3.3 否定性应答的肯定识解

前文例(12)中,前序话轮为"今天要美",第 3 行使用"对,不是"进行回应。

"对"承接应答，"不是"是对言者下意识承接应答用语"对"进行修正，继而引出后续内容。这种小范围修正所起的作用是：在更大的范围起话语推进作用。如果"不是"在句中起否定作用，那么后续内容应该与前序话轮"今天要美"相反，是"今天不美"的内容。但结合后续内容可知，"不是"并未发挥否定功能，后续内容是在前一话轮的基础上的追加或增补，是一种同向的程度加深。

结合 Sperber & Wilson(1981)、沈家煊(1994)、刘晨阳(2021)的相关论述，我们认为此处的"不是"为反语用法。发话人通过直接使用"不是"这一否定形式，来间接引述听话人对"不是"本身否定作用和意义的认知理解。听话人认为"不是"的否定用法是符合常理推断的，但发话人却以"不是"后的内容来反证"不是"并非否定，而是一种使用否定形式的肯定表达，也否定了听话人对于"不是"及其后内容的预设，需要听者对其进行肯定性识解。这从前后两话轮是属于同一内容的程度加深和强化可以得到证明。图示如下：

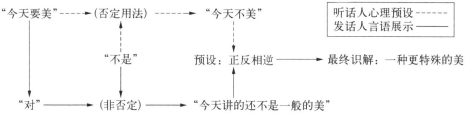

图5　例(12)中"不是"作肯定识解的推理过程

这种听话人前后认知与心理期待的正反相逆，也是一种对当前话轮内容的强调凸显。至此，作为否定性应答的"不是"在语境中得到肯定识解，"对"的应答性特征也转由被肯定识解的"不是"承担。由"不是"的话语修正这一常规功能演化出话语推进的新兴功能，也有力地证明了互动语言学的观点，"语法是在互动中，从参与者主体间的理解中浮现出来的，并且在互动中为了满足不同的交际需求而经历连续的变化"(Ford et al.，2002)。

四、结　　语

"不是"基于否定应答而产生话语修正功能，这一过程中"不是"的否定概念在弱化基础上保留了负面、不认同义，否定中暗含对命题的修正，包括修正自我、修正他人。在话语标记"不是"的真值语义进一步弱化过程中，产生话语推进功能,从话题延续性和线性位置两条标准可将其分为反向转接和正向延续。"不是"的言语功能从话语修正发展到话语推进,具体表现为"不是"的词汇意义衰减和篇章功能强化。造成上述功能演变的机制和动因是:基于标异性的主观化表达、基于会话合作原则推动人际互动和"不是"作为否定性应答的肯定识解。上述"不是"的演变过程及浮现义的产生,是在会话交际中,言者反复使用、主观调适下产生的互动性产物。

附录:转写体例及说明

本文呈现语料时主要加工对研究问题有影响的转写细节,符号注释如下:

−	话语截断	...(1.2)	长停顿及停顿秒数
[ ]	话语交叠	=	前后语调单位之间无停顿,连续发出
↑	语调急升	(( ))	转写者说明
,。?	分别表示微升、下降、上升语调	|点头|	身势活动单位及动作说明
:	声音拖长	·	小于1秒的非正常停顿

参考文献

陈家隽(2019)《汉语话语标记的语用功能与历时演变》,复旦大学出版社。

方　梅(2018)《浮现语法:基于汉语口语和书面语的研究》,商务印书馆。

刘晨阳(2021)从"看我(不)VP"句看间接警告言语行为的规约化,《汉语学习》第1期。

刘国辉(2005)言语礼貌·认知期待·语境文化规约,《外语教学》第2期。

刘丽艳(2005)作为话语标记语的"不是",《语言教学与研究》第6期。

彭　睿(2020)《语法化理论的汉语视角》,北京大学出版社。

沈家煊(1989)不加说明的话题——从"对答"看"话题—说明",《中国语文》第5期。

沈家煊(1994)"好不"不对称用法的语义和语用解释,《中国语文》第4期。

谢心阳、方　梅(2016)汉语自然口语中弱化连词的韵律表现,载方梅主编《互动语言学与汉语研究》第一辑,世界图书出版公司。

徐赳赳(2005)现代汉语联想回指分析,《中国语文》第3期。

闫建设(2015)话语标记语"不是"的辨析,《哈尔滨学院学报》第7期。

姚双云(2009)口语中"所以"的语义弱化与功能扩展,《汉语学报》第3期。

殷树林(2011)说话语标记"不是",《汉语学习》第1期。

张 巍(2014)转折性话语标记"但是""可是""不过"的语用功能,第十五届汉语词汇语义学国际研讨会会议论文。

Ford，C. E.，Fox，B. A. & Thompson，S. A. (2002) *The Language of Turn and Sequance*. Oxford：Oxford University Press.

Hayano，K. (2011) Claiming Epistemic Primacy：Yo-marked Assessments in Japanese. In Stivers，T.，Mondada，L. & Steensig，J. （eds.）. *The Morality of Knowledge in Conversation*. Cambridge：Cambridge University Press.

Goodwin，C. (1979) The Interactive Construction of a Sentence in Natural Conversation. In Psathas，G. （ed.）. *Everyday Language: Studies in Ethnomethodology*. New York：Irvington Publishers.

Schourup，L. (1999) Discourse Markers. *Lingua* 107：227 – 265.

Sperber，D. & Deirdre,W. (1981) Irony and the Use-mention Distinction. In Cole，P.（ed.）. *Radical Pragmatics*. New York：Acadamic Press.

（厦门大学中文系,361005,shiliulang1998@163.com）

汉语和维吾尔语情态表达的类型学特征及其教学策略

林　青[1]　李小曼[2]

一、情　　态

情态(Modality)是语言中普遍存在的一个语义范畴,指的是说话者对命题真值或事件的现实性状态所表达的主观态度。情态是语言作为交际工具的重要体现,是人类认知世界的一种反映。情态范畴作为普遍的语义范畴,语言之间的表现形式呈现差异,在不同语言中有着丰富多样的表达手段,人们运用这些手段反映客观世界,表达主观态度。

(1) 英语

　　John <u>may</u> be in his office

　　John <u>must</u> be in his office.

　　John <u>will</u> be in his office.

(转引自 Palmer,1986/2001:25)

英语通过情态动词表达情态意义,例(1)中,说话人分别通过"may""must""will"表达"约翰在办公室"这一命题信息真实性的主观态度:一个可能的结论、一个唯一可能的结论或一个合理的结论。

(2) 意大利语

Può　　　　　　　　　essere nell　　ufficio

can/may+3SG+PRES　be　　in　the office

He may be in the office.

Deve　　　　　　　　essere　nell　ufficio

must+3SG+PRES　be　　　in the office

He must be in the office.

（转引自 Palmer，1986/2001：25）

在意大利语等一些欧洲语言中，情态表达需要借助情态动词或情态副词等词汇手段表达。Central Alaskan Yup'ik 语和 Abkhaz 语还可以通过语法手段编码情态范畴。汉语与英语、德语、意大利等语言一样，没有编码情态范畴的语法手段，但也有特定的情态表达方式：

（3）他<u>可能</u>去了办公室。

　　他<u>应该</u>去了办公室。

　　他<u>要</u>去办公室。

　　他去办公室了<u>吧</u>。

（自拟）

维吾尔语富有形态变化，情态范畴有特定的形态表现，内容与现实之间的关系可以通过在动词后添加不同附加成分来指明说话人对命题或事件的主观态度。

（4）ɛχmet　　maqalɛ　jaz-**di**.

　　艾合买提　　文章　　　写-直陈过去

　　ɛχmɛt　　maqalɛ　jez-**iptu**.　　　　　［推断］

　　艾合买提　　文章　　　写-间陈过去

　　ɛχmɛt　　maqalɛ　jez-**iptu-dɛk**.　　［传闻］

　　艾合买提　　文章　　　写-间陈过去-转述系词

　　ɛχmet　　maqalɛ　jaz-ʁan　**oχʃa-jdu**.　［推测］

　　艾合买提　　文章　　　写-形容词化 推测系词-直陈非过去

　　艾合买提写了文章。

（转引自哈米提·铁木尔，1987：267）

情态是跟时态、体态并列的一种重要的句法语义范畴。情态反映了说话人对所说内容的主观态度和看法，在语言研究中因其复杂性和争议性成为热点话题。目前情态研究较有争议的问题，如范畴的界定、分类标准、情态与时态、人称、语气等相关范畴的关系，语境及语篇、应用研究等方面，仍需作出合理的解释。汉语和民族语言的情态表达也有待进一步考察。

本文在语言类型学视野下探究汉语和维吾尔语情态表达的共性和特性，重点考察汉语和维吾尔语情态表达手段类型与功能分布差异，通过共性与特性的考察，发现其类型学特征，进一步探究情态范畴的本质。试图验证类型差异悬殊的语言在情态范畴表达上仍存在普遍性和共性特征，如主观性、多功能性、表达评价功能和礼貌策略等,以进一步认识情态共性特征与本质特点,为语言学提供具有类型学意义上的例证,同时为民族地区国家通用语言文字情态教学实践提供理论参考。

二、汉语和维吾尔语情态表达的类型学特征

情态是一个类型学范畴,命题情态(认识情态和传信情态)和事件情态(道义情态和动力情态)是普遍存在的情态语义,广泛存在于多种语言形式中,情态表达存在类型学的共性特征。通过从类型学视角探究汉语和维吾尔语情态表达,我们发现:汉语和维吾尔语情态表达具有情态意义的普遍性和表达方式的多样性、情态表达的多功能性和形义对应关系的复杂度、情态意义的主观性和介入程度的凸显度、情态表达的功能扩展性和人际功能的开放度等类型学特征。

2.1 情态意义的普遍性和表达方式的多样性

Palmer(2001:22)以类型学视野建构了命题情态(propositional modality)和事件情态(event modality)两大语义系统,命题情态包含认识情态和传信情态(evidential modality),事件情态包含道义情态(deontic)和动力情态(dynamic)。

表 1 Palmer(1986/2001)的情态系统分类

命题情态	认知型情态	预测型情态
		推断型情态
		假设型情态
	证据型情态	报道型情态
		感知型情态(可视型情态、非可视型情态、听觉型情态)
事件情态	责任型情态	允许型情态
		职责型情态
		应允型情态
	动力型情态	能力型情态
		意愿型情态

情态意义表达具有普遍性，认识情态和传信情态、道义情态和动力情态在世界各种语言中均有体现。

据 Palmer(1986/2001：7)，说话人对命题或事件表达主观态度时，会形成明确的区分。如温图语(Wintu)的例子：

(5) kupa-**re**.　　　［推断］

　　kupa-**el**.　　　［推测］

　　kupa-**ke**.　　　［传闻］

　　他在伐木。

（转引自 Aikhenvald，2004：60）

温图语有一套成体系的语法手段表达情态意义，以上句子用不同的词尾表达出说话人对命题真值的主观态度，分别表达认识情态和传信情态。

汉语和维吾尔语的情态在语法性质上与跨语言情态一样，属于通过词汇或语法手段表达的语义范畴。例如：

(6) a. 他现在应该在家。　　　［推断］

　　　u hazir øjdɛ bolsɑ kerɛk.

　　b. 他现在可能在家。　　　［推测］

　　　u hazir øjdɛ boluʃi mumkin.

　　c. 听说，他现在在家。　　　［传闻］

　　　u hazir øjdɛ ikɛn.

（自拟）

上述例句表达的命题完全相同，但说话人对命题"他现在在家"是否为真却持有不同的主观态度，汉语通过情态动词"应该"、情态副词"可能"、插说形式"听说"，维吾尔语通过语法形式"-sɑ kerɛk"、情态形容词"mumkin"、系词"ikɛn"，分别表达说话人对命题真值的推断、推测、传闻的情态义，属于认识情态和传信情态。再如：

(7) a. 他可以在家待着。　　　［允许］

　　　u øjdɛ turup tursɑ bolidu.

　　b. 他应该在家待着。　　　［义务］

　　　u øjdɛ turup turiʃi kerɛk.

　　c. 他愿意在家待着。　　　［意愿］

　　　u øjdɛ turuʃni χalajdu.

（自拟）

上述例句说话人不是对命题"他在家待着"的真假作出判断,而是对事件"他在家待着"所持有的主观态度,汉语通过情态动词"可以""应该""愿意",而维吾尔语通过语法形式"-sa bol-"、情态形容词"kerɛk"、动词"-χala",来分别表达说话人对非现实事件的允许、义务、意愿的情态义,属于道义情态和动力情态。

由于共同的认知、价值观评判标准,汉语和维吾尔语在情态语义分类上显示出共性。但两种语言系属不同,语言表达特点和情态意义体现方式上都有所不同,情态表达方式多种多样,互为补充,体现出开放性,形成各自的情态语言体系。

汉语和维吾尔语情态表达呈现多样性,汉语情态意义可以通过情态动词(能、会、要、应该、可以、必须等)、情态副词(一定、大概、也许、可能等)、语气词(吧)、插说形式(看来、看起来、听说、据说)等显性标记标识;维吾尔语可以通过"式"的表达手段(-⁰ptu、ikɛn、imiʃ),"能动体"词缀(-ala/-ɛlɛ /-jala/-jɛlɛ),情态形容词(lazim、kerɛk、ʃɛrt、zøryr、mumkin)、语气副词(bɛlkim、ehtimal)、语气词(-kin、-mu)、插说形式(aŋlisam、aŋliʃimiztʃɛ)等表达。

从原型范畴的角度来看,汉语中词汇手段尤其是情态动词可以作为实现情态意义的典型范畴,而维吾尔语则体现为语法手段尤其是"式"范畴、体范畴中的词缀和系动词。通过语料考察,我们发现汉语和维吾尔语的情态表达大致形成词汇手段与语法手段的对立。虽然维吾尔语也有词汇手段的表达,但其情态范畴具有时态特征,表达要受到句法规则的制约,由此,词汇手段在一定语境下是"可选"的,而语法手段的表达却是强制出现;汉语情态表达没有时体区别,情态表达要受到上下文语境的制约,由此,词汇手段在一定语境下可以隐含。例如:

(8)大妈,你说得对! 那**也许**是先给咱们个甜头尝尝。

toʁra ejttiŋiz!   biraq bu bizni aldi bilɛn kørywalsun digini bol**sa kerɛk**,**ehtimal**!

(老舍《龙须沟》,阿布都克里木译,1982:78)

上述例句中汉语使用词汇手段"也许"表达认识情态义,在一定的上下文语境中,"也许"是"可选"的,即使不出现也可以表达出推测义;维吾尔语也通过词汇手段"ehtimal"表达推测情态义,但也是"可选"的,其语法手段"-sa kerɛk"却需强制出现,明示说话人对命题信息真实性不确定的主观态度。再如:

(9)妈! 妈! 我没看见黑旋风,他们把他圈起去啦。

ana！ana！mɛnχɛj ʃuɛnfɛŋni kørɛlmidim，<u>ular uni solap qoj**uptu**.</u>

（老舍《龙须沟》，阿布都克里木译，1982：80）

上述例句中汉语情态义隐含于上下文语境中，根据上下文语境，可以判断出命题信息"他们把他圈起来啦"来源于传闻，在命题信息前可以补充出相关传闻表达，即"听说他们把他圈起来啦"，对应于维吾尔语时，句末会强制出现表示间陈过去时构形词缀"-⁰ptu"表达传信情态义。

2.2　情态表达的多功能性及形义对应关系的复杂度

跨语言研究发现，同一种语言情态形式能表达多种意义和功能，反映语言的多义性和多功能性。汉语和维吾尔语的情态意义具有普遍性和表达方式的多样性，但从情态系统的各个参数看，也有典型和非典型情况的差异。汉语情态表达的典型手段如情态动词，集中体现在道义情态、动力情态及认识情态；维吾尔语情态表达的典型手段如"式"范畴附加成分(-⁰ptu、ikɛn)，集中体现在认识情态和传信情态。这些典型手段都具有多义性多功能性。

汉语情态动词语义内涵丰富，具有多义性，以"能""会""可以""要""应该"为例，其多义性表现如下：

能：1. 情理上或环境上的许可；2. 有能力做某事或善于做某事；3. 有可能，估计某件将要发生。

会：1. 有可能；2. 懂得怎么做或有能力做某事。

可以：1. 情理上或环境上的许可；2. 有条件有能力做某事。

要：1. 可能、将要、估计；2. 需要、应该；3. 做某事的意志。

应该：1. 估计情况必然如此；2. 情理上必须如此。

这些情态动词意义丰富，带来的是语义的交叉性和语境缺失下的意义模糊性，也表现出情态的多功能性，为情态的多功能性创造了条件，大多既可以表达道义情态又可以表达动力情态，甚至可以表达认识情态，情态功能的区分需要在具体的语境中加以确认，表现在维吾尔语中分别用不同的表达形式对应。

以"能"为例，如：

(10)"大哥，你不**能**再吃了，"觉民插嘴道。[道义情态：情理上的许可]

tʃoŋ aka, dedi dʒømin søz arlap, boldi **ɛmdi** itʃmi**gin**.

(11)一个人不**能**去，看掉在沟里头！[道义情态：环境上的许可]

jalʁuz bars**aŋ bol**majdu, χɛndɛkkɛ jiqilip tʃyʃisɛn.

(12)觉新睡了一晚，第二天就不**能**起床。[动力情态：有能力做某事]

ʤømin uχlap kɛtti，ɛtisi ornidin tur**al**midi.

（13）拉不着钱，他泡蘑菇；拉着钱，他**能**一下子都喝了酒！〔认识情态：估计某事要发生〕

pul tapalmisa，bir iʃqatʃapliʃiwalidu，quliʁa pul kirsɛ，biraqlaχeʤlɛp haraq itʃidu.

（老舍《龙须沟》，阿布都克里木译，1982：10）

从上述例句可见，在具体的语篇环境中，情态动词"能"的语义功能可以加以明确，分别表示道义情态、动力情态和认识情态。其中例（10）—（11）中的"能"虽然都表达道义情态，但有所区分，例（10）是"情理上的许可"，对应于维吾尔语使用祈使式"-gin"表示出说话人的劝阻，表达更具主观性；而例（11）是"环境上的许可"，对应于维吾尔语使用语法形式"-sa bol-"表示说话人的许可或认同，相对而言，表达更显客观性。例（12）"能"表达动力情态，表示"有能力做某事"，对应于维吾尔语"能动体"词缀"-jala/-jɛlɛ"，表示行为主体具有做某事的能力。例（13）"能"表认识情态，表示"估计某事要发生"，对应于维吾尔语没有具体的形式手段，在将来时态中表现出相应情态义。

在情态形义关系上，英语表现得较为齐整，其情态典型表达手段情态动词有整齐的功能或意义上的对称分布，情态动词"can/may""will""must"在意义上可以形成从可能性到必然性的情态等级区分，每个情态动词又可以同时表示认识情态、道义情态和动力情态。汉语的一些多义情态动词同一形式可以表达不同的意义，如"会"表推测、能力、意愿；"可以"在一定语境中可以表能力、允许情态义。例如：

（14）兔子的眼睛在头部两侧，**可以**看清周围的情况。〔动力情态：能力〕

toʃqanniŋ bir ʤyp køzi beʃiniŋ ikki tɛrpidɛ bolup，ɛtraptiki ɛhwallarni eniq kør**ɛlɛ**jdu.

（玉山江·艾斯卡尔《科学故事》，2009：43）

（15）我们**可以**在床上跳舞，也**可以**睡觉，但不能喧哗，更不能唱歌。〔道义情态：许可〕

biz karwatta ussul ojnisaq bolidu，uχlisaqmu **bol**idu，

ɛmma varaŋ-tʃuruŋ qil**saq bol**majdu，naχʃa ejit**saq** teχimu **bol**majdu.

（玉山江·艾斯卡尔《童话故事》，2009：67）

从例（14）—（15）可见，汉语情态动词呈现多义性，"可以"既可以表达动力情态，也可以表达道义情态，分别表示"能力"和"允许"；维吾尔语中形义关系一一

对称,通过"能动体"词缀"-ɛlɛ"表示能力,语法形式"-sɑ kerɛk"表示允许。

不同形式的情态动词又可以表达相同的意义,如"会""能""可以"均可表达能力,反映出形义关系的不对称。维吾尔语情态表达的意义相对固定,在功能和意义上基本呈现对称分布,如"-⁰ptu""ikɛn""imiʃ"表示推断、感知和传闻,"lazim""kerɛk""ʃɛrt""zøryr"表示义务,"能动体"词缀"-la/-lɛ/-jala/-jɛlɛ"表示能力。例如:

(16) 我**能**自己一个人去。[动力情态]

　　　mɛn jalʁuz bar**ala**jmɛn.

（自拟）

(17) 他**会**飞呢。[动力情态]

　　　u utʃ**ala**jdu.

（自拟）

例(16)—(17)可见,汉语中形义关系不完全对称,在动力情态表达上,表示行为主体的能力情态义可以分别使用情态动词"能"和"会"表达;维吾尔语中形义关系一一对称,具体语境中要表达事件主体的潜在动力促使行为动作的发生成为可能,则通过"能动体"词缀"-ɑla"表达。

再如维吾尔语的情态形容词"lazim""kerɛk""ʃɛrt""zøryr":

(18) siz uni qolliʃiŋiz **kerɛk**.

　　　你**应该**支持他。

(19) siz uni qolliʃiŋiz **lazim**.

　　　你**要**支持他。

(20) siz uni qolliʃiŋiz **ʃɛrt**.

　　　你**必须**支持他。

(21) siz uni qolliʃiŋiz **zøryr**.

　　　你**必须**支持他。

（转引自阿不都热西提亚库甫、张定京,2013）

上述例句通过情态形容词"lazim""kerɛk""ʃɛrt""zøryr"表达义务情态义,句法环境一致,使用不同的表达手段只是体现出情态强度的差异:"ʃɛrt""zøryr"比"lazim""kerɛk"语义略有强弱差异,情态强度更高,事件实现或发生的可能性相对更高,对应于汉语可以分别使用"应该""要""必须"等多种形式。

可以看出,汉语和维吾尔语情态意义具有多义性和多功能性,这是语言中"物尽其用"原则催生的范畴扩展现象,这种扩展导致同一类型语言间的同范畴对应,也在类型相异的语言间形成超范畴对应。汉语和维吾尔语情态表达上的形义对称分布充分体现出形义关系的对应复杂化特性。

2.3　情态意义的主观性和介入程度的凸显度

情态是交际过程中表达主观态度、建立人际关系的途径。主观性是情态最本质的特性。Lyons(1977:452)指出主观性是说话人对句子所表达的命题或对命题所描述的情景的观点和态度。Palmer(2001:16)将情态定义为说话人的主观态度和观点的语法化。说话人表明自己的主观态度,要受到两方面制约:一是要尽量传递个人表态意图,二是要考虑听话人对表态的制约。

不管是命题情态(认识情态和传信情态),还是事件情态(道义情态和动力情态)都传递说话人的主观态度和看法。从实际应用来看,汉语和维吾尔语都运用情态表达说话人对命题或事件的主观态度,以此影响他人的决定或行为,实现交际意图。情态的主观性可以表现为说话人运用认识情态表达对命题为真的主观判断,体现为推断或推测,以示命题信息的可靠性,或不确定性的主观态度。例如:

(22) 你不比婉儿,他们要嫁你没有那么容易! 而且也不**会**这样快。

　　　sɛn wenerge oχʃimajsɛn, ular seni asanla jatliq qiliwetelmejdu! jene kelep tezla jatliqqiliwetiʃi **mumkin** ɛmɛs.

(巴金《春》,斯拉木江·西里甫、吾甫尔译,2012:56)

(23) **大概**他觉出是顺着大路走呢,方向,地点,都有点茫然。

　　　tʃoŋ jol bilen ketiwatqan bol**sa　kerɛk**, uniŋʁa jøniliʃ we baridiʁan ʤaj iniqsiz idi.

(老舍《骆驼祥子》,哈里木译,1981:374)

汉语中分别使用情态动词"会"和情态副词"大概"表达命题信息的推测情态义,说话人对命题信息不确定的主观性信息反映在维吾尔语中为情态形容词"mumkin"和语法形式"-sa kerɛk"的连用形式。

情态的主观性可以表现为说话人运用传信情态表达对命题为真的主观示证,体现为传闻或感知,以示命题信息的可靠性,或不确定性。例如:

(24) **听说**,官面上正加紧儿捉拿黑旋风。

　　　aŋliʃimtʃe, ʤemijette hedep χij ʃuenfeŋni tutmaqtʃi boluwet**iptu**.

(老舍《龙须沟》,阿布都克里木译,1982:76)

(25) **据说**,他的原配夫人与十二个儿女住在保定,有时候连着四五个月得不到他的一个小钱。

      ejtiʃlarʁa qariʁanda, uniŋʧoŋχotuni bilen on ikki balisi bawdiŋ ʃehride turidiken. bezide tøt-beʃ ajlap uniŋ bir tijininimu kørmejdi**kɛn.**

（老舍《骆驼祥子》,哈里木译,1981：408）

    汉语中分别使用插说形式"听说"和"据说"表达命题信息的传闻情态义,说话人对命题信息不确定的主观性信息反映在维吾尔语中会分别使用间陈过去时构形词缀"-⁰ptu"和系动词"ikɛn"表现出来,语句还通过词汇形式"aŋliʃimʧɛ(听说)""ejtiʃlarʁa qariʁanda(据说)"进一步明确命题信息来源。

    情态的主观性可以表现为说话人运用道义情态表达对事件成真的主观命令或要求,体现为允许或义务,以示事件实现或发生的可能性的主观态度。例如:

    (26)我修的沟,我**能**不去参加落成典礼吗?

      mɛn χɛndɛk remunt qiliʃqa qatnaʃqan adɛm tursam, χɛndɛkniŋ pytyʃmurasimiʁa qatnaʃmi**sam bol**amdu.

（老舍《龙须沟》,阿布都克里木译,1982：126）

    (27)现而今,人人都一边儿高,拉车的儿子,才更**应当**念书,要不怎么叫穷人翻身呢?

      hazir hɛmmɛ adɛm bapbarawer, rekʃiʧiniŋ balisiniŋ mɛktɛptɛ oquʃi teχimu **zørør**, bolmisa kɛmbɛʁɛller qandaq qɛd køtyridu.

（老舍《龙须沟》,阿布都克里木译 1982：66）

    汉语中分别使用情态动词"能"和"应当"表达事件的允许和义务情态义,说话人对事件发生可能性的主观性信息反映在维吾尔语中会分别使用语法形式"-sa bol-"和情态形容词"zøryr"表现出来。

    情态的主观性可以表现为,说话人运用动力情态表达对事件成真的主观能动或意图,体现为能力或愿意,以示对事件实现或发生的可能性的主观态度。例如:

    (28)假若老这么下去,几时才**能**买上车呢?

      muʃundaq ketiweridiʁan bolsa, u qaʧanmu rikʃa al**al**ar.

（老舍《骆驼祥子》,哈里木译,1981：17）

    (29)你们究竟**要**做什么?

      siler zadi nemɛ qil**maqʧi**siler?dɛp soal qojdi.

（自拟）

汉语中分别使用情态动词"能"和"要"表达能力和意愿情态义,说话人对事件发生可能性的主观性信息反映在维吾尔语中会分别使用"能动体"词缀"-jala/-jɛlɛ"和目的动词词缀"-mɑqtʃi"。

说话人在陈述命题或事件的过程中,会不可避免涉及观点、情感和态度,就会有主观性介入程度的问题。汉语和维吾尔语通过一定情态形式表达说话人的主观性具有普遍性,但在主观性介入程度上存在差异,说话人选择何种情态表达形式取决于个人的主观认识以及听说双方的交互主观性。

汉语中可以通过情态动词的连用凸显情态意义的主观性。维吾尔语情态表达手段"-ᵒptu""ikɛn""imiʃ"等高度语法化,功能分布较广,能产性大,其能产性还表现在语法形式的叠加上,通过叠加可以进一步凸显情态的主观性。

考察发现,汉语中情态表达手段的连用现象较为普遍,尤其是情态动词的连用,由此情态意义的主观性更为凸显;维吾尔语语法手段多位于动词谓语后的同一槽位,其情态意义可以通过"-ᵒptu""ikɛn""imiʃ"的叠用来实现,或通过同类型情态意义的不同情态表达式组配使用来实现,但不如情态表达形式的单用现象普遍。

2.4 情态表达的功能扩展性和人际功能的开放度

刘丹青(2014)指出,语言中一种手段越是高频使用,越容易使所表达的范畴取得显赫范畴的地位;一种范畴越是显赫,其表达手段越是会高频出现,并扩展到其他范畴的语义域。

汉语和维吾尔语的情态表达伴随着主观化的发展,情态表达中一些情态功能域开始转向其他功能域。在汉语中,"能"在表达允许型道义情态语义时,在一定语境下可以同时表示不定语气,表示说话人的估计、猜测等意思。吕叔湘(1980)指出表示"有可能",刘月华(1983)指出表示"估计",即对事件的发生的概率进行估计或推算。例如:

(30) 他说得对,他不疯!有了清官,才**能**有清水。(老舍《龙须沟》,阿布都克里木译,1982:30)

(31) 我早就想斗斗他们,龙须沟不**能**老是他们的天下!(老舍《龙须沟》著,阿布都克里木译,1982:30)

例(30)—(31)中,情态动词"能"在特定语境下表达说话人对命题真实性的主观判断,仅为个人的主观看法,表达认识情态功能。

我们发现"应该""要"等表示义务型道义情态的表达形式在具体语境中,除了表示说话人从行为主体需要承担义务的角度发出指令或要求外，还可以同时表示"建议""劝谏"等认识情态意义，表现在维吾尔语中可以借助"kerɛk"等形式来体现。例如：

（32）可是你有钱没钱也**应该**回家呀。

lekin siz-niŋ pul-iŋiz bol-si-du jaki bol-mi-si-du, qajtip kel-iʃ-iŋiz **kerɛk.**

可是 你 钱-2 成为 或者 成为 回来 应该

（属格）（单从属）（虚拟语气）（否定-虚拟语气）（名词化-单从属）

（老舍《龙须沟》，阿布都克里木译，1982：21）

（33）对的，演戏正是**要**这样。

hɛbbɛli, rol el-iʃ-ta ɛnɛ ʃundaq bol-uʃ **kerɛk.**

对的 角色 演 成为 应该

（名词化-位格）（名词化）

（巴金《家》自译）

上述例句中使用情态动词"应该""要"表达说话人的建议，以使得行为主体采纳，更好地执行。例（32）中的"应该"表达说话人的建议"不管什么时候都应该回家"，对应于维吾尔语使用情态形容词"kerɛk"表达；例（33）中的"要"表达说话人对演戏的建议，对应于维吾尔语使用情态形容词"kerɛk"表达。

情态表达的功能扩展不仅表现在同域扩展，还可以表现在向异域的转移，最凸显的就是情态表达的人际功能。情态表达在日常言语交际中可以表示受话人的状况，对受话对方示以尊敬等，这种是情态表达人际功能的典型表现。

说话人可以通过情态表达个人评价、主观认识，发出命令、许可等言语行为。在话语交际中人们选择不同的情态表达，所传递的信息不同，所表达的态度也不同。以"必须"和"得（děi）"为例：

（34）你**必须**吃药。（自拟）

（35）你**得**吃药。（自拟）

"必须"的情态来源于说话者，"吃药"的指令从说话人的主观出发作用于听话人，发出的是一项强指令，带有较强的主观性。通过维吾尔语具体篇章、话语分析，我们发现维吾尔语情态形容词也具备一定的评价功能。例如：

（36）biz partijige iʃiniʃimiz, partijige tajniʃimiz lazim.

我们应当相信党，依靠党！

（自拟）

（37）bu jigit burun hɛrbj bolsa <u>kerɛk</u>.

　　　说不定，这小伙子以前是部队里的。

（自拟）

　　例（36）中情态形容词"lazim"表达了对"相信党，依靠党"的坚定信念，是对这一行为的高度肯定和积极评价。例（37）中情态形容词"kerɛk"是对依据小伙子的身体特征或者身体素质作出的一种积极评价，认为小伙子的表现看起来像部队的人。

　　情态表达言语行为的实施与礼貌也有着密切关系，在言语交际中，使用情态表达形式可以促进交际的和谐，使听话者觉得更受尊重。许多言语行为本质上是威胁面子的，如命令、警告、建议、要求等。汉语和维吾尔语的情态表达中都有一定的表达方式避免面子威胁行为，或采用某些策略以减轻言语行为的威胁程度。大部分情态表达都可以通过间接言语行为表达礼貌，常被用在疑问句中传达说话人的请求或指令意图，这是语境所赋予的意义。例如：

（38）我**能**跟弟弟们一起带去吗？

　　　inilirimnimu billɛ elip bar**sam bol**amdu?

（自拟）

（39）我**可以**给你打电话吗？

　　　sizgɛ telefon ber**sɛm bol**amdu?

（自拟）

　　例（38）—（39）中说话人使用"能"和"可以"表达道义情态，表示说话人对事件实现与否的主观态度，在陈述句中这一主观态度一般反映出道义指令的发出者允许行为主体"可以做某事"，在疑问句中这一主观态度转向听话人，表达说话人"意图做某事"的请求，语气委婉，态度礼貌。反映在维吾尔语中也有同样的语用效果，说话人在疑问句中使用语法形式"-sa/sɛ bol-"表达请求，遵循礼貌原则，使得交际顺利进行。

　　一些情况下命题所述内容是说话人已经得知的真实信息，说话人为了不危及接受者（比说话者年长）的面子，试图制造出和所指事件的心理距离，使用认识情态表达手段表示命题信息的推断得知或推测判断等不确定的主观态度。这种委婉的表达法是一种礼貌策略。例如：

（40）**看来**我们当时没有理解父亲的用意啊！

　　　dadimizniŋ nemɛ demɛkʧi **ikɛnliki**gɛ øz waqtida ʧyʃɛnmɛptuq.

（自拟）

· 262 ·

例(40)通过一定形式表达出认识情态义,说话人使用"看来"表达推断情态义,比命题信息直接的表达更加礼貌、谦虚和谨慎,维吾尔语中使用间陈过去时构形词缀"-⁰ptu"也同样体现出礼貌,因为间接言语行为除了表示时间上的距离外,还表示心理上的距离,这来源于时间距离上的影射,对自我的评价好像是他人做出的判断。

三、国家通用语言文字情态教学策略

Palmer(1986)基于情态的类型学研究指出,语法上的跨语言类型不能以纯形式的语法标记来划分,因为跨语言的差异非常大,不同语言对同一语法范畴可能使用不同的形式标记体系。从这个意义上看,不同语言在情态范畴的表达上使用的语法标记体系不一致。如英语在很大程度上依赖于情态动词表达不同的情态意义;汉语中的情态动词"会""要""能""应该""可以"等语义限制和使用限制较多,更多情况下会使用情态副词"也许""多半""一定""肯定"等,甚至语气助词"吧"等表达情态意义;而维吾尔语大多通过语法形式,如"陈述式""虚拟式""能动体"等来表达,此外还可以通过一些词汇手段,如情态形容词、语气副词、语气词等表达情态意义。

汉语不大用形态,情态语义呈现隐性特点。情态动词是汉语表达情态的主要手段。学界在研究过程中,对情态动词的认识仍存在很多争议。熊文(1999)指出,长期以来,情态动词是汉语研究相对薄弱的一环,研究至今,仍"是个有问题的类"。朱冠明(2005)指出,汉语的情态问题受到越来越多的重视,但总体来说汉语的情态问题还显得比较薄弱,国外从情态意义角度对英语情态动词的研究较多,结合情态意义和情态分类对汉语情态动词进行情态研究是必要的。

情态动词是汉语情态表达的重要手段之一,而情态动词具有多义性,情态动词的形式和意义并非一对一的简单对应而是多重对应关系,同一情态动词可表不同意义,而不同情态动词又可以表示相似的语义,同一情态语义可以由多个情态动词实现,表达同一语义的几种不同形式有时可以替换,由此上下文语境对情态动词的理解具有重要的作用。这就使得情态动词的习得非常复杂,也成为国家通用语言文字教学中的难点问题。

汉语多义情态动词形式与意义对应的复杂性见下表:

表3 汉语多义情态动词形式与意义对应表

情态动词	对应关系	情态语义
会		能力
要		意愿
能		允许/义务
应该		条件/用途
可以		推测

图3反映的是情态动词语义上的不确定性,这种不确定性因为语境的不同有时无法确定确切的情态语义,需要结合上下文语境作出判断。

为了解学生掌握情态的情况,我们进行了调研。通过调研,我们发现如下问题:

其一,从汉语和维吾尔语的情态表达形式看,维吾尔语情态表达清晰,有明确的语法手段,通常可以在词干后缀加相应的词缀或各种附加成分表达意义。汉语情态表达与维吾尔语中的相应情态表达形式存在交叉性和不完全对应性,决定了民族学生在习得第二语言——汉语过程中必然产生正迁移或负迁移。

其二,国家通用语言文字水平越高,对情态表达方式掌握、使用得越准确、熟练;反之,国家通用语言文字水平越低,掌握、使用得越生疏。

其三,汉语为母语的学生表达情态意义时,情态动词的使用更为普遍和多样化,如常使用的情态动词有"能""要""会""应/应该""可能"等,但母语为维吾尔语的学生,对使用情态动词就呈现出回避或单一性的特点,较多地依赖某一个或两个汉语情态动词,如"要""能""会"等。

其四,由于同一情态动词表达的意义受到上下文语境和前后语义限制,在不同语境下呈现不同的情态量值,多义汉语情态动词表达的各种情态类型语义无法像维吾尔语一样,从词形上立刻判断出,这给第二语言学习者造成了极大的困难。

其五,不同的汉语情态动词之间的语义有重合和交叉现象,在维吾尔语中的对应表达也会存在重合和语义上的交叉现象。对于情态学习者来说,母语负迁移的影响使得他们难以区分汉语情态动词重合或交叉的语义,从而造成了情态表达的回避,误用、滥用或漏用现象。

由于汉语和维吾尔语情态表达的共性与差异、多样性和复杂性,导致学生完全掌握汉语情态动词是一个漫长的过程。除非对汉语情态体系有全面深刻的理解,否则很容易会出现使用不当或错误。

语言生活中,缺少了情态表达,就不可能准确而贴切地进行表达和交流。如何使学习者顺利掌握情态的意义和用法,也是国家通用语言文字教学需要解决的问题。教学策略如何,决定着学习效果。我们认为,国家通用语言情态教学可以采用如下策略:

其一,加大情态范畴本体研究和类型学视野下的对比分析研究,发挥其指导和支撑作用。

陆俭明(2005)指出作为第二语言的汉语教学对汉语本体研究起到激活和推动作用。从汉语和维吾尔语情态表达的类型学特征我们可以看到,正是由于汉语与维吾尔语在情态意义的实现上存在着诸多共性和特性,造成习得困难。

如何破解畏难情绪是关键,这要求我们在教学中遵循循序渐进的原则,把一些难点分解、具体化,根据学习者的学习特点和教学目标进行合理排序,由简到繁、由易到难。

其二,教学设计上需树立语言类型的意识,提倡情景教学。

教师要提高教学效率,还应加大对情态本体研究和类型学视野下的对比分析研究,充分了解情态语义的复杂性及其对应表达形式,在课堂上根据学习者的语言水平提供切合生活化的语境,逐步引导学习者探究词义。可以运用多种形式和方法增强学习者的习得效果,巩固学习者的学习记忆。尽量用具体的外在形式把情态意义表示出来,比如给出可操练的典型情景语境,让学习者更好地理解。

教师在教学中应当注重情态表达的类型学特征,在教学中不仅要求学生掌握词汇意义和积累相当的词汇量,还要针对不同水平不同阶段的学生有针对性进行教学,丰富情态表达能力和应用手段。

其三,针对不同水平进行分级、分层教学,层层推进。

由单义情态动词到多义情态动词逐步加深教学的难度。

单义情态动词,可以在初级阶段的教学中进行,充分利用母语的正迁移作用促进学生掌握;随着学生水平的提高,词汇量不断增加,对于多义情态动词或者在对应表达形式中有交叉、重复的情态动词,如"会""要"等,则需进行针对性训练。

到高级阶段,当学生掌握一定的情态表达手段时,增强情态复杂表达的针对性教学,如情态表达的连用现象,可以采用语块教学法,如与情态动词"可能"共现频率最高的情态动词为"会",认识情态副词"也许"共现频率最高的情态动词为"会""要"等。让学生逐步把握情态表达的主观性强弱,提高学生的情态表达能力。

其四,显性教学和隐性教学相结合。

教师在日常教学中应有效地引导学习者关注情态表达的人际功能。在具体教学实践中,可采用显性教学和隐性教学相结合的教学策略。所谓显性策略是指"有意识"的教学方式,以"分析-推理-问题解决-规则学习"为特点,进行系统性学习。还要辅之以大量情景练习,强化学生对情态表达具体使用语境和功能的认知。不同情态量值的情态表达需要学生在练习中体会并辨析掌握这些表达的情态语义差异。

隐性策略指通过接触实际生活中的情态语句及类比和模仿,培养学生的整体感悟能力。教师可以提供阅读或听力材料,通过情态提示或复现的方式让学习者复述、感悟、体验。显性和隐性教学策略相结合,才能做到有深刻认知,灵活地运用。

参考文献

阿不都热西提亚库甫、张定京(2013)《阿尔泰语系语言情态系统的功能-类型学研究:分析性对比语料 400 句》,中央民族大学出版社。

巴　金(1981)《家》,人民文学出版社。

巴　金(2012)《春》,斯拉木江·西里甫、吾甫尔译,人民文学出版社。

哈米提·铁木尔(1987)《现代维吾尔语语法》,民族出版社。

老　舍(1981)《骆驼祥子》,哈里木译,人民文学出版社。

老　舍(1982)《龙须沟》,阿布都克里木译,民族出版社。

刘丹青(2014)论语言库藏的物尽其用原则,《中国语文》第 5 期。

刘月华(1983)《实用现代汉语语法》(增订本),商务印书馆。

吕叔湘(1980)《现代汉语八百词》,商务印书馆。

彭利贞(2007)《现代汉语情态研究》,中国社会科学出版社。

谢佳玲(2002)《汉语的情态动词》,台湾清华大学博士学位论文。

熊　文(1999)论助动词的解释成分,《世界汉语教学》第 4 期。

徐晶凝(2008)《现代汉语话语情态研究》,昆仑出版社。

杨　曙、常晨光(2012)情态的评价功能,《外语教学》第 4 期。

玉山江·艾斯卡尔(2009)《科学故事》,民族出版社。

玉山江·艾斯卡尔(2009)《童话故事》,民族出版社。

郑　燕(2018)维吾尔语与汉语情态表达对比研究——从"反观"的角度,《语言与翻译》第3期。

朱冠明(2005)情态与汉语情态动词,《山东外语教学》第2期。

Aikhenvald，A. Y. (2004) *Evidentiality*. Oxford：Oxford University.

Palmer，F. R.（1986/2001）*Mood and Modality*（2nd edition）. Cambridge：Cambridge University Press.

(1. 喀什大学人文学院,844008,qing1228770269@126.com;
2. 喀什大学人文学院,844008,201703870@qq.com)

英、韩母语学生宾补共现
语序习得发展研究[*]

○、引　言

宾补共现是现代汉语中一种特殊的语序现象,专门的研究不少,如秦礼君(1985),杨石泉(1986),徐国玉(1986),杜道流、何升高(1998),范晓(2001a,2001b),任玉华(2001)等不分补语类型的研究;还有一些针对不同补语类型的宾补共现研究,如张伯江(1991),贾钰(1998),金立鑫(2001),陆俭明(2002),郭春贵(2003),杨德峰(2005),杨凯荣(2006),蔡瑱(2006)和陈忠(2007)等的趋向补语与宾语共现研究;方梅(1993)和吴怀成(2011)等的动量补语与宾语共现的语序研究,陈小红(2002)关于数量补语与宾语共现的语序研究以及崔承一(1991)结果补语加宾语的语义结构分析。可以看出,学界关于汉语宾补共现语序的本体研究深入且细致,而在补语性质与宾补共现关系的研究方面,刘月华等(1983/2001:553-642)做过比较细致的分析,为汉外对比和习得研究打下了坚实的基础。

从文献来看,汉英和汉韩宾补共现语序的对比研究不多且系统性不强,尚敏锐、郁婷婷(1998),夏艳(2006),王鹤楠(2017)等对汉英宾补共现语序进行过探讨;柳英绿(1999:209-269),金哉延(2009),元莲仙(2010),张慧贞(2012)等对汉语补语与韩语对应成分关系进行过探讨,研究大多得出汉语补语对应于英、韩语的状语或谓语。而相应的宾补共现语序的习得研究则更少,曹秀玲(2000)最

---

* 本文系国家社科基金"类型学视角下的英、韩学生汉语语序习得研究"(17BYY117)的部分研究成果。

早对朝鲜语为母语学生的宾补共现句习得进行考察,她指出由于补语是汉语特有的句法成分,对译到朝鲜语中有多种形式,尤其是宾补共现的句子,会给学生造成很大的困扰。其他针对宾补共现语序习得的研究多停留在偏误层面,且大多是一些硕士学位论文,研究得并不全面,也不系统。同时也缺少针对英、韩母语两类学生的习得对比研究。

从类型学的角度看,英、韩母语学生的语序类型不同,但汉语宾补共现语序对于他们来说都是比较陌生的语序,那么他们在习得汉语宾补共现语序时是否会采取同样的语序调整策略①,他们的习得规律和难点是否一致,等等一系列问题都有待深入探讨。

一、汉语宾补共现语序分类及与英、韩语的对应规律

根据学界的研究可以得出,补语和宾语共现时可有五种排列顺序:① 谓＋补＋宾(下文简称 VBO),② 谓＋宾＋补(下文简称 VOB),③ (介)宾＋谓＋补(下文简称 OVB),④ 谓＋宾＋谓＋补(下文简称 VOVB),⑤ 谓＋补$_1$＋宾＋补$_2$(简称 VB$_1$OB$_2$)②,不同补语类型的宾补共现语序不同。

当结果补语与宾语共现时,汉语中最常用的语序是 VBO 语序,其在英语中一般对应为"谓＋(状)＋宾"语序,而在韩语中则对应为"宾＋(状)＋谓"语序。英、韩语一个共同的特点是把汉语补语的语义融入谓语中。受语境、语用等因素的影响,结果补语与宾语共现的句子有时可变换为"把"字句和"被"字句,构成OVB 语序③,但该语序在英、韩语中的语序对应与 VBO 语序的对应关系一致,这很容易导致英、韩母语学生忽视汉语"把""被"等介词的使用。

当趋向补语与宾语共现时,汉语有三种语序:① VOB,② VBO,③ VB$_1$OB$_2$。第一种语序在英语中对应"谓语＋介词短语"语序,在韩语中对应"处所状语＋谓语"语序。第二种语序在英语中直接对应"谓语＋宾语"语序,在韩语中对应"处所状语＋谓语"或"宾语＋谓语"语序。第三种语序在英语中对应"谓语＋介词短语"语序,在韩语中对应"处所状语＋谓语"或"宾语＋谓语"语序。

---

① Slobin(1982)考察发现儿童在四岁之前就形成了自己的母语语序策略。那么成人在二语习得时就会面临母语语序策略与目的语语序策略的冲突和调整问题(周文华,2014)。

② 由于该类语序在本文考察的中介语语料中出现 1 例,且是偏误用例,暂不纳入习得考察范围。

③ 变换为被字句时,句中原宾语成为变换后句子的受事主语,即不存在句法层面的宾语,我们这里OVB 语序下的被字句中的 O 指代为原宾语形式而非被字句宾语。

当数量补语①与宾语共现时,汉语中也有三种语序:① VBO,② VOB,③ VOVB。第一种语序在英语中对应"谓语+宾语"或"谓语(+宾语)+状语"语序,数量补语相应转换为宾语或状语的修饰语;在韩语中对应"宾语+状语+谓语"语序。第二种语序在英语中对应"谓语+宾语(+宾语补足语)"语序,在韩语中对应"宾语+表数量或时间的状语+谓语"语序。第三种语序在英语中对应"谓语+宾语+状语"语序,在韩语中仍对应"宾语+表数量或时间的状语+谓语"语序。

当可能补语与宾语共现时,宾语只能位于可能补语之后构成 VBO 语序,在英语中可能补语由情态动词充当,构成"情态动词+谓语+宾语"语序;在韩语中可能补语由可能标记充当,构成"宾语+状+谓语(可能标记)"语序。

当情态补语带宾语时,必须要重复动词,语序类型为 VOVB。英、韩语均将汉语中的情态补语转换为状语,构成谓+状+宾或宾+状+谓语序。

当程度补语和宾语同现时,语序类型主要包括两种:VBO 和 VOVB。这两种语序在英、韩语中的对应是没有区别的,与其他类型补语相关语序的对应一致。

可以看出,VBO 语序涉及大部分可与宾语共现的补语类型,VOB 和 VOVB 语序涉及的补语类型次之,剩下的都仅涉及 1 类补语类型。从标记理论埃克曼(Eckman,1977)的角度看,VBO 和 VOB 语序属于无标记的,其他三类属于有标记的②。但无论汉语什么补语与宾语共现,英语中都以"谓+宾+(状)"为基本语序,韩语中则以"宾(+状)+谓"为基本语序,也就是说他们在母语语序策略上有明显的差异。但一个共同点是他们母语中的语序都不会体现出汉语不同补语的性质和特点,更没有对应的补语与宾语的语序问题。若学生在习得过程中将其母语中的语序转换为汉语宾补共现语序,那么他们不仅要面临语序的调整问题,还要面临对应的补语选择问题,转换的路径和规则复杂。所以,从理论上讲,学生不应该大费周章地用母语语序来对应汉语宾补共现语序,直接学习汉语的宾补共现语序应该更简单一些。下文的考察将验证这一假设是否正确。

二、英、韩母语学生宾补共现语序发展过程考察

本文利用为期一年半的英、韩母语初级汉语学习者的自然表达口语语料作为数据来源考察两类学生的习得状况。参与语料录制的学生来自不同汉语水平班

---

① 受语料所限,本文的考察不区分各类数量补语,而把包括数量的补语统一归入数量补语。

② VOVB 语序虽然涉及的补语类型多,但其使用规则较 VOB 等语序复杂,不仅涉及宾补的语序,还涉及动词的重复,故是有标记的语序项。

级：L1 的学生来自教授《强化汉语教程》第二册的班级，L2 的学生来自教授第三册的班级，L3 的学生来自教授第四册的班级。每个学期去除开学、期中、期末考试阶段共录制 11 周的语料，语料总量为英语母语学生 9.8 万字，韩语母语学生 12.4 万字。[①]

将两类学生宾补共现语序使用频率输入 IBM SPSS 23.00 进行描述统计，得到下表：

表 1　英、韩母语学生宾补共现语序使用频率统计表

语序类型	VBO		VOB		OVB		VOVB	
学生类型	英	韩	英	韩	英	韩	英	韩
出现周次	25	26	15	12	7	8	4	4
频率	1.049 2 (0.836 8)	1.069 6 (0.662 1)	0.836 0 (0.999 9)	0.448 3 (0.288 1)	0.504 3 (0.299 6)	0.482 5 (0.352 5)	0.242 5 (0.037 8)	0.397 5 (0.417 5)

注：出现周次指该语序类型出现用例的周数，括号内数值为标准差。

从表 1 可以看出，两类学生对汉语宾补共现语序表现出较一致的使用偏好：其使用频率和出现周次几乎都是按 VBO＞VOB＞OVB＞VOVB 的顺序排列，而且 VBO 和 VOB 两个语序的使用占绝对优势，这与上文总结出的几类宾补共现语序的标记性程度具有一致性。只是韩语母语学生 OVB 的使用频率比 VOB 稍高一点儿，但差别不大。

近年来，学者们越来越关注学习者跳跃式、阶段性和非线性的二语发展过程研究，同时运用诸如移动极值图、移动相关系数、再抽样和蒙特卡罗模拟等一系列有效的方法进行二语习得变异研究，如范吉尔特和范迪克（Van Geert ＆Van Dijk，2002），弗斯普尔等（Verspoor et al.，2008，2011），郑咏滟（2015，2018），吴继峰（2017），郑咏滟、冯予力（2017），于涵静、戴炜栋（2019），周琳（2020）和周文华（2022）等。本文的研究将结合移动极值图和发展趋势图共同揭示学生汉语语序的动态发展过程。但是 OVB 和 VOVB 语序出现的周次都在 10 周以下，尚不足以进行习得发展趋势分析，尤其是不能进行移动极值分析，因为移动极值分析一般需要 5 个数据为一组计算最大值和最小值（Van Geert ＆Van Dijk，2002）。因此，下文仅对 VBO 和 VOB 语序进行详细的习得发展趋势分析。

英、韩母语学生 VBO 语序是所有宾补共现语序中使用频率最高、出现周次

---

① 本研究所用语料为收集了本校三个学期不同学生的群体性语料。参与语料收集的韩语母语学生多于英语母语学生，故韩语母语学生的语料多一些。

最多的语序组合。将两类学生 VBO 频率数据进行方差分析①发现,VBO 的使用频率没有显著的母语差异($P=0.788$),这说明两类学生在 VBO 的使用上没有明显差异。在级别层面,通过方差分析发现英语母语学生 VBO 语序不存在显著的阶段性差异($P=0.633$),韩语母语学生 VBO 语序也不存在显著的阶段性差异($P=0.831$)。将英、韩母语学生 VBO 语序数据绘制成下图:

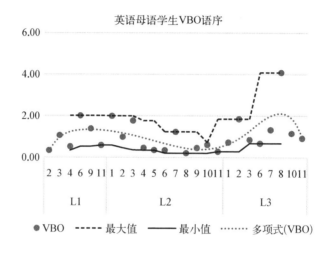

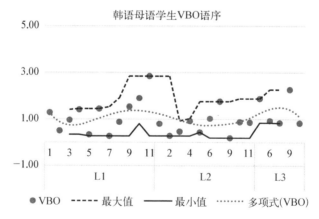

注:移动极值图以 5 个数据为一组,每次后移一个数据构成不同的数据组,然后计算每组中的最大值和最小值,最终绘制出移动极值图。图中趋势线采用 6 阶多项式,以更贴合离散的数据。以下均同图 1,不再分别注释。

图 1 英、韩母语学生 VBO 语序习得变化趋势图

① 由于考察的样本数据较少,本文的方差分析均采用 1 000 次重复抽样的 bootstrap 法,以保证统计结果的可靠性。亦不再做再抽样和蒙特卡罗模拟分析。

　　图 1 中两类学生使用频率的趋势线可以验证上文统计分析结果,即三个阶段的多项式趋势线都围绕 1% 的使用频率上下波动。图 1 中的移动极值图说明两类学生 VBO 语序发展过程的变异不同:英语母语学生 L3 阶段出现较大变异,而韩语母语学生的变异主要出现在 L1 阶段后期。两类学生对该语序习得出现波动的阶段不同,但可以看出两类学生对于 VBO 语序变异区间的收窄都出现在 L2 阶段,只不过变异区间收窄的时间并不长;而且 L2 阶段之后变异区间的扩大都由最大值引起,说明两类学生对 VBO 语序的习得过程是在波动中发展的。

　　两类学生 VOB 语序的使用频率都比 VBO 语序低。将英、韩母语学生 VOB 语序使用频率转化成下图:

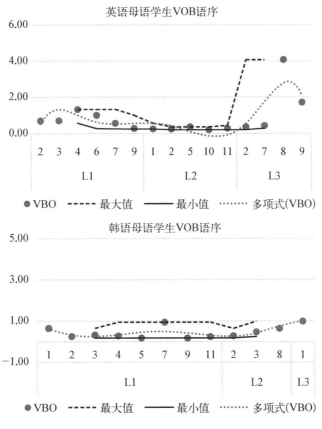

图 2　英、韩母语学生 VOB 语序习得变化趋势图

　　从图 2 可以清楚看出,英语母语学生在 L3 阶段出现较大的变异,使用频率增加明显;韩语母语学生则三个阶段的使用频率波动都不大。不过方差分析发现,VOB 语序的使用没有显著的母语差异($P=0.132$),即 L3 第 8 周的极大值具有偶然性[①]。在级别层面,英语母语学生 VOB 语序的使用存在显著的阶段性差异($P=0.001$),事后测试发现 L1、L2 分别与 L3 阶段存在显著差异($P=0.004$,$P=0.002$)。而韩语母语学生 VOB 语序使用不存在显著的阶段性差异($P=0.954$)。这与图 2 趋势线反映的情况具有一致性。

从图 1 和图 2 的对比可以清楚地看出,英语母语学生在 L1 和 L2 阶段对于 VBO 和 VOB 两种语序的使用较为谨慎,输出频率保持在较低水平,极值区间也没有大的变化;L3 阶段才出现大的变异,上升趋势明显。这是由于语言输出需求的增加,迫使学生改变谨慎或回避的策略,也说明英语母语学生的语序习得呈上行发展的趋势。韩语母语学生在语序类型上倾向性比较强:VBO 语序的使用频率和出现周次明显多于 VOB 语序。不过 VBO 的极值区间和波动都大于 VOB,这与沙赫特(Schachter,1974)得出的在两种语言差异比较细微的情况下,用得越多偏误越多的结论有共通之处。也即,学生使用得越多,其变化波动也就越明显。这是习得发展中一个有趣的规律,究其原因就是跳跃式、非线性的发展趋势是二语习得的常态,而当遇到比较难的语言项目时,学生会因为谨慎或回避使用得较少,且长期没有什么变化,在发展趋势上就会呈现出比较平缓的曲线。另外,两类学生两种语序的习得都存在一个共同点,那就是到考察的后期,极值区间都有向上扩大的趋势,这预示着学生的习得将向上突破。

对于另两类语序,英、韩母语学生使用得都非常少。其中 OVB 语序分别只出现了 7、8 周。重复抽样的方差分析发现,OVB 语序的使用没有显著的母语差异($P=0.873$);而且英、韩母语学生 OVB 语序的使用也都不存在显著的阶段性差异($P=0.339$,$P=0.714$)。英、韩母语学生 VOVB 语序都只出现了 4 周,重复抽样的方差分析发现 VOVB 语序的使用也没有显著的国别差异($P=0.591$)。

从上述分析可以看出,英、韩母语学生各类汉语宾补共现语序的习得都不存在显著的母语差异,也就说明,不同母语背景的学习者在习得比较陌生的语序时,会采取基本一致的语序调整策略。但对于两类使用最多的语序来说,他们的习得发展过程还是存在差异的:英语母语学生在 L3 阶段的区间变化明显要大于韩语母语学生,预示其习得将会在下一阶段有较大的波动;而韩语母语学生的使用则相对平缓,变化不如英语母语学生明显,说明他们对于宾补共现语序的使用较为谨慎。

从具体习得情况对比来看,可以得出以下结论:其一,两类学生对于 VBO

---

① 此处极值"偶然性"相关解释见周文华(2022)。

语序的习得在所有宾补共现语序组合中都是最好的。不过韩语母语学生的掌握相对更好一些,不仅在 L1 的第 1 周就出现了用例,而且使用频率和正确率都相对较高;英语母语学生不仅使用相对于韩语母语学生来说稍晚一步,而且正确率也低于韩语母语学生。其二,在 VOB 语序的掌握上,英语母语学生在 L1 的第 3 周累积超过初现率标准,正确率不高;而韩语母语学生的初现虽早于英语母语学生,但正确率比英语母语学生还低。说明该语序对于两类学生来说都有一定难度。其三,在 OVB 语序的掌握上,韩语母语学生在 L1 就初现了 OVB 语序,而英语母语学生到 L2 才初现 OVB 语序。从具体使用情况看,英语母语学生的正确率高于韩语母语学生,说明其习得中的问题相对较少。不过由于该类语序使用数量相对较少,其正确率的参考价值还有待验证。其四,对于 VOVB 语序,两类学生使用得都不多,而且出现的时间普遍较晚。虽然几乎没有什么偏误,但从具体用例分析来看,学生使用的语句基本一样,存在模仿的现象,说明两类学生对于该语序的掌握存在一定困难。

三、英、韩母语学生宾补共现语序习得难点考察

将英、韩母语学生各类宾补共现语序的偏误用例汇总成表 2:

表 2　英、韩母语学生宾补共现语序偏误汇总表

学生类别	级别	VBO		VOB		OVB		VOVB		合　计	
		偏误数	偏误率	偏误数	偏误率	偏误数	偏误率	偏误数	偏误率	偏误数	偏误率
英语母语学生	L1	4	0.200	6	0.353	—	—	0	0.000	10	0.138
	L2	9	0.243	4	0.667	1	0.167	0	0.000	14	0.269
	L3	8	0.400	3	0.600	0	0.000			11	0.250
	总计	21	0.273	13	0.464	1	0.091	0	0.000	35	0.207
韩语母语学生	L1	7	0.079	14	0.700	3	0.375	0	0.000	24	0.288
	L2	9	0.214	5	0.556	5	0.333	2	0.400	21	0.376
	L3	1	0.167	0	0.000	0	0.000	1	1.000	2	0.292
	总计	17	0.124	19	0.633	8	0.348	3	0.429	47	0.383

注:表中"—"表示该阶段无用例输出,表中偏误率是百分位的。

从表 2 的合计数据可以看出,韩语母语学生的偏误率略高于英语母语学生,且偏误率不低。两类学生的宾补共现偏误都在 L2 达到高峰,且 L3 的偏误率也都比 L1 高。

具体来看,英语母语学生宾补共现语序的偏误贯穿三个级别的大部分周次,而且往高水平阶段偏误的输出没有明显的下降趋势,有的反而有所上升。说明英语母语学生对宾补共现语序的掌握存在较多问题。从偏误率来看,三个阶段都是 VOB 语序的偏误最严重,其次是 VBO,再次是 OVB 语序偏误。英语母语学生三个阶段都没出现 VOVB 语序偏误,究其原因是英语母语学生 VOVB 语序的使用量非常低;OVB 语序偏误也仅出现在 L2 阶段,且其输出频率也非常低,说明英语母语学生对这两种语序的使用是非常谨慎的,也可以说明这两种语序对于英语母语学生来说难度较高。

英语母语学生 VOB 语序的偏误用例主要集中在数量补语的使用上,主要涉及离合词和动宾短语的使用问题。例如:

(1) *我爸爸结婚两次。①

(2) *你坐飞机几次?

对于 VBO 语序的偏误主要集中在趋向补语带处所宾语的情况。例如:

(3) *明年 2 月,我回去美国。

(4) *怎么说,回来美国以后,我决定我要学习中文。

还有结果补语和宾语的错序,但仅出现 1 例。例如:

(5) *你吃饱了包子?

韩语母语学生的宾补共现语序偏误率情况与英语母语学生不同。韩语母语学生在 L1 阶段的偏误率的排序是 VOB＞OVB＞VBO;L2 阶段出现了 VOVB 语序偏误并占据了偏误率第二位;L3 阶段除了 VOVB 和 VBO 语序偏误以外,另两类语序的偏误都消失了。

与英语母语学生一样,韩语母语学生 VBO 语序偏误最多的也是趋向补语与宾语共现时的偏误,这是两类学生 VBO 语序偏误的共性。例如:

(6) *明年我们回来韩国。

(7) *一般下课以后我常常回去宿舍里自己煮饭。

也有数量补语与宾语共现的偏误。例如:

(8) *我看过好几遍了那部电影。

---

① 本文以学生的偏误形式对偏误用例进行归类,这样可以更直观地看到学生倾向于使用哪种语序。

VOB 语序多是数量补语与宾语共现时的错序,同时涉及离合词的使用。例如:

(9)﹡她会唱歌一点。

(10)﹡来中国学习中文一年。

其次是结果补语与宾语共现时的错序,也涉及离合词的使用。例如:

(11)﹡昨天吃东西坏了吗?

(12)﹡我打算,考试完了以后,再看漫威。

OVB 语序偏误主要涉及一些语篇使用不当的现象。例如:

(13)﹡我《卧虎藏龙》看过,我喜欢……

(14)﹡有轻声的时候读到,读到有点奇怪。

VOVB 都是一些泛化或不完整表达。例如:

(15)﹡做法做得很好。

(16)﹡化妆得很漂亮。

从上述分析来看,两类学生表现出的偏误规律有同有异:

首先,韩语母语学生偏误涉及的补语类型要比英语母语学生多,但从偏误数量上来看是随学习阶段的上升而减少的。这说明韩语母语学生宾补共现语序习得过程中的难点分散,但相对容易纠正。

其次,趋向补语和数量补语与宾语共现时,都存在 VBO 和 VOB 两种语序,但两类学生的 VBO 语序偏误大多出现在趋向补语与宾语共现时,VOB 语序偏误大多出现在数量补语与宾语共现时。说明这两类补语涉及的宾补共现语序难点不同,并且没有语言差异。

最后,除了上述两类英、韩母语学生都易出现偏误的宾补共现语序类别以外,韩语母语学生还容易出现结果补语与宾语共现的语序错误,以及介词"把""被"使用时导致的错序等。而英语母语学生则出现了一些如 OBV、VBVO 等完全不合汉语语序规律的表达,说明英语母语学生对宾补共现的语序模式掌握不太好。

四、教学建议与启示

对于两类学生来说,汉语宾补共现语序是一种全新的语序,他们需要重新学习。所以,虽然两种语言中与汉语宾补共现对应的语序不同,但两类学生宾补共现语序组合的习得顺序具有较强的一致性。其教学编排都可按照 VBO＞

VOB>OVB>VOVB 的顺序,但在教学中需要注意相关语序规则的教学。

首先是趋向补语和宾语共现规则的讲解,在教学中应当注意强调复合趋向补语和宾语共现时,哪些宾语只能置于复合趋向补语之间,哪些宾语只能置于补语之后,哪些宾语不受限制等规则。这是不同语序类型学生都容易犯错的方面。

其次是离合词和数量补语与宾语共现规则的讲解,这也不需要考虑母语差异。教师需教授学生,当离合词跟数量补语共现时,应根据离合词中宾语的性质决定数量补语的位置。

最后在针对英语母语学生的教学中,要注意强化汉语宾补共现的语序模式,防止学生对宾补共现语序的泛化,出现一些杂乱的语序现象。在针对韩语母语学生的教学中,要注意"把""被"等提宾功能限制的教学,同时注意给他们讲解语序变化的语用因素。

从本文的考察来看,对于一个学习者母语中没有的新的语序项目,学生母语的语序策略是不起决定性作用的。学生都会按照目的语的语序策略进行调整,其国别化的差异不明显。此时,就像 Mazurkewich(1985)关于无标记句法项目更容易习得的结论一样,无标记的语序项目也比有标记的语序项目更容易习得。因此,本文的研究进一步证实标记性对于二语习得的影响是显著的。

参考文献

蔡　瑛(2006)论动后复合趋向动词和处所名词的位置,《暨南大学华文学院学报》第 4 期。

曹秀玲(2000)对朝鲜语为母语的学生汉语宾补共现句习得的研究,《延边大学学报》(社会科学版)第 3 期。

陈小红(2002)数量补语的用法和位置,《暨南大学华文学院学报》第 3 期。

陈　忠(2007)复合趋向补语中"来/去"的句法分布顺序及其理据,《当代语言学》第 1 期。

崔承一(1991)说说述补(结果)宾谓语句的语义结构系列,《汉语学习》第 1 期。

杜道流、何升高(1998)制约同现宾补次序的因素,《淮北煤师院学报》(社会科学版)第 4 期。

范　晓(2001a)关于汉语的语序问题(一),《汉语学习》第 5 期。

范　晓(2001b)关于汉语的语序问题(二),《汉语学习》第 6 期。

方　梅(1993)宾语与动量词语的次序问题,《中国语文》第 1 期。

郭春贵(2003)复合趋向补语与非处所宾语的位置问题补议,《世界汉语教学》第 3 期。

贾　钰(1998)"来/去"作趋向补语时动词宾语的位置,《世界汉语教学》第 1 期。

金立鑫(2001)趋向补语和宾语的位置关系,《对外汉语研究的跨学科探索——汉语学习与认知国际学术研讨会论文集》,北京:北京语言大学出版社。

金哉延(2009)《汉语补语与韩国语对应成分关系的探讨》,天津师范大学硕士学位论文。

刘月华、潘文娱、故韡(2001)实用现代汉语语法(增订版),商务印书馆。

柳英绿(1999)《朝汉语语法对比》,延边大学出版社。

陆俭明(2002)动词后趋向补语和宾语的位置问题,《世界汉语教学》第1期。

秦礼君(1985)关于"动+宾+动(重)+补"的结构形式,《语言研究》第2期。

任玉华(2001)"动、补、宾"句式分析,《汉语学习》第4期。

尚敏锐、郁婷婷(1998)汉英语言补语之比较,《新疆大学学报》(哲学社会科学版)第2期。

王鹤楠(2017)《现代汉语补语考察研究——兼与英语比较》,黑龙江大学博士学位论文。

吴怀成(2011)动量词与宾语的语序选择问题,《汉语学报》第1期。

吴继峰(2017)英语母语者汉语书面语动态发展个案研究,《现代外语》第2期。

夏　艳(2006)《汉英补语对比分析》,华中科技大学硕士学位论文。

徐国玉(1986)动补宾结构管见,《汉语学习》第5期。

杨德峰(2005)"时间顺序原则"与"动词+复合趋向动词"带宾语形成的句式,《世界汉语教学》第3期。

杨凯荣(2006)论趋向补语和宾语的位置,《汉语学报》第2期。

杨石泉(1986)动、补、宾的层次,《中国语文》第4期。

于涵静、戴炜栋(2019)英语学习者口语复杂性、准确性的动态发展研究,《外语与外语教学》第2期。

元莲仙(2010)《汉韩语言对比研究及在对韩汉语教学中的应用》,南开大学博士学位论文。

张伯江(1991)关于动趋式带宾语的几种语序,《中国语文》第3期。

张慧贞(2012)《韩汉多层状语连用语序对比》,延边大学博士学位论文。

郑咏滟(2015)基于动态系统理论的自由产出词汇历时发展研究,《外语教学与研究》第2期。

郑咏滟(2018)高水平学习者语言复杂度的多维发展研究,《外语教学与研究》第2期。

郑咏滟、冯予力(2017)学习者句法与词汇复杂性发展的动态系统研究,《现代外语》第1期。

周　琳(2020)汉语二语学习者词汇语义系统动态发展研究,《世界汉语教学》第1期。

周文华(2014)母语语序类型对目的语习得的影响——以汉语介词语序偏误为例,《语言教学与研究》第5期。

周文华(2022)零起点汉语学习者书面语复杂度、准确度的动态发展——以4名预科学生的周记追踪为例,《世界汉语教学》第1期。

Eckman, R. F. (1977) Markedness and the Contrastive Analysis Hypothesis. *Language Learning* 27(2): 315–330.

Mazurkewich, I. (1985) Syntactic Markedness and Language Acquisition. *Studies in Second Language Acquisition* 7(1): 15–35.

Schachter, J. (1974) An Error in Error Analysis. *Language Learning* 24(2): 205–214.

Slobin, I. D. (1982) Universal and Particular in the Acquisition of Language. In Wanner, E. & Gleitman, L. R.(eds.). *Language Acquisition: The State of the Art*. Cambridge:

Cambridge University Press.

Van Geert，Paul & Marijn van Dijk (2002) Focus on Variability：New Tools to Study Intra-individual Variability in Developmental Data. *Infant Behavior and Development* 25(4)：340 – 374.

Verspoor，M.，De Bot，K. & Lowie，W. (2011) *A Dynamic Approach to Second Language Development Methods and Techniques.* Amsterdam Philadelphia：John Benjamins Publishing Company.

Verspoor，M.，Lowie，W. & van Dijk，M.（2008）Variability in Second Language Development from a Dynamic Systems Perspective. *The Modern Language Journal* 92(2)：214 – 231.

（南京师范大学国际文化教育学院,210097,nszwh@163.com）

基于文本指标的中高级汉语二语
写作评价量表构建研究[*]

徐顺锦

〇、引　言

在第二语言测评中,评价量表(rubrics)可以有效地衡量学习者的表现水平,并对复杂的能力(如写作能力)进行多维度的评估(East,2009),且有助于提高评分员评分的一致性和效率以及评估的整体透明度(Weigle,2002;Jönsson & Svingby,2007)。同时,随着形成性评价(formative assessment)和促学性评价(assessment for learning)理念的发展,评价量表被视为一种快捷有效的课堂评价工具与学习工具,其不仅可以帮助教师更好地了解学习者的表现水平,跟踪他们的学习情况,提供更优质的教学反馈(Stevens & Levi,2005),而且学习者也可通过量表了解教师的期望和自身的水平,从而更有针对性地解决自身的不足(Andrade et al.,2009)。此外,量表在课堂评价中的使用还被证实可以有效减少学生的焦虑、提高自我效能感、支持自我调节(Panadero & Jonsson,2013)。因此,便有研究者提出应该基于量表在课堂评价中的使用来优化量表本身的设计与构建(Jönsson & Panadero,2017)。然而,目前已有的二语写作评价量表大多基于开发人员的直觉和经验而设计,不同等级的描述语间多用一些模糊的词语加以区分,如"少量""一些""基本""比较"等,如此类词语用于课堂评价,不仅容易造成教师的评价偏差,也不利于学习者使用量表进行自评与互动。而且,多数量表是以英语二语写作文本为对象而研制的,可能并不完全适用于汉语二语

　　* 本文为上海师范大学 2023 年高水平地方高校建设一流研究生教育子项目-对外汉语学院(项目编号:209 - AC9103 - 23 - 368072004)阶段性成果。本文曾在第十届现代汉语虚词研究与对外汉语教学国际学术研讨会上宣读,得到与会专家的指正,谨致谢意!

写作的评价,因为不同语言间的第二语言写作能力的发展途径存在着明显的差异(Mendoza & Knoch,2018)。鉴于此,本研究旨在通过对汉语二语写作文本指标的数据分析构建一份适用于中高级汉语二语学习者课堂写作评价的评价量表,以便对汉语二语写作能力进行更准确与多元的评价。研究分为两个阶段。第一阶段主要通过文本指标与写作成绩的相关性分析,筛选出一组代表性指标。第二阶段则通过对这些指标在不同水平(低、中、高)的写作文本上的比较,构建出相应的评价量表。

具体研究问题如下:

1) 哪些文本指标与写作质量显著相关?

2) 不同水平的写作文本在这些指标上存在何种差异?

一、文本特征与各类指标

写作评分标准的制定一直是语言测试领域的一大难题。正如 Hamp-Lyons (2016)所说,不仅写作是复杂和多元的活动,对写作的评价亦是如此。一篇文章中存在着大量的信息,需要从哪些方面对学生的作文进行评价,哪些文本特征比较重要等问题一直存在,没有得到彻底解决。Kroll(1990:141)也强调了制定写作评价标准的复杂性,并认为不存在单一的或者说理想的写作评价标准。面对这一难题,最好的解决方法是在构建标准之前便明确写作与写作评价的目的(Bacha,2001)。而本研究的目的在于构建一份适合教师和学生共同使用的课堂写作评价量表。这便要求我们在选择评价特征和相应指标时需要遵循以下标准:其一,选定的评价特征应反映当前对写作能力的理解,主要集中在学生语言表现方面的能力;其二,选定的评价特征可以对写作能力的不同方面进行评价;其三,选定的评价特征和指标能够成功区分不同水平的写作文本;其四,选定的评价特征与指标在实际评价过程中不能太过于复杂,以便教师和学生能够较为轻松地识别和评价。因此,鉴于当前二语能力和写作理论模型、汉语二语教学与测试大纲以及相关研究成果,我们初步选取了 19 个文本指标来评价汉语二语学习者的写作文本,见表 1。其中,1—13 为语言特征指标,14—17 为语篇衔接性指标,18—19 为写作规范性指标。

在语言表现方面,准确性、复杂性和流利性是常用的评估标准。对于准确性的测量,通常通过计算错误数量来进行。本研究从字、词和句三个层面全面测量文本的准确性。在复杂性方面,词汇和句子复杂性是两个重要特征。其中,词汇

表 1　文本特征指标

一级文本特征	二级文本特征	测量指标
准确性	汉字准确性	1. 汉字错误数
		2. 正确字占比
	词汇准确性	3. 词汇错误数
		4. 正确词占比
	句子准确性	5. 句子错误数
		6. 正确句占比
复杂性	词汇复杂性	7. 复杂词种数
		8. 复杂词种占比
	句子复杂性	9. 复句数
		10. 复句占比
		11. 平均句长
流利性	写作速度	12. 限时文本长度
		13. 限时词汇总数
衔接性	衔接手段	14. 代词数
		15. 代词密度
		16. 连词数
		17. 连词密度
规范性	标点准确性	18. 标点错误数
	段落	19. 段落数

复杂性通过复杂词种数和复杂词种占比来测量。由于所创建的量表主要面向中高级汉语学习者,因此将复杂词划定为《国际中文教育中文水平等级标准》(简称《等级标准》)中的 5—9 级词。而句子复杂性则通过复句数、复句占比、平均句长来衡量。复杂性的这 5 项指标在相关研究中(任春艳,2004;王艺璇,2015、2017;

吴继锋,2016、2018)已被证实与写作质量显著相关。关于文本流利性的评价,常用指标包括限时作文中单词和语言结构的数量(Wolfe-Quintero et al.,1998)、文本修改次数(Knoch,2009)等。不过,考虑到操作的可行性,本研究将限时文本长度和词汇总数作为流利性的测量指标。

关于语篇特征,本研究主要关注表层语篇特征的相关指标,即代词和连词等衔接手段的使用。已有研究发现,高水平作文中使用了更多的衔接手段,而低水平作文中缺乏衔接手段,且重复出现一些常见的连词(Kennedy & Thorp,2007)。许双如(2004)也发现作文中连接词数量与学生水平之间存在显著关系,水平高的学生使用连词为语篇服务的能力更强。基于这些研究,我们选用代词数、代词密度、连词数、连词密度作为语篇特征指标。

在英语写作评价中,写作规范常被量化为单词的拼写、大小写、标点、缩进和段落的数量(Kennedy & Thorp,2007)。吴雪峰等(2018)认为在写作评价中"写作规范"是备选特征,可根据不同写作形式灵活运用。然而,对于学术写作和商务写作而言,写作规范性被重点强调,写作不规范会影响到语言交际职能(徐昉,2013;屈鸣,2001)。在教学实践中,即使是中高级水平的学习者在写作时依旧会犯一些非常初级的规范性错误,如作文未分段和标点符号随意使用等。因此,本文选取标点错误数和段落数作为写作规范的测量指标,以便通过量表来强调学生的写作规范。

二、研 究 方 法

2.1 文本来源及处理

本研究的写作样本来自"HSK 动态作文语料库 2.0",是母语为非汉语的学习者参加 HSK(高等)考试 30 分钟内手写完成的命题作文。这些文本被转写成电子版并进行了错误标注,且由专业评分员给出分数。在文本表现上,符合《等级标准》中对于中高等"写的能力"的描述,适合作为研究的分析样本。我们从语料库的25 个题目中选择了 4 个题目,分别为 2 篇记叙文(《我的一个假期》《记我的父亲》)和 2 篇议论文(《如何看待"安乐死"》《吸烟对个人健康和公众利益的影响》),这两种课堂写作中最为常见的文体。随后根据分数将文本分成不同分数组(低分组:40—45 分、中分组:60—75 分、高分组:80—95 分),每个水平组抽取 20 篇,即每个题目下抽取 60 篇。如果某个水平组的文本数量不足,则用相邻水平组的文本进行替代。最终,4 个题目共收集了 240 篇写作文本,考生背景涉及 52 个国家与地区。在预处理过程中,由于文本中已有错别字、词汇错误和语法错误的标注,因此我们主要用"语料分词和词性标注"工具对文本进行分词和标注,并对结果进行人工校对。

2.2 研究工具

研究工具主要是以下几款软件工具:其一,Python 3.0 用于提取下载文本的相关信息,如国籍、分数、字数、词汇错误数等;其二,"语料分词和词性标注"软件用于对文本进行分词和词性标注;其三,AntConc 用于文本数据库的建立与词性频率的统计;其四,Excel 用于统计各个等级词汇的使用情况;其五,SPSS 24.0 用于文本特征与写作成绩之间的相关性分析,以及不同水平写作文本指标之间的方差分析和独立样本 T 检验。

2.3 数据收集与分析步骤

本研究使用 Python 3.0 软件编写程序从文本中获取 13 项文本指标,包括汉字错误数、正确字占比、词汇错误数、正确词占比、句子错误数、正确句占比、平均句长、复句数、复句占比、限时文本长度、限时词汇总数、标点错误数和段落数。另外 6 项文本指标需要通过 AntConc 软件进行词频统计,并使用 Excel 表格中的 Match 函数基于《等级标准》中 1—9 级词汇表进行匹配统计。由此,我们获得了 240 篇写作样本的 19 项测量指标的数据。不过,正如 Iwashita et al. (2001)所说,基于多项文本指标的测量与评价过于复杂和耗时,无法在课堂评价中操作使用。因此,本研究通过相关性分析筛选出与写作质量最为显著相关的测量指标,以达到简化和实用的目的。最后,通过方差分析和独立样本 T 检验比较不同水平的写作样本在代表性指标上的差异,构建出相应的评价量表。

三、研 究 结 果

3.1 代表性文本指标确定

文本指标与写作成绩的相关性分析结果显示,在 13 项语言特征指标中有 12 项与写作成绩显著相关,如表 2 和表 3 所示,相关系数绝对值介乎 0.215—0.668 之间($P<0.01$),只有汉字错误数与成绩无显著相关。具体而言,正确句占比、复杂词种数、限时文本长度和限时词汇总数与写作成绩强相关($|r|>0.50$),正确字占比、正确词占比、复杂词种占比、复句数与写作成绩中等相关

(0.30＜|r|＜0.50)，而词汇错误数、句子错误数、平均句长、复句占比与写作成绩之间则为弱相关(|r|＜0.3)。其余 6 项指标与写作成绩的关系则如表 4 所示，只有 3 项指标(代词数、连词数和段落数)与写作成绩中等相关(0.3＜|r|＜0.5)，其他三项指标则无显著相关。

表 2　准确性特征指标与写作成绩相关性分析

	1	2	3	4	5	6
1. 写作成绩	1	—	—	—	—	—
2. 汉字错误数	−0.072	1	—	—	—	—
3. 正确字占比	0.314**	−0.863**	1	—	—	—
4. 词汇错误数	−0.209**	0.105	−0.030	1	—	—
5. 正确词占比	0.455**	−0.052	0.149*	−0.856**	1	—
6. 句子错误数	−0.242**	0.111	−0.012	0.567**	−0.431**	1
7. 正确句占比	0.559**	−0.023	0.110	−0.496**	0.633**	−0.692**

注：* 表示 $P<0.05$，** 表示 $P<0.01$

表 3　复杂性、流利性特征指标与写作成绩相关性分析

	1	2	3	4	5	6	7
1. 写作成绩	1	—	—	—	—	—	—
2. 复杂词种数	0.547**	1	—	—	—	—	—
3. 复杂词种占比	0.327**	0.886**	1	—	—	—	—
4. 平均句长	0.215**	0.291**	0.289**	1	—	—	—
5. 复句数	0.494**	0.253**	0.022	−0.229**	1	—	—
6. 复句占比	0.266**	0.166*	0.164*	0.495**	0.432**	1	—
7. 限时文本长度	0.668**	0.546**	0.226**	0.206**	0.696**	0.195**	1
8. 限时词汇总数	0.649**	0.502**	0.174**	0.150*	0.732**	0.194**	0.983**

注：* 表示 $P<0.05$，** 表示 $P<0.01$

表 4 　语篇、写作规范特征指标与写作成绩相关性分析

	1	2	3	4	5	6
1. 写作成绩	1					
2. 代词数	0.307**	1				
3. 代词密度	−0.038	0.813**	1			
4. 连词数	0.432**	0.353**	0.092	1		
5. 连词密度	0.005	−0.103	−0.037	0.716**	1	
6. 标点错误	0.125	0.215**	0.178**	0.012	−0.044	1
7. 段落数	0.306**	0.182**	−0.014	0.102	−0.152*	−0.031

注：* 表示 $P<0.05$，** 表示 $P<0.01$

经过相关性分析，19 项文本指标中有 15 项与写作成绩显著相关。其中，在准确性方面，相关性从高到低分别为：正确句占比＞正确词占比＞正确字占比＞句子错误数＞词汇错误数。这表明正确句占比与写作成绩最为相关。同时，正确词占比（0.91—1）和正确字占比（0.96—1）的数值范围过小，不利于分级评估，而句子错误数和词汇错误数又不符合构建语言能力量表的积极评价原则（North，2000）。因此，我们选取了正确句占比作为文本准确性的代表性指标。在复杂性上，相关性从高到低的五个指标为：复杂词种数＞复句数＞复杂词种比例＞复句比例＞平均句长。考虑到各自特征相关系数的大小，我们选取了复杂词种数、复句数分别作为词汇复杂性和句子复杂性的代表性特征。在流利性上，虽说限时文本长度与词汇总数都与写作成绩高度相关，但出于操作的便利性的考虑，限时文本长度更适合作为流利性的测量指标。

在语篇特征和写作规范性的 6 项指标中，代词密度、连词密度、标点错误数都与写作成绩无显著关系。这表明在评价过程中，这三项指标不是评分员的主要考虑因素。值得注意的是，写作成绩与代词密度呈负相关，这与 Crossley et al.(2016)对代词密度的论述一致，即代词密度越大，文本可能越难理解，文章的水平可能越低。因此，仅靠代词使用数对文本的衔接性进行测量可能并不准确，需要对代词的使用功能做进一步的分析，判断其在文章中起到的是回指功能还是无效重复，而这又会增加评估者的负担。因此，在语篇特征和写作规范中，

选取的代表性指标分别为连词数和段落数。

综上所述,根据相关系数的大小,以及上文提到的指标筛选原则,我们确定了正确句占比、复杂词种数、复句数、限时文本长度、连词数和段落数等 6 项指标作为代表性指标。同时,以这 6 项指标为自变量,写作成绩为因变量,进行多元线性回归分析可得出,联合复相关系数为 $R=0.775$,联合的 R^2 决定系数为 $0.601(R^2>0.3)$,即可以联合解释作文成绩的 60.1%,说明这 6 项指标对写作成绩具有显著的预测作用,可以较好地评价学习者的写作能力,适合纳入量表之中。

3.2 不同水平组间指标分布情况

在确定了上述的 6 项代表性文本指标后,我们通过箱型图移除不同水平组中的离群和极端样本,并根据单因素方差分析和独立样本 T 检验判断不同水平组之间是否存在显著差异。如若不同水平组在指标上存在显著差异,便可根据各水平组的相关数值(均值、上四分位值、下四分位值)构成评价量表。

3.2.1 准确性

从表 5 和图 1 中可发现,正确句占比随着水平的提高也在显著升高,低分组的箱体部分置于 0.20—0.48 区间,中分组置于 0.33—0.63 区间,高分组置于 0.56—0.83,三者两两之间都存在着一些重叠。但进行方差分析,结果显示不同分数间差异显著,$F=50.237$,$P=0.000$。在对相邻两组分别进行的独立样本 T 检验中发现低分组与中分组之间($t=0.635$,$P=0.000$)、中分组与高分组之间($t=0.186$,$P=0.000$)也都存在显著差异。

表 5 不同分数组正确句占比的描述统计

组 别	平均值(%)	标准差	最大值	最小值	上四分位	下四分位
低分组	33%	0.22	0.83	0.00	0.48	0.20
中分组	50%	0.21	1.00	0.08	0.63	0.33
高分组	69%	0.20	1.00	0.2	0.83	0.56

3.2.2 复杂性

本研究的复杂性有两个代表性文本指标,分别为复杂词种数、复句数。

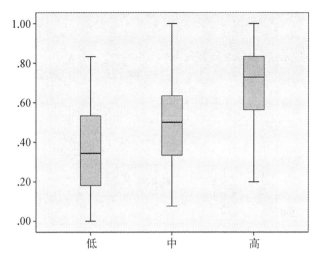

图1　不同分数组正确句占比分布情况

3.2.2.1　词汇复杂性

表6和图2表明,写作质量越高,复杂词使用得就越多。方差分析显示,不同水平之间的复杂词种数存在显著差异,$F=44.582$,$P=0.00$。组与组之间的独立样本 T 检验也显示,低分组与中分组之间($t=7.270$,$P=0.00$),中分组与高分组之间($t=23.183$,$P=0.00$)都存在显著差异,说明该测量指标成功区分了不同水平的写作文本。

表6　不同分数组复杂词种数的描述统计

组　　别	平均数(个数)	标准差	最大值	最小值	上四分位	下四分位
低分组	9.46	4.70	20	0	13	6
中分组	13.90	8.01	54	2	18	8
高分组	23.65	13.31	65	3	32	12

3.2.2.2　句子复杂性

从表7和图3中则可看出,随着水平的提高,作文中复句的使用数量也相应提高。方差分析显示,$F=37.426$,$P=0.000$,不同分数组之间的复句数存在显著差异。组与组之间的独立样本 T 检验则显示,低分组与中分组之间($t=2.032$,$P=0.00$),中分组与高分组之间($t=1.618$,$P=0.00$)都存在显著差异。

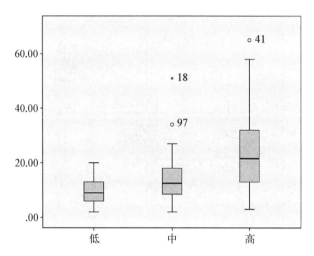

图2 不同分数组复杂词种数分布情况

表7 不同分数组复句数的描述统计

组　　别	平均数(个数)	标准差	最大值	最小值	上四分位	下四分位
低分组	6.38	3.21	17.00	1.00	8.00	4.00
中分组	9.48	3.72	20.00	4.00	12.00	7.00
高分组	11.29	3.35	22.00	5.00	13.00	9.00

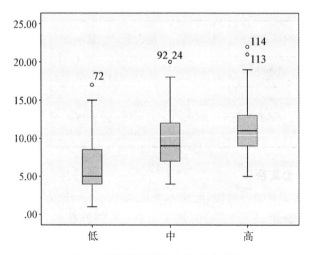

图3 不同分数组复句数分布情况

3.2.3　流利性

从表 8 和图 4 中可以发现,虽然不同水平的写作文本长度存在部分重叠,但作文样本的平均字数还是随着写作质量的提高而显著增加。此外,方差分析结果显示,$F=78.724$,$P=0.00$,表示在这三个水平组之间存在显著差异。同样的,在对相邻两组分别进行的独立样本 T 检验也发现组与组之间都存在显著差异(低分组和中分组:$t=0.644$,$P=0.000$;中分组和高分组:$t=4.485$,$P=0.000$)。

表 8　不同分数组限时作文文本长度的描述统计

组　　别	平均数(字数)	标准差	最大值	最小值	上四分位	下四分位
低分组	255.12	87.46	496	86	303	189
中分组	353.04	94.09	582	141	417	281
高分组	435.78	76.73	697	264	477	284

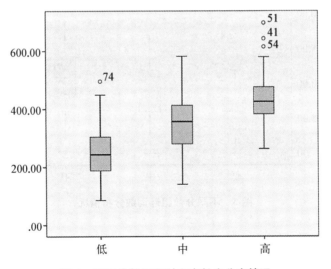

图 4　不同分数组限时文本长度分布情况

3.2.4　衔接性

通过表 9 和图 5 可看出,低分组作文所使用的连词数量明显少于中分组和高分组,可中分组与高分组之间的差距似乎并不明显。不过,通过方差分析发现，$F = 31.948$，$P = 0.00$，组间存在显著性差异。独立样本 T 检验也表明，相邻的组别之间同样存在显著差异(低分组和中分组：$t = 6.402$，$P = 0.00$；中分组和高分组：$t = 1.076$，$P = 0.00$)。

表9 不同分数组连词数的描述统计

组 别	平均数(个数)	标准差	最大值	最小值	上四分位	下四分位
低分组	6.06	3.07	16	0	8	3
中分组	8.83	3.93	17	0	12	6
高分组	11.45	4.79	26	2	14	8

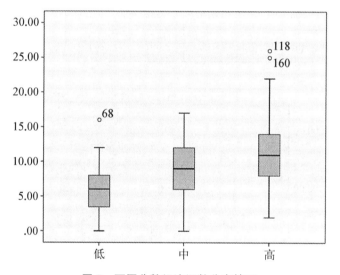

图5 不同分数组连词数分布情况

3.2.5 写作规范

如表 10 和图 6 所示，低分组的作文平均有 3 个段落，而高分组的有 4 个段落，但是组别之间段落数的差距并不明显，特别是低分组和中分组之间。方差分析显示，组别间存在显著差异，$F = 10.250$，$P = 0.00$。进一步进行独立样本 T 检验发现，中分组和高分组之间存在显著差异($t = 0.442$，$P = 0.001$)，低分组与中分组之间不存在显著差异($t = 0.035$，$P = 0.221$)。

表 10　不同分数组段落数的描述统计

组　别	平均数(个数)	标准差	最大值	最小值	上四分位	下四分位
低分组	2.84	1.53	8	1	4	2
中分组	3.15	1.62	9	1	4	2
高分组	3.93	1.42	9	1	5	3

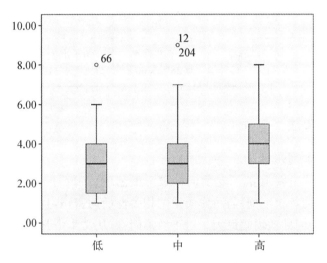

图 6　不同分数组段落数分布情况

四、基于文本指标构建评价量表

　　本研究旨在通过分析汉语二语文本指标,创建一份客观、避免模糊评价的基于数据的写作评价量表,能为评分员提供足够的信息以进行可靠的评价。在上文中,我们已确定了 6 项代表性文本指标,并经过检验,证实其可以有效区分不同水平的写作文本。下面将就量表的具体构建做进一步讨论。

4.1　准确性

　　在本研究中,我们通过对字、词、句的准确性测量,确定了正确句占比作为文本准确性的代表性指标,并将其用于构建文本准确性评价量表。与其他指标相比,正确句占比与写作成绩最为相关,在区分不同水平的写作文本时表现得最为成功,也更容易操作与评价。这与朱世芳(2009)和 Jin & Mak(2013)的研究结论一致,即正确句占比与学习者的汉语水平存在显著关系。因此,在量表设计中,我们提取低、中、高 3 个水平组正确句占比的平均值与上下四分位值,并将低分组的下 25%区间与高分组的上 25%区间也纳入其中,构建了 5 个等级的准确性评价量表,如表 11 所示。

表 11 评价量表-准确性

1	2	3	4	5
句子准确率为 0%—20%	句子准确率为 21%—35%	句子准确率为 36%—60%	句子准确率为 61%—85%	句子准确率为 86%—100%

4.2 复杂性

4.2.1 词汇复杂性

词汇复杂性主要测量了复杂词种数。王艺璇(2017)的研究也显示复杂词(丙级词、丁级词及超纲词)与写作质量的相关性最为密切,且从低水平作文到高水平作文,复杂词种数增幅最大。对于教师而言,从文本中判断复杂词的数用数量也相对容易。同时,现有的一些文本分析平台与工具,如"面向汉语二语文本的阅读难度自动分级平台"(程勇等,2023),也可以帮助教师和学生了解文本中复杂词的使用数量,从而对词汇的复杂性做出较为准确的评价。因此,基于和上一小节相同的操作,我们同样构建了 5 个等级的词汇复杂性评价量表,如表 12 所示。

表 12 评价量表-词汇复杂性

1	2	3	4	5
使用的复杂词少于 6 个	使用的复杂词 6—13 个	使用的复杂词 14—20 个	使用的复杂词 21—30 个	使用的复杂词多于 30 个

4.2.2 句子复杂性

句子复杂性的代表性测量指标是复句数。在英语二语写作中,语法复杂性的测量指标(t 单位的平均长度、小句平均长度、每 t 单位的小句数量)虽然与语言水平呈正相关,但相邻水平之间的差别很小,因此准确性和词汇复杂性在评价过程中更受关注,而语法复杂性则容易被忽视。不过,在汉语二语写作中,复句数是一项可以有效测量语法复杂性的可靠指标,且易于被教师和学生识别。王艺璇(2015)也得出类似的结论,并建议在教学中鼓励学生多用复句和长句进行表达。因此,经由相同的操作,最终构建的语法复杂性评价量表,如表13 所示。

表 13 评价量表-语法复杂性

1	2	3	4	5
使用的复句少于 4 句	使用的复句为 4—8 句	使用的复句为 9—12 句	使用的复句为 13—16 句	使用的复句多于 16 句

4.3 流利性

在上述研究中,限时文本长度是衡量书面表达流利性的代表性指标,并发现不同分数组间的文本长度存在显著差异。然而,对于限时文本长度是否能成功区分不同写作水平其实一直存在争议。沃尔夫-金特罗等(Wolfe-Quintero et al.,1998)回顾了 17 篇相关文献发现,虽有 10 项研究发现不同水平之间文本长度存在显著差异,但也有 7 项研究并未发现显著差异。此外,还存在高水平学习者文本长度天花板效应的情况(Henry,1996)。Konch(2009)也认为文本长度更能成功区分一些水平较低的学习者,对高水平的学习者并不能取到理想的效果。尽管如此,在我们研究中,限时文本长度还是能起到较好地区分作用。因此,根据文本长度的分布,我们对流利性评价量表做出如下设计,见表 14,该表也符合《等级标准》对中高级汉语二语学习者写作能力的要求。

表 14 评价量表-流利性

1	2	3	4	5
能 30 分钟完成 200 字以下	能 30 分钟完成 200—300 字	能 30 分钟完成 301—400 字	能 30 分钟完成 401—500 字	能在 30 分钟完成 500 字以上

4.4 衔接性

本研究以连词使用数量作为测量文本衔接性的代表性指标，并发现不同分数组间存在显著差异，但数值之间的差距不大。肯尼迪和索普（Kennedy & Thorp，2007）曾做过类似的研究，发现低水平的作文中使用了更多的"however""firstly"等常见连词和列举标记。本研究也发现低分组和中分组的作文中常见连词如"因为""所以""虽然""但是"被多次重复使用。因此我们决定将定性分析的结果也在描述语中加以呈现，详见表 15。

表 15　评价量表-衔接性

1	2	3	4	5
使用连词数量少于 4 个，多是常见的连词，如"因为、所以、虽然、但是"。	使用连词数量多于或等于 4 个，但多是常见的连词，如"因为、所以、虽然、但是"，且重复使用。	使用连词数量多于或等于 4 个，能使用一些常见连词，但不重复使用。	使用连词数量多于等于 8 个，能使用一些不常见的连词，如"固然……可、倘若……"。	使用连词数量多于 12 个，能使用多种连词。

4.5 写作规范评价量表

在研究伊始，我们使用了标点错误数和段落数两种指标测量作文的写作规范性。然而，标点错误数并不能成功区分不同水平的写作文本，可能是由于低水平学习者所掌握的标点符号较少，其错误率虽高但只会犯有限的错误；相对而言，水平较高的学习者掌握的标点符号种类更多，标点错误数也随之增多。而段落数则与写作成绩显著相关，并能有效区分高分组与中分组的写作文本，且非常容易识别。但其缺点也很明显，比如段落之间的衔接与安排是否合理等因素未被考虑，显得过于机械。然而，在教学实践中，明确不同等级的段落数可以有效缓解学生不分段或只写一段的情况，并能间接提高段落间的衔接性和合理性。基于此，我们设计了写作规范性量表，见表 16。

表 16　评价量表-写作规范

1	2	3	4	5
只有 1 个段落	有 2 个段落	有 3 个段落	有 4 个段落	有 5 个段落

五、结　语

　　总体而言,纳入量表的 6 项代表性指标都能够区分不同水平的写作文本,而以此构建的写作评价量表能较为客观地反映学习者的写作能力。然而,本研究也存在一些局限,比如没有对语法复杂性做更细粒度的分析、流利性与语篇测量指标过于匮乏、分段测量的方法过于简单、缺乏对文本内容质量的测量等。同时,在样本上,也缺少对初级汉语二语学习者文本的分析。但新建量表提供了明确、量化的评价标准,为解决现有写作量表评价模糊的问题提供了方案,并简化了评分过程,可以作为课堂评价中学习者自评与互评的参考量具。该量表还可被未经评分培训的新手教师使用,帮助他们了解写作评价的维度,并对学生的作文做出较为准确的评价。不过,该量表在实际评分和课堂评价中的具体效度如何还有待做进一步的验证与探索。

参考文献

程　勇、董　军、晋淑华(2023)基于新标准的汉语二语文本阅读难度分级体系构建与应用,《世界汉语教学》第 1 期。

教育部国家语委(2021)《国际中文教育中文水平等级标准》。

屈　鸣(2001)非英语专业本科学生写作规范性错误分析,《山西财经大学学报》第 23 卷增刊。

任春艳(2004)HSK 作文评分客观化探讨,《汉语学习》第 6 期。

王艺璇(2015)HSK 作文成绩与句子长度、复杂度及语法错误的相关性,《汉语应用语言学研究》第 10 期。

王艺璇(2017)汉语二语者词汇丰富性与写作成绩的相关性——兼论测量写作质量的多元线性回归模型及方程,《语言文字应用》第 2 期。

吴继峰(2016)英语母语者汉语写作中的词汇丰富性发展研究,《世界汉语教学》第 1 期。

吴继峰(2018)语言区别性特征对英语母语者汉语二语写作质量评估的影响,《语言教学与研究》第 2 期。

吴雪峰、柳烨琛、殷　缘(2018)英语写作评分标准模型的建构及其效度研究,《外国语文》第 5 期。

徐　昉(2013)学习者英语学术写作格式规范的认知调查报告,《外语教学》第 2 期。

许双如(2004)语篇衔接与英语习得程度调查分析,《广州大学学报》(社会科学版)第 5 期。

朱世芳(2009)韩国汉语第二语言学习者口语语篇发展研究,北京语言大学硕士学位论文。

Andrade,H. L.,Wang,X.,Du,Y. & Akawi,R. L.（2009）Rubric-referenced Self-

assessment and Self-efficacy for Writing. *The Journal of Educational Research* 102(4):
287 – 302.

Bacha, N. (2001) Writing Evaluation: What Can Analytic Versus Holistic Essay Scoring Tell
Us? *System* 29(4): 371 – 383.

Crossley S. A, Kyle, K. & McNamara, D. S. (2016) The Development and Use of Cohesive
Devices in L2 Writing and Their Relations to Judgments of Essay Quality. *Journal of
Second Language Writing* 32: 1 – 16.

East, M. (2009) Evaluating the Reliability of a Detailed Analytic Scoring Rubric for Foreign
Language Writing. *Assessing Writing* 14(2): 88 – 115.

Hamp-Lyons, L. (2016) Farewell to Holistic Scoring? *Assessing Writing* 29: A1 – A2.

Henry K. (1996) Early L2 Writing Development: A Study of Autobiographical Essays by
University-level Students of Russian. *The Modern Language Journal* 80(3): 309 – 326.

Iwashita N, McNamara T, Elder C. (2001) Can We Predict Task Difficulty in an Oral
Proficiency Test? Exploring the Potential of an Information-processing Approach to Task
Design. *Language Learning* 51(3): 401 – 436.

Jin, T. & Mak, B. (2013) Distinguishing Features in Scoring L2 Chinese Speaking
Performance: How do They Work? *Language Testing* 30(1): 23 – 47.

Jönsson A.& Panadero E. (2017) The Use and Design of Rubrics to Support Assessment for
Learning. In Carless, D., Bridges, S., Chan, C. & Glofcheski, R. (eds.). *Scaling up
Assessment for Learning in Higher Education*. Springer, Singapore.

Jönsson, A. & Svingby, G. (2007) The Use of Scoring Rubrics: Reliability, Validity and
Educational Consequences. *Educational Research Review* 2(2): 130 – 144.

Kennedy, C. & Thorp, D. (2007) A Corpus-based Investigation of Linguistic Responses to an
IELTS Academic Writing Task. In Taylor, L. & Falvey, P. (eds.). *Studies in IELTS
collected Papers: Research into Speaking and Writing Assessment*. Cambridge:
Cambridge University Press.

Knoch, U. (2009) *Diagnostic Writing Assessment: The Development and Validation of a
Rating Scale*. Frankfurt: Peter Lang.

Kroll, B. (ed.) (1990) *Second Language Writing: Research Insights for the Classroom*.
Cambridge: University Press.

Mendoza, A. & Knoch, U. (2018) Examining the Validity of an Analytic Rating Scale for a
Spanish Test for Academic Purposes Using the Argument-based Approach to Validation.
Assessing Writing 35: 41 – 55.

North, B. (2000) *The Development of a Common Framework Scale of Language
Proficiency*. New York: Peter Lang.

Panadero，E. & Jonsson，A.（2013）The Use of Scoring Rubrics for Formative Assessment Purposes Revisited. *Educational Research Review* 9：129－144.

Stevens，D. & Levi，A.（2005）*Introduction to Rubrics*. Stylus Publishing. Virginia.

Weigle，S. C.（2002）*Assessing Writing*. Cambridge：Cambridge University Press.

Wolfe-Quintero，K.，Inagaki，S.，& Kim，H.-Y.（1998）*Second Language Development in Writing：Measures of Fluency，Accuracy，and Complexity. Technical Report No. 17.* Honolulu，HI：University of Hawai'i Press.

（上海师范大学对外汉语学院，200234，1927004541@qq.com）

基于语料库的"赶快、赶忙"的多角度辨析

杨雅琴

〇、引　言

　　"赶快"和"赶忙"都是表示时间短的短时副词,语义大致相同但在句法和语用方面又不完全相同。很多词典存在互相解释和释义不清的现象,如《现代汉语词典》(第 7 版),将"赶快"注解为"抓住时机,加快速度";将"赶忙"注解为"赶紧,连忙"。另外,在一些研究短时类时间副词的论文中,大多针对几对短时副词来研究,如潘阳(2014)研究了"立刻类"和"赶紧类"的不同并分析了偏误;或者是对比短时类副词中的多个副词,如尹海良(2008)从语用方面分析了"赶紧""赶快"和"赶忙"的不同,认为"赶快"具有主观意志性和规劝性,"赶忙"只具有客观性。将一个次类下的一组词作为研究对象的文献还比较缺乏,因此对"赶快"和"赶忙"这一组词的辨析具有重要的意义。

　　本文以北京语言大学 BCC 语料库为主要语料来源,共抽取 38 643 条语料,从句法、语义和语用方面对"赶快"和"赶忙"进行辨析,较少关注其同,而侧重揭示其异。经过观察,语义方面已然与未然的语义特征是展开辨析的关键,"赶快"既可以是已然也可以是未然,而"赶忙"只能是已然,通过把握这一最大不同之处,发现句法和语用方面的诸多差异都与此有关。

一、句法功能及特点

1.1 句法功能及分布

1.1.1 句法成分

"赶快"和"赶忙"都是时间副词,都可作状语修饰动词或动词性短语,在叙述过去的事情时,二者可以替换。不同的是,"赶快"可以与"点儿"连用作谓语,"赶忙"却不可以。例如:

(1) 晓妮吓坏了,赶快(赶忙)问道:"110 迈?"(瑞依·摩根《痴情佳人》)

(2) 你赶快(*赶忙)点儿,不是刚好,咱们还是一路的。(茅盾《腐蚀》)

例句(1)中,"赶快"和"赶忙"都可以修饰"问",是陈述过去的事实,所以可以互换。例(2)中"你"为主语,"赶快点儿"为谓语,将"赶快"替换为"赶忙"后,语句不通。

1.1.2 与助词"的""地"和话语标记"的话"的搭配情况

"赶快"少数情况下可以加语气助词"的","赶忙"不加"的"。例如:

(3) 第二季将于 4 月底在爱尔兰开拍!赶快(*赶忙)的!必须期待!(微博语料,2023 年 11 月 14 日)

句中"赶快的"可以作独立语,起停顿和过渡的作用,不能换为"赶忙"。

"赶快"可以加话语标记"的话","赶忙"不可以。例如:

(4) 如果赶快(*赶忙)的话,大概只需要……五天左右就行了。(梦雪《拦截爱情记忆》)

句中"赶快"加上"的话",可以单独成小句,更加短促有力,不可换为"赶忙"。

"赶快"后一般加"地","赶忙"不加"地"。例如:

(5) 但赶快地又停止了哭泣,跕起脚来,通过兵士的肩头,凝视着她丈夫。(路翎《罗大斗的一生》)

(6) 老人赶忙上前制止他,自己取过鸟笼打开笼口,把手伸进笼里掏鸟。(《福建日报》,1984 年)

例句(5)中,"赶快"加"地"使状语功能凸显;例(6)中"赶忙"直接修饰谓词性成分。

1.1.3 与人称代词搭配的情况

"赶快"与人称代词搭配时不受限制,"赶忙"一般不与第二人称代词搭配。

"赶忙"与第二人称代词搭配使用时,多发生在动作已经完成且是客观陈述的语境中。例如:

(7) 这人方说:"你们赶快(*赶忙)一点,押过南京就难办了。"(沈从文《三人行》)

(8) 现在晚上 8 点,你赶忙化好了妆,整整一星期,你都是在期待这一刻,一位好朋友安排你与一位听来不错的男友约会,很久你都没有为约会而如此兴奋过了。(黄静萍《骂出好孩子》)

因"赶忙"用于客观叙述的语言环境中,与例(7)表示祈使命令的语境冲突,所以应使用"赶快"。例(8)中说话人客观表达了事态的发展,"了"表示动作已经完成且该句的主观语气含量为零,所以可使用"赶忙"。

1.1.4 否定的用法

"赶快"可以与否定副词"不"连用,但只能用于假设句和疑问句;"赶忙"不可以与"不"连用。例如:

(9) 如果不赶快下手,敌人就会根据她的证词接二连三地捏造材料,栽赃陷害,把味泽逮起来,这是显而易见的。(森村诚一《野性的证明》)

(10) 10 月 13 日 APAN 颁奖典礼,李钟硕,李东旭,秀智等群星出席,还不赶快下手?(微博语料,2018 年 10 月 4 日)

例(9)中,"赶快"前有表假设的标志词"如果",例(10)中有表疑问的问号,"赶快"可以与"不"共现。因为"赶快"不会受到现实性的约束,可以表示假设或否定等非现实事态,所以可以与"不"共现。"赶忙"受到现实性的控制,只能表示已经发生的事件,所以这两句中的"赶快"不能替换成"赶忙"。

1.2 句法特点

1.2.1 重叠的用法

"赶快"可以重叠使用,"赶忙"不可以。例如:

(11) 赶快过年吧。赶快赶快(*赶忙赶忙)。(微博语料,2023 年 11 月 30 日)

虽然学界对于"赶快赶快"的用法是否是"赶快"的重叠还没有统一的看法,但是大多数情况下还是倾向于把"赶快赶快"作为"赶快"的叠用来表示达到一种很高的程度。鉴于此种情况,本文暂且把"赶快赶快"这种叠用称为重叠。据观察,"赶快"相对于"赶忙"来看,重叠的用法较多,且接受度较高。在 BCC 语料库中有关"赶快"的 36 085 条语料中,有 63 条是叠用;有关"赶忙"的 2 558 条语料中,叠用数量为 0。

1.2.2 省略的用法

陆俭明(1982)指出副词独用是副词能单独成句和单独作谓语,"赶快"是其中一例,虽然"赶快"可以单独成句但不代表它就能单独作谓语。我们也非常认同这个观点并深受启发,在此基础上挖掘语料,发现了"赶快"能单独成句和不能单独作谓语的代表性的用例,后一种情况本文把它称作"赶快"的省略用法,即其后的谓语动词可在句中省略。例如:

(12)他又吼起来:"够了! 它在找洞钻,我得把它抓住。赶快(*赶忙)!"(杰克·威廉逊《火海般的金星》)

(13)赶快呀,赶上这一波矮1的热度,你不又能火了吗?(微博语料,2023 年 11 月 2 日)

在例(12)中,"赶快"加上句调后可以单独成句;例(13)中,"赶快呀"实际是"你赶快赶一赶呀",这并非"赶快"居于谓语位置,省略的谓语中心语可以补出。以上两句中的"赶快"均不能换成"赶忙"。因此,"赶快"可以独用,"赶忙"不可以。

"赶快"和"赶忙"都可以放在"的"字短语后面,但"赶快"后面的句法成分可以省略,也可以不省略,"赶忙"后面的句法成分一定不能省略。为和上文统一,我们将这一种情况称为省略用法。例如:

(14)有了这只猫黑贞就满宝了,想领养的赶快。(微博语料,2017 年 12 月 6 日)

(15)赶车的赶忙停车,赔着笑道:"去,去,二位公子爷,小的是一辆新车,价钱比一般要贵一些,到婺源路可远着里,这样一共五两银子,不知公子爷意下如何?"(东方玉《金笛玉芙蓉》)

在例(14)中,完整表述为"想领养的赶快领养",省略谓语中心"领养"后,此句也成立,而例(15)中"赶忙"后必须出现谓语中心,否则不能成句。由此归纳出"赶快""赶忙"的句法功能异同如下表。

表 1 "赶快""赶忙"的句法功能异同

	副词,作状语	其 后 成 分			与第二人称搭配	与否定副词"不"搭配	重叠	谓语中心能否省略
		"的"	"地"	"的话"				
赶快	＋	＋	＋	＋	＋	＋	＋	＋
赶忙	＋	＋	－	－	－	－	－	－

由表1可知,"赶快"和"赶忙"都可作状语,在陈述已然事件时,二者可以替换使用。但除此之外,只有"赶快"可加"的""地""的话",能与第二人称代词"你(你们)"和否定副词"不"搭配,有"赶快赶快"的重叠用法,可以加上句调单独成句,也可以在谓语动词不出现的情况下,单独出现在句中。

二、语 义 特 征

在表示紧急、速度快、已经发生的语义特征时,"赶快""赶忙"可以相互替换。例如:

(16) 我就加速想赶紧通过,忽然违章冲出一个骑车的学生,速度很快,我赶忙(赶快)一个急刹,我是没违章,却被吓出一身冷汗。(《都市快讯》,2003年)

此句是对过去发生的事件的陈述,体现出说话人的刹车速度之快,以及当时慌忙而紧张急迫的心情,因此既可以使用"赶忙",也可以使用"赶快"。

以下论述的区别性特征表明二者在一般情况下不能互换。

2.1 可控义

林华勇(2005)认为能与自主动词搭配的副词为可控副词,不能与自主动词搭配的副词为非可控副词。据此可知,"赶快""赶忙"一般不与非自主动词搭配,所以它们具有可控性。但是在表示强烈感情的祈使句和表示虚拟事实的陈述句中,"赶快"可以与非自主动词搭配,这一点与"赶忙"不同。例如:

(17) 我真崩溃了,星船你赶快去死吧。(微博语料,2023年7月13日)

(18) 我盼望那间烂屋子赶快塌掉。(转引自林华勇,2005)

例(17)中的"死"为非自主动词,本不可以与"赶快"连用,但是由于是表达说话人强烈的祈使语气,"赶快"可以与"死"连用。例(18)中的"塌"也是非自主动词,"屋子塌掉"这一事实还没有发生,整句话是带有虚拟语气的客观陈述,所以可以用"赶快"。虽然可以与非自主动词搭配,但是这并不影响可控性。

2.2 已然义

"赶快"用于已然和未然事件,"赶忙"只能用于已然事件。例如:

(19) 公交车上,全身发冷汗如雨下,赶快半途下了车,打电话让我爸妈来接。(微博语料,2023年7月9日)

(20) a. 这样电脑就可以增添看电视和听广播这两项功能了,如此超值,还

等什么,<u>赶快</u>上网下载一个吧!(《文汇报》,2003 年)

      b. *这样电脑就可以增添看电视和听广播这两项功能了,如此超值,还等什么,<u>赶忙</u>上网下载一个吧!

在例(19)中,"下了车"的动作已经完成,这是"赶快"用于已然的语境。例(20)a 中,"上网下载"的动作还没有发生,此时"赶快"出现在未然的语境中,但替换为"赶忙"后,句子不能成立,因"赶忙"只能用于已然,如例(20)b。

分析发现,"赶快"可以说过去的事情,也可以说未来的事情,不受是否是现实的制约,"赶忙"只能说过去的事情,必然会受现实的约束。

李姝(2010)认为,"赶忙"在一定条件下也可以用于未然,"'赶忙'用来说未来的事情(即刻发生且有确定性)时,前面需要出现一个动词性成分,而且能够直接感知,'赶忙'修饰的动作和前面的动作基本上同时发生"。例如:

(21)我一挥手,你们就<u>赶忙</u>冲过去。(转引自李姝,2010)

例(21)中,"赶忙"出现在导演指挥演员完成动作戏的情景中,表示对未来要发生的事情的陈述,"赶忙"前面出现了动词性成分"我一挥手","赶忙"后的动作"冲"是立刻就发生的而且确定性强,听说双方可以直接感知,"我一挥手"和"冲"基本上同时发生,因此可用"赶忙"。但是脱离这个条件后,"赶忙"就只能用于陈述过去发生的事情。

例(21)句是成立的,但是李姝(2010)没有说明原因。本文认为,因为"赶忙"用于陈述过去所发生的事情,此句话中可知"冲过去"这个动作是立即发生,也就是在话音刚落时它就会成为过去,在说话时和话语结束后动作就完成的这段时间,间隔可以短到忽略不计,所以"赶忙"有时可以用来陈述未来发生的事件,这种未来是接近于现在并可以很快会成为过去的未来,虽比较特殊,但与"赶忙"只适用于已然的语境并不冲突。

2.3 企望义

林华勇(2005)将副词能否进入祈使句,分为企望义副词和非企望义副词。"赶快"经常用于祈使句中,而"赶忙"不能用于祈使句,因此我们认为"赶快"具有企望义,"赶忙"不具有。例如:

(22)政委朱建明大喊一声:"要倒堤,<u>赶快</u>(*赶忙)上船!"(《人民日报》,1998 年)

由上句看出,"赶快"出现在祈使句中,所以具有企望性,"赶忙"不可以出现在祈使句中,不具有企望性。

2.4 生命义

"赶快"和"赶忙"的主语具有[＋生命]的语义特征,大多数情况是述人,但"赶快"的主语也有[－生命]的。例如:

(23) 台灯已经开亮,他赶快写下来。(约翰·格里森姆《鹈鹕案卷》)

(24) 眼睛赶快从瑞特身上瞟向斯佳丽,再盯着瑞特。(里普利《斯佳丽》)

(25) 太阳公公赶快出来嘛。(微博语料,2012 年 7 月 18 日)

在例(23)中,主语"他"是具有生命的人;例(24)中,"主语"是眼睛,"眼睛"作为人身体的一部分,也与人有关;例(25)中,主语"太阳公公"运用拟人手法,被当作人来写,具有人的动作,也可以看作是述人。

(26) 没电了,只能从隔壁借电。雨啊赶快停啊。(微博语料,2013 年 8 月 17 日)

(27) 这节目赶快停播吧,反正我是没看过,以后也不会看。(微博语料,2023 年 5 月 17 日)

例句(26)中的主语"雨"不具有生命性,是一种天气现象。例句(27)中,电视节目也不具有生命性。不难发现,"赶快"也可以陈述没有生命的现象或者事物,但是只适用于少数非现实的语境,天气是变化的,在这里隐含了说话人的一种主观意愿,"大家"希望"节目"停播,也只是主观感受,也是非现实的。正因两句都是非现实句,所以可用"赶快"。

(28) 一接触到机场大厅熙来攘往的人群,她赶忙从大衣口袋里拿出一副彩色墨镜戴上,掩饰心底的不安。(程浅《不该欺负你》)

(29) 母鸭赶忙伸出一扇翅膀揽住它,嘴里咕咕地教训着。(《人民日报》,2003 年)

例(28)中的主语"她"和例(29)中的主语"母鸭"都具有生命,可见"赶忙"的陈述对象具有[＋生命]的语义特征。

由此,"赶快"和"赶忙"的语义特征异同总结如下。例如:

表 2　"赶快"和"赶忙"的语义特征异同

	可　控	已　然	企　望	(陈述的主语)生命
赶快	＋	±	＋	±
赶忙	＋	＋	－	＋

可知,"赶快"和"赶忙"都具有[＋可控]义,即使"赶快"可以与一些非自主动词"死""塌"搭配,但这并不影响可控性。不同之处有:"赶快"经常用于祈使句,具有[＋企望]义,"赶忙"与它相反;"赶快"能够陈述有生命和无生命性质的主语,而"赶忙"只能陈述有生命性质的主语,故与"赶快"相比,它只具备[＋生命]这个语义特征。"赶快"可以用于已然和未然,"赶忙"只能用于已然。

三、时 体 特 征

由上文可知"赶快"可用于已然和未然的时体中,"赶忙"只能用于已然。二者因时体义的不同在句法上的表现也有不同。经过分析可知,时体方面的不同造成了以下五个方面的不同。经分析,"赶快""赶忙"呈现出对动词、名词、句式、句类和复句的不同的选择性。

3.1 对动词、名词的选择

3.1.1 对能愿动词的选择

能愿动词能用在动词、形容词前面表示客观的可能性、必要性和人的主观意愿,有主观评议作用(黄伯荣、廖旭东,2017:11)。"赶快"可以与表可能的"能""可以"等能愿动词搭配,而"赶忙"不能与之搭配。例如:

(30)已然不再怨叹,只一心期望母鸭能赶快(*赶忙)下蛋,她将可免去最后深自恐惧的饥饿。(李昂《杀夫》)

"赶快"也可以与表必要的"要""应该"等能愿动词搭配,"赶忙"不可以。例如:

(31)他觉得房子的事情已经忍无可忍了,应该赶快(*赶忙)下手。(陆文夫《人之窝》)

"赶快"也可以与表意愿的"敢""愿意"等能愿动词搭配,"赶忙"不可以。例如:

(32)又快到五月,刘诗诗的新戏还是没有确定下来,敢不敢赶快(*赶忙)公布啊!(微博语料,2016年4月25日)

(33)因为我已经是一只无用的衰蜂,不能再把蜜、蜡带回巢中,我愿意赶快(*赶忙)从这世上消灭,好给其余做工的人留出一个地位。(莎士比亚《终成眷属》)

由以上例句可以看出,"赶快"可以与表示主观态度的"能""应该""敢""愿意"等能愿动词搭配,不能用"赶忙"替换。其中,例(32)的"敢不敢"是"敢"的肯定形式与否定形式的并列格式。这些能愿动词表示的情况并没有成为事实,是未然的,所以均不能用"赶忙"。

3.1.2　对心理活动动词的选择

"赶快"能与"爱""恨""希望"等心理活动动词搭配,"赶忙"不可以。例如:

(34)今年收获了一个挚爱的角色,真的很希望赶快(*赶忙)到明年,有崭新的角色来临。(2022 年 12 月 9 日微博语料)

(35)请尽快办吧,我恨不得赶快(*赶忙)从这个卑劣的、难以忍受的、屈辱的境地中挣脱出来!(车尔尼雪夫斯基《怎么办?》)

例(34)中的"希望"和例(35)中的"恨不得"都可用于"赶快"之前,表示一种心理感受,具有主观性,并且都没有发生,换成"赶忙"后句子不能成立。

3.1.3　对"建议类"动词的选择

"赶快"可与"建议类"动词搭配,"赶忙"不可以。例如:

(36)如果打雷时你还在湖里划船,建议赶快(*赶忙)上岸。(《都市快讯》,2003 年)

(37)我劝你赶快(*赶忙)下山,入夜的山路可不好走。(湍梓《袭人恋》)

(38)《Canopus Edius 6.02 中文正式版+集成插件》,资源非常好,推荐你也赶快(*赶忙)下载吧。(微博语料,2016 年 1 月 13 日)

(39)找家客店住下,有人便提议赶快(*赶忙)与挑夫结账,隔夜怕又要加钱。(《人民日报》,1994 年)

(40)近来一些地方 168 信息服务台片面追求利润而开通"电话算命"特别服务,带有浓厚的迷信色彩,呼吁"赶快(*赶忙)停止"!(《人民日报》,1994 年)

在例(36)—(40)句中,出现了"建议""劝""推荐""提议""呼吁",句子所叙述的事情还没有发生,且带有说话者的主观色彩,可以用"赶快",不可以换成"赶忙",因句义与"赶忙"表已然表客观陈述的用法相矛盾。

3.2　对时间名词的选择

"赶快"可以后加时间词,"赶忙"没有这种用法。例如:

(41)赶快(*赶忙)4 点吧!我在锦华路四段二街。(微博语料,2014 年 3 月 23 日)

(42)迫不及待啦,赶快(*赶忙)3 月吧!我想出去玩。(微博语料,2023 年 2 月 15 日)

以上两句中的"赶快"表示未来的时间,"赶忙"不能表未来,如果换成"赶忙"与语境不符。

以下是关于"赶快""赶忙"和时间词共现数量的定量分析表。

表 3 "赶快""赶忙"和时间词共现数量的定量分析表

副　词	例句总数	时间词数量	比　例
赶快	10 000	20	0.2%
赶忙	6 726	0	0%

由表 3 可知,时间词和"赶快"共现的句子总量占比 0.2%,"赶忙"则为 0%。不难看出,说话人要表达对将来的某一时间点或者时间段的期望,只能用"赶快",不能用"赶忙"。

3.3　对句式的选择

"赶快"和"赶忙"都可以用于兼语句,但多用"赶快",少用"赶忙"。一般表使令义的动词不能出现在"赶忙"前,"赶快"不受此限制。例如:

(43)叫你赶快去把她背回来!(欧阳山《苦斗》)

(44)鼓励别人赶快(*赶忙)"下注",常言道:"市场上叫得最欢的往往是卖破烂儿。"(《文汇报》,2001 年)

(45)林女士赶忙叫餐厅服务员收拾桌面。(《福建日报》,2006 年)

(46)见来了稀客,他赶忙吩咐人到村里的杂货铺买来冰镇可乐。(《人民日报》,2003 年)

从以上四句话中可以发现"赶快""赶忙"可以与表使令义的标志词"叫""鼓励""吩咐"连用,兼表使令义和短时义,说话人在发出命令时,隐含动作在短时间内完成,与"赶快""赶忙"本身表示短时义语义一致。但是,"叫""吩咐"只能出现在"赶忙"的后面,不能出现在"赶忙"的前面,而"赶快"不受此限制。

通过语料统计发现,虽然"赶快"和"赶忙"都可以用于兼语句,但是数量差距较大,使用"赶快"的频率要多于"赶忙"。见下表。

表 4 "赶快"和"赶忙"用于兼语句数量统计

副　词	例句总数	兼语句数量	比　例
赶快	10 000	314	3.14%
赶忙	6 726	36	0.5%

"赶忙"用于兼语句的比例仅为 0.5%,而"赶快"用于兼语句的比例可达 3.14%,相当于"赶忙"的 6 倍,这表明说话人用兼语句时,更倾向于选择"赶快",因"赶快"既可以用于过去,也可以用于将来,"赶忙"则只能用于过去,且"赶忙"与使令义动词连用时有条件限制。

3.4 对句类的选择

"赶快"用于陈述句、疑问句和祈使句中。"赶忙"只能用于陈述句。例如:

(47)六点,离天亮还很远,整个宅子里已经忙碌起来;大家都想赶快"做完祷告"好开斋。(谢德林《波谢洪尼耶遗风》)

(48)永琪看得心惊胆战,大叫:"你赶快下来好不好?"(琼瑶《还珠格格续集》)

(49)你赶快一拳把我揍得飞出去吧!(沈苇《鸡腿美人》)

例(47)叙述大家想迅速做完祷告这件事;例(48)体现永琪因担心格格的安全,所以向她发出了询问,动作尚未发生;例(49)整句话带有祈使语气,且句末运用感叹号,是"赶快"用于祈使句的情况。

(50)一到坟底,他就想起了他们所说的那一枚珍贵的戒指,就赶忙从大主教的手上捋下那戒指,套在自己的手指上。(薄伽丘《十日谈》)

这句话是对"戴戒指"前后过程的客观陈述,动作已发生,可以使用"赶忙"。

3.5 对复句的选择

"赶快"可以用于假设复句,"赶忙"不可以。例如:

(51)如果赶快(* 赶忙)一点,我也许能够诉请到双胞胎的监护权。(茉莉·嘉伍德《白马王子》)

例(51)所描述的事情还没有发生,只是假设,如用"赶忙"与语义不符。

"赶快"可以用于条件复句,"赶忙"不可以。例如:

(52)我不信,除非你赶快(* 赶忙)呈上来。(微博语料,2023 年 3 月 19 日)

例(52)中,"呈上来"是将来要发生的动作,不能换成"赶忙"。

"赶快"可以用于选择复句,"赶忙"不可以。例如:

(53)温姑娘决非有意,也许另有意外,好在目前咱们人手不少,不如赶快(* 赶忙)下山,分头寻找,还来得及。(东方玉《石鼓歌》)

(54)要么赶快加场,要么赶快二轮。(微博语料,2023 年 11 月 26 日)

例(53)中的"赶快下山"与例(54)中的"加场""二轮(演出)"是一种将要做出的选择。"不如"表示已定选择中的先舍后取,"要么……要么"表示未定选择中的二者选一,可以与"赶快"共同出现,而不能用"赶忙"。

"赶快"可以用于目的复句,"赶忙"不可以。例如:

(55)因通信之不易,因急需组织起来以便赶快(*赶忙)出发。(老舍《八月十日》)

例(55)表示希望某件事发生,所以只能用"赶快",不能替换为"赶忙"。

通过分析,可以总结"赶快""赶忙"的时体差异在句法表现上的异同如下表。

表5 "赶快""赶忙"的时体差异在句法上的表现

副 词	能愿动词	心理动词	建议类动词	时间词	祈使句	兼语句	假设、条件、选择、目的复句
赶快	+	+	+	+	+	+	+
赶忙	−	−	−	−	−	+	−

由表5可知,"赶快"可以与能愿动词、心理动词、建议类动词、时间词共现,可以用在祈使句、兼语句等特殊句式中,还可以出现在假设复句、条件复句、选择复句和目的复句中,"赶忙"均不可以。

四、语 用 环 境

"赶快"和"赶忙"都可以表示动作在短时间内发生,但二者也有不同。黄岩(2014)认为"赶快"具有主观意志性,说话人将自己的主观意志强加到听话人身上,还有规劝的深层含义;"赶忙"不加感情色彩表达速度很快。而且据上文可知,"赶快"的语义侧重点在"快","赶忙"的语义侧重点在"忙",并结合黄岩(2014)的研究,可总结两个词的语用环境:"赶快"多用于主观性较强的、凸显出"快"的语境中,"赶忙"多用于客观陈述的、凸显出"忙"的语境中。例如:

(56)青田和尚哑然一笑,道:"小毛听贫僧的话,赶快上马,我们可真个要赶路呢!"(司马翎《剑气千幻录》)

(57)想来也可能赶到九嶷山来了,事不宜迟,我们还是赶快下峰,分头去找寻的好。(东方玉《石鼓歌》)

在例(56)中,"赶快上马"是贫僧对小毛的主观规劝,因为需要赶路;例(57)中,"赶快下峰"是说话人依据情况所作出的判断,带有主观色彩。

（58）聂某的朋友王某赶忙上前劝架,也被殴打。(《福建日报》,2008 年)

（59）他赶忙上前相助,在土豆地和苞菜地里头东一脚西一脚。(哈代《无名的衷德》)

例(58)中的"赶忙上前劝架"和例(59)中的"赶忙上前相劝"都是一种客观描述,"赶忙"用来修饰动词性成分,没有表现出人的主观意志。

以上四句中,使用"赶快"的语境都不能用"赶忙"替换,因为使用"赶忙"仅能表达客观性,不能表达主观性;使用"赶忙"的语境也不能替换为"赶快",如果替换为"赶快",原句的客观描述性变成了主观意志性,与语境不协调,且语用效果也不及原句。

五、结　　语

通过以上细致的分析,可较为清楚地总结两个词在句法层面的不同之处。关于语义方面已然未然义这一语义特征的总结是受到周韧(2015)的启发,周韧认为"赶忙"是基于现实性的表达,"赶快"则不受现实性的控制,但是尚未展开论述。本文通过已然、未然这一语义特征的差别,系统地介绍"赶快""赶忙"在时体特征方面的不同表现。将时体特征单列是受到沈敏和范开泰(2008)的启发。在语用方面的讨论还比较薄弱,这方面的研究还有待进一步进行。

参考文献

黄伯荣、廖旭东(2017)《现代汉语》,高等教育出版社。

黄　岩(2014)《对外汉语教学中的短时类时间副词研究》,山东师范大学硕士学位论文。

李　姝(2010)对外汉语短时副词教学初探,《世纪桥》第 11 期。

林华勇(2005)可控副词和非可控副词,《语言研究》第 1 期。

陆俭明(1982)现代汉语副词独用刍议,《语言教学与研究》第 2 期。

潘　阳(2014)《"立刻"类与"赶紧"类时间副词辨析及偏误情况考察》,复旦大学硕士学位论文。

沈　敏、范开泰(2011)基于语料库的"赶紧、赶快、赶忙、连忙"的多角度辨析,《语言研究》第 3 期。

尹海良(2008)"赶紧""赶快"和"赶忙"辨析,《语文建设》第 5 期。

中国社会科学院语言研究所词典编辑室(2016)《现代汉语词典》(第七版),商务印书馆。

周　韧(2015)现实性和非现实性范畴下的汉语副词研究,《世界汉语教学》第 2 期。

(北京语言大学应用中文学院,100083,3177974832@qq.com)

建构主义理论视角下线上短期汉语研修教学模式探讨

——以"2021 汉语桥日本大学生线上汉语研修营"为例

石慧敏[1]　曾婧婧[2]

〇、引　　言

　　短期汉语教学的目标是在短时间内帮助学习者提高汉语水平,在有限的时间内尽量满足学习者了解中国文化和中国国情的需求。不同类型的短期汉语教学模式尽管都有学习时间短这一共性,但往往因学生的学习需求及目标不同,其教学模式等也有所不同。由于国别化教学更具有针对性,能够显著提高汉语教学效果,因此不少短期教学都采取了国别化教学的模式,如北京师范大学开设过来华美国大学生的短期汉语课程,各大学的暑期短班一般也都以国别化教学为主。

　　丁安琪(2014)通过调查发现,很多学习者是受到中国目的语环境的吸引来华留学的,他们觉得学语言就应该到说这种语言的国家去,中国的语言环境好,在这里能更好地了解中国人的日常生活和中国的风俗、政治经济,也能跟中国人交流,等等。对利用寒暑假来华留学的学习者来说,环境吸引的动机强度更大。毛悦(2018)发现随着来华学习者类型的多样化,与中国文化教学相结合的短期汉语文化教学是近年来越来越受欢迎的一种教学模式。

　　近年来,短期汉语研修面临诸多问题和挑战。受客观环境影响线上汉语教学成为常态。线上教学虽然可以解决空间问题,教师在授课时利用 PPT 和图片等电子资源也能较好地开展教学,但相比线下教学,势必存在缺乏实用性与趣味性的问题,实境体验尤为欠缺。如何弥补线上教学的不足,尽量让学习者能够通过云端课堂更多了解中国人的实际生活,体会中国的风土人情,从而激发学习者的兴趣,这是目前国际中文教学界都在思考和探讨的问题。

为了进一步增进日本学生学习中国语言和文化的兴趣,推动中日教育与文化交流,中外语言交流合作中心和上海师范大学于 2021 年 12 月 11 日至 18 日举办了 2021 年汉语桥"走进上海,了解中国——日本大学生线上汉语研修营"。

本文以上海师范大学"2021 年汉语桥日本大学生线上汉语研修营"为例,从理论基础、教学目标、教学模式的构建与教学策略的实施等几个方面进行探讨,以期对国别化的线上短期汉语研修的教学模式提供一些借鉴和参考。

一、日本大学生线上汉语研修营教学模式构建的理论依据

本次日本大学生线上汉语研修营教学模式构建的理论基础主要是建构主义理论。建构主义理论是认知主义的进一步发展,认为学习是学习者主动建构知识的过程,学习者将原有知识和新知识建立联系,通过原有的知识经验建构当前事物。因此教学不能简单地从外部给学习者"灌输"知识,而是应该给学习者创设情境,让学习者在真实有意义的情境中,尝试去发现问题、分析问题,并在教师的帮助支持下完成任务。本次汉语研修营的教学模式正是在建构主义理论的指导下设计的,主要体现在以下几个方面。

1.1 以学习者为中心

曹贤文、高荣国(2003)指出,在教师指导下以学习者为中心进行学习,是建构主义学习理论背景下对外汉语教学的基本原则。建构主义理论强调学生"学"的方面,认为教师和教材都要去适应学习者。

本次研修营的对象为日本学生,由于文化背景的不同,日本学生与其他国家的学生相比,其学习风格有着独特的个性。"所谓学习风格是指在学习中表现出来的自相一致、持久不变的个人差异,也就是某个学生学习某种东西的特殊方法,如场独立性和场依存性等。"(盛炎,1990)作为整体,我们还是可以从日本学生身上看到他们所共同具有的"场依存性"。他们不像欧美等国家的学生那样活泼、热情、主动,表现出较明显的"场独立性"。在集体活动中日本学生一般不喜欢"突出"自己,顾虑较多,似乎怕出头露面会招来不必要的非议,在多元互动环节中较为被动。

研修营的学员大多是成年人,受过高中以上的教育。石慧敏(2001)认为,他们在熟练运用母语、接受本国文化熏陶的过程中,早已形成了各自的思维定式、文化心理和性格特征,一般都比较含蓄、拘谨,具有"内向"的性格。盛炎(1990)指出:"性格的内向和外向也是第二语言学习过程中的突出变量。"日本学生的"内向",导致其在课堂上普遍不主动举手提问,表现为沉默寡言、被动退让,回答问题常有等着教师"叫号"的感觉;课外也较少提问,不太勇于表达。即使发言,说话声音也相对较低,这也许跟他们在日本国内长期以来养成的低声说话习惯有关。但这种"表现"一定程度上抑制了"说"——表达能力的培养(石慧敏,2001)。教师要针对国别差异,扬长避短,采取适宜的教学方法因材施教。

另外,日本学生有较强的成就动机,虽然也希望教学形式生动有趣、有互动,但不能光热闹,他们更希望有切切实实的练习和收获,才会有成就感。为了提高教学效率和质量,我们针对日本学生的特点,专门编写了本次研修营的教材,内容上精简集中,突出中日语言文化对比,凸显了日本学生的主体性。闭幕式上,日本学生代表在发言中提到,专门为日本学生编写教材让她很感动,学习也更有动力。

1.2 利用各种信息资源创设情境

建构主义提倡情境性教学,在情境中学习到的内容更容易成为背景性知识,更容易建构新的知识,同时,情境性学习也有助于激发学习兴趣,引发学习动机。本次研修营将 PPT、棚拍与实境结合,围绕课文内容展示了上海的交通、菜市场、学校食堂等,使得线上的日本学生能够通过视频、PPT 等认识上海、认识中国,对该场合可能会发生的交际有所预见。在我们后续的问卷调查中,也有学习者提到,通过这样的项目近距离地感受中国很好。

1.3 激发学习者兴趣

建构主义学习理论要求学习者主动进行建构。李柏令(2003)认为这一学习观要求教师成为学生建构意义的帮助者,即要能够激发学习者的学习兴趣,帮助学生形成学习动机。本次研修营在教材编写、教学实施等过程中都充分考虑到了学习者的兴趣。教学内容上选取了日本学生比较感兴趣的话题,同时配有丰富的插图和视频资源,教学过程中结合视频资源让学生充分讨论,精讲多练。

二、日本大学生线上汉语研修营的
学情分析及教学目标

接到 2021 年汉语桥日本大学生线上汉语研修营的教学任务后,为了使汉语研修营项目获得预期的效果,我们首先对学员情况和教学条件进行分析,在此基础上针对日本学生的特点,开始确定教学主题,制定教学目标,构建教学模式,希望以一种全新的面貌,开设以实用和趣味相结合的沉浸式汉语课程,以期获得较好的教学效果。

2.1 学员情况分析

本次线上汉语研修营主要对象是日本大学生,但也包含了一部分高中生和在职人员。从教学对象的汉语水平来看,既有完全没有学过汉语的学生,也有学习汉语 1 年以上甚至 5 年左右的学生;既有在日本大学或孔院学习的学生,也有曾在中国留学过的学生;既有从未考过 HSK 的学生,也有通过 HSK6 级的学生,其汉语水平的差异很大。

参加汉语桥的日本学生都为自己主动报名,都对中文学习有着较为浓厚的兴趣,学习动机较强,希望通过"汉语桥研修营"的学习,提高汉语水平,了解中国文化,尤其是期望了解当今中国的国情和中国普通人的生活现状。

2.2 教学条件分析

近年来,各类教学都逐步开展线上教学的模式,商业机构开发各类适用于线上教学的软件,教师们努力地将一些实时交互工具、即时通信工具应用于线上教学。根据王瑞烽(2020)的统计,目前教师用于线上教学的工具或平台有四大类:一是课程网络管理平台,用于上传下载及在线使用各种文件,如雨课堂、学习通等;二是音视频实时交互工具,如 Zoom、Teams、钉钉、腾讯会议(VooV)等;三是文件上传平台,如优酷、网盘、邮箱等;四是即时通信工具,如微信、QQ 等。

这次汉语桥日本大学生线上汉语研修营的教学平台采用 ClassIn 教学软件,事先为所有参与项目的教师、行政人员及志愿者等提供培训,结合邮箱、微信等平台和通信工具,为线上教学和互动提供设备与技术上的支持。

本次研修营由一名专业教师主讲,四名汉语国际教育专业的硕士研究生承担助教工作。除了担任两个班的助教外,这几名研究生还参与了实境视频的脚本编写、视频拍摄、字幕翻译等前期准备工作。他们既熟悉国际中文教育的专业要求,也熟悉移动设备及各种软件的操作,还有较高的外语水平,是教学团队中强有力的人员保障。

2.3 教学目标设定

2021年汉语桥日本大学生线上汉语研修营的主题为"走进上海,了解中国",通过本项目,首先希望在有限的时间里尽量满足学习者对了解中国文化,尤其是当今中国的国情和中国普通人生活现状的需求;其次希望能在学员原有基础上,提高不同层次学习者的汉语水平和交际能力;最后希望能进一步激发学生学习中文的兴趣,加深对中国的友好感情。

三、日本大学生线上汉语研修营 教学模式的构建和实践

通过以上学情分析,在确定了从学习者需求出发的教学目标后,根据研修营的主题和教学目标我们进一步确定了教学主题,设计了汉语研修营的系列课文:《认识你很高兴》《上海的美食》《上海的交通》《上海的购物》《我想喝中国茶》《中国的菜市场》《中国大学生的生活》等。通过这些教学主题,日本学习者可以了解上海大闸蟹、上海小笼包等各种美食;通过地铁、出租车、共享单车等常见交通工具,了解上海交通方面的发展面貌;透过上海一个普通的菜市场,可以了解疫情下上海市民正常有序的普通生活;通过新天地、田子坊、武康路等购物场所,"云体验"上海年轻人的购物经历,感受当代中国人利用微信、支付宝付款的全新支付方式;跟随大学生,近距离了解中国大学生的校园和校外的学习与生活现状等。当然以上这些教学主题需要我们通过各种教学模式去实现。

3.1 线上汉语研修营教学模式的构建

教学模式的构建是针对当前的各方面条件提出的一种解决当前任务的最优化方案(马箭飞,2004)。本次汉语研修营针对日本学生的特点和教学条件,采用了以下四种结合的教学模式,希望通过视频影像资料、直播互动等现代教育技术展现上海特色,打破空间界限,将实用与趣味相结合,以期学习者在短期内完成课程学习后对上海和中国有更深入的了解,提升汉语的综合运用能力。

3.1.1 传统教材与数字资源相结合

为了让研修营的汉语学习更具仪式感,我们决定为日本学生量身定制一本教材,每日一个主题。在为日本学生编写教材时,我们充分考虑到了教材内容和形式的趣味性。每一课都有一段开场题解,在开头插入相对应的图片,每课体例分别由生词(一)、会话、生词(二)、短文、语法点等部分组成,中日文对照。同时我们也重视教材与数字资源的配套性。每一课都设计拍摄专门的实境视频作为教材的辅助资料。如第二课《上海的美食》中,会话部分有日本学生与中国学生在食堂的对话,谈到了鱼香肉丝、香菇菜心、肉末粉丝煲、青椒土豆丝等日本学生普遍喜欢的中国美食,还有上海小笼包、锅贴等点心。同时我们还在学校食堂实境拍摄了在食堂点菜吃饭的视频,作为配套的教学资料。再比如第四课《上海的购物》,会话部分谈到逛街,上海很多年轻人喜欢去新天地、田子坊,还有武康路逛街。因为日本女学生喜欢中国的传统服装旗袍,于是设计了第二段"在旗袍店"的对话。为了与之相配套,我们在武康路一家旗袍店实境拍摄了逛旗袍店、跟店员、同伴交流沟通的视频。

3.1.2 实境与棚拍相结合

如上文所述,建构主义的学习观要求教师运用各种资源为学习者创设利于建构知识的情境,而实境模式能够还原真实场景,帮助学习者创设情境。

为了解决学习者无法实地体验中国生活的问题,学界开始各种新教学模式的尝试。王瑞烽(2020)将汉语技能课线上教学模式分为三类:录播模式、直播模式、录播直播并用模式。为了克服线上教学的不足,发挥中国目的语环境语言文化的优势,丁安琪、王维群(2021)尝试构建了实境直播短期中文教学模式并将其付诸实践。采用实境直播模式开展短期汉语教学,通过网络将海外学习者与中国社会连接起来,使得学习者在真实环境中进行汉语交际成为可能。

国际中文教学的目的是培养学习者运用汉语进行交际的能力,而创设具体的交际情境有助于培养学习者的交际能力。在学习者无法亲身来华的情况下,现代网络技术和实境模式的支持使得线上感受中国成为可能。实境直播模式强调学习环境和学习任务的真实性,有利于情境搭设,能够让学习者在网络上感受到较为真实的情境,令学习者耳目一新。但与此同时,实境直播模式也会带来一些问题,比如直播过程中不可控因素较多,生词及语言点难度较难掌控,真实的语境和多元的互动须有一个团队来支撑"学习支架"等。同时,不同国别的学习者因学习风格差异,对直播模式的参与度和活跃度也会有所不同,因此教学模式的选择必须考虑国别因素。

针对日本学习者的特点,也为了克服实境直播模式的某些不足,我们采用了事先实境拍摄视频的方式,针对每课的生词和语言点事先还进行了棚拍与之互补。棚拍模式由专业教师主讲,既能更有针对性地呈现课文生词和语言点,同时也能保证教学质量和效果。

3.1.3 直播与录播相结合

王瑞烽(2020)对北京语言大学留学生进行的问卷调查结果显示,留学生更倾向于直播与录播相结合的教学模式。录播的课程在最终投入使用前经过反复的打磨,比起直播,教师语言更加贴近学习者水平;教师在直播中更能实时了解学习者的学习效果,及时组织和引导,调整教学的节奏。因此,直播与录播融合模式更适合线上教学。本次汉语研修营将教师讲解、师生互动与视频播放相结合,实质上就是采用了直播与录播融合的模式。教师利用实境视频创设情境,通过棚拍视频讲解每课的生词和语言点,当学习者对本课所学内容有所了解后教师再深入操练,进行师生互动并引导学生进行生生互动。这种模式既保障了教学质量又实现了交际互动。

3.1.4 全体与分级相结合

汉语研修营的课程每课时长为 1 小时,前半小时为全体讲授阶段,主讲教师首先引导学生们进入每日话题,然后播放预先录制的视频资源,对相关生词和重点句式和语法点进行初步读解、练习;后半小时为分级练习,帮助不同水平学习者巩固所学内容并在全体讲授学习的基础上进一步拓展。参加本次研修营的学习者水平内部差异较大,若是统一教学则难以确定教学内容,可能会导致零基础学习者无法理解,高级水平学习者失去兴趣。刘丽艳(2012)提出,超短期教学周期的短时特征使得教学对象对教学目标的实现有更强的期待值。全体与分级相结合的教学模式有助于学习者不同程度的学习,实现不同的目标。

3.2 线上汉语研修营教学模式的教学实践

教学模式的实践分为前期准备和教学实施两个阶段。

3.2.1 前期准备阶段

教学目标上,本次研修营主要训练学习者的听说能力。马箭飞(2000)提出,短期汉语教学模式的教学目标必须有侧重地指向某一特定范围和某项特定的汉语技能,呈现出单一性特点。日本学习者在汉语的读写方面具有较大的优势,而听说能力较弱。因此,本次研修营更强调听说能力的培养。

教学内容上,从学习者的兴趣和上海特色出发,结合教学的课时量,我们确定以自我介绍、上海的美食、上海的交通、上海的购物、中国茶文化、中国的菜市场和中国大学生的生活 7 个主题编写教材,涉及衣食住行各方面,以点带面立体展现上海和中国的生活。

在教材编写上,针对日本学生的特点,注重汉日语言和文化的对比。教材的注释均为日语,有效避免了语言转换导致的理解偏差。教材的人物设定和内容选取也注意到了学习者的国籍和母语文化,设置了日本来华留学生的角色,并体现了中日对比,如第二课《上海的美食》中有以下对话:

B:"锅贴"是什么?

A:"锅贴"就是日本的煎饺子。

其中,B 是日本来华留学生,A 是中国学生。A 带 B 前往学校食堂用餐,B不知道"锅贴"是什么,A 就用日本类似的食物来解释。学生在朗读这段对话的时候既可以带入来华留学生的身份增强体验感,又可以通过正迁移来学习汉语。此外,为了贴合本期"走进上海,了解中国"的主题,教材编写上还特别突出了上海特色,如上海的乡土美食小笼包以及上海的地标外滩、新天地和田子坊等。

在教材的基础上,录制相应的视频。首先通过棚拍讲解生词、语言点和课文,让学习者初步感知、学习新课内容。然后围绕课文内容编写脚本,在实境中拍摄视频。实境视频依托于课文内容和主题,但又不是课文内容的翻版。比如第六课《中国的菜市场》,课文内容主要是介绍了香菜、莴苣和大闸蟹等在中国菜市场常见、但在日本不常见的食材,但是在视频中,首先展示的是菜市场的总体氛围,其次还进一步展示了其他常见的蔬菜、大闸蟹的烹饪方法以及手机移动支付等内容和场景的拓展。由于不同水平的学习者要使用同一本教材,因此教材的难度要兼顾大部分学习者的水平,而视频具象化地展现对学习者水平要求不高,可以展现更加丰富的内容,也可以满足高水平学习者的需求。

在分班问题上,根据学员汉语水平以及教学等条件,我们事先把学员分为三个班,分别是 A 班(初级)、B 班(中级)和 C 班(高级),还有一个大班,供全体授课和讲座之用。

3.2.2 教学实施阶段

课前,教师提前一天通过 ClassIn 将电子教材发给学生,方便学生能够预习新课内容。日本学生非常重视预习,提前将教材发送给学生有助于学生了解教学内容,也可以减轻学生的学习焦虑,有助于提高课堂教学效率。

课中,教学主要分为两节课。第一节课为全体授课,无论哪一个水平的学习者均在同一个教室中学习。主讲教师首先利用实境视频导入课文内容,吸引学习者的兴趣，为学习者创设学习的情境。观看完视频后教师也会与学生互动交流，请学生们谈谈他们的看法或感受，分享相应的经历。在这种情境下，进一步展开生词、语言点和对话的学习。第二节课为分班教学，根据学习者的汉语水平由低到高将学习者分为 A、B、C 三个班级，进行适合学习者水平的操练和拓展。"让学生在较短的学习时间里，通过大量的交际性操练掌握相应层级和数量的交际任务，最终提高其汉语交际能力。"（马箭飞，2000）

A 班在操练的时候更加注重生词和语言点的重现，选取较为重要且常用的生词和语言点反复操练。由于学习者多为零基础的学生，因此教师在操练时也会辅之以日语，互动方式主要为师生互动。B 班学习者的水平大概在 HSK 2—4 级左右，学习时长在 1 学年左右，因此在操练时教师会先复习巩固大班上学习过的会话，然后侧重于引导生生互动、交流，避免使用日语。C 班学习者的水平大概在 HSK 5—6 级，教师在教学中会充分利用实境视频，更注重话题拓展。教材除了生词、语言点和对话外，每课还有相应的体现了中国当代生活的短文。C 班教师还可以利用短文，让学习者进行语篇的学习。总之，根据学习者水平进行分班教学可以让每一位学生获得成就感，水平低的学生不会因为较难的内容丧失学习动机，水平高的学生也不会因为内容太简单而丧失学习兴趣。

课后，为了巩固学习内容，检验学习成果，布置相应的作业是有必要的。由于本次研修营是短期的汉语教学，主要目的是让学习者了解上海和中国，增加学习者的兴趣，提高语言交际能力，因此枯燥的练习是不可取的。课后任务主要是以视频拍摄或汇报的形式进行的，如学习完第一课《自我介绍》和第二课《上海的美食》后，我们给学生布置的作业为拍摄一个自我介绍的视频以及制作一个幻灯片介绍日本的美食。课程结束后，我们邀请日语专业的中国学生一起进行中日美食交流。中国学生用日语分享中国的美食，日本学生用汉语分享日本的美食。两国学生用对方的语言介绍本国美食，一方面展示了自己国家的特色，另一方面也锻炼了自己的语言表达能力。为了完成分享本国美食这一任务，学生需要运用本次课堂上学到的生词和语言点。学后即用，日本学生也能获得较大的成就感。同时，课后 ClassIn 软件可以自动生成回放，学习者可以根据自己的需要进行复盘学习，有利于巩固学习成果。

四、日本大学生线上汉语研修营教学模式
实践的结果反馈与思考

为了更好地了解本次汉语研修营的教学效果，我们采用了问卷形式对学员

进行了课后调查和意见反馈,共回收了 53 份问卷。

4.1 学员问卷调查的统计与分析

首先,关于课程的满意度。从整体看,参与问卷调查的学员对本次研修营的课程较为满意,都愿意再次参加类似的课程。

来自爱媛大学的芳野日菜同学说:"我很开心能参加这次活动。虽然身在日本,但可以学习到汉语和中国的传统文化,以及上海的经济和城市状况,对我来说是非常宝贵的经验。"来自京都外国语大学的野泽弘树同学说:"语言课程内容丰富,且与中国文化、中国人的生活息息相关,未来我要到中国亲身体验。讲座内容是我之前完全没有接触过的,也是我很感兴趣的。非常感谢上海师范大学的老师和同学用心地准备并制作精美的 PPT 和有日文字幕的视频,让我们学到了许多知识。"

关于学习成果,43 名学员认为本次研修收获很大,9 名学员认为有收获,1 名学员认为没什么收获,对研修的总体满意度达到 98.11%。52 名学员认为此次研修加深了他们对中国和上海的理解,1 名学员认为对此还不是十分了解。

其次,关于上课的趣味性。从教师的教学步骤、教学设计及上课方式等方面征求意见,50 名学员认为上课内容和方法非常有趣,3 名学员认为不太有趣。

最后,关于分班的情况。40 名学员认为分班合理,1 名学员认为被分到了高于自己汉语水平的班级,12 名学员认为被分到了低于自己汉语水平的班级。

4.2 教学设计与课堂活动的反思

结合上述学员反馈以及任课教师的授课体会,我们发现该教学模式依旧存在不足之处。

首先,本次研修营虽然考虑到了学习者的水平进行了分级教学,但是在分班上还存在一些不足,单纯以 HSK 的等级、汉语学习时长以及家庭语言背景作为分班的依据可能会造成分级不准确。在准备时间允许的情况下进行汉语能力的前测也许能为分班提供更加充足的依据。在合理分班的基础上进行教学能够使学习者的收获最大化,使其获得较大的成就感。

其次,在教学内容的选择上,我们考虑到了学习者的兴趣,采用个别询问的方式了解学习者的兴趣并编写了教材,但是并未对全体学员的需求和兴趣进行调查,因此可能会导致学习者对部分内容的兴趣乏乏。在报名初期对报名的学习者进行需求调查,能帮助我们更有针对性地选择教学内容。

最后,大部分学员都认真完成了课后任务环节,但是仍有少部分学员没有在课后完成相应的任务。我们认为,这种情况也与我们秉持自愿原则进行成果汇报有关。如果教师在布置任务后进行后续的督促和收集,可能会提高学习者完成任务的积极性。

五、结　语

上海师范大学首次以在线方式组织"汉语桥"汉语学习体验项目,本次研修营共有 92 名同学报名参加,他们分别来自大阪大学、爱媛大学、横滨市立大学、龙谷大学、福山大学、松山大学、京都外国语大学等 22 所日本高校。在短短 7 天的时间里,研修营设计了四大板块课程内容,分别是语言课程、中国国情讲座、文化体验以及学生交流。语言课程将汉语学习与上海城市生活相结合,强调实用性;国情讲座主要围绕当代中国与上海的经济、教育以及城市生活等,帮助日本大学生更好地了解、认知中国改革开放取得的巨大成就;文化课程围绕上海非遗、中国民乐和太极等具有典型中国文化特色的活动展开。"云游上海"通过现实场景直播和主讲人对上海变迁的讲述,展现了上海当代风貌。在中日学生交流环节中,我校 30 名日语专业学生与日本学生在云端分享了"最爱的美食"等中日民族文化。①

本次日本大学生汉语研修营是在线上教学的背景下,对线上短期汉语教学模式的一个初步尝试和探讨。在建构主义理论的指导下,本课程一是以学生为中心,编写相应的教材并根据学习者的水平分班教学;二是利用各种信息资源创设情境,确立了"传统教材与数字资源""实境与棚拍""直播与录播""全体与分级"等相结合的教学模式,在课堂开始前导入情境,激发学习者兴趣,并围绕该情境展开交际性练习,具有实用性。虽然本次研修营取得了较好的成果,通过一个个实境视频让日本学生走进上海、了解中国,同时,我们也希望能够与各位学习者在中国见面。

参考文献

曹贤文、高荣国(2003)建构主义学习理论与对外汉语教学,《云南师范大学学报》第 2 期。
丁安琪(2014)汉语学习者来华留学动机类型分析,《教育科学》第 5 期。

---

① 见《2021 年"汉语桥·日本大学生线上汉语研修营"圆满结束》,上海师范大学新闻中心,2021 年 12 月 23 日。

丁安琪、王维群(2021)实境直播短期中文教学模式的构建与实践研究,《国际汉语教学研究》第 4 期。

李柏令(2003)建构主义学习理论与对外汉语教学,《云南师范大学学报》第 4 期。

刘丽艳(2012)对外汉语超短期教学模式的构建,《黑龙江高教研究》第 12 期。

马箭飞(2000)以"交际任务"为基础的汉语短期教学新模式,《世界汉语教学》第 4 期。

马箭飞(2004)汉语教学的模式化研究初论,《语言教学与研究》第 1 期。

毛　悦(2018)汉语短期教学模式简说,《国际汉语教学研究》第 3 期。

盛　炎(1990)《语言教学原理》,重庆出版社。

石慧敏(2001)从文化背景差异谈对日汉语教学的特色,载《对日汉语教学国际研讨会文集》,中国社会科学出版社。

王瑞烽(2020)疫情防控期间汉语技能课线上教学模式分析,《世界汉语教学》第 3 期。

(1. 上海师范大学,200234,hmshi@shnu.edu.cn;

2. 上海师范大学,200234,jingjing2eng@163.com)

朱德熙《华语教材》手稿的虚词编写特色与分析方法研究[*]

郝　琦[1]　司孟坤[2]

〇、引　言

　　《华语教材》是我国著名语言学家朱德熙先生早年从事对外汉语教学工作的讲义手稿。1952年,应保加利亚政府邀请,中国政府派遣北京大学中文系副教授、时年32岁的朱德熙赴保加利亚索非亚大学开设汉语课程,为期3年。在保授课期间,朱德熙先生的教学工作得到旅保中国学者张荪芬女士的协助,二人的分工是：朱德熙从零开始亲笔撰写课程讲义,在课堂上用汉语讲授,由张荪芬当堂翻译为保加利亚语;课后由张荪芬将讲义手稿翻译为保加利亚文,形成教材《Учебник по Китайски Език》(中文直译为"汉语教科书"),1954年由保加利亚科学艺术出版社出版。该教材是新中国历史上第一本在海外正式出版使用的对外汉语教材,对保加利亚汉语教学事业影响深远(董淑慧,2006)。该书的中文母稿(第一页页眉题名"华语教材")由朱德熙先生带回国内,赠予北京大学外国留学生中国语文专修班,经多次辗转,现保存在北京语言大学图书馆。[①] 2020年值朱德熙先生百年诞辰,北京大学郭锐教授团队筹办纪念活动,获赠由北京语言大学施光亨教授生前制作的《华语教材》复印件[②],目前已基本完成整理录入和排版校对工作,即将付梓。笔者因参与校对工作得以看到这一复印件。

　　* 本文为北京市教育委员会科研计划项目"朱德熙手稿《华语教材》研究"(项目编号：SM202310028003)阶段性成果。感谢董淑慧、郭锐两位师长在论文撰写过程中给予指导并慷慨提供研究资料。

　　① 关于朱德熙先生在保授课经历及《华语教材》手稿流传的更多细节,参看董淑慧(2005,2014a),鲁健骥(2007),何孔敬(2007：116-124),郭锐、孙浩浩(2022),戴军明(2022)。

　　② 赠予者为施光亨先生女儿、北京大学对外汉语学院施正宇教授,在此特表敬意。

《华语教材》是新中国对外汉语教学史上第一次海外教学实践的结晶,具有极高的学术价值和史料价值。然而,由于1954年正式出版的保加利亚文版本对绝大多数中国研究者来说存在语言隔阂,作为母本的中文手稿又一直没有正式面世,这本有"首创"之功的教材长期以来未得到应有的关注。目前可见的研究有:董淑慧(2006,2014a、b)和沈庶英(2012)介绍了保加利亚文版本的体例、内容和编写特点等基本情况,并围绕教材内容的国别化特色展开了讨论;鲁健骥(2007),郭锐、孙浩浩(2022),戴军明(2022)等少数几位有条件见到中文手稿的学者针对手稿的写作背景、主体内容和手稿所体现的朱德熙先生早年语法学思想进行了述介和评析。其中,郭锐、孙浩浩(2022)较为完备地介绍了《华语教材》的语法系统,指出《华语教材》的语法是朱德熙语法学的源头,并且"相较于后期朱德熙先生的语法研究,《华语教材》更注重语言表达功能的分析,对虚词的关注更多"。受这一论断启发,本文穷尽性地梳理手稿中涉及虚词的所有语法教学点,总结其编写特色和分析方法,以期挖掘《华语教材》虚词研究与教学的方法论贡献。本文或可填补《华语教材》微观研究的空白。

一、《华语教材》中的虚词

1.1 《华语教材》的基本体例及虚词教学比重

《华语教材》除引言外共42课,第1至第5课为语音教学,第42课为标点教学,第6至第41课共36课为语法教学,是整本教材的主体。这36课每课由1至6节(多数为2至4节)组成,每节围绕一个语法点展开教学。教学方法采用20世纪50年代通行的语法翻译法,以系统的语法知识为教学内容,以目的语(汉语)和母语(保加利亚语)的句间翻译为基本教学手段。现以第10课第1节(记为10.1,下同)为例展示手稿教学内容:

10.1 选择问句

选择问句是并列几个项目,让回答的人选择一种。并列的项目常常用"还是"连接。例如:

你去呢,还是我去呢?　　　　　你去。

他是你弟弟呢,还是你哥哥?　　是我弟弟。

选择问句可以在句尾用"呢",也可以不用,但是不能用"吗"。

每节一般先对语法点进行解说,再展示例句,最后对例句中涉及的语法结构、语序、虚词(如上例中语气词"呢、吗"的使用)、跨语言差异等问题进行进一步解说。讲解过程中,例句逐句翻译为保加利亚文(应由张苏芬完成),以便学生对照学习。每课课后配有生字和课文,课文内容包含该课讲到的所有语法点,以供学生练习巩固。

语法部分的 36 课共 111 个语法点①。有的语法点以虚词为主题,如 7.4"又"、7.5"就"等,共 32 个,占比近 30%;有的语法点不以虚词为主题,但行文中讲解到虚词的意义或用法,如上列 10.1,这类语法点共 44 个。两者相加,一共 76 个语法点涉及虚词,占全部语法点的 68%。可见,虚词教学在《华语教材》中占相当比重。

1.2 《华语教材》虚词的分类罗列

本文对虚词的界定着眼于意义方面,标准是只表达语法意义的基本词类或基本词类的次类,具体包括以下 6 类:介词、连词、语气词、助词、表达语法意义(程度、否定、语气、关联等)的副词、表达语法意义(时间、情态等)的助动词。以此为范围,《华语教材》一共讲解了 116 个虚词,现罗列如下②:

A. 介词(19 个)

时空:"在、当";比较:"比";协同:"跟、和、同";处置:"把";被动:"被、叫、让";受益:"给、替、为";工具:"用、拿、以";对象:"对、对于";目的:"为了"。

B. 连词(27 个)

并列:"和、跟、而、不但、而且";选择:"或、或者、还是";条件:"要是、如果、无论、不管、只有";目的:"以、以免、以便";转折:"可是、但是";因果:"因为、所以、因此、由于";让步:"虽然、即使、尽管、就算";总结:"总之"。

C. 语气词(8 个)

疑问:"呢(疑问)、吗";非疑问:"啊、了、的、呢(陈述)、吧、罢了"。

D. 助词(19 个)

结构:"的、得(可能)、得(状态)、地、之、所、者";时体:"了、过、着";数目:"第、多、来、分之、又";其他:"看(试试)、连、之类、们"。

E. 副词(36 个)

程度:"很、非常、真、太、相当、更、最、有点、有些、尤其";重复:"又、再";范

① 这 36 课共 112 节,其中 7.6 节讲解中文句号的形式,非语法点。
② 词类归属以郭锐(2018)《现代汉语词类研究》(修订本)为准。例如,"比"字句中的"比"在《华语教材》中分析为动词,本文归入介词;"了""着"《华语教材》看作词尾,本文归入助词。多义虚词若各个义项均属于一个大类,则每一义项列在相应的语义小类下,但总体只算一个虚词。

围:"都₁、就₃";关联:"就₂、也₁、才、一边";否定:"不、别、没有、非";时间:"就₁、快、已经、还、正、在、正在、一";情态:"大约、也许、恐怕";语气:"就₄、是(好～好)、都₂、也₂、不过、其实、当然、幸而"。

F. 助动词(7个)

情态:"能、能够、会、可以、要₁、得(děi)、必须";时间:"要₂"。

二、《华语教材》虚词语法点的编写特色

2.1 编排次序从易到难、循序渐进

我们将语法部分的 36 课三等分为前 12 课(6—17 课)、中 12 课(18—29课)、后 12 课(30—41 课)三部分,以《国际中文教育中文水平等级标准》(2021)(下文简称《标准》)为参照,比较三部分所涉及虚词的数目和难度等级如下①:

表 1 《华语教材》虚词数目和难度等级递进情况(以 2021 年《标准》为参照)

课 次	虚词总数	虚词难度等级	平均难度等级
前 12 课	26	一级 16 项;二级 10 项;三级 2 项	1.5
中 12 课	55	一级 19 项;二级 24 项;三级 9 项;四级 4 项	2.0
后 12 课	74	一级 10 项;二级 19 项;三级 20 项;四级 8 项;五级 5 项;六级 5 项;七级(高级)5 项	3.2

由表 1 可知,随着语法课程前、中、后三部分的推进,虚词的数目和难度均呈渐进递增的趋势。考虑到讲义撰写时无任何同类教学经验可参考,这一结果充分展现了朱德熙先生敏锐的语言感悟力和自觉的由浅入深的教学思路。

2.2 常以句类句式为基础讲解虚词

我们列举两个具体案例说明这一点:

第一,语气词"了"和框架"是……的"的编写。《华语教材》借鉴王力先生《中

---

① 有的虚词《标准》未收,如表凭借的介词"以",这类不计算难度等级;有的虚词其不同义项在《标准》中属不同难度等级,每一等级各计 1 次,称一"项"。

国现代语法》(1943—1944)的句子分类体系,在第 7、8 两课中将句子按谓语部分的表述功能分为描写句(大致相当于形容词谓语句)、叙述句(大致相当于动词谓语句)和判断句(大致相当于名词谓语句)三类;紧接着在第 12、13 两课中通过三种句类的相互转化来讲解框架"是……的"和语气词"了"的性质。第 12 课中说,描写句("这本书新")和叙述句("我不喝酒")在谓语部分加上"是……的"就转换成了判断句("这本书是新的""我是不喝酒的")。第 13 课中说,"了"加在描写句("这件衣服小")和判断句("今天星期三")后面得到变化的意义("这件衣服小了""今天星期三了"),相当于将以上两类句子转换成了叙述句,而加在叙述句("他不会来")上则得到含"新情况发生"意义的叙述句("他不会来了")。以上分析可图示总结如下:

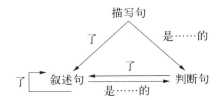

图 1　语气词"了"和框架"是……的"的功能

　　以句子的表述功能类及其相互转化为基础讲解"了"和"是……的",能够让"变化""分类"等抽象的语法意义落实到具体可感的功能效果上。

　　第二,介词"把""被"的编写。《华语教材》第 32 课以受事主语句(原文称"被动意义句")为基础讲解"把"和"被"的用法。32.1 介绍说,在汉语中以施事为主语的句子("他写好了")和以受事为主语的句子("信写好了")在形式上完全等同,都是基本的主谓结构;其中受事主语句的特点是,"这种句子的谓语所陈述的不是动作,而是一种情况或性质",因此"这种句子具有描写句的性质",谓语部分需要"动词跟别的成分结合起来"构成复杂形式以"表示情况或性质",例如"糖吃了/糖吃完了/糖可以吃",单独的"糖吃"不成话。

　　基于此,32.2 指出"把"和"被"都是在受事主语句的基础上起到引出施事作用的虚词:"把"将原先的受事主语降级为宾语,引出施事充当全句主语;而"被"字则直接通过其宾语位置引出施事。二者的功能可展示如下(〔〕代表作为基式的受事主语句,下划线代表"把""被"引入的成分,这两种记号由笔者添加):

32.2　"把"和"被"(节选)

<u>主语(施事)</u>——把——〔宾语(受事)——主要动词——其他成分〕

[主语(受事)]——被——宾语(施事)[——主要动词——其他成分]①

在受事主语句的基础上讲解"把""被"的用法,一方面能够更为清楚明白地展示"把"字句和"被"字句中各个成分的语义关系和排列次序,另一方面能够揭示以上三种句式的共性和联系,即谓语部分一般是复杂形式且具有性质或结果意义,从而摒除"把"字句和"被"字句是从"主—动—宾"格式派生出来的错误直觉,有效降低可能出现的使用偏误。

以句类句式为基础讲解虚词,其本质是充分利用具体的分布环境以及环境中的表达功能来刻画虚词的意义和用法,达到借"实"写"虚"的目的。

2.3　重难点虚词分散编排

董淑慧(2006)和鲁健骥(2007)均提到,《华语教材》对较难的语法点采用分散至多课进行教学的策略。这一点在虚词的教学上体现得尤为明显。以下举两个例子说明。

第一,多义副词"就"的编排。副词"就"因其义项较多、意义复杂,在本体研究和教学实践中都具有相当难度。《华语教材》7.5 和 23.2 两节均以"就"为标题:前者讲解"就"在单句中的用法,涉及时间意义("他明天就走")和限制意义("我就有这一本字典");后者讲解"就"在复句中的用法,涉及时间意义("天刚亮,我就起来了")、条件意义("要是下雨,你就别来了")和强调意义("就是下雨,我也不怕")。此外,手稿中多处涉及包含"就"的固定搭配,如 11.4 讲解了连词"要是""如果"与"就"的搭配(与 23.2 中的内容重复),18.1 讲解了"就"与助动词"要"的搭配("就要下雨了"),27.3 讲解了关联搭配"一……就……"格式("一下雨就冷了")。可见,对于多义虚词,《华语教材》并不集中展示其所有义项,而是依据义项及所在句式的复杂程度分散编排,并时时在相关语法点提及其固定用法。

第二,结构助词"的"的编排。标记定中关系的结构助词"的"功能单纯,但定语后什么时候出现"的",规则十分复杂,对于没有语感的外国学习者来说很难精确掌握。《华语教材》涉及"的"的语法点一共 8 个,其中 4 个关注定中结构中"的"的出现规律:6.2 讲解形容词、动词和代词做定语时"的"的出现情况;6.3 讲解数量定语后"的"的出现情况;16.1 讲解方位结构("屋子里""屋子里头")中"的"出现的规律;29.2 对这一问题进行总结,将定语分为"数量/指称""时间/地点""领属""性质"四种语义类,逐一讲解其后"的"出现的可能性,不仅回顾了前

---

① 原文在"被"字句中未标写"其他成分",但从所举例句看应填补。

面三节的内容,并且补充了时间名词、处所名词、动宾结构、主谓结构等语法成分做定语的情况。这种先零后总、不断复现的编排方法,能有效帮助学习者在较难的语法知识上逐步培养语感,最终取得理性认识。

《华语教材》对重难点虚词采用分拆、复现、总结的编排策略,将难度分摊到多个教学时段,促使学习者的理解达到螺旋式上升的状态,这在对外汉语教学的拓荒阶段实属可贵。

2.4 注重书面语虚词的讲授

在口语语法体系之外,《华语教材》还十分注重书面语语法的教学,这在虚词的编写上有两方面表现:

一是注重口语和书面语的分别。例如,29.2 讲解时间、地点定语之后"的"的出现规律时说,"这类附加语的后头都加'的',但在比较文言一点的文章里,有时不加'的',例如:'一九五三年建设计划''参看本月五日《人民日报》'";33.1 介绍工具介词"用"和"拿"时强调"'拿'字更口语化一点"。这类对特定语法项目语体特征的强调在整部手稿中多次出现。

二是第 38 课专门用一整课的篇幅介绍文言虚词在现代书面语中的保留和使用情况,涉及"之、其、所、以、而、者"六个虚词及由它们构成的复合虚词。鲁健骥对此评价说:"文言虚字与现代汉语中常用的含有文言虚字的词语或成语等联系起来对比教学,为我们如何教书面语以及从口语词向书面语过渡提供了行之有效的方法。"(鲁健骥,2007:78)

三、《华语教材》虚词分析的典型方法

3.1 构造"最小对立"进行虚词对比分析

所谓"最小对立"(minimal pair),指除去所考察的语法项目后剩余的语法环境完全相同的两个句子或结构之间的关系。我们发现,《华语教材》大量使用最小对立来刻画虚词的语法意义,具体又分为两种情况:

第一,有无对立,即以某一句子和该句子加上某一虚词来构造最小对立。例如,21.1 在比较"了$_1$"和"了$_2$"的语法意义时说:

21.1 词尾"了"和语气词"了"(节选)

词尾"了"单纯表示事件的完成,语气词"了"表示变化。所谓变化,是拿现在

的情况跟过去的情况来比较,着眼点是现在。……二者可能同时在一个句子里出现。比较:

<table>
<tr><td>甲</td><td>乙</td></tr>
<tr><td>我念了三本中国书。</td><td>我念了三本中国书了。</td></tr>
<tr><td>他在北京住了一年。</td><td>他在北京住了一年了。</td></tr>
</table>

甲组各句仅仅表示一件事已经完成,相当于保语的过去时(注意,仅是"相当",不是"等于")。乙组在句尾加了语气词"了"就不单纯表示事件的完成。"我念了三本中国书了"是说"我现在已经念了三本中国书了","他在北京住了一年了"是说"到现在为止,他已经在北京住了一年了"。"他在北京住了一年"多半是说过去的事,说话的时候,他已经不在北京了;"他在北京住了一年了"着眼点是现在,说话的时候,他仍在北京。

通过甲、乙两组句子构成的最小对立,揭示了"了₁"表完成而"了₂"表变化的差异。

第二,替换对立,即以两个不同的虚词出现在相同的语法环境中来构造对立。例如,25.2 在讲解语气词"啊"所表现的情绪时说:

25.2 语气词"啊"(节选)

注意,凡用"啊"字的句子都表示说话的人的精神相当紧张或兴奋。比较:

是的,你说得一点也不错。

是呀,你说得一点也不错。

前一句,说话的人比较平静,后一句就带有兴奋的情调,因此显得活泼些。

通过以上两句的对立展现了"啊"的语气明显强于"的"这一事实。

据我们统计,《华语教材》使用最小对立的次数达 10 次之多,涉及助动词"能"和"会"的对立(11.1)、语气词"了₂"的语法意义(13.1)及其与语气词"的"的对立(13.2)、重复副词"又"和"再"的对立(20.2)、"了₁"和"了₂"的对立(21.1)、"了₁"和否定词"没有"的对立(21.2)、语气词"吧"和"吗"的对立(21.3)、语气词"啊"和"吧""的"的对立(25.2)、周遍性主语句中"都"和"也"的对立(31.2)、语气词"呢"和"罢了"的对立(37.2)。可见,最小对立法是《华语教材》对比近义或同类虚词的语法意义时采用的最重要的方法。

3.2 利用虚词语法范畴义的平行对应性进行虚词对比分析

语法范畴往往具有系统性,而系统性的重要表现是范畴成员之间的平行对应性。《华语教材》充分地利用了这一点来构建虚词语法意义分析的体系,通过平行对应的语法范畴成员成组地讲解虚词。

在讲解汉语的完成貌和持续貌时,《华语教材》指出完成貌"我照了一张相"的否定形式"我没有照相"是一种持续貌。这两种体貌的对应不仅体现在动态的"了₁"和静态的"没有"上,还体现在句末语气词和时间副词两个维度:完成貌句末可加语气词"了₂"("我照了一张相了"),而其否定式只能加"呢"("我没有照相呢"),二者的作用是平行的——均带来现在关联性,只不过"了₂"表示现在的变化,"呢"表示持续到现在;完成貌可加时间副词"已经"("我已经照了一张相了"),其否定式可加时间副词"还"("我还没有照相呢"),二者的作用也是平行的——均带来将然预期性,即加上"已经/还"之后,说话人预先持有事情将会发生的预期(郭锐、孙浩浩,2022)。进一步地,肯定形式的持续貌在动词之后、句子末尾和状语位置使用的虚词分别是"着""呢"和"正/在/正在"。由此,完成貌和持续貌这两大体貌范畴的成员对应可刻画如下:

21.2　完成貌的否定方式 & 24.1　词尾"着"(节选,有细微改动)

完成貌	完成貌的否定＝持续貌	持续貌
我照了一张相。	我没有照相。	我照着相(……)
我照了一张相了。	我没有照相呢。	我照着相呢。
我已经照了一张相了。	我还没有照相呢。	我正在照着相呢。

以上介绍的最小对立法和平行对应法或是受到结构主义语言学的影响。这两种分析方法在《语法讲义》(1982)中更为纯熟,因此可以说,"《华语教材》的语法是朱德熙语法学的源头"(郭锐、孙浩浩,2022)这一论断不仅适用于具体的语法学观点,也适用于语法分析的方法论。

3.3　利用肯定和否定的(不)对称性阐述虚词用法

《华语教材》十分关注虚词所在语法格式的否定形式,时时强调肯定和否定不对称的情形,以避免学习者出现错误类推。例如,18.1 介绍助动词"要"时,指出"要"有两种基本意义,一表示愿望("我要喝水"),二表示将要("要下雨了");二者除意义不同外否定形式也不一样:前者的否定是"不要"("我不要喝水"),即肯定和否定对称,后者的否定是"不会"("不会下雨"),即肯定和否定不对称。18.2 介绍助动词"得"(děi)时指出"得"可以表示必要("我明天得上医院去")和必然("你要是不小心,又得生病了")两种意义,这两种用法都不能直接否定:前者的否定用"不用"或"不必"("你不用/不必去"),后者的否定用"不会"("不会生病"),二者均属于肯定和否定不对称的情形。

《华语教材》利用肯定和否定的(不)对称性阐述虚词用法的次数达 6 次之多,用表格展示如下:

表 2 《华语教材》所展示的虚词肯定和否定的(不)对称性

课 次	虚 词	肯 定 形 式	否 定 形 式	例 句	对称性
13.3	要	(无)	不要(祈使)	不要怕/不要说话	不对称
18.1	要	要(愿望)	不要	我要喝水;我不要喝水	对称
		要(将要)	不会	要下雨了;不会下雨	不对称
18.2	得	得(必要)	不用/不必	得上医院;不用去/不必去	不对称
		得(必然)	不会	得生病了;不会生病	不对称
25.1	得可能	(能)V 得 C	V 不 C	(能)睡得着;睡不着	不对称
27.1	得状态	V 得(很)C	V 得不 C	走得(很)快;走得不快	对称
28.1	比	A 比 B X	A 没有 B X	今天比昨天冷;今天没有昨天冷	不对称

因否定词系统(不/没/没有/别/甭)较为复杂且肯定和否定不对称现象繁多,汉语否定范畴的教学需贯穿于语法教学的始终,《华语教材》在这一点上可以称得上典范。

3.4 利用母语阐释目的语语法

在目的语的教学中以学习者的母语作为"拐棍",就母语和目的语间形成大致对应关系的语法范畴、语法结构以及语法项目进行自觉的对比,在第二语言教学法上被称为"自觉对比法",这一方法是语法翻译法的自然延伸(刘珣,2000:247)。《华语教材》在虚词教学中采用以保加利亚语语法知识阐述汉语语法点的案例达 8 个之多,可分为三方面的对比:

第一,对比虚词所属的语法范畴。例如,20.1 在讲解动词后的"了"时,强调"了"属于"态"范畴而非印欧语的"时"范畴:时范畴以动作发生的时间(相较于说话时间的先后)为依据,印欧语的动词形态直接体现这一范畴;而态范畴以动作的各个阶段(开始、持续、完成)为依据,汉语的"了"表示完成态,而从绝对时间的角度看"了"表达的完成可以发生在过去,也可以发生在将来或假设情景中。

第二,对比虚词所在句式的语法结构。例如,第32课以受事主语句为核心讲解汉语被动意义的表达(亦见本文2.2节):从语法形式上来看,汉语表达被动意义的受事主语句(如"信写好了")和表达自动意义的施事主语句(如"我写好了")在语法结构上完全等同(主谓结构),而有标记的"被"字句是在受事主语句的基础上用"被"引出施事,在结构上把单层的主谓结构变成了双层主谓的兼语结构①;因此,汉语中无论是受事主语句还是"被"字句都不涉及语态(voice)的变化,这与保加利亚语中存在自动态和被动态的对立不同。

第三,单纯进行虚词对应性和差异性的对比。例如,7.1介绍描写句时说,描写句的谓语部分在非对比意义下不用单独的形容词充当,常常需要加上程度副词"很",这个"很"字的程度意义已经磨损,因此"除了重读的时候,它不能译为保语的'много'"。这类对比在全稿中出现较多,涉及副词"就"(7.5)、介词"在"(17.2)、程度副词"更""最"(28.1)、介词"用""拿"(33.1)以及介词"给""替"(35.2)。

采用自觉对比法进行目的语教学,一方面能在学习初期帮助学习者以已知了解未知,另一方面也能让学习者对自己母语的语法以及语言间的差异产生理性认识,这反映了语法翻译法将语言当作知识系统进行传授,而非单纯地作为交际工具进行教学。

四、结　语

综合上文的分析,《华语教材》虚词内容的特色可以总结为两点:

其一,在编写方法方面,注重语法点之间的内在关联逻辑。第二节所阐述的"虚词数目和难度的递进逻辑""句类句式与虚词的衔接逻辑""虚词义项与组合规律的分散教学逻辑",以及"先口语、后书面语的语体推进逻辑"均是这一特色的具体表现。

其二,在分析方法方面,用对比作为基本手段分析虚词的意义和用法。第三节中所介绍的"最小对立法"对比的是虚词对句义带来的贡献,"平行对应法"对比的是范畴系统中意义相关的成组虚词,"自觉对比法"对比的是跨语言语法范

---

① 《华语教材》将"被"字句分析为兼语结构,这与今天的一般看法不同。我们认为《华语教材》的分析有其深刻的合理性,这一问题拟另文讨论。

畴、语法结构和语法项目的异同,"肯定和否定的(不)对称性"对比的是肯定形式和否定形式在意义上的匹配关系。

《华语教材》作为新中国对外汉语教学史上具有"拓荒"意义的首部教材,其珍贵的学术价值和史料价值既体现在语言本体研究和教学实践的具体观点和做法上,也体现在教材内容编写和语法案例分析的方法论贡献上。本文期望在后一方面抛砖引玉,相信手稿正式出版后这一问题将得到学界更广泛的关注和讨论。

参考文献

戴军明(2022)亟需整理出版的珍贵遗产——朱德熙《华语教材》手稿介绍,《汉语教学学刊》第16辑。

董淑慧(2005)《保加利亚汉语教学五十年》,索非亚玉石出版公司。

董淑慧(2006)朱德熙、张苏芬编著《汉语教科书》评介,《世界汉语教学》第4期。

董淑慧(2014a)朱德熙在对外汉语教学史上的贡献述略,《国际汉语教育史研究》,张西平、柳若梅编,商务印书馆。

董淑慧(2014b)汉语教材编写的本土化特征——基于《汉语教科书(1954)》与通用性教材、"一本多版"的比较,《海外华文教育》第1期。

郭 锐(2018)《现代汉语词类研究》(修订本),商务印书馆。

郭 锐、孙浩浩(2022)朱德熙《华语教材》的语法系统,《汉语教学学刊》第16辑。

何孔敬(2007)《长相思——朱德熙其人》,中华书局。

刘 珣(2000)《对外汉语教学引论》,北京语言大学出版社。

鲁健骥(2007)一部值得研读的早期对外汉语教材——读朱德熙《华语教材》手稿,《国际汉语教学动态与研究》第一辑,外语教学与研究出版社。

沈庶英(2012)从朱德熙的《汉语教科书》看国别化汉语教材编写,《徐州师范大学学报》(哲学社会科学版)第2期。

王 力(1943—1944/2014)《中国现代语法》,中华书局。

中华人民共和国教育部,国家语言文字工作委员会(2021)《国际中文教育中文水平等级标准》(GF0025—2012),北京语言大学出版社。

朱德熙(1982)《语法讲义》,商务印书馆。

Джу Дъ-ши, Джан Сун-фен.(1954)Учебник по Китайски Език. Държавно Издателство Наука И Изкуство.(朱德熙、张苏芬,《华语教材》,索非亚:保加利亚科学艺术出版社。)

(1. 首都师范大学文学院,100048,6834@cnu.edu.cn;

2. 北京航空航天大学附属小学昌平学校,100192,skyler6633@163.com)

图书在版编目(CIP)数据

现代汉语虚词研究与对外汉语教学. 第十辑 / 齐沪扬, 杜轶主编. —上海:学林出版社,2024

ISBN 978 - 7 - 5486 - 2011 - 2

Ⅰ.①现… Ⅱ.①齐… ②杜… Ⅲ.①汉语-虚词-对外汉语教学-教学研究-国际学术会议-文集 Ⅳ.①H195.3 - 53

中国国家版本馆 CIP 数据核字(2024)第 098992 号

责任编辑 王思媛

封面设计 魏 来

现代汉语虚词研究与对外汉语教学(第十辑)

齐沪扬 杜 轶 主编

出 版 学林出版社
    (201101 上海市闵行区号景路 159 弄 C 座)
发 行 上海人民出版社发行中心
    (201101 上海市闵行区号景路 159 弄 C 座)
印 刷 上海商务联西印刷有限公司
开 本 170×230 1/16
印 张 21.5
字 数 38 万
版 次 2024 年 8 月第 1 版
印 次 2024 年 8 月第 1 次印刷
ISBN 978 - 7 - 5486 - 2011 - 2/H · 162
定 价 128.00 元